中国水利教育协会　组织

全国水利行业“十三五”规划教材（职业技术教育）

水利工程管理技术

主　编　田明武　佟　欣
副主编　李　娜　由金玉
主　审　程兴奇

中国水利水电出版社
www.waterpub.com.cn
·北京·

内 容 提 要

本书是根据国家“十三五”教育发展规划纲要，结合我国水利行业发展总体规划要求及行业、产业发展现状，为适应现代高职教育培养应用型、技能型人才需求而编写的。本书主要包括绪论、水利工程管理基础知识、前期及建设期管理概述、水库的运行与管理、土石坝的养护和管理、混凝土坝及浆砌石坝的养护和管理、水闸的养护与管理、溢洪道的养护与管理、渠系建筑物的养护与管理、水利水电工程常用设备的维护、水工建筑物的检查观测、信息化与安全管理。

本书为高职高专水利水电工程管理、水利工程、水利水电建筑工程、工程监理等专业的通用教材，也可作为其他专业的教材或教学参考书，同时可供水利工程技术人员学习参考。

图书在版编目（CIP）数据

水利工程管理技术 / 田明武，佟欣主编. -- 北京 : 中国水利水电出版社，2018.7(2024.7重印).
全国水利行业“十三五”规划教材. 职业技术教育
ISBN 978-7-5170-6518-0

Ⅰ. ①水… Ⅱ. ①田… ②佟… Ⅲ. ①水利工程管理－高等职业教育－教材 Ⅳ. ①TV6

中国版本图书馆CIP数据核字(2018)第125077号

书　　名	全国水利行业“十三五”规划教材（职业技术教育） **水利工程管理技术** SHUILI GONGCHENG GUANLI JISHU
作　　者	主　编　田明武　佟　欣 副主编　李　娜　由金玉 主　审　程兴奇
出版发行	中国水利水电出版社 （北京市海淀区玉渊潭南路1号D座　100038） 网址：www.waterpub.com.cn E-mail：sales@mwr.gov.cn 电话：(010) 68545888（营销中心）
经　　售	北京科水图书销售有限公司 电话：(010) 68545874、63202643 全国各地新华书店和相关出版物销售网点
排　　版	中国水利水电出版社微机排版中心
印　　刷	天津嘉恒印务有限公司
规　　格	184mm×260mm　16开本　18印张　427千字
版　　次	2018年7月第1版　2024年7月第3次印刷
印　　数	5001—7000册
定　　价	**58.00**元

前言

教材事关国家和民族的前途命运，教材建设必须坚持正确的政治方向和价值导向。本书坚持党的二十大精神，全面贯彻党的教育方针，落实立德树人根本任务，为党育人，为国育才，弘扬劳动光荣、技能宝贵、创造伟大的时代风尚。

本书是根据国家“十三五”教育发展规划纲要，结合现代水利职业教育要求，在总结水利类高等职业教育多年教学改革的基础上，本着理论够用，实践突出，体现现代水利新技术、新材料、新理念的原则编写的。本书重点讲述水工建筑物的安全监测、维护与管理的内容，主要介绍水库管理与控制运用、水工建筑物的观测与安全监测、各类水工建筑物的检查养护与病害处理的方法，以及水利工程中常用水利机械的基本管理与维护知识。在内容上，保留了本行业在长期水利工程管理中积累的大量宝贵经验和常用的水工建筑物检查养护与修理的方法，同时也吸纳了新材料、新技术的应用成果。

本书在编写过程中，本着职业教育层次注重动手能力培养的基本要求，在考虑内容全面的基础上，以“管、养、护”为主线进行内容编排，力求更好地满足我国现代高职教育教学改革与发展、现代水利发展与水利教育的需要。

本书主要编写人员分工如下：四川水利职业技术学院田明武编写了绪论、第3章、第9章，四川水利职业技术学院李娜编写了第4章、第5章、第8章，四川水利职业技术学院由金玉编写了第1章、第2章，辽宁水利职业学院佟欣编写了第6章、第7章、第10章、第11章，本书由田明武、佟欣担任主编，李娜、由金玉担任副主编，山东水利职业技术学院程兴奇担任主审。

本书在编写过程中，学习和借鉴了很多参考书，在此对相关作者表示由衷的感谢！书中难免存在不足之处，恳请读者批评指正。

编者

2018年4月

目 录

绪 论

【学习要求】 了解我国水资源与水利工程现状，了解水利工程管理的历史发展及意义，理解、掌握水利工程管理的特点、任务和内容。

0.1 概 述

0.1.1 概述

人类需要适时适量的水，水量偏多或偏少往往造成洪涝或干旱等灾害。我国水资源受气候影响，在时间、空间上分布不均匀，因而出现了来水与需水之间的不协调。因此，通过各种人工措施对自然界的水进行控制、调节、治理、开发和保护，以免除水旱灾害，并使水资源适应人类生产，满足人类生活需要的活动，就尤为重要。

我国是农业大国、水利大国，特殊的自然地理条件，决定了除水害、兴水利历来是我国治国安邦的大事。从 1949 年到 2015 年，我国水利事业得到了前所未有的发展，取得了辉煌的成就。

截至 2015 年年底，全国共建成各类水库 9.8 万余座，水库总库容 8394 亿 m^3；设计灌溉面积大于 200 万亩的灌区共 225 万处，50 万亩以上灌区 176 处，30 万～50 万亩大型灌区 280 处。全国已累计建成日取水不小于 $20m^3$ 的供水机电井或内径大于 200mm 的灌溉机电井共 470 万眼。全国已建成各类装机流量 $1m^3/s$ 或装机功率 50kW 以上的泵站 9.0 万处；全国已建水电站装机容量 3.37 亿 kW，全国共建成农村水电站 4.8 万座，装机容量 7322 万 kW。

这些水利工程初步形成了以堤防、河道整治、水库、蓄滞洪区等为主的工程防洪体系，以及预测预报、防汛调度、洪泛区管理、抢险救灾等非工程防护体系，使我国主要江河的防洪能力有了明显的提高。同时也大力促进了我国农业、能源、工业等国民经济健康、有序、持续发展。图 0.1～图 0.4 为我国典型的水利工程。

图 0.1 都江堰水利工程

图 0.2 丹江口水利工程

图 0.3　武都水利工程

图 0.4　溪洛渡水利工程

0.1.2　水利工程的基本概念

水利工程是指以除害兴利为目的，兴建的对自然界地表水和地下水进行控制和调配的工程。

按水利工程对水的作用可分为：蓄水工程、排水工程、取水工程、输水工程、提水工程、水质净化和污水处理工程等。

按水利工程承担的任务主要分为：防洪工程、农田水利工程、水力发电工程、供水和排水工程、航运工程、环境水利工程等。

0.1.3　水利工程管理

广义的水利工程管理是指以法律为基础，通过经济、技术手段保护并合理运用已建成的水利工程，使其充分发挥防汛抗旱、水资源优化配置、水生态保护等功能，为防洪、城乡用水、农业用水、工业用水提供可靠的保障。

狭义的水利工程管理是指管理人员对已建成的水利工程进行依法管理、检查监测、维护养护、合理调度运行，保证工程安全正常运行，以充分发挥工程效益。

0.1.4　水利工程管理的意义及目的

对于水利工程而言，建设是基础，管理是关键，使用是核心，可以说“三分建、七分管”。工程管理的好坏，直接影响效益的高低。如果管理不善，不但工程效益不能正常发挥，甚至还可能会造成严重事故，带来不可估量的损失。1889 年美国约翰斯莱特水库垮坝溃决，死亡近万人；1960 年巴西奥罗斯水库垮坝溃决，死亡 1000 人；1963 年，意大利瓦伊昂水库垮坝溃决，死亡 2600 人；1979 年印度曼朱二号水库垮坝溃决，死亡近万人，为世界历史上最为典型的水库失事案例，后果触目惊心。

我国水利工程众多。从 1954 年至今，我国仅发生溃坝的水库就有 3500 余座，其中大型水库 2 座，中型水库 125 座。其中最为典型的溃坝事件为 1975 年 8 月的河南板桥水库（图 0.5），其他的如堤防工程、渠道工程等，出问题的也不少，只是一般情况下后果没有溃坝严重。某堤防溃决见图 0.6。

因此，如何有效地对水利工程进行全面、科学管理，防患于未然，使其最大限度地发挥作用，对高地震区、高寒区、地质构造复杂地区（如喀斯特地貌区）的水利工程管理，尤为重要。

图 0.5　河南板桥水库大坝溃决

图 0.6　某堤防溃决

对水利工程进行管理，主要目的在于：①通过对水工建筑物及构筑物进行实时的全过程全方位监控，掌握工程安全状态，服务于安全管理，充分发挥工程效益；②检验完善设计理论与方法；③保证水利工程安全度汛；④对水利工程建筑物（构筑物）进行经常性的养护维护，及时发现病患隐患，及时进行处理；⑤总结优化管理经验，提高管理水平，提高工程整体效益；⑥带动促进水利科学研究，促进水利新技术的发展。

0.1.5　水利工程管理的发展

我国比较规范有序地进行水利工程管理最早起源于唐代，唐代中央政府颁行的《水部式》水利管理法规，内容包括农田水利管理、碾硙的设置及其用水量的规定、航运船闸和桥梁渡口的管理和维修、渔业管理以及城市水道管理等内容。《水部式》还规定，灌区管理的好坏将作为有关官吏考核晋升的重要依据。

中华人民共和国成立后的50年代初期，国家除保留原有河道堤防、坝堰灌渠的管理机构以外，还在新建成的水库、闸坝枢纽工程交付使用时，分别建立了相应的管理机构。

1954年开始，国家相关部门开始选择官厅水库和三河闸等工程，划分了水库、水闸等级标准，制定管理规范，以便分级管理，印发全国参照制定各个工程的管理规范，并举办培训班，以提高管理工作水平。

1983年，在全国水利会议上，制定了“加强经营管理，讲究经济效益”的水利工作方针，坚决把水利工作转移到以提高经济效益为中心的轨道上来，要求对现有工程加强经营管理，进行技术改造，大力提高经济效益。

20世纪80年代后，工程维修加固开始试用水力振冲法加固砂土坝体和坝基，劈裂灌浆防渗加固均质土坝坝体，在砂砾石地基上试用高压定向喷射灌浆构筑防渗板墙等新工艺；在防汛和调度系统中，开始采用微波、短波通信和电子计算机；一些大型水利枢纽和水电站结合预报采用优化调度，工程较多的流域水系和梯级水电站开始实行联合优化调度；在多泥沙河流上的一些水库研究中采用了“蓄清排浑”的调度方式，减少了库区淤积，延长了水库寿命。

“十三五”之初，水利部编制印发了《水利改革发展“十三五”规划》，提出了“全面依法治水，科技兴水”的指导思想，要求加强水利工程管理制度化、规范化和信息化建设，建立水利基础设施管理信息网络，健全水利工程管理标准规范体系；加强大坝安全监测、水情测报、通信预警和远程控制系统建设，提高水利工程管理信息化、自动化水平；

大力推进安全生产标准化建设，完善水利安全生产应急预案体系。

0.2 水利工程管理的任务及内容

0.2.1 水利工程管理的特点

水利工程管理工作具有以下特点：

（1）水利工程的各种蓄水、壅水、输水或泄水建筑物，必须具有足够的抗水压、耐冲刷、防渗漏、抗冻融等特殊性能，如果遭受破坏，将会造成溃坝、决口、改道，给国民经济带来巨大损失，甚至造成毁灭性的灾害。因此，在工程管理中，首先要保证安全。

（2）水利工程是调节、调配天然水资源的设施，而天然水资源来量在时空分布上极不均匀，具有随机性，影响效益的稳定性及连续性。水利工程在运行中，需要专门的水利调度技术、测报系统、指挥调度通信系统，以便根据自然条件的变化，灵活调度运用。

（3）许多水利工程是多目标开发综合利用的，一项工程往往兼有防洪、灌溉、发电、航运、工业、城市供水、水产养殖和改善环境等多方面的功能，各部门、各地区、上下游、左右岸之间对水的要求各不相同，彼此往往有利害冲突。因此，在工程运行管理中，特别需要加强法制和建立有权威的指挥调度系统，才能较好地解决地区之间、部门之间出现的矛盾，发挥水利工程最大的综合效益。

（4）要依靠群众，分级管理。水利工程数量大、分布广，重要性和受益范围有很大差别，不能一律靠国家设置专管机构进行管理，而是要实行分级管理和专业管理与群众管理相结合，特别是大量的小型水库和农田水利工程，应主要依靠群众组织进行管理。

0.2.2 水利工程管理的基本任务

水利工程管理包括行政管理和技术管理两大方面，其基本任务包括以下几点：

（1）保证水利工程安全运行，防止自然和人为的破坏。

（2）按照工程管理的各种法规和技术标准进行日常及特定的维护，保护工程完好和正常运行。

（3）运用工程手段实现防洪减灾、水资源合理调度和使用，满足国民经济和社会的需求，充分发挥工程应有的效益。

（4）进行技术革新和设备改造，努力改善管理条件，提高管理水平，提高工程发挥综合效益。

（5）保持水域工程环境的蓄水、过水、排水、调水能力，维护良好的工程水环境。

0.2.3 水利工程管理的工作内容

水利工程管理的工作主要有检查监测、养护修理和控制运用三个方面：

（1）检查监测。通过适当手段对完建的工程状态进行实时的监视量测工作。检查观测包括工程检查和工程监测两个方面。

（2）养护修理。为了保证工程既有的功能正常发挥作用，在工程运行过程中须对工程设施进行必要的保养和对存在的缺陷进行修复处理。工程养护修理要按照“经常养护、随时维修、养重于修”的原则，以保持工程和设备完好。

养护修理分为三种形式：

1）日常维修养护。根据经常性检查中发现的问题，随时进行保养维修和局部修补，保持工程完好，设备操作灵活。

2）岁修及大修。每年汛后或在适当时间对工程进行年度检查，编制维修计划并对存在的问题进行处理，这种维修称为岁修，工程发生较大损毁需要进行专门的大范围的修复，称为大修。

3）抢修或抢险。当发生突发事故，工程可能遭到破坏或已经遭到破坏时，需要立即组织人力、物力并采取特殊方法和措施对其进行基本的修复，以防止事故发生或事故进一步扩大的工作。

（3）控制运用。控制运用就是在原规划设计的基础上，根据当前水工建筑物的工程情况、上下游防洪要求、用水要求以及上级的规定，在保证工程安全的前提下，为充分发挥工程效益，对其在除害、兴利和综合利用水资源等方面进行合理安排与优化。

在工程管理逐渐发展中，应从重建轻管向建管并重转变，既重视技术管理又重视依法管理，既注重工程维修养护又重视整个工程生态体系建设，充分利用现代信息技术、现代病害检查技术、病害整治新材料、新技术来加强管理，力求在保证工程安全的前提下最大化发挥工程效益，完成从传统水利工程管理向现代工程管理的转变。

0.2.4 我国水利工程管理的现状及基本对策

（1）水法律宣传普及亟待加强。截至目前，国家虽然颁布了《中华人民共和国水法》《中华人民共和国防洪法》等不少法律法规，但由于多种因素，很多人水法法纪观念淡薄，各种违法违纪行为众多，再加上执法、监督等问题，导致对水利工程管理从法的角度有效性不高。因此，大力普及水法知识、实行责任终身制，在注重水行政执法的同时，加大民事及刑事执法、注重执法的一贯到底、提高法治的威慑力，是很有必要的。

（2）管理体制不顺，管理机制不活。水利工程大部分为综合利用工程，既有公益性功能，又有一定的经营开发功能，但两者资产主体又合二而一，界限不清。政府、水行政主管部门、水管单位之间的管理关系不顺，权责不明。内部运行机制不活，缺乏有效的激励机制和约束机制，导致大多数水管单位难以有效、及时地对水利工程进行全方位管理。把握原则，明确责权，建立职能清晰、责权明确的水利工程管理体制，建立完善管理科学、经营规范的水管单位运行机制，建立专业化、市场化和社会化的水利工程维修养护体系，是当前急需解决的问题。

（3）技术人才匮缺。很多水管单位内部机构设置不科学，非工程管理岗位较多，因人设事，因人设岗，效率低下，人浮于事。各地水管单位真正急需的工程技术人员又严重短缺，无法满足工程管理的基本需求。因此，建立健全用人机制和分配机制，精简机构，科学合理设编定岗，按岗聘人，竞争上岗。单位领导通过竞选方式选聘，定期考核，实行优胜劣汰，做到人尽其才、人尽其用，逐步调整人员结构，不断提高职工的文化水平。有利于水利工程管理单位轻装上阵，提高职工素质和提高劳动生产率，提高水利工程管理的水平与效益。

（4）国家的政策、资金扶持力度需要进一步加强。水利工程特别是小型水利工程，只重建不重管、或只建不管的现象突出。不少小型水利工程维修无经费，老化失修严重、病害问题突出；有的管理单位靠等、靠、要，对不少工程不管不维护；相当数量的工程没有专兼职管护人员。由于大多数水利工程以公益性为主、盈利能力很弱，不少承担防洪、排涝工作任务的，财政供给不足，导致管理单位“巧妇难为无米之炊”，得自己寻找资金来源，没有精力投入管理工作。因此，国家完善配套相关政策、落实相应资金，对水利工程的管理、更好地发挥其公益性能十分迫切和必要。

第1章 水利工程管理基础知识

【学习要求】 掌握《中华人民共和国水法》及相关法律法规，水资源、水域的保护范围与规定；熟悉管理学的基础知识。

1.1 管理学基础知识

1.1.1 管理的定义

从广义上讲，管理是组织为了达到个人无法实现的目的，通过各项职能活动，合理分配、协调相关资源的过程。

管理的内涵包括其载体、本质、对象、职能活动和目的。载体也就是组织，包括企事业单位、国家机关、政治党派、社会团体以及宗教组织等；管理的本质是合理分配和协调各种资源；管理的对象是相关资源，包括人力资源在内的一切可以调用的资源，例如原材料、人员、资金、土地、设备、顾客和信息等；管理的职能活动包括信息、决策、计划、组织、领导、控制和创新；管理的目的则是为了实现既定的目标。

1.1.2 管理的职能

管理的职能包括决策与计划、组织、领导、控制和创新。

以上五种管理职能均有自己独特的表现形式。决策与计划职能表现为方案的产生和选择以及计划的制订；组织职能表现为组织结构的设计和人员的配备；领导职能表现为领导者和被领导者的关系；控制职能表现为对偏差的认识和纠正；创新职能表现为组织提供的服务或产品的更新和完善以及其他管理职能的变革和改进。

1.1.3 管理的要素

管理的要素是指管理系统的构成因素，有时亦称管理系统的资源。

对于管理的要素，有不同的分类方法，最早人们普遍认为人、财、物是构成管理要素的三个最基本的要素，后来加上了时间和信息要素。

随着社会分工协作的发展，科技进步、日益激烈的竞争环境以及对管理系统研究的深化，一些重要的、无形的资源也列入了管理的要素。

所以，目前比较普遍的看法是把管理要素分为人员、资金、物、文化、技术、信息、时间、组织、环境、社会关系等十大要素。

1.2 《中华人民共和国水法》

1.2.1 水法的概念

水法是国家调整水资源的开发、利用、节约、保护、管理水资源和防治水害过程中发生的各种社会关系的法律规范的总称。

水法是国家法律体系的重要组成部分，有广义和狭义之分。狭义的水法仅指第九届全国人民代表大会常务委员会第二十九次会议于2002年8月29日修订通过，自2002年10月1日起施行的《中华人民共和国水法》（以下简称《水法》，最新的《水法》是2016年7月修订的）。广义的水法又称水法规，是指规范水事活动的法律、法规、规章制度以及其他规范性文件的总称。例如《中华人民共和国防洪法》《中华人民共和国水土保持法》《中华人民共和国河道管理条例》《取水许可办法》《水行政处罚实施办法》等。

1.2.2 《水法》的主要内容

《水法》是为了合理开发、利用、节约和保护水资源，防治水害，实现水资源的可持续利用，适应国民经济和社会发展的需要而制定的。

《水法》的主要内容如下：

（1）强调统一管理。首先规定了合理开发利用和保护水资源，防治水害的统一原则。明确规定本法所称水资源，是指地表水和地下水，使其作为一个整体统一管理。提出国家对水资源实行统一管理与分级管理、分部门管理相结合的制度。国务院水行政主管部门负责全国水资源统一管理工作。

（2）明确水资源的所有权。我国宪法规定水流属于国家所有，即全民所有。据此，《水法》规定，水资源属于国家所有，即全民所有；另外，还规定农业集体经济组织所有的水塘、水库的水，属于集体所有，强调了作为资源利用的水流的所有权是国家的，应由国家统一分配。

（3）讲求综合利用。《水法》规定，开发利用水资源应当全面规划、统筹兼顾、综合利用、讲求效益、发挥水的多种功能。指出应当兼顾地区之间的利益，统筹居民、工业、农业和航运的需要。要求兴建各类水工程，应兼顾其他行业利益，同时建设相应的补救设施，对地区、行业进行的水事活动都规定了综合利用的要求。这样既可以充分发挥水资源的综合效益，还可以防止或减少水事纠纷的发生。

（4）实行规划、计划制度。《水法》规定开发利用水资源和防治水害，应当按流域或者区域进行统一规划。指出综合规划应当与国土规划相协调，兼顾各地区、各行业的需要。规划的修改必须经过原批准机关核准。国家实行计划用水，厉行节约用水，根据水长期供求计划的制订和审批程序，国家以法律条款的形式明确了规划、计划的编制、审批地位和作用，以保障规划、计划的实施。

1.2.3 《水法》的特点

《水法》的专业性较强，是行政主体行使水管理职权的基本法律依据，一方面具有法律规范的一般特点，另一方面更具有其专业自身的特点，即科学性、技术性和社会性等。

（1）科学性。水资源与人类生活和社会发展关系十分密切，而水资源在大气、地表和地下的存在形式、运行和变化规律是不以人的意志为转移，是客观存在的。因此，在开发利用和保护水资源的过程中，必须尊重水资源的这种客观规律性，并在正确的水资源管理理论指导下，才能达到开发利用和保护水资源的目的。

(2) 技术性。从《水法》的立法角度而言，水资源的存在、运行和变化规律是制定《水法》的前提、基础。《水法》规范必须反映这种客观规律，并将大量的水资源行业管理规范、技术操作规范与规程、各种技术标准与工艺等内容列入《水法》中，《水法》中的大多基本原则、管理制度等都是从水资源的开发利用和保护研究成果以及技术规范中抽象、概括出来的，与其他的部门行政法规范（如公安、交通等）相比，技术性更强一些。

(3) 社会性。水资源既作为一种自然资源而存在，又是一种重要的环境要素，具有多种功能。水资源的这种多功能性决定了水资源在人类生活和社会发展中的重要地位，水资源危机已经严重影响了不同国家、地区的社会发展，日渐成为一个世界性问题。这是不同的社会制度、不同意识形态的国家亟须解决的问题。对这一问题的不断解决，完全符合全社会、各民族以及全人类的共同利益，《水法》要体现水资源存在、运行和变化以及人类认识、利用和保护水资源过程中的经验与教训，并以这些内容去制约人类在迈向更高级的文明中与水资源开发利用和保护相关的人类活动，以达到维护人类生存对水资源的需求，实现人类社会的可持续发展。这正是法律社会职能的集中表现。

1.2.4 《水法》的基本原则

《水法》的基本原则如下：

(1) 坚持国有制，保障水资源的合法开发和利用的原则。

(2) 开发利用与保护相结合的原则。开发、利用水资源，应当坚持兴利与除害相结合，兼顾上下游、左右岸和有关地区之间的利益，充分发挥水资源的综合效益。

(3) 坚持利用水资源与防治水害并重，全面规划、统筹兼顾、标本兼治、综合利用、讲求效益的原则。《水法》明确规定，开发、利用、节约、保护水资源和防治水害应当全面规划、统筹兼顾、标本兼治、综合利用、讲求效益，发挥水资源的多种功能，协调好生活、生产经营和生态环境用水。

(4) 保护水资源，维护生态平衡的原则。在干旱和半干旱地区开发、利用水资源，应当充分考虑生态环境用水需要，防止对生态环境造成破坏。跨流域调水，应当进行全面规划和科学论证，统筹兼顾调出和调入流域的用水需要，防止对生态环境造成破坏。

(5) 实行计划用水，厉行节约用水的原则。国家厉行节约用水，大力推行节水措施，推广节约用水新技术、新工艺，发展节水型工业、农业和服务业，建立节水型社会。各级人民政府应当采取措施，加强对节约用水的管理，建立节约用水技术开发推广体系，培育和发展节约用水产业。单位和个人都有节约用水的义务。

(6) 国家对水资源实行流域管理与行政区域管理相结合的原则。《水法》第十二条规定：国家对水资源实行流域管理与行政管理相结合的管理体制。国务院水行政主管部门负责全国水资源的统一管理和监督工作。这一规定体现了按照资源管理与开发利用管理分开的原则，建立流域管理与区域管理相结合，统一管理与分级管理相结合的水资源管理体制。流域管理机构，在所管辖的范围内行使法律、行政法规规定的和国务院水行政主管部门授予的水资源管理的监督职责。

1.3 水资源、水域和水利工程的保护

1.3.1 水资源保护

1.3.1.1 水资源保护的概念

水资源保护是指为了满足水资源可持续利用的要求，采取经济的、法律的、技术的手段，合理安排水资源的开发利用，并对影响水资源的客观规律和各种行为进行干预，保证水资源发挥自然资源功能和商品经济功能的活动。水资源保护的根本目的是实现水资源的可持续利用。

1.3.1.2 水资源保护的内容

水资源保护的内容主要包括地表水和地下水的水量与水质的保护。

(1) 水量保护。要求开发、利用水资源应当全面规划、统筹兼顾、标本兼治、讲求效益，发挥水资源的多种功能，协调好生活、生产经营和生态环境用水，注意避免水资源枯竭，生态环境恶化。因此，《水法》规定，县级以上人民政府水行政主管部门、流域管理机构以及其他有关部门在制定水资源开发、利用规划和调度水资源时，应当注意维持江河的合理流量和湖泊、水库以及地下水的合理水位，维护水体的自然净化能力。

(2) 水质保护。要求从水域纳污能力的角度对污染物的排放浓度和总量进行控制，以维持水质的良好状态。因此，《水法》规定了水功能区划制度、水污染物问题控制制度、入河排污口的监督制度等。

1.3.2 水域的保护

水域是指海洋、河流、湖泊等（从水面到水底）的一定范围。

水域的保护范围包括风景名胜区、自然保护区内的水域，城市规划区内维护生态功能的主要水域，饮用水水源保护区的水域，蓄滞洪区内的水域，省级河道，行洪排涝骨干河道，10万 m^3 以上的水库，50万 m^2 以上的湖泊，以及法律法规规定的其他重要水域。《水法》规定的保护内容主要有：

(1) 禁止在江河、湖泊、水库、运河、渠道内弃置、堆放阻碍行洪的物体和种植阻碍行洪的林木及高秆作物。

(2) 禁止在河道管理范围内建设妨碍行洪的建筑物、构筑物以及从事影响河势稳定、危害河岸堤防安全和其他妨碍河道行洪的活动。

(3) 在河道管理范围内建设桥梁、码头和其他拦河、跨河、临河建筑物、构筑物，铺设跨河管道、电缆，应当符合国家规定的防洪标准和其他有关的技术要求，工程建设方案应当依照《中华人民共和国防洪法》(以下简称《防洪法》) 的有关规定报经有关水行政主管部门审查同意。因建设前款工程设施，需要扩建、改建、拆除或者损坏原有水工程设施的，建设单位应当负担扩建、改建的费用和损失补偿。但是，原有工程设施属于违法工程的除外。

(4) 国家实行河道采砂许可制度。河道采砂许可制度实施办法由国务院规定。在河道

管理范围内采砂，影响河势稳定或者危及堤防安全的，有关县级以上人民政府水行政主管部门应当划定禁采区和规定禁采期，并予以公告。

（5）禁止围湖造地。已经围垦的，应当按照国家规定的防洪标准有计划地退地还湖。禁止围垦河道。确需围垦的，应当经过科学论证，经省、自治区、直辖市人民政府水行政主管部门或者国务院水行政主管部门同意后，报本级人民政府批准。

（6）单位和个人有保护水工程的义务，不得侵占、毁坏堤防、护岸、防汛、水文监测、水文地质监测等工程设施。

1.3.3 地下水资源的保护

《水法》从科学评价和统一规划、地下水与地表水统一调度、划定限采区或禁采区以及法律责任等四个方面提出了明确的法律要求，规定如下：

（1）在地下水超采地区，县级以上地方人民政府应当采取措施，严格控制开采地下水。

（2）在地下水严重超采地区，经省、自治区、直辖市人民政府批准，可以划定地下水禁止开采或者限制开采区。

（3）在沿海地区开采地下水，应当经过科学论证，并采取措施，防止地面沉降和海水入侵。

（4）因违反规划造成江河和湖泊水域使用功能降低、地下水超采、地面沉降、水体污染的，应当承担治理责任。

1.3.4 水利工程的保护

水利工程是开发、利用、节约和保护水资源的物质基础，国民经济和社会发展的基础设施，在国民经济发展和社会进步中作出了巨大的贡献，发挥了巨大的效益。《水法》针对水利工程及其设施的保护主要有以下四个方面：

（1）水利工程安全保障制度。单位和个人有保护水利工程的义务，不得侵占、毁坏堤防、护岸、防汛、水文监测、水文地质监测等工程设施。

（2）水利工程管理和保护范围划定制度。县级以上地方人民政府应当采取措施，保障本行政区域内水工程，特别是水坝和堤防的安全，限期消除险情。水行政主管部门应当加强对水工程安全的监督管理。在水工程保护范围内，禁止从事影响水工程运行和危害水工程安全的爆破、打井、采石、取土等活动。

（3）国家对水利工程实施保护。国家所有的水利工程应当按照国务院的规定划定工程管理和保护范围。国务院水行政主管部门或者流域管理机构管理的水利工程，由主管部门或者流域管理机构商有关省、自治区、直辖市人民政府划定工程管理和保护范围。其他水利工程，应当按照省、自治区、直辖市人民政府的规定，划定工程保护范围和保护职责。

（4）规定水利工程设施补偿制度。在河道管理范围内建设桥梁、码头和其他拦河、跨河、临河建筑物、构筑物，铺设跨河管道、电缆，需要扩建、改建、拆除或者损坏原有水工程设施的，建设单位应当负担扩建、改建的费用和损失补偿。但是，原有工程设施属于违法工程的除外。

1.4　水利工程管理法规及条例

水利工程管理法规及条例是国家机关颁布的关于水利工程管理方面的各种条例、通则、办法、决定和标准等，它是水利工程管理的行为规范。

1.4.1　制定水利工程管理法规的目的

制定水利工程管理法规的目的在于加强工程管理，保护工程安全，保障工程效益，调整人们（包括组织）在生产、生活及其他活动中所产生的与保护和运用水利工程有关的各种社会关系，使工程更好地为工农业生产和城乡居民生活服务，促进社会主义经济发展。

1.4.2　水利工程管理法规的发展

由于水利与社会生产及人们的生活关系密切，历史上各国都很重视水利立法。在国外，一些资本主义国家从 19 世纪中叶起陆续进行水利立法，一般都是在水法中列有工程管理的条文。有的国家还制定了分类工程的管理法规，如英国 1930 年的《水库安全条例法》，日本 1972 年的《河川法》等。

在国内，中国西周时期就颁布了《伐崇令》，其中规定不准填水井，违令者斩。中华人民共和国成立以后，水利建设发展很快，建成了大量的水利工程。水利工程的管理及运用是水利事业的重要组成部分。制定水利工程的管理法规，是客观的需要。1961 年中国颁发的《关于加强水利管理工作的十条意见》，为以后制定各项水利工程管理法规提供了基础。1963 年、1964 年，水利电力部颁发了《水库工程管理通则（试行）》《闸坝工程管理通则（试行）》和《堤防工程管理通则（试行）》。1965 年，水利电力部制定《水利工程水费征收使用和管理试行办法》在全国试行。1979 年国务院颁发了《关于保护水库安全和水产资源的通令》。1981 年水利部又对水库、闸坝、堤防三个工程管理通则进行补充、修改，颁发了新的通则，取代了旧通则，并且相继颁发了一些新的决定、办法和规程。

1.4.3　我国现行的水利工程管理法规与条例

随着社会的发展与水利工程管理的不断完善，我国形成了相对完整的水利工程管理法规体系，既有全国性法规，又有地方性的规定与条例。现行的全国性管理法规和条例主要有以下几种。

（1）《水库工程管理通则》。由水利部颁布，于 1981 年 3 月 1 日起施行，是水库工程管理工作的一般性规定，适用于大型和中型水库工程。该通则共 9 章 80 条，各章题目依次为总则、管理单位的任务和职责、检查观测、养护修理、调度运用、科学实验和技术革新、经营管理、安全保卫、奖励与惩罚。内容包括：水库管理单位任务和主要工作内容的规定；要求建立的管理工作制度；各类建筑物检查内容、观测项目和要求；各类建筑物养护修理项目、技术措施和基本要求；水库调度运用基本要求和工作制度，防洪和兴利运用的任务，确定控制指标的依据；开展科学实验和技术革新，提高管理水平的要求；以及要求加强经营管理，提高经济效益等。

（2）《水闸工程管理通则》。由水利部颁布，于 1981 年 3 月 1 日起施行，是水闸工程管理工作的一般性规定，适用于大型和中型水闸。该通则共 9 章 55 条，各章题目依次为总则、管理单位的任务和职责、检查观测、养护修理、控制运用、科学实验和技术革新、经营管理、安全保卫、奖励与惩罚。主要是规定水闸管理单位各项业务管理和技术管理的任务及要求，基本内容与《水库工程管理通则》相同，其中突出了水闸技术管理的特点。

（3）《河道堤防工程管理通则》。由水利部颁布，于1981年3月1日起施行，是河道堤防管理工作的一般性规定，适用于国家管理的河道、调洪湖泊和堤防工程（包括江河堤防、湖堤、垸堤、海塘以及滞洪、蓄洪、行洪区围堤）。该通则共8章42条，各章题目依次为总则、管理单位的任务和职责、堤防工程、河道湖泊管理、防汛、绿化与经营管理、科学实验和技术革新、奖励与奖罚。基本内容是规定河道堤防管理单位各项业务管理和技术管理的任务及要求达到的标准等。明确管理单位的任务是：确保工程安全完整；充分发挥河道堤防工程行洪、排涝、输水、抗潮、抗风浪的能力和效益；开展绿化等综合经营，不断提高管理水平。主要工作是进行检查观测，掌握河道护岸、险工、堤防工程状态以及河势、溜势变化情况；进行养护修理，消除缺陷，维护工程完整，确保工程安全；及时掌握雨情、水情、工情，做好调度运用工作。强调以专业管理和群众管理相结合的组织形式进行管理工作；加强国家对重要江河堤防防汛及防洪运用的控制，实行高度集中统一，必须在上级主管部门或防汛指挥部门的指挥下进行工作；对涉及河道湖泊及堤防的社会活动，规定了严格的禁止事项；提倡堤防的绿化，要求大力进行植树造林，种植固堤草皮，以保护堤防。

（4）《灌区管理暂行办法》。由水利部颁布，于1981年11月7日起施行，是灌区管理工作的一般性规定，适用于国家管理的灌区（包括引水、蓄水、提水等灌区）。该办法共7章41条，各章题目依次为总则、灌区的组织体制、灌区的工程管理、灌区用水管理、灌溉试验与科学研究、灌区的经营管理、附则。主要内容包括：灌区委员会和灌区专管机构的任务和职责；灌区工程的管理范围和维修；灌溉用水管理的制度：开展灌溉试验和科学研究，提高科学管理水平的要求，以及要求加强经营管理，提高经济效益等。

（5）《水利水电工程管理条例》。由水利电力部于1983年4月20日颁布，是中国第一部水利水电工程管理的综合性法规，旨在加强国家机关对水利工程管理和使用的控制。《水利水电工程管理条例》适用于各级水利电力部门管辖的各类水利水电工程，包括：供水工程、防洪防潮工程、农田灌溉工程、水力发电工程，排水、防渍、治碱工程等。《水利水电工程管理条例》含总则、水利水电工程保护、水利水电工程综合利用、经营管理、组织体制和附则，共6章33条，基本内容包括制定水利水电工程管理的方针、政策、原则、任务、管理体制，以及组织机构和管理人员的职责等。明确河湖所属各流域机构，明确了各级水管部门（单位）分级负责管理全国的水利水电工程。水利水电工程分属全民所有和集体所有。管理单位的基本任务，是根据水利水电工程管理法规进行管理工作，确保工程安全，保护水源、防治水质污染，充分发挥工程效益，积极开展综合经营，不断提高科学管理水平和经济效益。

（6）《水利工程水费核订、计收和管理办法》。由国务院于1985年7月22日发布，自发布之日起施行。内容分为总则、核订水费标准的原则、水费的计收、水费的使用和管理、附则等5章，共19条。办法中规定：水利工程都应实行有偿供水，一切用水户都应向水利工程管理单位交付水费；各类用水的水费标准都应在核算供水成本的基础上，根据国家经济政策和当地水资源状况分别核定；用水单位要按规定日期交付水费，逾期不交的应加滞纳金，经一再催交无效，水利工程管理单位有权限制供水，直至停止供水。

(7)《中华人民共和国河道管理条例》(以下简称《条例》)。于 1988 年 6 月 10 日中华人民共和国国务院令第 3 号发布，根据 2011 年 1 月 8 日《国务院关于废止和修改部分行政法规的决定》第一次修正，根据 2017 年 3 月 1 日《国务院关于修改和废止部分行政法规的决定》第二次修正，根据 2017 年 10 月 7 日《国务院关于修改部分行政法规的决定》第三次修正，根据 2018 年 3 月 19 日《国务院关于修改和废止部分行政法规的决定》第四次修正。

(8) 其他。国家水利主管部门颁布的水利工程管理法规还有：水利电力部 1975 年 1 月颁布的《关于修好管好小型水库的几项规定》(试行)，水利部 1980 年 12 月制定的《土坝观测资料整编办法》，水利部 1981 年 6 月颁布的《水利工程管理单位编制定员试行标准》，水利部 1981 年 8 月颁布的《关于水利工程设计、施工为管理创造必要条件的若干规定》，水利部 1981 年 9 月颁布的《关于水利工程分级管理职责划分的若干规定》。

水利工程管理法规的颁布，对全国水利工程管理和水利立法起着积极促进作用。随着经济和科学技术的发展，已颁布的法规，需要不断进行修改、补充和完善，以适应客观的需要。

思　考　题

1. 管理的定义和内涵是什么？
2. 管理的职能有哪些？
3. 《中华人民共和国水法》的主要内容有哪些？
4. 《中华人民共和国水法》的特点是什么？
5. 简述《中华人民共和国水法》的基本原则。
6. 水资源保护的内容有哪些？
7. 《中华人民共和国水法》针对水利工程及其设施的保护主要有哪些方面？
8. 查阅相关资料，我国现行的地方性水利工程管理法规有哪些？

第2章 前期及建设期管理概述

【学习要求】 掌握工程建设前期准备的内容与工程建设控制；理解信息管理与环保安全；熟悉工程建设项目评价的内容与方法。

2.1 建设前期准备

工程项目，又称固定资产投资项目，是以固定资产形态表示的项目，如建设一个水利枢纽或一座水库等。

除一般项目的特征之外，工程项目常常具有投资消耗大、周期长、涉及部门多、程序严格、有很强的综合性等特点。

2.1.1 工程项目建设程序

项目建设程序，是指国家制定的工程项目从设想、选择、评估、决策、设计、施工、投入生产或交付使用的整个建设过程中，各项工作必须遵循的先后工作次序。项目建设程序是工程项目建设客观规律的反映，是建设项目科学决策和管理的重要保证。

2.1.2 工程项目前期管理

工程项目的前期管理，是指工程项目施工前的决策和计划阶段的项目管理，主要包括项目立项、可行性研究、规划设计和开工前的准备等工作。其中，项目建议书和可行性研究是纵览整个工程项目建设全局的两个重要阶段。

2.1.2.1 项目建议书

项目建议书也称立项报告，是建设单位向政府提出要求建设某一具体项目的建议文件，是国家规定的固定资产投资项目建设程序的第一步。项目建议书是建设单位通过对投资机会的研究，从项目建设的必要性出发，对拟建项目的初步轮廓设想。

项目建议书一般由项目建设单位（或项目法人，下同）委托有资质的咨询机构编制。

1. 项目建议书的内容

项目建议书的内容视项目的类型而繁简不一，根据 SL 617—2013《水利水电工程项目建议书编制规程》，水利工程项目建议书的内容和深度应符合下列要求：

（1）论证项目建设的必要性，基本确定工程任务及综合利用工程各项任务的主次顺序，明确本项目开发建设对河流上下游及周边地区其他水工程的影响。

（2）基本确定工程场址的主要水文参数和成果。

（3）基本查明影响工程场址（坝址、闸址、泵站）及输水线路比选的主要工程地质条件，初步查明主要建筑物的工程地质条件。对天然建筑材料进行初查。

（4）基本确定工程规模、工程等级及设计标准和工程总体布局。

(5) 基本选定工程场址（坝址、闸址、厂址、站址等）和线路，基本选定基本坝型，初步确定工程总体布置方案及其他主要建筑物型式。

(6) 初步选定机电设备及金属结构的主要设备型式与布置。

(7) 基本选定对外交通运输方案，初步选定施工导流方式和料场，拟定主体工程主要施工方法和施工总布置及总工期。

(8) 基本确定工程建设征地的范围，基本查明主要淹没实物，拟定移民安置规划。

(9) 分析工程建设对主要环境保护目标的影响，提出环境影响分析结论、环境保护对策措施。

(10) 分析工程建设对水土流失的影响，初步确定水土流失防治责任范围、水土流失防治标准和水土保持措施体系及总体布局。

(11) 分析工程能源消耗种类、数量和节能设计的要求，拟定节能措施，对节能措施进行节能效果综合评价。

(12) 基本确定管理单位的类别，拟订工程管理方案，初步确定管理区范围。

(13) 编制投资估算。

(14) 分析工程效益、费用和贷款能力，提出资金筹措方案，评价项目的经济合理性和财务可行性。

2. 项目建议书前需要做的工作

(1) 申请规划要点。

(2) 取得建设项目选址地形图（城近郊为 1∶1000；远郊区县为 1∶2000）。表明建设占地范围和占地范围内及附近地区地上建筑物现状。

2.1.2.2　可行性研究报告

项目的可行性研究是对拟建项目在技术和经济上是否可行进行的分析论证和评价。经过对项目在技术上是否先进、适用、可靠，规模上是否合理，经济上是否能得到预期效益等各方面进行系统的分析、论证，通过多方案比较，提出评价意见。通过可行性研究报告，向政府和项目建设单位推荐最佳方案。

可行性研究的根本目的是实现项目决策的科学化、民主化，减少或避免投资决策的失误，提高项目的经济效益、社会效益和环境效益。

1. 可行性研究的作用

可行性研究既是项目投资决策、筹集建设资金的依据，也是投资方与有关部门签订协议、合同的依据，又是编制下阶段规划设计的依据。

可行性研究报告可由项目建设单位委托有资质的咨询机构编制。

2. 可行性研究报告的内容

可行性研究报告应能充分反映项目可行性研究工作的成果，内容齐全，结论明确，数据准确，论据充分，满足决策者定项目、定方案的要求。

根据水利部 SL 618—2013《水利水电工程可行性研究报告编制规程》，项目可行性研究报告的主要内容和深度应符合下列要求：

(1) 论证工程建设的必要性，确定工程的任务及综合利用工程各项任务的主次顺序。

(2) 确定主要水文参数和成果。

（3）查明影响方案比选的主要工程地质条件，基本查明主要建筑物的工程地质条件，评价存在的主要工程地质问题，对天然建筑材料进行详查。

（4）确定主要工程规模和工程总体布局。

（5）选定工程建设场址（坝址、闸址、厂址、站址和线路）等。

（6）确定工程等级及设计标准，选定基本坝型，基本选定工程总体布置及其他主要建筑物的型式。

（7）基本选定机电和金属结构及其他主要机电设备的型式和布置。

（8）初步确定消防设计方案和主要设施。

（9）选定对外交通运输方案、料场、施工导流方式及导流建筑物的布置，基本选定主体工程主要施工方法和施工总布置，提出控制性工期和分期实施意见，基本确定施工总工期。

（10）确定工程建设征地的范围，查明淹没实物，基本确定移民安置规划，估算移民征地补偿投资。

（11）对主要环境要素进行环境影响预测评价，确定环境保护对策措施，估算环境保护投资。

（12）对主体工程设计进行水土保持评价，确定水土流失防治责任范围、水土保持措施、水土保持监测方案，估算水土保持投资。

（13）初步确定劳动安全与工业卫生的设计方案，基本确定主要措施。

（14）明确工程的能源消耗种类和数量、能源消耗指标、设计原则，基本确定节能措施。

（15）确定管理单位类别及性质、机构设置方案、管理范围和保护范围等。

（16）编制投资估算。

（17）分析工程效益费用和贷款能力提出资金筹措方案，分析主要经济评价指标，评价工程的经济合理性和财务可行性。

2.1.3 工程项目前期管理发展趋势

随着我国改革开放的深入，市场经济体制的逐步发育和完善，针对工程项目管理出台了众多改革措施，下面将分析近几年我国和北京市部分有影响的前期管理政策举措。

2.1.3.1 建立工程建设新型管理体制

通过对传统管理体制的改革，我国已呈现了新型工程项目建设管理体制，主要变化有：

（1）项目法人责任制：建立了投资约束机制，规范了项目法人的行为，明确其责、权、利，坚持了“谁投资、谁受益、谁承担风险”的原则。

（2）项目咨询评估制：增加了项目建议书、可行性研究和评估等系列性工作，使得决策科学化、民主化有了可能。

（3）工程招标投标制：将市场竞争体制引入工程建设之中，在投资建设项目的勘察、设计、施工、监理、重要设备材料采购等方面推行招标投标制。

（4）建设监理制：引入“第三方”，工程项目建设出现了项目业主、承建商、监理单位直接参加的“三方”管理体制，组织格局出现了变化：这些新型管理体制使得我国工程建设进一步顺应了市场经济的要求，并且与国际惯例基本趋于一致。

2.1.3.2 改革非政府投资建设项目的审批制度

为优化投资环境，促进经济发展，国家和北京市政府都对非政府投资建设项目计划审批管理进行了改革。

关于非政府投资建设项目立项审批（包括项目建议书和可行性研究报告批复），制定了《固定资产投资建设项目指导目录》和《外商投资建设项目指导目录》。

对于禁止类建设项目，一律禁止审批立项。

对国家规定由国家职能部门和市政府审批类的非政府投资建设项目，继续由市计委审批立项，或由市计委审核后报国家发展改革委审批。

对不属于上两类的非政府投资建设项目，下放或取消立项审批，实行登记备案制。

2.1.3.3 项目资本金制度

项目资本金，是指工程项目总投资中，由投资者认缴的出资额，是非债务性资金。项目法人不承担这部分资金的任何利息和债务，不得以任何方式抽回。

为了建立投资风险约束机制，有效地控制投资规模，提高投资效益，从 1996 年起，国务院决定对各类经营性投资项目（包括国有单位的基本建设、技术改造、房地产开发项目和集体投资项目），试行资本金制度，投资项目必须首先落实资本金才能进行建设。根据不同行业和项目的经济效益等因素，确定项目资本金占总投资的比例。

2.1.3.4 调整工程项目建设费用

工程项目的总投资一般包括建筑安装工程费、机械设备费、建设费用和不可预见费等。随着国家对建设项目管理政策的不断调整，建设费用的组成及各部分比例也产生了较大的变化。

2.1.3.5 积极推行“代建制”项目管理模式

“代建制”是指国家投资的专用项目或大型公共设施项目通过直接委托和招投标等方式，确定一个合适的项目建设单位，用合同或协议来规定委托方和受托方的权利、责任和义务。

“代建制”是我国基本建设投资方式改革的一次尝试，其优点是政府不养人，用市场化的方式运作项目，通过市场公开、公平、公正的招标投标方式，将政府投资的建设项目委托给有资格、有实力、有信誉的中标单位代建，并通过协议或合同的形式规定委托方和受托方的责、权、利。受托方全权负责该项目的建设管理，委托方对承建单位依法进行监督和考核。

代建制工程与传统建设工程的运作模式相比，在形式上的变化是由过去的建设、管理、营运三合为一转变为投资、建设、管理、营运四分开的全新运作模式。在这种项目管理模式中，投资者和建设者完全分离，有效地防止了腐败，投资主体明确，建设责任到位，项目产权清晰，大大提高了项目的经济效益和运作效率。

2.2 工程建设控制

工程项目管理贯穿于整个项目全过程。在建设阶段，通过质量控制、投资控制、进度控制、合同管理、信息管理和环境保护控制等各项具体活动，保证工程项目目标的实现。

2.2.1 质量控制

质量控制是指为保证和提高工程质量，运用一整套质量管理体系、手段和方法所进行的系统管理活动。

2.2.1.1 质量控制的工作程序和特点

质量控制遵循科学的工作程序，即 PDCA 循环，它是计划、执行、检查、处理四个阶段的简称。

计划（Plan）阶段：主要确定任务、目标、计划、管理项目和拟定措施等，分析现状和产生质量问题的原因，制订计划和有效的技术组织措施，提出目标和相应的执行计划。

执行（Do）阶段：主要根据工程目标、质量标准及施工规范按已确定的行动计划组织实施。

检查（Check）阶段：计划与实际相比较，分析存在的问题，调查执行效果。

处理（Action）阶段：总结经验教训，不断提高施工技术和管理水平，并形成制度化和纳入规程，对于存在和未解决的问题，转入到下一管理循环。

PDCA 循环是一周而复始、不断螺旋形循环和阶梯形上升的质量管理方法，目的在于促使工作质量、产品质量和管理水平不断提高，如图 2.1 所示。

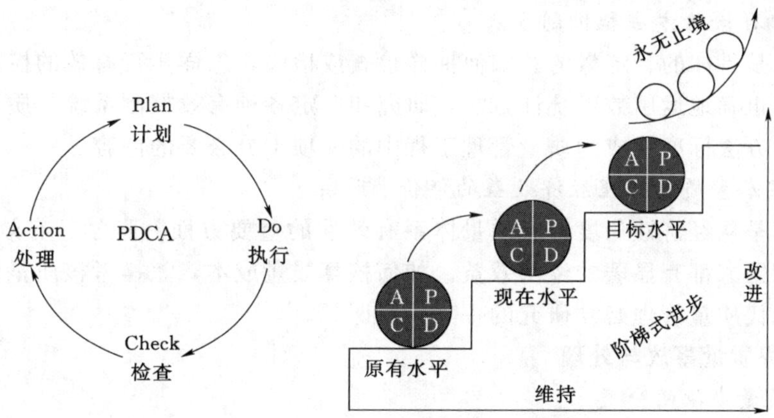

图 2.1　全面质量管理 PDCA 循环图

质量控制的特点表现在如下几方面：

（1）全面的质量控制。质量包括技术指标和适用性、安全性、经济性等综合性质量指标，质量控制包括工程质量和影响质量的工作质量。

（2）全过程的质量控制。如人、机械、材料、方法、环境等影响及施工中每一道工序和每一环节进行管理而形成严密的质量管理体系。

（3）全员的质量控制。动员和组织各部门及全体人员，明确岗位责任，确保工作质量和工程质量。

（4）多种多样的质量控制方法。运用现代科技和先进的理论方法，如概率论、数理统计等，依靠数据资料作出判断和采取有效措施，质量控制工作由定性控制发展为定量控制。

2.2.1.2　质量控制的内容

水利工程施工质量管理从全面质量管理的观点来分析，主要有以下几个内容。

1. 质量管理的基础工作

质量管理的基础工作是标准化、计量、质量信息与质量教育工作，此外还有以质量否决权为核心的质量责任制。

2. 质量体系的设计

质量管理首先要设计或决策科学有效的质量体系，无论是国家、地方、企业或某组织、单位的质量体系设计，都要从实际情况和客观需要出发，合理选择质量体系要素，编制质量体系文件，规划质量体系运行布置和方法，并制定考核办法。

3. 质量管理的组织体制和法规

从我国具体国情出发，研究各国质量管理体制、法规，提炼出具有我国特色的质量管理体制和法规体系，如质量管理组织体系、质量监督组织体系、质量认证体系等，以及质量管理方面的法律、法规和规章等。

4. 质量管理的工具和方法

质量管理的基本思想是全面质量管理，基本数学方法是概率论和数量统计方法，由此而总结出各种常用工具，如排列图、因果分析图、直方图、控制图等。

5. 质量抽样检验方法和控制方法

质量指标是具体的、定量的。如何抽样检查或检验，怎样实行有效的控制，都要在质量管理过程中正确地运用数理统计方法，研究和制定各种有效控制系统。质量的统计抽样工具——抽样方法标准就成为质量管理工程中的一项十分必要的内容。

6. 质量成本和质量管理经济效益的评价、计算

质量成本是从经济性角度评定质量体系有效性的重要方面。科学、有效的质量管理，对企业单位和国家都有显著的经济效益。如何核算质量成本，怎样考核质量管理水平和效果，已成为现代质量管理必须研究的一项重要课题。

2.2.1.3　工程质量事故与处理

1. 工程质量事故的分类

工程质量事故是指在水利工程建设过程中，由于建设管理、监理、勘测、设计、咨询、施工、材料、设备等原因造成工程质量不符合规程规范和合同规定的质量标准，影响使用寿命和对工程安全运行造成隐患和危害的事件。按直接经济损失的大小，检查、处理事故对工期的影响时间长短和对工程正常使用的影响，可分为如下几类。

（1）一般质量事故。一般质量事故是指对工程造成一定经济损失，经处理后不影响正常使用并不影响使用寿命的事故。

（2）较大质量事故。较大质量事故是指对工程造成较大经济损失或延误较短工期，经处理后不影响正常使用但对工程寿命有一定影响的事故。

（3）重大质量事故。重大质量事故是指对工程造成重大经济损失或较长时间延误工期，经处理后不影响正常使用但对工程寿命有较大影响的事故。

(4) 特大质量事故。特大质量事故是指对工程造成特大经济损失或长时间延误工期，经处理后仍对正常使用和工程寿命造成较大影响的事故。

2. 质量事故处理

(1) 质量事故处理的原则。发生质量事故，必须坚持“事故原因不查清楚不放过、主要事故责任者和职工未受到教育不放过、补救和防范措施不落实不放过”的原则，认真调查事故原因，研究处理措施，查明事故责任，做好事故处理工作。

(2) 质量事故处理的职责划分。水利工程质量事故处理实行分级管理的制度。发生质量事故，必须针对事故原因提出工程处理方案，经有关单位审定后实施。

1) 一般质量事故，由项目法人负责组织有关单位制定处理方案后实施，报上级主管部门备案。

2) 较大质量事故，由项目法人负责组织有关单位提出处理方案，经上级主管部门审定后实施，报省级水行政主管部门或流域机构备案。

3) 重大质量事故，由项目法人负责组织有关单位提出处理方案，征得事故调查组意见后，报省级水行政主管部门或流域机构审定后实施。

4) 特大质量事故，由项目法人负责组织有关单位提出处理方案，征得事故调查组意见后，报省级水行政主管部门或流域机构审定后实施，并报水利部备案。

特别指出，事故处理需要进行设计变更的，需原设计单位或有资质的单位提出设计变更方案。需要进行重大设计变更的，必须经原设计审批单位审定后实施。

事故部位处理完成后，必须按照管理权限经过质量评定与验收后，方可投入使用或进入下一阶段施工。

2.2.2 投资控制

成本控制应从工程投标报价开始，直至项目保证金返还为止，贯穿于项目实施的全过程。成本作为项目管理的一个关键性目标，包括责任成本目标和计划成本目标，它们的性质和作用不同。前者反映公司对施工成本目标的要求，后者是前者的具体化，两者把施工成本管理在公司层和项目经理部的运行有机地连接起来。

施工成本是指在建设工程项目的施工过程中所发生的全部生产费用的总和，包括：所消耗的原材料、辅助材料、构配件等费用；周转材料的摊销费或租赁费；施工机械的使用费或租赁费；支付给生产工人的工资、资金、工资性质的津贴；以及进行施工组织与管理所发生的全部费用支出等。

2.2.2.1 施工成本管理的任务与措施

施工成本管理应根据国家、水利行业有关工程建设法规、技术规程、技术标准及设计文件和施工合同在保证工期和质量满足要求的情况下，利用组织措施、经济措施、技术措施、合同措施把成本控制在计划范围内，并进一步寻求最大程度的成本节约。施工成本管理的任务和环节主要包括成本预测、成本计划、成本控制、成本核算、成本分析和成本考核。

施工阶段影响投资的主要因素是施工工期、工程质量成本、人工成本、材料成本、机械使用成本和施工管理费。在控制投资时，主要控制工程成本、总工期、施工索赔及工程变更等。

2.2.2.2　施工成本预测

施工成本预测是根据成本信息和施工项目的具体情况，运用一定的专门方法，对未来的成本水平及其可能发展趋势作出科学的估计，其是在工程施工以前对成本进行的估算。通过成本预测，选择成本低、效益好的最佳成本方案，并能够在施工项目成本形成过程中，针对薄弱环节，加强成本控制，克服盲目性，提高预见性。

施工成本预测是施工项目成本决策与计划的依据。通常是对施工项目计划工期内影响其成本变化的各个因素进行分析，比照近期已完工的施工项目或即将完工的施工项目的成本（单位成本），预测这些因素对工程成本中有关项目（成本项目）的影响程度，预测出工程的单位成本或总成本。

2.2.2.3　施工成本计划

施工成本计划是施工项目成本控制的一个重要环节，是实现成本管理任务的指导性文件。编制施工成本计划，需要广泛收集相关资料并进行整理，以作为施工成本计划编制的依据。施工成本计划的编制依据包括如下内容：

（1）投标报价文件。

（2）企业定额、施工预算。

（3）施工组织设计或施工方案。

（4）人工、材料、机械台班的市场价格。

（5）企业颁布的材料指导价、企业内部机械台班价格、劳动力内部价格。

（6）周转设备内部租赁价格、摊销损耗标准。

（7）已签订的工程合同、分包合同。

（8）结构件外加工计划和合同。

（9）有关财务成本核算制度和财务历史资料。

（10）施工成本预测资料。

（11）拟采取的降低施工成本的措施。

（12）其他相关资料。

根据有关设计文件、工程承包合同、施工组织设计、施工成本预测资料等，按照施工项目应投入的生产要素的变化和拟采取的各种措施，估算施工项目生产费用支出的总体水平，进而提出施工项目的成本计划控制指标，确定目标总成本。目标成本确定后，应将总目标分解落实到各个机构、班组及便于进行控制的子项目或工序。

目前我国的建筑安装工程费由直接费、间接费、利润和税金组成。有的将施工成本按成本组成分解为人工费、材料费、施工机械使用费、措施费和间接费。施工成本计划的编制须以成本预测为基础，关键是确定目标成本。

2.2.2.4　施工成本控制与措施

施工中造成成本差异的原因较多，如施工现场条件变化、资源供应、设计变更、质量事故及临建工程增加等。施工成本控制是指在施工过程中，对影响施工成本的各种因素加强管理，并采取各种有效措施，将施工中实际发生的各种消耗和支出严格控制在成本计划范围内，随时揭示并及时反馈，严格审查各项费用是否符合标准，计算实际成本和计划成本之间的差异并进行分析，进而采取多种措施，消除施工中的损失浪费现象。

施工成本控制贯穿于项目从投标阶段开始直至竣工验收的全过程，可分为事先控制、事中控制（过程控制）和事后控制。在项目的施工过程中，需按动态控制原理对实际施工成本的发生过程进行有效控制。

工程中成本控制一般根据目标成本（如施工预算），将任务逐步分解，如企业、工区、施工队（班组）等，对实际成本的形成过程进行监督和管理，将费用开支加以合理控制。施工阶段成本管理与控制主要应加强合同管理、岗位和成本责任制管理、工程变更与索赔管理、信息管理、竣工决算管理等工作。现简要分述如下。

1. 合同管理

施工合同是协调项目法人（建设单位）与施工单位间的相互关系，明确责任和互相制约、共同促进为完成施工任务的法律性文件。特别要求施工企业加强合同管理，提高合同履约意识，它与提高企业的经济效益，保证利润目标的实现，有着极为密切的联系。

合同管理要求按合同规定的工期、质量和投资组织施工，使合同实施按预定的计划和方向顺利进行。要求及时检查工程进度情况，已完工程质量检验及措施执行情况，工程款支付及材料、设备供应情况，定期进行合同履约情况分析，纠正施工中偏离合同的现象。

工程成本控制和工程质量、进度密切相关。在工程质量保证的前提下，为便于进行成本控制，常进行计划费用、实际费用和进度比较，绘制工程进度与成本管理曲线，对工程未来的发展作出预测，估计其超支、节约或拖后的情况，以便进行适时调控。

2. 岗位和成本责任制管理

在工程管理中要明确制定和完善岗位质量规范，落实质量责任制。在成本管理中应做好以下工作：

（1）建立和完善管理制度，严格执行施工组织设计及各项降低成本的措施。

（2）落实成本责任制，进行检查、分析和改进。根据工程进展情况，分析人工费、材料费、机械使用费节超原因，以便采取措施进行处理。

（3）建立材料限额领料制度，进行成本核算。

3. 工程变更与索赔管理

水利工程施工涉及面广，技术复杂且工期较长，可能会发生工程变更，如设计图纸、施工时间、工程数量、技术规范等变更及合同条件的修改。任何部分的工程变更，业主监理工程师和承包商均可以提出，但须经监理工程师批准并发出有关的变更指令。

工程变更的程序为提出工程变更、审查工程变更、编制工程变更文件等。工程变更文件包括如下内容：

（1）工程变更令。说明工程变更的理由、工程变更估价等情况。

（2）工程量清单。填写项目变更前后的单价、数量和金额及确定有关单价的资料。

（3）设计图纸。应包括计算书及技术标准等内容。

（4）其他文件。和工程变更有关的函件列入工程变更文件中。

索赔与反索赔工作在工程建设中越来越受到重视，可以认为索赔是一种管理手段，是施工合同履行中的促进剂。工程索赔一般有：

(1) 工程变更引起的索赔。

(2) 承包商自身以外的原因造成工程延误引起的索赔。如延期发出图纸、延期提供施工用地等。

(3) 承包商遇到无法预见的不利自然条件，或人为障碍引起的费用索赔。

索赔工作是一项较为复杂的工作，应遵循合同、实事求是等原则，按有关规定和程序进行。

4. 竣工决算管理

竣工决算包括项目从筹建到竣工验收投产的全部实际支出费，是考核竣工项目概预算与基建计划执行情况及分析投产效益的依据。对于总结基本建设经验，降低建设成本，提高投资效益具有重要的价值。

日常管理和竣工决算应注意以下几点：

(1) 施工中原始资料分类立卷收集和整理。如图纸会审记录、修改或变更设计通知书、隐蔽工程检查验收证书、工程签证单及其他材料，做好竣工验收准备工作。

(2) 做好工程有关物资、账务和债权债务等工作，正确编制年度财务决算。

(3) 做好竣工决算报告。如竣工平面示意图、竣工决算说明书等。其中主要有概预算与工程计划执行情况，投资使用和基建支出情况，工程费用分配和投资分摊等。

结合工程实际，在成本管理中可进一步采取如下措施：

(1) 根据施工组织设计，合理安排劳力，以提高工效。

(2) 强化材料采购、运输、保管及使用等环节，减少损耗。

(3) 做好机械设备日常保养和维修，提高施工机效。

(4) 积极推广和采用新技术、新工艺，不断提高施工技术和水平。

(5) 严格执行各项管理制度，明确各级施工成本管理人员的任务和职能分工、权利和责任，确保施工顺利进行。

特别指出，施工成本管理是一个系统工程，要及时抓好成本考核工作。通过定期和不定期的成本考核，督促各责任部门和责任者更好地完成自己的责任成本，形成实现项目成本目标的层层保证体系，并通过成本考核这一环节，贯彻落实责、权、利相结合的原则，完成施工项目的成本目标。

2.2.3　进度控制

2.2.3.1　进度控制的任务与要求

1. 进度控制

进度控制是根据工程施工组织设计和现有技术条件与水平等因素，进行全面和综合的管理，确定未来一段时间内应达到的目标，分析和筹划实现目标的一切资源、条件，制订方案和具体时间安排等。一般通过施工计划编制、计划的实施及信息反馈等，适时调整，完成预期目标。

进度控制的职能要求施工单位在组织施工的各个工作环节中进行全员性的科学管理，如施工准备、施工到竣工验收等阶段，使各项工作纳入正常轨道，进而实施有效的管理。如大坝、电站厂房、隧洞等施工均需制定一个周密的计划，即根据项目目标的要求，对项目实施的各项活动作出周密安排。工程施工过程中，严密的计划和科学的组织管理显得尤为重要。

2. 进度控制的任务

进度控制的任务是利用现代技术和管理手段，科学合理地使用人力、物力和财力，以生产、经营活动为主体，制定各项专业计划，并经平衡协调形成一个完整的综合计划，在执行中不断改善施工生产经营活动的各项技术经济指标，确保施工各环节有计划地进行。

为确保高效管理和目标实施，进度控制应注意以下几点：

(1) 各项计划应动态调控，并有利于总目标的实现。

(2) 执行各项计划时，特别注意时间上的相互衔接和连贯性。

(3) 强调各项计划的效率和实际效果，指导各项活动顺利进行。

2.2.3.2 进度计划编制

工程中常根据工程规模和工程施工期的长短来考虑编制要求。如根据施工总进度要求，编制年度施工计划、季度施工计划和月度施工计划等。

施工计划的编制由计划部门负责，虽在具体项目、内容、指标方面有不同要求，但编制步骤大致相同。一般包括确定目标、资料收集和准备、计划分析与评价、计划决策等几个过程。

施工措施计划是施工组织设计中各项进度安排的具体化，可按年度、专题或分部分项进行编制。

在年度施工措施计划中，应明确主要施工任务，常以截流、防汛、拦洪、蓄水、发电等为中心，提出基础工程和各项建筑物需完成的工程量和形象进度，并安排物资器材供应、机械设备调配及劳力、临时工程等计划。

工程中重大施工任务如施工导流、截流、蓄水、发电及复杂地基处理时常需编制专题施工措施计划，着重于对技术措施的分析和安排。

分部分项（单元）施工措施计划由基层施工单位编制，是具体安排施工的行动计划。

以编制年进度计划和月进度计划为例，一般应掌握如下原则：

(1) 短期进度计划须根据长期进度计划编制。年进度计划和月进度计划须对各指导周期内的各工作项目作出协调安排，统筹考虑各种资源，使周期总效益最高。

(2) 按基本建设程序和施工程序办事，确保施工秩序和文明施工。

(3) 责任明确，指标分管及便于检查控制。

(4) 进度网络计划逻辑清楚，切合实际和便于执行。

此外，编制施工作业计划时，由于其直接指导施工，要求深入现场调查研究，同时计划中应列出计划期内完成的工程项目、实物工程量，完成计划任务的资源需要量及提高劳动生产率、降低成本等措施。

2.2.3.3 进度计划控制

施工进度计划控制是一个动态过程。影响因素有人为因素、技术因素、材料和设备因素、地基因素、资金因素、气候及环境因素等，以施工单位为例，影响进度计划如施工组织设计的编制、生产能力和管理素质、投入人力及分包施工单位的进度保证能力等，此外，还包括不可预见事件的发生如工程事故、恶劣气候等。

可见，计划实施过程中，在科学组织调度保证其有节奏和均衡地进行施工的同时，应根据计划实施反馈信息，了解工程进展情况，并组织有关部门及时检查，发现某一阶段或某一工序施工进度与计划有偏离时，要积极寻找原因，及时协调和调整，并制定出因工程条件发生变化的应变措施，修改和完善原有施工计划，使施工计划真正起到组织施工活动的作用。

计划调控时，常根据施工需要，绘制工程进度管理、材料供应管理等曲线，以便对工程进度、材料等进行适时控制。

施工进度控制时，可采用以下几种方法。

1. 横道图

采用横道图可将计划进度与实际进度表示出来，通过比较直观地了解工程进展情况，工程中常用实线（粗实线）、虚线或双线分别表示实际进度和计划进度。此法的不足在于难以反映出进度的差距和某工序对其他工序和整个工程的影响。利用横道图控制大而复杂的工程进度时较为困难。

为此，工程应用将传统横道图与网络图结合起来成为新横道图。其根据网络计划编制，但与网络计划表达形式不同，主要保留了计划中明确的工作逻辑关系和各工作的时间参数的正确表达。

2. 工程进度管理曲线

以横轴表示工期，以纵轴表示工程进度参数的累计量（如工程量、施工强度等），图上可分别绘出实际曲线和计划曲线，从而可看出实际进度和计划进度的差距，在一定程度上克服了横道图表示法的不足，但仍难以直接反映出某项作业滞后对其他作业和整个工程的影响。

由于实际进度曲线随工程条件和管理条件而变化，工程中常使实际进度曲线保持在一定的安全区域（即控制曲线的允许上、下限）内，以便进行施工进度控制。该区域为满足施工管理基本条件而适时调整施工进度曲线的变化范围。

3. 网络计划技术

利用现代网络计划技术管理施工进度，可在计划网络图上直接表示实际进度，由反馈的信息及时进行施工进度调整。对施工进度的控制比较方便，也有利于施工管理，是进行适时控制的有效手段。

按网络图绘制的计划进度管理曲线，通常用最早时间、最迟时间分别绘出两条资源累计曲线，其形似香蕉，又称香蕉曲线。

需指出，在进度管理工作中，一方面要科学编制计划，另一方面也要采取可行措施，加强管理，以保证各项工作和任务顺利进行。

要及时了解工程进展情况，可采取如下措施：

（1）建立定期例会制度。分析工程实施情况，不断总结经验教训，提高施工和管理水平。

（2）加强施工调度与管理。按施工计划调度劳力、材料和机械设备，发现问题及时解决。

（3）建立定期检查制度。直观检查工程实际的施工进展情况及质量、安全、文明施工等，了解计划实施和存在的问题。

(4) 加强机械维修管理。现代水利工程对施工机械的要求越来越高，综合机械化施工已成为必然趋势，应有计划地对施工机械和设备进行保养，如润滑、调整、检查和修理等，以提高工效，满足施工的需要。

(5) 强化基本资料整理和统计工作。应利用现代工具和手段进行管理，科学地归类分析与整理。在计划管理中，施工进度统计是统计工作的中心，消耗统计是经济核算的关键，质量统计是工程顺利施工的根本。要重视和发挥统计工作的作用，利用基本数据和资料为工程施工服务。

2.3 合同管理与环保安全

2.3.1 合同管理

合同是契约的一种，是法人与法人之间、法人与公民之间以及公民与公民之间为实现某个目的确定相互的民事权利义务关系而签订的书面协议。建设工程合同，又称建设工程承包合同，是指承包人进行工程建设、发包人支付价款的合同。

合同管理，是指对每个合同的签订、履行、变更和解除等过程的控制和管理，以及对所有合同进行筹划的过程。

合同管理涉及的内容十分广泛，包括全部监督、管理和协调服务工作，狭义的合同管理是指合同的行政管理工作。合同管理的内容主要包括以下几个方面。

2.3.1.1 风险管理

风险一般是指在从事某项特定活动的过程中，由于存在不确定性而产生的经济或财产损失、自然破坏或损伤的可能性，也可定义为我们预期的目标和实际的差距。

风险管理的主要任务就是分析处理由不确定性产生的各种问题的一系列方法，包括风险因素辨识、风险评价和风险控制。

施工中，承包人的风险很多。如：实际单价与工程量清单上的单价不同；承包人负责提供的设备、材料、劳务等的延误；承包人单位职工的怠工或罢工；一般天气问题；工地事故；发包人的过失和违约；发包人不按时付款；监理人处事不公；投标报价失误等。国际工程还有货币兑换、政局动荡、法律变化、语言不熟悉及对工程说明及规范理解不正确等风险。承包人对风险管理要做好以下工作：

(1) 在合同签订前对风险作全面分析和预测。分析施工中可能出现的风险类型及种类；风险发生的可能性、时间、分布规律；风险发生对工程的工期和费用的影响等。

(2) 对风险进行有效的对策和计划。即考虑如果风险发生应采取什么措施防止或降低它的不利影响，为风险作组织、技术、资金等方面的准备。

(3) 在合同实施中对可能发生或已发生的风险进行有效的控制。如采取措施防止或避免风险的发生；有效地转移风险，争取让其他方面承担风险造成的损失；降低风险的不利影响，减少自己的损失；在风险发生的情况下进行有效的决策，对工程施工进行有效控制，保证工程项目的顺利实施。

风险管理要求各个方面、各个层次的管理者建立风险意识、重视风险问题，防患于未然，并在各个阶段、各个环节上实施有效的控制，形成一个前后衔接的管理过程。风险管理的目的不是消灭风险，在施工中大多数风险是不可能由项目管理者消灭和排除的，而是对风险进行有准备的、理性的实施，减少风险的损失。

2.3.1.2　合同资料的文档管理

在施工中与合同相关的资料有很多，其形式多样，主要有如下内容：

（1）合同文本、招投标文件、备忘签约（备忘录、修正案）、已认可的工程实施计划、各种图纸、技术规范等。

（2）报价文件：包括各种工程预算和其他作为报价依据的资料。

（3）来往信函：包括变更通知、承包人问题答复等。

（4）各种会议纪要。

（5）施工进度计划和实际施工进度记录。

（6）工程照片，尤其是隐蔽工程照片。

（7）气候报告。

（8）工程中的各种检查报告和各种技术鉴定报告。

（9）工地交接记录：包括图纸和各种资料的交接记录。

（10）材料、设备采购、订货、运输、进场、使用方面的记录、凭证和报表。

（11）市场行情资料，如价格、汇率、物价指数等。

（12）各种会计核算资料：包括工资单、工资报表、工程款凭证、各种收付款原始凭证、管理费用报表、工程成本报表等。

（13）施工现场的工程文件，如施工记录、备忘录、施工日报、工长或检查员的各种日记、监理人填写的施工记录和各种签证等。

（14）国家法律法规、规范、标准文件、国家政策性文件等。

施工合同管理对资料、文档的管理要求，主要是合同资料的收集、整理加工、保存和资料的提供、调用和输出。在施工过程中，资料的收集应由有关人员负责，并把收集到的原始资料报送给合同管理人员。合同管理人员对这些资料进行加工整理。采用科学的方法，利用计算机对资料进行信息处理，如建立索引、排序工作；利用数学计算、数学分析和统计方法，对资料进行分析，分析资料的真实性和准确性。

2.3.1.3　合同变更和索赔管理

合同变更、索赔对工程造价的影响非常大。因此，合同变更、索赔管理是施工合同管理的重要组成部分，也是在市场竞争非常激烈的环境下，水利水电施工企业获得经济效益的重要手段。

1. 合同变更

合同变更是指在合同成立之后履行完毕之前，当事人经过协商对原合同进行修订或调整的行为。在施工过程中，对于变更的解决，应严格按规定要求执行。

引起施工合同变更的原因很多，通常有以下几个方面：施工现场条件的变化，如地下的水文地质条件变化等；设计变更；工程范围发生变化；进度计划的变化，一般是指约定的或监理人批准的完工时间、施工顺序发生变化。

2. 变更处理的要求

(1) 要求尽快对变更作出决定。在施工过程中，变更决策的时间过长或变更程序太慢，承包人将会受到损失。一是等待变更指令或变更会谈决议，可能造成施工停止。如不是承包人的责任，通常可以提出索赔；二是变更指令不能迅速做出，施工继续进行，可能造成更大的返工损失。因此，合同管理人员应会同有关人员，督促发包人或设计单位、监理人等，对变更问题尽快解决，要求监理人尽快下达变更指令。

(2) 迅速、全面、系统地落实变更指令。一是要求修改相关文件，使合同文件能反映变更后的内容；二是要求承包人相关人员落实变更指令，提出相应措施，对出现的问题认真研究并作出对策。水利水电工程变更经常发生，有时因为时间紧张，难以详细地进行计划分析，而造成安排、协调方面的漏洞，导致损失。这种损失往往被认为是承包人管理失误造成的，难以得到补偿。因此，要求合同管理人员对变更迅速进行落实和执行，进行合同的跟踪和监督，并以最新的合同内容作为目标进行管理，避免造成损失。

(3) 对合同变更的影响作进一步分析。合同变更往往是索赔的机会。在变更过程中应注意记录、收集、整理涉及变更事件的文件资料，分析变更与原合同的不同之处，发现索赔事件，在索赔规定的时间内，及时提出索赔申请。同时，这些文件资料也可以作为索赔的证据。

3. 合同变更中注意的问题

发包人、监理人的口头变更指令在索赔中是无效的，应索取书面确认书。

监理人不能超越监理权限，否则做出的变更指令必须得到发包人的书面确认。这种情况，只有发包人的书面确认，才能作为工期和费用索赔的依据。

工程变更不能免去承包人的合同责任。承包人对收到的变更指令，特别是在图纸上做出的修改意见，应予以核实。对涉及双方责权利关系的重大变更，必须有发包人的书面指令、认可，或双方签订变更协议。

工程变更不能超过合同规定的工程范围，如超过范围，承包人有权不执行变更或坚持价格签订后再进行变更。

在变更处理程序上，尽可能地采取对承包人有利的对策，如控制施工进度等待变更谈判结果，这样有利于价格谈判，同时也可减少损失。在费用方面，可争取按计日工资支付或按实际费用支出进行费用计算，可以避免价格谈判中的争执。应保存完整的变更实施的记录和照片，并请监理人签字，为索赔提供依据。

施工中发现图纸错误或问题，应通知监理人。应当明确“对任何变更”承包人都不能擅自做主，自作主张可能得不到应有的补偿。

在施工中，要求对任何合同变更都应经过合同管理人员，或由合同管理人员提出。其目的是要求合同管理人员对变更进行研究，并进行技术和法律方面的审查。这样可以保证任何变更都在控制中，避免出现合同问题。

在商讨变更、签订变更协议时，承包人应提出变更补偿问题，明确补偿的范围、方法及索赔值的计算方法等，并就这些及补偿时间、工期顺延时间等达成一致。因为，变更一旦形成并已经实施，再同发包人、监理人商谈费用及时间问题就是非常被动的。

4. 索赔

索赔是指在合同实施过程中，合同一方因对方不履行或未能正确履行合同的义务而受到损失，向对方提出经济补偿和延长工期的要求。由于水利水电工程一般规模大、工期长、结构复杂、受自然条件影响很大等特点，在施工过程中存在着各种风险和众多不确定因素，因此经常有索赔事件发生。

2.3.2 信息管理

信息是帮助人们做出正确决策的知识，而数据是信息的载体。信息管理是信息传输的合理组织和控制。项目的信息管理是通过对各个系统、各项工作和各种数据的管理，使项目的信息能方便和有效地获取、存储、存档、处理和交流。

2.3.2.1 信息管理的任务

项目管理班子中各个工作部门的管理工作都与信息处理有关，而信息管理部门的主要工作任务是：

(1) 负责编制信息管理手册，在项目实施过程中进行信息管理手册的必要修改和补充，并检查和督促其执行。

(2) 负责协调和组织项目管理班子中各个工作部门的信息处理工作。

(3) 负责信息处理工作平台的建立和运行维护。

(4) 与其他工作部门协同组织收集信息、处理信息和形成各种反映项目进展和项目目标控制的报表和报告。

(5) 负责工程档案管理等。

在国际上，许多建设工程项目都专门设立信息管理部门（或称为信息中心），以确保息管理工作的顺利进行；也有一些大型建设工程项目专门委托咨询公司从事项目信息动态跟踪和分析，以信息流指导物质流，从宏观上对项目的实施进行控制。

各项信息管理任务的工作流程，如下所述：

(1) 信息管理手册编制和修订的工作流程。

(2) 为形成各类报表和报告，收集信息、录入信息、审核信息、加工信息、信息传输和发布的工作流程。

(3) 工程档案管理的工作流程等。

2.3.2.2 信息管理的过程和内容

信息管理贯穿建设工程的全过程，衔接建设工程各个阶段、各个参建单位和各个方面，主要包括信息的收集、加工整理、存储、检索和传递。管理中要了解各参建方之间正确的信息流程，进而组建建设工程项目的合理信息流，保证工程数据的真实性和信息的及时产生。

1. 项目信息的收集

项目信息的收集主要是收集项目决策和实施过程中的原始数据。信息管理工作的质量取决于原始资料的全面性和可靠性，故建立一套完善的信息采集制度是非常有必要的。

(1) 建设前期的信息收集。项目在正式开工之前，需要进行许多工作并产生大量的文件。资料收集主要包括：

1）收集设计任务书及有关资料。

2）设计文件及有关资料的收集。

3）招标投标合同文件及其有关资料的收集。

（2）施工期的信息收集。工程在施工阶段，每天都发生各种各样的情况，相应地包含着各种信息，需要及时收集和处理。此阶段可以说是大量的信息发生、传递和处理的阶段。

1）建设单位提供的信息。

2）施工单位提供的信息。

3）工程监理的记录。

4）工地会议信息。

（3）竣工阶段的信息收集。工程竣工验收时，需要大量与竣工验收有关的各种资料信息。这些信息一部分是在整个施工过程中长期积累形成的；另一部分是在竣工验收期间，根据积累的资料整理分析而形成的。

2. 信息的加工整理和存储

信息管理除注意各种原始资料的收集外，更重要的是要对收集来的资料进行加工整理，并对工程决策和实施过程中出现的各种问题进行处理。如对资料和数据进行分析，产生项目管理决策的信息；通过应用数学模型统计推断产生决策信息等。

在项目建设过程中，依据收到信息所作的决策或决定主要有：

（1）依据进度控制信息，对施工进度状况的意见和指示。

（2）依据质量控制信息，对工程质量控制情况提出意见和指示。

（3）依据投资控制信息，对工程结算和决算情况的意见和指示。

（4）依据合同管理信息，对索赔的处理意见。

3. 信息的检索和传递

对于存入档案库或存入计算机的信息、资料，入库前均需拟定一套科学的查找方法和手段，做好编目分类工作。健全的检索系统可以使报表、文件、资料、人事和技术档案既保存完好，又查找方便。

信息的传递是借助于一定的载体（如纸张、软盘、磁带等）在建设项目信息管理工作的各部门、各单位之间的传递。通过传递形成各种信息流，利用报表、图表、文字、记录、各种收发文、会议及计算机等传递手段，不断地将项目信息送到建设各方手中，成为他们工作的依据。

处理好的信息，要按照需要和要求编印成各类报表和文件，以供项目管理使用。存储于计算机数据库中的数据，可为各个部门共享。

2.3.2.3　管理信息系统

管理信息系统首先要掌握足够的真实情况及有用的信息，特别是现代管理领域中的信息量急剧增加，需要运用现代信息处理的方法和技术。一项工程就是一个信息系统，通过建立和完善系统或组织内部的信息系统，及时全面地为不同层次的管理人员提供所需的数据和信息，从而为一个组织的计划、控制和协调的职能服务。以工程建设为例，业主、承包商、监理单位构成一个统一的组织系统，针对工程项目进行各自的工作。作为监理单位，其本身形成一个信息系统，如政府法规、专业规范、合同要求、施工进度及投资等资料的收集，对数据和收集信息进行处理和决策。

在水利工程施工与管理中，信息系统的总目标为控制质量、工期和成本。其子系统包括工程、计划、物资、进度、质量、成本及设备等。目前，信息管理和计算机的应用在水利施工与管理中发挥着重要的作用。同时，现代水利施工对管理系统的开发与应用也提出了较高的要求。

2.3.3　环境保护控制

环境保护是按照法律法规、各级主管部门和企业的要求，保护和改善作业现场的环境，控制现场的各种粉尘、废水、固体废弃物、噪声、振动等对环境的污染和危害。环境保护也是文明施工的重要内容之一。

2.3.3.1　施工现场环境保护的要求

根据《中华人民共和国环境保护法》和《中华人民共和国环境影响评价法》的有关规定，建设工程项目对环境保护的基本要求如下：

（1）涉及依法划定的自然保护区、风景名胜区、生活饮用水水源保护区及其他需要特别保护的区域时，应当符合国家有关法律法规及该区域内建设工程项目环境管理的规定，不得建设污染环境的工业生产设施；建设的工程项目设施的污染物排放不得超过规定的排放标准。已经建成的设施，其污染物排放超过排放标准的，应限期整改。

（2）开发利用自然资源的项目，必须采取措施保护生态环境。

（3）建设工程项目选址、选线、布局应当符合区域、流域规划和城市总体规划。

（4）应满足项目所在区域的环境质量、相应环境功能区划和生态功能区划标准或要求。

（5）拟采取的污染防治措施应确保污染物排放达到国家和地方规定的排放标准，满足污染物总量控制要求；涉及可能产生放射性污染的，应采取有效预防和控制放射性污染措施。

（6）建设工程应当采用节能、节水等有利于环境与资源保护的建筑设计方案、建筑材料、装修材料、建筑构配件及设备。建筑材料和装修材料必须符合国家标准。禁止生产、销售和使用有毒、有害物质超过国家标准的建筑材料和装修材料。

（7）尽量减少建设工程施工中所产生的干扰周围生活环境的噪声。

（8）应采取生态保护措施，有效预防和控制生态破坏。

（9）对环境可能造成重大影响、应当编制环境影响报告书的建设工程项目，可能严重影响项目所在地居民生活环境质量的建设工程项目，以及存在重大意见分歧的建设工程项目，环保部门可以举行听证会，听取有关单位、专家和公众的意见，并公开听证结果，说明对有关意见采纳或不采纳的理由。

（10）建设工程项目中防治污染的设施，必须与主体工程同时设计、同时施工、同时投产使用。防治污染的设施必须经原审批环境影响报告书的环境保护行政主管部门验收合格后，该建设工程项目方可投入生产或者使用。防治污染的设施不得擅自拆除或者闲置，确有必要拆除或者闲置的，必须征得所在地的环境保护行政主管部门同意。

(11) 新建工业企业和现有工业企业的技术改造，应当采取资源利用率高、污染物排放量少的设备和工艺，采用经济合理的废弃物综合利用技术和污染物处理技术。

(12) 排放污染物的单位，必须依照国务院环境保护行政主管部门的规定申报登记。

(13) 禁止引进不符合我国环境保护规定要求的技术和设备。

(14) 任何单位不得将产生严重污染的生产设备转移给没有污染防治能力的单位使用。

《中华人民共和国海洋环境保护法》规定：在进行海岸工程建设和海洋石油勘探开发时，必须依照法律的规定，防止对海洋环境的污染损害。

2.3.3.2 施工现场环境保护的措施

工程建设过程中的污染主要包括对施工场界内的污染和对周围环境的污染。对施工场界内的污染防治属于职业健康安全问题，而对周围环境的污染防治是环境保护的问题。

建设工程环境保护措施主要包括大气污染的防治、水污染的防治、噪声污染的防治、固体废弃物的处理以及文明施工措施等。

1. 大气污染的防治

(1) 大气污染物的分类。

大气污染物的种类有数千种，已发现有危害作用的有100多种，其中大部分是有机物。大气污染物通常以气体状态和粒子状态存在于空气中。

(2) 施工现场空气污染的防治措施。

1) 施工现场垃圾渣土要及时清理出现场。

2) 高大建筑物清理施工垃圾时，要使用封闭式的容器或者采取其他措施处理高空废弃物，严禁凌空随意抛撒。

3) 施工现场道路应指定专人定期洒水清扫，形成制度，防止道路扬尘。

4) 对于细颗粒散体材料（如水泥、粉煤灰、白灰等）的运输、储存要注意遮盖、密封，防止和减少扬尘。

5) 车辆开出工地要做到不带泥沙，基本做到不洒土、不扬尘，减少对周围环境的污染。

6) 除设有符合规定的装置外，禁止在施工现场焚烧油毡、橡胶、塑料、皮革、树叶、枯草、各种包装物等废弃物品以及其他会产生有毒、有害烟尘和恶臭气体的物质。

7) 机动车都要安装减少尾气排放的装置，确保符合国家标准。

8) 工地茶炉应尽量采用电热水器。若只能使用烧煤茶炉和锅炉时，应选用消烟除尘型。

9) 大城市市区的建设工程已不容许搅拌混凝土。在允许设置搅拌站的工地，应将搅拌站封闭严密，并在进料仓上方安装除尘装置，采用可靠措施控制工地粉尘污染。

10) 拆除旧建筑物时，应适当洒水，防止扬尘。

2. 水污染的防治

(1) 水污染物的主要来源。主要包括：

1) 工业污染源：指各种工业污废水向自然水体的排放。

2) 生活污染源：主要有食物废渣、食油、粪便、合成洗涤剂、杀虫剂、病原微生物等。

3）农业污染源：主要有化肥、农药等。

施工现场废水和固体废物随水流流入水体部分，包括泥浆、水泥、油漆、各种油类、混凝土添加剂、重金属、酸碱盐、非金属无机毒物等。

（2）施工过程水污染的防治措施。主要包括：

1）禁止将有毒有害废弃物作土方回填。

2）施工现场搅拌站废水，现制水磨石的污水，电石（碳化钙）的污水必须经沉淀池沉淀合格后再排放，最好将沉淀水用于工地洒水降尘或采取措施回收利用。

3）现场存放油料，必须对库房地面进行防渗处理。如采用防渗混凝土地面、铺油毡等措施，使用时，要采取防止油料跑、冒、滴、漏的措施，以免污染水体。

4）施工现场100人以上的临时食堂，泄水排放时可设置简易有效的隔油池，定期清理，防止污染。

5）工地临时厕所、化粪池应采取防渗漏措施。中心城市施工现场的临时厕所可采用水冲式厕所，并有防蝇灭蛆措施，防止污染水体和环境。

6）化学用品、外加剂等要妥善保管，库内存放，防止污染环境。

3. 噪声污染的防治

（1）噪声的分类。

按噪声来源可分为交通噪声（如汽车、火车、飞机等）、工业噪声（如鼓风机、汽轮机、冲压设备等）、建筑施工的噪声（如打桩机、推土机、混凝土搅拌机等发出的声音）、社会生活噪声（如高音喇叭、收音机等）。噪声妨碍人们的正常休息、学习和工作，为防止噪声扰民，应控制人为强噪声。

根据GB 12523—2011《建筑施工场界环境噪声排放标准》的要求，对建筑施工过程中场界环境噪声排放限值的规定是昼间不超过70dB，夜间不超过55dB。

（2）施工现场噪声的控制措施。

噪声控制技术可从声源、传播途径、接收者防护等方面来考虑。

1）声源控制。

a）声源上降低噪声，这是防止噪声污染的最根本的措施。

b）尽量采用低噪声设备和加工工艺代替高噪声设备与加工工艺，如低噪声振捣器、风机、电动空压机、电锯等。

c）在声源处安装消声器消声，即在通风机、鼓风机、压缩机、燃气机、内燃机及各类排气放空装置等进出风管的适当位置设置消声器。

2）传播途径的控制。

a）吸声：利用吸声材料（大多由多孔材料制成）或由吸声结构形成的共振结构（金属或木质薄板钻孔制成的空腔体）吸收声能，降低噪声。

b）隔声：应用隔声结构，阻碍噪声向空间传播，将接收者与噪声声源分隔。隔声结构包括隔声室、隔声罩、隔声屏障、隔声墙等。

c）消声：利用消声器阻止传播。允许气流通过的消声降噪是防治空气动力性噪声的主要装置，如对空气压缩机、内燃机产生的噪声等。

d）减振降噪：对来自振动引起的噪声，通过降低机械振动减小噪声，如将阻尼材料涂在振动源上，或改变振动源与其他刚性结构的连接方式等。

3）接收者的防护。

让处于噪声环境下的人员使用耳塞、耳罩等防护用品，减少相关人员在噪声环境中的暴露时间，以减轻噪声对人体的危害。

4）严格控制人为噪声。

a）进入施工现场不得高声喊叫、无故甩打模板、乱吹哨，限制高音喇叭的使用，最大限度地减少噪声扰民。

b）凡在人口稠密区进行强噪声作业时，须严格控制作业时间，一般晚10点到次日早6点之间停止强噪声作业。确系特殊情况必须昼夜施工时，尽量采取降低噪声措施，并会同建设单位找当地居委会、村委会或当地居民协调，出安民告示，取得群众谅解。

4. 固体废物的处理

（1）建设工程施工工地上常见的固体废物。主要包括：

1）建筑渣土：包括砖瓦、碎石、渣土、混凝土碎块、废钢铁、碎玻璃、废屑、废弃装饰材料等。

2）废弃的散装大宗建筑材料：包括水泥、石灰等。

3）生活垃圾：包括炊厨废物、丢弃食品、废纸、生活用具、废电池、废日用品、玻璃、陶瓷碎片、废塑料制品、煤灰渣、废交通工具等。

4）设备、材料等的包装材料。

5）粪便。

（2）固体废物的处理和处置。

固体废物处理的基本思想是：采取资源化、减量化和无害化的处理，对固体废物产生的全过程进行控制。固体废物的主要处理方法如下：

1）回收利用。回收利用是对固体废物进行资源化的重要手段之一。粉煤灰在建设工程领域的广泛应用就是对固体废弃物进行资源化利用的典型范例。又如发达国家炼钢原料中有70％是利用回收的废钢铁，所以，钢材可以看成是可再生利用的建筑材料。

2）减量化处理。减量化是对已经产生的固体废物进行分选、破碎、压实浓缩、脱水等减少其最终处置量，减低处理成本，减少对环境的污染。在减量化处理的过程中，也包括和其他处理技术相关的工艺方法，如焚烧、热解、堆肥等。

3）焚烧。焚烧用于不适合再利用且不宜直接予以填埋处置的废物，除有符合规定的装置外，不得在施工现场熔化沥青和焚烧油毡、油漆，也不得焚烧其他可产生有毒有害和恶臭气体的废弃物。垃圾焚烧处理应使用符合环境要求的处理装置，避免对大气的二次污染。

4）稳定和固化。稳定和固化处理是利用水泥、沥青等胶结材料，将松散的废物胶结包裹起来，以减少有害物质从废物中向外迁移、扩散，使得废物对环境的污染减少。

5）填埋。填埋是固体废物经过无害化、减量化处理的废物残渣集中到填埋场进行处置。禁止将有毒有害废弃物现场填埋，填埋场应利用天然或人工屏障。尽量使需处置的废物与环境隔离，并注意废物的稳定性和长期安全性。

2.3.4　安全管理

现代水利施工和机械化的要求，使施工安全管理工作越来越受到重视，它直接关系到施工人员和国家财产的安全。水利水电建设工程施工安全管理，实行建设单位统一领导，监理单位现场监督、施工承包单位为责任主体的各负其责的管理体制。各单位必须充分认识安全生产的重要性，认真搞好安全生产教育，自觉执行安全规程，做到文明施工和科学管理。

2.3.4.1　施工安全管理的要求

水利工程施工安全管理涉及用电、防火、爆破、人员安全、警示性标志及作业场所卫生等方面的要求。针对工程特点、施工方法及机械设备等情况，应编制具体的安全技术措施和安全操作规程，施工前进行技术交底。大型拆除项目开工前，必须制定安全技术措施。

1. 施工人员安全要求

（1）施工管理及工程专业技术人员应熟悉水利水电工程建筑安装的安全技术工作规程的各项规定，不同工种施工者必须熟悉本工种的安全操作规程。

（2）施工现场人员必须按规定穿戴好防护用品和必要的安全防护用具，严禁穿拖鞋、高跟鞋或赤脚工作。严禁在铁路、公路、河口或山坡下等不安全地区停留和休息。

特别应严格遵守以下规定：

（1）患有高血压、心脏病、贫血、精神病及其他不适于高处作业病症的人员，不得从事高处作业。

（2）在坝顶、陡坡、屋顶、悬崖、杆塔、吊桥脚手架及其他危险边沿进行悬空高处作业时，临空一面必须搭设安全网或防护栏杆，工作人员必须拴好安全带，戴好安全帽。

（3）在带电体附近进行高处作业时须满足距带电体的最小安全距离，如遇特殊情况，则必须采取可靠的措施确保作业安全。

2. 施工设施（设备）管理要求

（1）施工现场存放的材料、设备，应做到场地安全可靠、存放整齐，必要时设专人看护。

（2）施工现场的各种施工设施、管道线路等，应符合防火、防爆、防洪、防风、防坍塌及工业卫生等要求。

（3）施工现场电气设备和线路应配置触电防护器，以防止因潮湿漏电和绝缘损坏引起触电及设备事故。

（4）挖掘机工作时，任何人不得进入挖掘机的危险半径以内。

（5）搬运器材和使用工具时，须注意自身安全和四周人员的安全。

（6）起重机使用前须试车，检查挂钩、钢丝绳及电气等。使用时禁止任何人员站在吊运物品上或在下面停留、行走。物件悬空时，驾驶人员不得离开操作岗位。

此外，施工现场排水设施应进行规划，排水通畅且不妨碍正常交通。

3. 施工防火安全的要求

工程施工中应注意以下问题，以确保防火安全：

（1）施工现场的用火作业区距所建的建筑物和其他区域的距离不小于 25m，距生活区的距离不小于15m。

(2) 修建仓库和选择易燃、可燃材料堆集场时，应确保其距离已修建的建筑物或其他区域的距离大于20m。

(3) 易燃废品堆集产生意外事故的可能性更大，易燃废品集中站距所建的建筑物和其他区域的距离应大于30m。

(4) 防火间距中，不应堆放易燃和可燃物质。如在仓库、易燃、可燃材料堆集场与建筑物之间堆放易燃和可燃物质，应确保建筑物距离易燃和可燃物质最近的距离大于防火安全距离。

汽油库必须选在安全地点，周围设置围墙，设置“严禁烟火”警示牌，库顶设避雷装置。

4. 施工用电安全要求

施工照明线路应符合安全技术规程规定的要求。施工现场一般不允许架设高压电线，必须架设时，应与建筑物、工作地点保持安全距离。

(1) 大规模露天施工现场宜采用大功率、高效能灯具。

(2) 施工现场及作业地点应有足够的照明，主要通道应设有路灯。

(3) 在高温、潮湿、易于导电触电的作业场所使用照明灯具距地面高度低于2.2m时，其照明电源电压不得大于24V。

在存有易燃、易爆等危险物品的场所，或有瓦斯和粉尘的巷道，微小火星都有可能引起火灾、爆炸等危害，照明设备必须采取防爆措施。

5. 警示性标志的要求

水利工程施工现场较为复杂，应对工程现场的危险处或地带进行防护与标示。

(1) 施工现场的洞（孔）、井、坑、升降口、漏斗等危险处应有防护设施或明显标志，特别在夜间也可明显看见，以防人员和机械设备掉入。

(2) 在交通频繁的交叉路口，设置交通指挥亭，设专人指挥。

(3) 火车道口两侧设置路杆，以防行人和车辆发生意外。

(4) 在有塌方等危险的地段悬挂“危险”或“禁止通行”的夜光标志牌。

6. 爆破安全的要求

对于一些大的水利工程，一般由多个施工单位承担施工，应规定在固定时间进行爆破，统一各工区的警戒信号及警戒标志、统一划定安全警戒区与警戒点，实行分片负责，明确各警戒点的负责单位与警戒人员。

2.3.4.2 施工安全控制

1. 施工安全控制程序

安全控制与管理贯穿工程建设的整个过程，各单位应贯彻“安全第一、预防为主”的方针，加强安全生产管理和制度建设，单位行政第一负责人为安全生产的第一责任人。由建设单位组织建立有施工、设计、监理等单位参加的工程施工安全管理机构，制定安全生产管理办法，明确各单位安全生产的职责和任务，共同做好工程施工安全生产工作。

各单位应按国家规定建立安全生产管理机构，配备符合规定的安全监督管理人员，健全安全生产保障体系和监督管理体系，以确保实现工程安全生产管理目标。

2. 施工单位安全控制

施工单位应持有安全生产许可证，按承包合同规定和设计要求，结合施工实际，编制相应的安全生产措施，对重大危险施工项目，应编制专项安全技术方案。为做好安全控制与管理工作，应从以下几方面着手：

(1) 建立安全生产管理机构。工程实践表明，要安全生产和文明施工，必须从上而下明确各自的安全生产职责，建立安全生产管理机构和安全生产责任制。

1) 实行管生产必须同时管安全的原则，明确各级安全生产负责人。严格按照合同文件、技术规范组织施工。

2) 落实安全管理和环境保护的要求。编制施工组织设计及施工计划时，同时编制施工安全技术措施。布置生产任务时，须进行安全技术交底。对下列达到一定规模的危险性较大的工程应当编制专项施工方案，并附具安全验算结果，经施工单位技术负责人签字以及总监理工程师核签后实施，由专职安全生产管理人员进行现场监督：①基坑支护与降水工程；②土方和石方开挖工程；③模板工程；④起重吊装工程；⑤脚手架工程；⑥拆除，爆破工程；⑦围堰工程；⑧其他危险性较大的工程。

3) 结合工程情况，设专职或兼职安全员。如各班组安全员负责本班组安全生产，组织班前、班后的安全检查等。

4) 把好安全生产“六关”，即措施关、交底关、教育关、防护关、检查关、改进关。

(2) 安全教育与检查。

1) 利用多种形式进行安全宣传教育，提高职工的安全生产知识。

2) 进行安全知识教育和安全技术知识的培训工作。特别要有针对性地组织职工学习安全生产、急救常识等，提高自我保护能力。

3) 教育职工遵守国家环境保护法令、法规。

4) 教育职工自觉遵守安全生产规章制度，不违章作业。

5) 加强对新职工的入场（厂）安全教育和岗位安全教育，确保安全生产。

6) 各类人员必须具备相应的执业资格才能上岗，特殊工种如爆破工、电工、驾驶员、焊工等，坚持培训和持证上岗制度。

7) 新技术、新工艺、新结构施工及复杂部位施工时，加强安全教育，并进行重点检查。

8) 节假日或季节性气候变化，应进行安全检查，进一步落实安全措施。

9) 经常检查与定期检查相结合，普通检查与重点检查相结合，建立定期与不定期的安全检查制度。

10) 根据检查结果和反馈信息，不定期召开安全形势分析会，提出整改意见并予以落实。对查出的安全隐患做到“五定”，即定整改责任人、定整改措施、定整改完成时间、定整改完成人、定整改验收人。

(3) 安全事故处理。重视安全事故处理工作是搞好安全生产重要的一环。若发生安全事故，按规定及时上报，并及时处理和分析原因，制定必要的防范措施。对违反政策法令和规章制度者，视情节轻重、损失大小等进行处理。

3. 监理单位安全控制

水利建设项目管理使得以监理单位为核心的技术咨询服务体系在工程施工与管理中发挥重要的作用。为实现文明施工，完成质量控制、进度控制和投资控制三大目标，加强施工安全控制是监理工程师的一项重要任务。其职责主要有：

(1) 贯彻执行党和国家的安全生产及劳动保护的政策法规。

(2) 指导施工单位及安全技术人员的工作，掌握安全生产情况。针对存在的问题，提出改进意见和措施。

(3) 审查施工方案及安全技术措施，并检查执行情况。

(4) 组织安全活动，定期召开安全工作会议。

(5) 制止违章指挥和违章作业。

(6) 工伤事故的调查和处理。

对施工单位的安全技术措施进行审查时，主要考虑：

(1) 施工总平面布置图。施工平面布置不当会造成施工干扰，影响施工进度，同时留下施工安全隐患。可着重检查炸药库、油库和其他易燃、易爆、有毒危险品库位是否满足安全要求；水平运输和垂直运输线路布置、电气线路及变配电设备布置是否满足安全要求等。

(2) 施工现场安全管理。检查施工单位是否落实对施工现场安全管理的具体要求，以确保施工有秩序、安全施工。

(3) 施工安全技术。针对不同部位检查其措施是否到位和切实可行。

2.3.4.3　施工安全防护

施工安全管理过程中，结合已有工程的经验教训，有针对性地分析不同工种的不安定因素，可进一步采取有效安全技术措施，以促进和提高施工管理水平。

下面仅就爆破工程、土石方工程、电气工程、混凝土工程等安全防护措施进行介绍和说明。

1. 爆破工程

爆破工程的材料如炸药、雷管均为爆炸危险品，存在极大的不安全因素。在严格执行安全规定及加强运输管理、仓库保管工作的同时，爆破作业是一关键环节。

一般发生事故的原因主要有：

(1) 起爆材料不符合标准，导致早爆或迟爆。

(2) 炮位选择不当，飞石超越警戒线。

(3) 违章处理瞎炮或变质的爆炸材料。

(4) 施工设备、人员未按规定撤离危险区或爆破后过早进入爆破区。

(5) 电力起爆时，有杂散电流或雷电干扰发生早爆事故。

(6) 爆炸材料不按规定堆放或警戒，管理不严而造成爆炸事故。

(7) 仓库无避雷装置，发生雷击事故。

(8) 爆破造成爆破区发生塌方、滑坡等。

针对上述分析，应从以下几方面做好安全防护与管理：

(1) 根据爆破区进一步了解其周围环境的障碍物和需保护对象，必要时采取保护措施。

（2）科学编制爆破施工方案。对大、中型工程的爆破，应进行爆破工程设计。

1）根据工程地质等勘探资料，结合工程情况如工期、环境条件等选择适宜的爆破方案。

2）合理确定爆破设计参数。

3）具有安全技术措施。如建筑物、爆破飞石防护措施，减少地震效应影响措施及安全警戒等。

（3）认真落实爆破方案要求的各项安全技术措施。

1）爆破作业前进一步讨论和积极落实安全措施，并做好组织协调工作。

2）严格按爆破设计的装药量、技术措施进行装炮作业，如检查炮孔位置、堵塞长度等是否符合要求。

（4）做好爆破器材日常管理工作，严格爆破器材出库、入库制度。

2. *土石方工程*

土石方工程施工如明挖、填筑时，常因不利情况发生影响施工正常进行。工程施工时要高度重视，针对具体情况采取相应的安全防护和措施。

土石方明挖与填筑时，发生事故的原因主要有：

（1）土石方明挖，工程量大，工期紧，工作面较集中，易发生边坡滚动物伤人和机械设备如挖掘机、推土机、装载机和自卸汽车等伤人事故。

（2）在高边坡、基坑、深槽处开挖，易发生浮石滚落、坍塌或滑坡事故。

（3）对于土方沟槽开挖，最大危险为土壁坍塌，将作业人员埋入。

（4）土石围堰拆除，在河边（部分在河下）进行，易发生机械设备倾翻坠河、人员坠河淹溺伤亡事故。一般现场车辆来往繁忙，也易发生交通事故。

（5）填筑时一般昼夜连续作业，如装土、运土、平仓、碾压等，机械设备易发生互撞、倾覆或撞人伤亡事故。

（6）江河截流土石填筑时，河水猛烈冲刷进占戗堤，造成戗堤局部频繁坍塌。

（7）坡面整坡、砌筑时易产生滚石，坡面碾压和夯实作业时，设备、设施易发生倾覆事故。

针对上述情况，可从以下几方面着手：

（1）科学制定土石方开挖方案，控制边坡开挖坡度。施工中视开挖及进度等情况，设置必要的安全防护措施。作业区有足够的设备运行场地和施工人员通道。

（2）在土质疏松或较深的沟、槽、坑、穴作业时应设置挡土护栏或固壁支撑等。

（3）坡高大于 5.0m，坡度大于 45°的高边坡、深基坑开挖作业，应清除设计边线外 5m 范围内的浮石、杂物，修筑坡顶截水天沟和坡顶设置安全防护栏或防护网。

（4）雨季施工设计好排水系统，防止雨水冲塌边坡或流入基坑。

（5）土石围堰拆除时，水上部分应设有交通和警告标志，水下部分配有供开挖作业人员穿戴的救生衣等防护用品。围堰混凝土部分爆破拆除时，可进行覆盖防护。

（6）向水下填掷石块、石笼的起重设备，要锁定牢固。人工抛掷应有防止人员坠落和应急施救措施。

（7）坡面整坡、砌筑应设置人行通道，坡面碾压、夯实作业时，设备、设施锁定牢固，工作装置有防脱、防断措施。

3. 电气工程

电气事故危害较大，如爆炸着火、伤害人体和损坏设备等。水利施工现场因工种较多，交叉作业，易发生触电等事故。

发生触电等事故的原因主要有：

（1）供电线路敷设不符合安装规程和要求。如架设过低、导线绝缘损坏、采用不合格导线或绝缘子等。

（2）维护检修工作不合理，违反安全操作规程。如移动或修理设备时不预先切断电源、湿手接触开关和插头等。

（3）违章在高压线下施工且未采取安全措施，如钢管、钢筋等碰上高压线而触电。

（4）用电设备损坏或不合规格。

（5）检修工作不及时。

施工安全监控措施可从以下方面着手：

（1）经常带电设备，应根据设备性质、电压等级、周围环境及运行条件，保证防护意外接触。对裸导线或母线采取封闭、高挂或设罩盖等绝缘、屏护遮栏及安全距离等措施。

（2）偶然带电设备，如电机外壳、电动工具等，可采用保护接地、保护接零或安装漏电断路器等措施。

（3）检查维修作业时，严禁违章工作，严格执行安全规定。

（4）加强安全宣传教育工作。

4. 混凝土工程

施工过程中如模板、钢筋及混凝土生产、浇筑等存在的不安全因素要充分予以重视。结合工程实践，主要有以下几点：

（1）木材加工要防止各种锯、刨、钻等加工设备的转动与传动部位的机械伤害和木料飞出伤害事故。

（2）大型模板进入现场吊运时易发生脱落伤人事故。安装时大多为高处临空作业。

（3）钢模台车工作范围窄小，要防止人员坠落及坠物伤人事故发生。

（4）钢筋除锈、绑扎焊接时，要注意尘毒危害，防止人员高处坠落及电焊机漏电触电事故等。

（5）混凝土生产时，制冷系统设备多为压力容器，主要防止爆炸和急性中毒等。

（6）拌和站（楼）布设时，要防止高处坠落，因联系信号失误致使误操作造成机械伤害及雷击等。

（7）水泥和粉煤灰罐储存运行要防止粉尘危害、罐顶高处坠落及罐内掩埋事故。

（8）混凝土仓面清理时，易发生触电、高处坠落和冲毛冲洗伤人、振捣设备漏电等。

（9）水下混凝土浇筑要防止淹溺伤亡，应设置防护栏杆、交通栈桥等。

（10）地下工程混凝土浇筑，环境潮湿且多为高处作业。

为此，混凝土施工时要根据具体情况。采取有效的安全防护措施，确保各项作业顺利进行。具体可参阅施工安全技术规程。

2.4 工程建设项目评价

建设项目后评价是工程项目竣工投产、生产运营一段时间后，再对项目的立项决策、设计施工、竣工投产、生产运营等全过程进行系统评价的一种技术活动，是固定资产管理的一项重要内容，也是固定资产投资管理的最后一个环节。通过建设项目后评价，可以达到肯定成绩、总结经验、研究问题、吸取教训、提出建议、改进工作、不断提高项目决策水平和投资效果的目的。

2.4.1 项目后评价概述

2.4.1.1 项目后评价的目的

项目考核评价工作是项目管理活动中很重要的一个环节，它是对项目管理行为、项目管理效果以及项目管理目标实现程度的检验和评定，是公平、公正地反映项目管理的基础，通过考核评价工作，使得项目管理人员能够正确地认识自己的工作水平和业绩，并且能够进一步地总结经验，找出差距，吸取教训，从而提高企业的项目管理水平和管理人员的素质。

2.4.1.2 项目后评价的任务

根据项目后评价所要回答的问题以及项目自身的特点，项目后评价主要的研究任务是：

（1）评价项目目标的实现程度。

（2）评价项目的决策过程，主要评价决策所依据的资料和决策程序的规范性。

（3）评价项目的具体实施过程。

（4）分析项目成功或失败的原因。

（5）评价项目的勘探效益。

（6）分析项目的影响和可持续发展。

（7）综合评价勘探项目的成功度。

2.4.1.3 项目后评价的原则

（1）现实性。工程项目后评价是对工程项目投产后一段时间所发生的情况的一种总结评价。它分析研究的是项目的实际情况，所依据的数据资料是现实发生的真实数据或根据实际情况重新预测的数据，总结的是现实存在的经验教训，提出的是实际可行的对策措施。工程项目后评价的现实性决定了其评价结论的客观可靠性。而项目前评价分析研究的是项目的预测情况，所采用的数据都是预测数据。

（2）独立性。后评价必须保证公正性和独立性。独立性标志着后评价的合法性，后评价应从项目投资者和受援者或项目业主以外的第三者的角度出发，独立地进行，特别是要避免项目决策者和管理者自己评价自己的情况发生。公正性和独立性应贯穿后评价的全过程，即从后评价项目的选定、计划的编制、任务的委托、评价者的组成，到评价过程和报告。

（3）可信性。可信性的一个重要标志是应同时反映出项目的成功经验和失败教训，这就要求评价者具有广泛的阅历和丰富的经验。同时，后评价也提出了“参与”的原则，要求项目执行者和管理者参与后评价，以利于收集资料和查明情况。为增强评价者的责任感和可信度，评价报告要注明评论者的名称或姓名。评价报告要说明所用资料的来源或出处，报告的分析和结论应有充分可靠的依据。评价报告还应说明评价所采用的方法。

（4）全面性。工程项目后评价不仅要分析项目的投资过程，而且还要分析其生产经营过程；不仅要分析项目的投资经济效益，而且还要分析其社会效益、环境效益等。另外，它还要分析项目经营管理水平和项目发展的后劲和潜力。

（5）透明性。透明性是后评价的另一项重要原则。后评价往往需要引起公众的关注，对投资决策活动及其效益和效果实施更有效的社会监督。从后评价成果的扩散和反馈的效果来看，成果及其扩散的透明度也是越大越好，使更多的人借鉴过去的经验教训。

（6）反馈性。工程项目后评价的目的在于对现有情况的总管理水平，为以后的宏观决策、微观决策和建设提供依据和借鉴。因此，后评价的最主要特点是具有反馈特性。项目后评价的结果需要反馈到决策部门，作为新项目的立项和评价基础，以及调整工程规划和政策的依据，这是后评价的最终目的。

2.4.1.4 项目后评价的作用

通过建设项目后评价，可以达到肯定成绩，总结经验，研究问题，吸取教训，提出建议，改进工作，不断提高项目决策水平和投资效果的目的。建设项目后评价的作用体现在以下几个方面：

（1）有利于提高项目决策水平。

（2）有利于提高设计施工水平。

（3）有利于提高生产能力和经济效益。

（4）有利于提高引进技术和装备的成功率。

（5）有利于控制工程造价。

2.4.2 项目后评价的内容

1. 项目过程后评价

对建设项目的立项决策、设计施工、竣工投产、生产运营等全过程进行系统分析，找出项目后评价与原预期效益之间的差异及其产生的原因，使后评价结论有根有据，同时针对问题提出解决的办法。

2. 项目效益后评价

通过项目竣工投产后所产生的实际经济效益与可行性研究时所预测的经济效益相比较，对项目进行评价。对生产性建设项目，要运用投产运营后的实际资料，计算财务内部收益率、财务净现值、财务净现值率、投资利润率、投资利税率、贷款偿还期、国民经济内部收益率、经济净现值、经济净现值率等一系列后评价指标，然后与可行性研究阶段所预测的相应指标进行对比，从经济上分析项目投产运营后是否达到了预期效果。没有达到预期效果的，应分析原因，采取措施，提高经济效益。

3. 项目影响后评价

通过项目竣工投产（营运、使用）后对社会的经济、政治、技术和环境等方面所产生的影响，来评价项目决策的正确性。如果项目建成后达到了原来预期的效果，对国民经济发展、产业结构调整、生产力布局、人民生活水平提高、环境保护等方面都带来有益的影响，说明项目决策是正确的；如果背离了既定的决策目标，就应具体分析，找出原因，引以为戒。

2.4.3　项目后评价的基本方法

1. 对比分析法

对比分析法是项目后评价的基本方法，它包括前后对比法与有无对比法。对比法是建设项目后评价的常用方法。建设项目后评价更注重有无对比法。

（1）前后对比法。项目后评价的“前后对比法”是指将项目前期的可行性研究和评估的预测结论与项目的实际运行结果相比较，以发现变化和分析原因，用于揭示项目计划、决策和实施存在的问题。采用前后对比法，要注意前后数据的可比性。

（2）有无对比法。将投资项目的建设及投产后的实际效果和影响，同没有这个项目可能发生的情况进行对比分析，以度量项目的真实效益、影响和作用。该方法是通过项目实施所付出的资源代价与项目实施后产生的效果进行对比，以评价项目好坏的项目后评价的一个重要方法。采用有无对比法时，要注意：一要分清建设项目的作用和影响与建设项目以外的其他因素的作用和影响；二要注意参照对比。

2. 因素分析法

项目投资效果的各指标，往往都是由多种因素决定的，只有把综合性指标分解成原始因素，才能确定指标完成好坏的具体原因和症结所在。这种把综合指标分解成各个因素的方法，称为因素分析法。

因素分析的一般步骤是：首先，确定某项指标是由哪些因素组成的；其次，确定各个因素与指标的关系；再次，确定各个因素所占份额。如建设成本超支，就要核算清由于工程量突破预计工程量而造成的超支占多少份额，结算价格上升造成的超支占多少份额等。项目后评价人员应将各影响因素加以分析，寻找出主要影响因素，并具体分析各影响因素对主要技术经济指标的影响程度。

3. 逻辑框架法

逻辑框架法（简称 LFA）是美国国际开发署（USAID）在 1970 年开发并使用的一种设计、计划和评价工具，目前已有 2/3 的国际组织把 LFA 作为援助项目的计划管理和后评价的主要方法。

LFA 是一种概念化论述项目的方法，将一个复杂项目的多个具有因果关系的动态因素组合起来，用一张简单的框图分析其内涵和关系，以确定项目范围和任务，分清项目目标和达到目标所需手段的逻辑关系，以评价项目活动及其成果的方法。在项目后评价中，通过应用逻辑框架法分析项目原定的预期目标、各种目标的层次、目标实现的程度和项目成败的原因，用以评价项目的效果、作用和影响。

4. 成功度评价法

成功度评价法是以用逻辑框架法分析的项目目标的实现程度和经济效益分析的评价结论为基础，以项目的目标和效益为核心所进行的全面系统的评价。它依靠评价专家或专家组的经验，综合后评价各项指标的评价结果，对项目的成功程度作出定性的结论，也就是通常所称的打分的方法。

进行项目综合评价时，评价人员首先要根据具体项目的类型和特点，确定综合评价指标及其与项目相关的程度，把它们分为“重要”“次重要”和“不重要”三类。对“不重要”的指标就不用测定，只需测定重要和次重要的项目内容，一般的项目实际需测定的指标在10项左右。

在测定各项指标时，采用权重制和打分制相结合的方法，先给每项指标确定权重，再根据实际执行情况逐项打分，即按上述评定标准的第2～5的4个级别分别用A、B、C、D表示或打上具体分数，通过指标重要性权重分析和单项成功度结论的综合，可得到整个项目的成功度指标，用A、B、C、D表示，填在表的最底一行（总成功度）的成功度栏内。在具体操作时，项目评价组成员每人填好一张表后，对各项指标的取舍和等级进行内部讨论，或经必要的数据处理，形成评价组的成功度表，再把结论写入评价报告。

2.4.4 项目后评价的组织实施与工作程序

项目后评价的工作时机选在建设工程项目建成和竣工验收之后进行，其后评价的时间范围一般在竣工验收至贷款收回期间。

2.4.4.1 项目后评价的组织实施

项目后评价任务提出单位，应将进行项目后评价工作的评价范围、目的、任务和具体要求，通知项目业主和项目管理机构，要求项目业主和项目管理者做好准备，并积极配合，提供相关的数据资料。咨询评价单位接受项目后评价任务后，应及时任命项目后评价负责人，并成立后评价工作小组。

2.4.4.2 项目后评价的工作程序

各个项目的工程额、建设内容、建设规模等不同，其后评价的程序也有所差异，但大致要经过以下几个方面的步骤。

1. 确定后评价计划

制定必要的计划是项目后评价的首要工作。项目后评价的提出单位可以是国家有关部门、银行，也可以是工程项目者。项目后评价机构应当根据项目的具体特点，确定项目后评价的具体对象、范围、目标，据此制定必要的后评价计划。项目后评价计划的主要内容包括组织后评价小组、配备有关人员、时间进度安排、确定后评价的内容与范围、选择后评价所采用的方法等。

2. 收集与整理有关资料

根据制定的计划，后评价人员应制定详细的调查提纲，确定调查的对象与调查所用的方法，收集有关资料。这一阶段所要收集的资料主要包括：

（1）项目建设的有关资料。这方面的资料主要包括项目建议书、可行性研究报告、项目评价报告、工程概算（预算）和决算报告、项目竣工验收报告以及有关合同文件等。

（2）项目运行的有关资料。这方面的资料主要包括项目投产后的销售收入状况、生产（或经营）成本状况、利润状况、缴纳税金状况和建设工程贷款本息偿还状况等。这类资料可从资产负债表、损益表等有关会计报表中反映出来。

（3）国家有关经济政策与规定等资料。这方面的资料主要包括与项目有关的国家宏观经济政策、产业政策、金融政策、工程政策、税收政策、环境保护、社会责任以及其他有关政策与规定等。

（4）项目所在行业的有关资料。这方面的资料主要包括国内外同行业项目的劳动生产率水平、技术水平、经济规模与经营状况等。

（5）有关部门制定的后评价的方法。各部门规定的项目后评价方法所包括的内容略有差异，项目后评价人员应当根据委托方的意见，选择后评价方法。

（6）其他有关资料。根据项目的具体特点与后评价的要求，还要收集其他有关的资料，如项目的技术资料、设备运行资料等。在收集资料的基础上，项目后评价人员应当对有关资料进行整理、归纳，如有异议或发现资料不足，可作进一步的调查研究。

3. 应用评价方法分析论证

在充分占有资料的基础上，项目后评价人员应根据国家有关部门制定的后评价方法，对项目建设与生产过程进行全面的定量与定性分析论证。

4. 编制项目后评价报告

项目后评价报告是项目后评价的最终成果，是反馈经验教训的重要文件。项目后评价报告的编制必须坚持客观、公正和科学的原则，反映真实情况，报告的文字要准确、简练，尽可能不用过分生疏的专业化词汇；报告内容的结论、建议要和问题分析相对应，并把评价结果与将来规划和政策的制定、修改相联系。

思　考　题

1. 什么是工程项目的建设程序？
2. 工程项目前期管理的主要内容有哪些？
3. 简述质量控制的工作程序。
4. 工程质量事故如何分类？
5. 施工成本管理的任务和措施有哪些？
6. 进度控制的任务是什么？简述进度计划控制的方法。
7. 简述合同管理的主要内容。
8. 信息管理的主要任务是什么？
9. 施工现场环境保护的要求是什么？
10. 施工现场环境保护的措施有哪些？
11. 施工安全控制的程序是什么？
12. 项目后评价的目的是什么？
13. 项目后评价的基本方法有哪些？
14. 简述项目后评价的工作程序。

第3章 水库的运行与管理

【学习要求】 掌握水库库岸失稳的防治措施及水库的水环境保护方法，水库淤积防治的各项措施，水库防洪与兴利的控制运用方法；熟悉水库控制运用的各项指标；理解水库管理的任务与工作内容；了解水库泥沙淤积的成因、危害和类型。

3.1 水库管理概述

3.1.1 水库的类型及作用

在山谷、河道或低洼地区用挡水或泄水等水工建筑物形成的具有一定容积的人工水域，称为水库。水库具有调节径流、集中落差、调整上游回水区内水面比降的作用，可用于防洪、城镇供水、灌溉、水力发电、航运、养殖、旅游和改善环境等。明徐光启《农政全书》卷二十："水库者，水池也。曰库者，固之其下，使无受渫也。幂之其上，使无受损也。"

水库包括三大基本建筑物：挡水建筑物、放水（供水）建筑物、泄洪建筑物。

世界比较著名的水库有斯里赛拉姆水库（图3.1）和伊泰普水库（图3.2）等。我国比较著名的水库有三峡水库（图3.3）、小浪底水库（图3.4）、丹江口水库（南水北调中线工程水源地）（图3.5）、千岛湖水库、紫坪铺水库（图3.6）等。

图3.1 斯里赛拉姆水库

图3.2 伊泰普水库

图3.3 三峡水库

图3.4 小浪底水库

图 3.5　丹江口水库

图 3.6　紫坪铺水库

3.1.1.1　水库的类型

水库一般根据其总库容的大小划分为大、中、小型水库。为便于与水利水电工程分等等级（五等，主要建筑物五级）划分及建筑物级别划分对应，又将其中的大型水库和小型水库各自分为两级，即大（1）型、大（2）型，小（1）型、小（2）型。因此，水库按其规模大小分为5等，见表3.1。

表 3.1　**水库的分等指标**　单位：亿 m^3

水库等级	Ⅰ	Ⅱ	Ⅲ	Ⅳ	Ⅴ
水库规模	大（1）型	大（2）型	中型	小（1）型	小（2）型
水库的总库容	≥10	10～1	1～0.1	0.1～0.01	0.01～0.001

根据水库的作用分为综合利用水库和单目标应用水库，当具有多种作用时即为多目标水库，又称为综合利用水库，只具有一种作用或用途的即为单目标水库。我国的水库一般都属于多目标水库。

图 3.7　平原区水库

根据水库对径流的调节能力，水库可分为日调节水库、周调节水库、季调节水库（或年调节水库）、多年调节水库。

根据水库在河流上所处位置的地形情况，水库可分为平原区水库、丘陵区水库、山谷区水库等3类，如图3.7～图3.9所示。

图 3.8　丘陵区水库

图 3.9　山谷区水库

此外，水库还有地上水库和地下水库之分，地下水库实际应用很少。

3.1.1.2 水库的作用

水库是我国防洪广泛采用的工程措施之一。在防洪区上游河道适当位置兴建能调蓄洪水的综合利用水库，利用水库库容拦蓄洪水，实现水库对洪水的滞洪、蓄洪调节，通过水库的蓄洪、滞洪作用，在洪水期，可以有效地控制或防止洪水灾害发生。

我国河流水资源受气候的影响，存在着时空分布极不均衡的严重问题，通过水库进行径流调节，蓄洪补枯，使天然来水能在时间上和空间上较好地满足用水部门的要求，提高水资源利用率及利用效率，以更好地满足防洪、供水、航运、旅游等要求，充分利用水资源发挥效益的作用。

3.1.2 水库与库区环境的关系

水库既能给国民经济各方面带来许多综合效益，也会对周围环境产生一定的影响，如造成淹没、浸没、库区坍岸、气候和生态环境的变化等。

水库是人工湖泊，它需要一定的空间来储存水量和滞蓄洪水，因此将会淹没大片土地、设施和自然资源，如淹没农田、城镇、工厂、矿山、森林、建筑物、交通和通信线路、文物古迹、风景旅游区和自然保护区等。

水库建成蓄水后，周围地区的地下水将会随之抬高，在一定的地质条件下，可能会使这些地区被浸没，发生土地沼泽化，农田盐碱化，还可能引起建筑物地基沉陷、房屋倒塌、水质恶化等问题。

河道上建成水库后，进入水库的河水流速减小，水中挟带的泥沙便在水库中淤积，占据了一定的库容，影响到水库的效益，缩短了水库的使用年限。

通过水库下泄的清水，使下游水的含沙量减少，引起河床的冲刷，从而危及到下游堤防、码头、护岸工程的安全，并使河道水位下降，影响下游的引水和灌溉。

随着水库的蓄水，水库两侧的库岸在水的浸泡下岩土的物理力学性质发生变化，抗剪强度减小，或者是在风浪和冰凌的冲击和淘刷下，致使库岸丧失稳定，产生坍塌、滑坡和库岸再造。

修建水库蓄水以后，特别是大型水库，形成人工湖泊，扩大了水面面积，也会将影响库区的气温、湿度、降雨、风速和风向。

修建水库蓄水以后，原有的自然生态平衡被打破，水温升高，对一些水生物和鱼类的生存反而可能有利，但却隔断了洄游类鱼类的路径，对其繁殖不利。

水库能为人们提供优质的生活用水和美丽的生活环境，但水库的浅水区杂草丛生，是疟蚊的潜生地。周围的沼泽地也是血吸虫中间寄主丁螺繁殖的良好环境。

修建水库后，由于水库中水体的作用，在一定的地质条件下还可能产生水库诱发地震。

3.1.3 水库库区管理存在的主要问题

我国水库建设数量众多，水库覆盖区域广泛。水库管理人员缺乏责任感，管理体系混乱，权责不明晰是主要存在的库区管理问题。这些问题的出现都将制约水库功能的发挥，影响水库防洪蓄洪的效果。

1. 库区监管设备不健全，缺乏有效的监管

水库的安全性要依靠专业部门的监管和修缮来作为保证，但我国大量水库设施的更新无法跟上现代设备开发和使用的步伐，对于防洪预警的设施尤其缺乏监管和更新。在水库库区建设过程中，大量中小型水库建设属于“虎头蛇尾”，后期的配套设施建设不能到位或不能完善，为后期的监控管理留下隐患。

2. 水库环境遭到严重破坏，法律体系不完善

水库库区周边经常会分散着一些村落或人口居住区域，第一，部分人对水库周边土地过度耕种或放牧造成水库环境被污染和破坏；第二，由于城区和道路的分布使得污水和垃圾的排放量大幅增加，使得水库库区环境污染加重；第三，水库管理单位和政府相关部门对水库库区环境监管方面权责划分不明，库区的经营、承包状况混乱；第四，水库库区管理方面的法律和规定也严重缺失，或者不具有实际借鉴意义。导致水库管理问题凸显，亟待改善。

3. 管理人员综合素质偏低

水库库区的管理工作通常重复、单调，加之自然环境的闭塞和恶劣，工作的环境比较简陋，生活缺少乐趣，所以导致了水库的管理力量以及技术严重缺乏，缺少专业的水利技术人员。整体表现为技术水平较低，队伍管理不够规范，管理人员的文化素质较低，对于工作的业务不够熟练，对于全新的技术和方法很难掌握等，无法满足现代水库管理的要求。

4. 水库管理体系不健全完善

由于水库涉及的区域比较广阔，因此在管理权责方面很难做到精确划分，在实际管理中，经常会出现一个水库多部门管理的情况，或者水库无政府管理的情况。对于前一种情况，管理过程涉及多部门共同插手的问题，容易发生权责混乱重复的现象，一旦发生管理问题，往往导致部门间责任的相互推诿，最终很难追责；后一种情况则直接导致水库管理的缺失，情况更为严重。另外，政府管理部门和水库管理企业之间的管理权责问题也存在界限不明确的情况，经常会产生利益纠纷或责任不明的情况，降低了水库库区的管理效能。

3.1.4 水库管理的任务与工作内容

水库管理是指以法律法规为依据，本着“预防为主、防重于修、修重于抢、防修并重”的原则，利用行政技术手段、经济措施等，合理组织水库的运行、维护、维修和经营，以保证水库安全和充分发挥效益的工作。

3.1.4.1 水库管理的主要任务

水库管理的主要任务包括：①保证水库安全运行、防止溃坝；②充分发挥规划设计等规定的防洪、灌溉、供水、发电、航运以及发展水产改善环境等各种效益；③对工程进行维修养护，防止和延缓工程老化、库区淤积、自然和人为破坏，延长水库使用年限；④不断提高管理水平。

3.1.4.2 水库管理的工作内容

水库管理工作可分为控制运用、工程设施管理和经营管理等方面。

（1）水库控制运用。又称水库调度，是合理运用现有水库工程改变江河天然径流在时间和空间上的分布状况及水位的高低，以满足防汛抗旱，适应生活、生产和改善环境的需要，达到除害兴利、综合利用水资源的目的，是水库管理的主要工作内容。具体内容包括：①掌握各种建筑物和设备的技术状况，了解水库实际蓄泄能力和供水能力；②收集水文气象资料的情报、预报以及防汛部门和各用户的要求；③编制水库调度方案，确定调度原则和调度方式，绘制水库调度图；④编制防汛应急预案；⑤编制和审批水库年度调度计划，确定分期运用指标和供水指标，作为年度水库调节的依据；⑥确定每个时段（月、旬或周）的调度计划，发布和执行水库实时调度指令；⑦在改变泄量前，通知有关单位并发出警报；⑧随时了解调度过程中的问题和用水户的意见，据以调整调度工作；⑨搜集、整理、分析有关调度的原始资料，作为优化现行及以后方案的依据。

（2）工程设施管理。水库工程设施包括水文站网、水库大坝监测监控设施、交通通信设施水质监测设施、防汛抢险设施、生产生活设施等。工程设施管理包括：①建立检查观测制度，进行定期或不定期的工程检查和原型观测，并及时整编分析资料，掌握工程的工作状态；②建立养护修理制度，进行日常养护修理；③按照年度计划进行工程岁修、大修和设备更新改造；④出现险情及时组织抢护；⑤依照政策、法令保护工程设施和所管辖的水域，防止人为破坏工程和降低水库蓄泄能力；⑥进行水质监测，防治水污染；⑦建立水库技术档案；⑧建立防洪预报、预警方案。

3.2 水库库区的防护

水库库区防护，是主要以消除和减轻因水库蓄水形成的库区淹没、浸没坍岸、人为破坏等隐患而采用的工程措施，该工程措施也称为水库区的防护工程。库区常用的防护措施一般有修建防护堤、防洪墙、抽排水站、排水沟渠、减压沟井、防浪墙堤、副坝、护岸、护坡加固等工程措施，以及针对库岸水环境的保护所采取的水体水质保护，水土流失治理等。本节就水库运用管理中通常涉及的工程措施及水库水环境保护等问题进行讨论。

3.2.1 工程措施

3.2.1.1 防护工程主要措施

防护工程主要措施包括：①筑防护堤或防洪墙；②排除地表和土壤中的水，控制地下水位；③挖高填低；④岸边坡的改善和加固；⑤其他工程措施等。

3.2.1.2 常见的防护工程

常见的防护工程主要用于保护现有的实物对象，如房屋、居民点、土地、交通线路、小工厂企业、文物及其他有价值的国民经济对象等。这类工程除需修建防护堤外，还要有防浸、排涝措施，是水库区防护工程中使用最广泛的一种工程。

3.2.1.3 防浸排涝措施

最好堤渠结合，堤后是渠道，通过泵站或排水闸将渍水排出，还可利用渠道作下游灌溉和养鱼之用。关于控制地下水位和改善作物生长条件，其措施是挖高填低，截流排水，设立必要的泵站是很重要的。

3.2.1.4 防止水库漏水

防护区内还要注意防止水库漏水，影响库外环境恶化工程，主要通过检查库内防护区的土壤和其他部位是否有导致漏水的可能性和库岸低凹口和水下漏洞导致渗向库外的可能和隐患。

综上所述，防护工程有很多设施，必须按其用途和严重程度进行全面科学考虑，以最大限度地利用水和土地资源为根本出发点，来协调处理存在的问题。为了正确、因地制宜地选择和修建库区和其他水利的防护工程设施，必须进行必要和翔实的调查研究工作。防护工程建成后，首要的是管，落实管理人员编制，必须制订管理细节，只有管理到位，工程才能发挥效益，才能达到防护目的。

3.2.2 水库的水环境保护

3.2.2.1 对水库水环境保护的认识

水库环境保护是现代经济社会赋予水库管理工作的一项全新内容，是现代水库管理的基本要求，是工程效益形成的基础保障，自然也是水利工程管理中一项不可忽视的重要工作。

水库水资源是指水库中蓄存的可满足水库兴利目标，即满足设计用途所需的所有水资源。水库水资源的兴利能力不仅取决于水库的建设任务和规模、水库所在河川径流在时间空间上分布水量的变化，而且取决于水质状况。然而，水库水资源却承受着库区工农业生产及旅游等产业带来的污染和水土流失引发的淤积的威胁，并且这些威胁在日趋加重，这类危害若继续并扩大，水库将会面临功能丧失的危机。因此，为维护水库的安全，水库管理者应超脱狭隘的管理范围，“走上库岸”，加强防治污染和水土保持工作，做好库岸的水环境管理。

水库水环境的管理具有一定的广泛性、综合性和复杂性，应运用行政、法律、经济、教育和科学技术等手段对水环境进行强化管理。

3.2.2.2 水库污染防治

1. 水库污染及其种类

水污染是指水体因某种物质的介入而导致其化学、物理、生物或者放射性等方面特性的改变，从而影响水的有效利用，危害人体健康或者破坏生态环境，造成水质恶化的现象。

水污染通常有以下几种类型：

（1）有机污染。有机污染又称需氧性污染，主要指由城市污水、食品工业和造纸工业等排放含有大量有机物的废水所造成的污染。

（2）无机污染。无机污染又称酸碱盐污染，主要来自矿厂、黏胶纤维、钢铁厂、染料工业、造纸、炼油、制革等废水。

（3）有毒物质污染。有毒物质污染为重金属污染和有机毒物污染。

（4）病原微生物污染。病原微生物污染主要来自生活、畜禽饲养、医院以及屠宰肉类加工等污水。

（5）富营养化污染。生活污水和一些工业、食品业排出废水中含有的氮、磷等营养物质，农业生产过程中大量氮肥、磷肥，随雨水流入河流、湖泊。

（6）其他水体污染。主要包括水体油污染和水体热污染、放射性污染等。

水是否被污染，发生哪几种污染，污染到什么程度，都是通过相应的污染分析指标判定衡量的。水污染正常分析指标包括：①臭味；②浑浊度；③水温；④电导率；⑤溶解性固体；⑥悬浮性固体；⑦总氧；⑧总有机碳；⑨溶解氧；⑩生物化学需氧量等。这些指标是管理中进行检查分析工作的重要依据。

2. 水库污染危害的防治

水库中水体受到污染会产生一定的危害：一是对人体健康产生的危害；二是对农业造成的危害。

水库水环境污染防治应将工程措施和非工程措施相结合。

（1）工程措施。包括三个方面：一是流域污染源治理工程，主要是对工业三废、城镇生活污水、乡村家禽家畜粪便等进行处理；二是流域水环境整治与水质净化工程，主要是对河道淤泥和垃圾进行清理，对上游河道进行生态修复，利用生物措施对水质进行净化；三是流域水土保持与生态建设工程，主要是对一些废弃的矿区和采石场等进行修复处理，利用退耕还林等措施恢复植被，提高水源涵养能力。

（2）非工程措施。就是让各种有害物质和使水环境恶化的一切行为远离库区。根据我国水库现状可采取以下手段：①法律手段，可依据国家有关水环境法律法规制定库区环境管理条例，通过法律强制措施对库区的不法行为进行制止；②经济手段，通过奖惩办法对积极采取防治库区污染措施的企业予以奖励，对污染严重的企业予以惩罚；③宣传教育手段，采取多种形式在库区进行宣传教育，提高库区群众的防治意识并发挥社会公众监督作用；④科技手段，应用科学技术知识，加强库区农业生产的指导工作，改善产业结构，减少和避免对环境有害的生产方式。科学地制定水资源的检测、评价标准，推广先进的生产技术和管理技术，制定综合防治规划，使环境建设和防治工作持久不懈。

3.2.2.3 水库水土保持

1. 水土保持及其作用

水库水土保持是一项综合治理性质的生态环境建设工程，是指在水库水土流失区，为防止水土流失、保护改良与合理利用水土资源而进行的一系列工作。

水土保持工作以保水土为中心，以水蚀为主要防治对象，必然对水库水资源生态环境产生更为全面、显著的作用和影响。主要体现在以下几个方面：①增加蓄水能力，提高降水资源的有效利用；②削减洪水，增加枯水期流量，提高河川水资源的有效利用率；③控制土壤侵蚀，减少河流泥沙；④改善水环境，促进区域社会经济可持续发展。

2. 水土保持的措施

水土流失的主要原因有水力侵蚀、重力侵蚀、风力侵蚀三种形式。

水力侵蚀概括地说是地表水对地面土壤的侵蚀和搬移。重力侵蚀是斜坡上的土体因地下水渗透力或因雨后土壤饱和引起抗剪强度减小，或因地震等原因使土体因重力失去平衡而产生位移或块体运动并堆积在坡麓的土壤侵蚀现象，主要形态有崩塌、滑坡、泄流等。风力侵蚀是由风力磨损、吹扬作用，使地表物质发生搬运及沉积现象，其表现有滚动、跃移和悬浮三种方式。

水土流失对水库水资源有极大的影响，包括：①加剧洪涝灾害；②降低水源涵养能力；③造成水库淤积，降低综合能力；④制约地方经济发展。

搞好水土保持应采取三个主要方面的措施：

（1）水土保持的工程措施。在合适的地方修筑梯田、生态护坡等坡面工程，合理配置蓄水、引水和提水工程，主要作用是改变小地形，蓄水保土，建设旱涝保收、稳定高产的基本农田。

（2）水土保持的林草措施。在荒山、荒坡、荒沟、沙荒地、荒滩和退耕的陡坡农地上，采取造林、种草或封山育草的办法增加地面植被，保护土壤免受暴雨侵蚀冲刷。

（3）水土保持的农业措施。通过采取合理的耕作措施，在提高农业产量的同时达到保水保土的目的。

3.3 库岸失稳的防治

水库蓄水之后，由于库区水位太高及波动，常常给库岸带来一系列的危害，例如库岸淹没、浸没、库岸坍塌等问题。因此，在水库运行管理中应经常对库岸进行监控检查，及时发现问题并进行治理，采取有效的防护措施减少和避免危害的发生。水库蓄水后，库岸在自重和水的作用下常常会发生失稳，形成崩塌或滑坡。影响库岸稳定的因素很多，如库岸的坡度和高度，库岸线的形状，库岸的地质构造，水流的淘刷，水的浸湿和渗透作用，水位的变化，风浪作用，冻融作用，浮冰的撞击，地震作用以及人为的开挖、爆破等作用，均会造成库岸的失稳。本节就水库运用管理中通常涉及的库岸失稳的防治问题进行讨论。

3.3.1 岩质库岸失稳的防治

岩质库岸的失稳形态一般有崩塌、滑坡和蠕动三种类型。崩塌是指岸坡下部的外层岩体因其结构遭受破坏后脱落，使库岸的上部岩体失去支撑，在重力或其他因素作用下而坠落的现象。滑坡是指库岸岩体在重力或其他力的作用下，沿一个或一组软弱面或软弱带作整体滑动的现象。蠕动现象可分为两种：对于脆性岩层是指在重力或卸荷力的作用下沿已有的滑动面或绕某一点作长期而缓慢的滑动或转动；对于塑性岩层（如夹层）是指岩层或岩块在荷载作用下沿滑动面或层面作长期而缓慢的塑性变形或流动。

最常见的岸坡失稳形态是滑坡，防治滑坡的方法有削坡、防漏排水、支护、改变土体性质、采用抗滑桩和锚固等措施。

1. 削坡

当滑坡体范围较小时，可将不稳定岩体挖除；如果滑坡体范围较大，则可将滑坡体顶部挖除，并将开挖的石渣堆放在滑坡体下部及坡脚处，以增加其稳定性。

2. 防漏排水

防漏排水是岸坡整治的一项有效措施，广泛运用于工程实践中。其具体的措施为：在环绕滑坡体的四周设置水平和垂直排水管网，并在滑坡体边界的上方开挖排水沟，拦截沿岸坡流向滑坡体的地表水和地下水；对滑坡体表面进行勾缝，水泥喷浆或种植草皮，阻止地表水渗入滑坡体内。

3. 支护

支护措施通常有挡墙支护和支撑支护两种。当滑坡体是松散土层或裂隙发育的岩层时，可在坡脚处修建浆砌石、混凝土或钢筋混凝土的挡墙进行支护；如果滑坡体是整体性较好的不稳定岩层，也可采用钢筋混凝土框架进行支护。

4. 抗滑桩

当滑动体具有明确的滑动面时，可沿滑动方向用钻机或人工开挖的方法造孔，在孔内设钢管，管中灌注混凝土，或者用普通钢筋混凝土，形成一排抗滑桩，利用桩体的强度增加滑动面的抗剪强度，达到增强稳定性的目的。抗滑桩的截面有方形和圆形两种，钻孔桩直径一般为0.3～0.5m，挖孔桩直径一般为1.5～2.0m，桩长可达20m。当滑动面上、下岩体完整时，也可采用平洞开挖的方法沿滑动面设置混凝土抗滑短桩或抗滑键槽，以增强滑动体的稳定性，也可取得良好的效果。

5. 锚固措施

利用钻机钻孔穿过滑坡体岩层，直达下部稳定岩体一定深度，然后在孔中埋设预应力钢索或锚杆，以加强滑坡体稳定的方法。在许多情况下，滑坡的防治需要同时采取上述几种措施，进行综合整治。

3.3.2 非岩质库岸失稳的防治

防治非岩质库岸破坏和失稳的措施有护坡、护脚、护岸墙和防浪墙等。对于受主流顶冲淘刷而引起的塌岸，常采用抛石护岸；如水下部分冲刷强烈，则可采用石笼或柳石枕护脚；对于受风浪淘刷而引起的塌岸，可采用干砌石、浆砌石、混凝土、水泥等材料进行护坡；当库岸较高，上部受风浪冲刷，下部受主流顶冲，则可做成阶梯式的防护结构，上部采用护坡，下部采用抛石、石笼固脚，如图3.10所示；对于水库位变化较大，风浪冲刷强烈的库岸，可采用护岸墙的防护方式；对于库岸较陡、在水的浸湿和风浪作用下有塌岸的危险，则可采用削坡的方法进行防护，当库岸较高时，也可采取上部削坡，下部回填，然后进行护坡的防护方法。

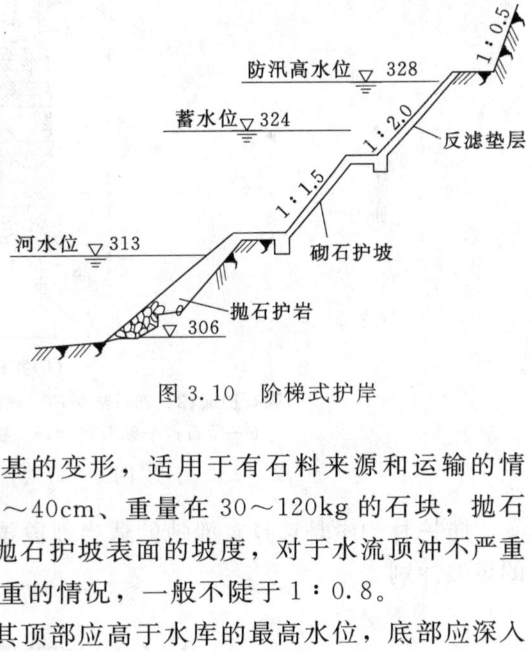

图3.10 阶梯式护岸

抛石护岸具有一定的抗冲能力，能适应地基的变形，适用于有石料来源和运输的情况，石料一般宜采用质地坚硬、粒径不小于20～40cm、重量在30～120kg的石块，抛石厚约为石块粒径的4倍，一般为0.8～1.2m。抛石护坡表面的坡度，对于水流顶冲不严重的情况，一般不陡于1：1.5；对于水流顶冲严重的情况，一般不陡于1：0.8。

干砌块石护岸是常采用的一种护岸形式，其顶部应高于水库的最高水位，底部应深入水库最低水位以下，并能保护护岸不受主流顶冲。干砌块石的厚度一般为0.3～0.6m，下面铺设15～20cm的碎砾石垫层。

石笼石护岸是用铅丝、竹篾、荆条等材料编制成网状的六面体或圆柱体，内填块石、卵石，将其叠放或抛投在防护地段，做成护岸。石笼的直径为0.6～1.0m，长度为3.5～3.0m，体积为1.0～2.0m^3。石笼护岸的优点是可以利用较小的石块，抛入水中后位移较小，抗冲刷能力强，且具有一定的柔性，能适应地基的变形。

护岸墙适用于岸坡较陡、风浪冲击和水流淘刷强烈的地段。护岸墙可做成干砌石墙[图 3.11 (a)]、浆砌石墙 [图 3.11 (b)]、混凝土墙和钢筋混凝土墙。护岸墙的底部应伸入基土内，墙前用砌石或堆石做成护脚，以防墙基淘刷。在必要的情况下，可在墙底设置桩承台，以保证护岸墙的稳定。

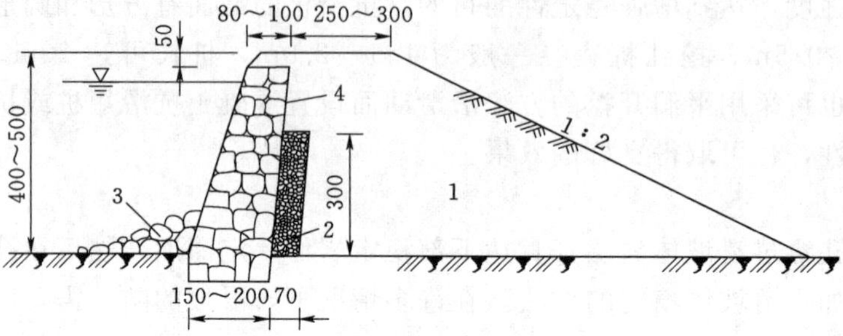

(a)干砌石护岸墙

1—土；2—砾石垫层；3—堆石护脚；4—干砌石护岸墙

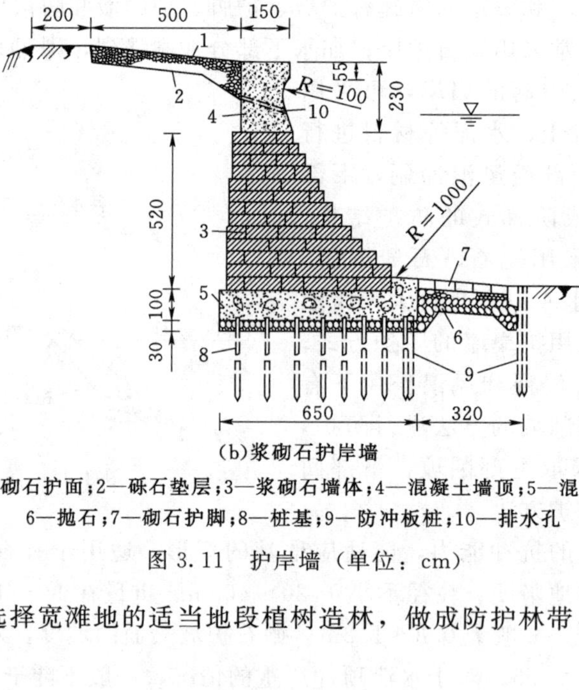

(b)浆砌石护岸墙

1—砌石护面；2—砾石垫层；3—浆砌石墙体；4—混凝土墙顶；5—混凝土墙基；6—抛石；7—砌石护脚；8—桩基；9—防冲板桩；10—排水孔

图 3.11 护岸墙（单位：cm）

防护林护岸是选择宽滩地的适当地段植树造林，做成防护林带，以抵御水库高水位时的风浪冲刷。

3.4 水库泥沙淤积的防治

3.4.1 水库泥沙淤积的成因及危害

3.4.1.1 水库泥沙淤积的成因

河流中挟带泥沙，按其在水中的运动方式，常分为悬移质泥沙、推移质泥沙和河床质泥沙，它们随着河床水力条件而改变，或随水流运动，或沉积于河床。

当河流上修建水库以后，泥沙随水流进入水库，由于水流流态变化，泥沙将在库内沉积形成水库淤积。水库淤积的速度与河流中的含沙量、水库的运用方式、水库的形态等因素有关。

3.4.1.2 水库泥沙淤积的危害

水库的泥沙淤积不仅会影响水库的综合效益，而且还对水库的上下游地区造成严重的后果。其表现为：

（1）由于水库淤泥，库容减小，水库的调节能力也随之减小，从而降低甚至丧失防洪能力。

（2）加大了水库的淹没和浸没。

（3）使有效库容减小，降低了水库的综合效益。

（4）泥沙在库内淤积，使其下泄水流含沙量减小，从而引起下游河床冲刷。

（5）上游水流挟带的重金属等有害成分淤积库中，会造成库中水质恶化。

都江堰水利工程就是比较典型的例子，在紫坪铺水库修建之前，整个内江、外江都会有较多泥沙淤积，因此长期定期或不定期清淤工作量就较大。而水库修建好以后，就相反了，河床出现淘刷，因此，管理部门不得不在内外江适当位置修筑低堰来防止堰上游河段的冲刷（图 3.12）。

(a)水库修建前　　(b)水库修建后

图 3.12 都江堰上游建库前后的变化

3.4.2 水库泥沙淤积与冲刷

3.4.2.1 淤积类型

水流进入库内，因库内水的影响，可表现为两种不同的流态：一种为壅水流态，即入库水流流速由回水端到坝前沿程减小；另一种是均匀流态，即挡水坝不起壅水作用时，库区内的水面线与天然河道相同时的流态。均匀流态下水流的输沙状态与天然河道相同，称为均匀明流输沙流态。均匀明流输沙流态下发生的沿程淤积称为沿程淤积；在壅水明流输沙下发生的沿程淤积称为壅水淤积。含沙量大细颗粒多，进入壅水段后，潜入清水下面沿库底继续向前运动的水流称为异重流，此时发生的沿程淤积称为异重流淤积。当异重流行至坝前而不能排出库外时，则浑水将滞蓄在坝前的清水下形成浑水水库。在壅水明流输沙流态中如果水库的下泄流量小于来水量，则水库将继续壅水，流速继续减小，逐渐接近静水状态，此时未排除库外的浑水在坝前滞蓄，也将形成浑水水库，在深水水库中，泥沙的淤积称为深水水库淤积。以紫坪铺水库为例，库尾泥沙淤积见图 3.13。

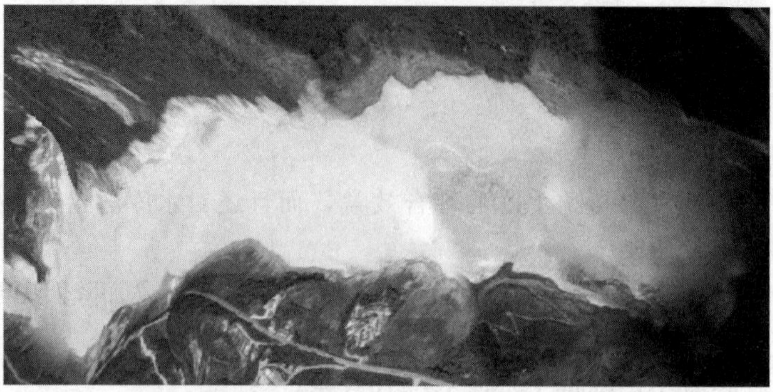

图 3.13 紫坪铺水库库尾泥沙淤积

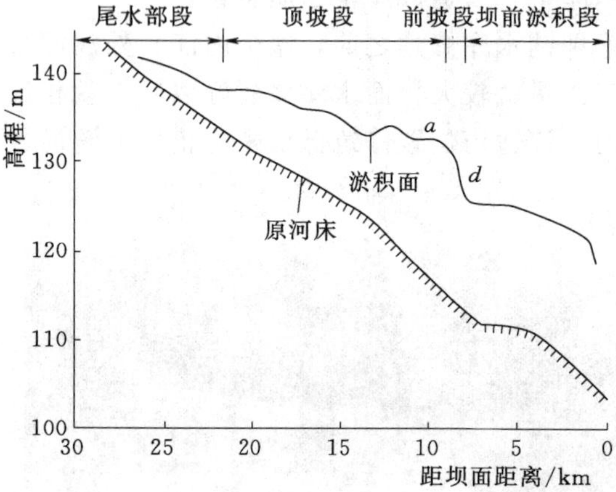

图 3.14 三角洲淤积

3.4.2.2 水库中泥沙淤积形态

泥沙在水库中淤积呈现出不同的形态。纵向淤积有三种：三角洲淤积、带状淤积和锥体淤积。

(1) 三角洲淤积。泥沙淤积体的纵剖面呈三角形的淤积形态，称为三角洲淤积，如图 3.14 所示。一般有回水末端至坝前呈三角状，多发生于水位较稳定、长期处于高水位运行的水库中。按淤积特征分为四个区段：尾水部段、顶坡段、前坡段、坝前淤积段。

(2) 带状淤积。带状淤积的淤积物均匀地分布在库区回水段上。如图 3.15 所示，多发生于水库水位呈周期性变化，变幅较大，而水库来沙不多，颗粒较细，水流流速又较高的情况下。

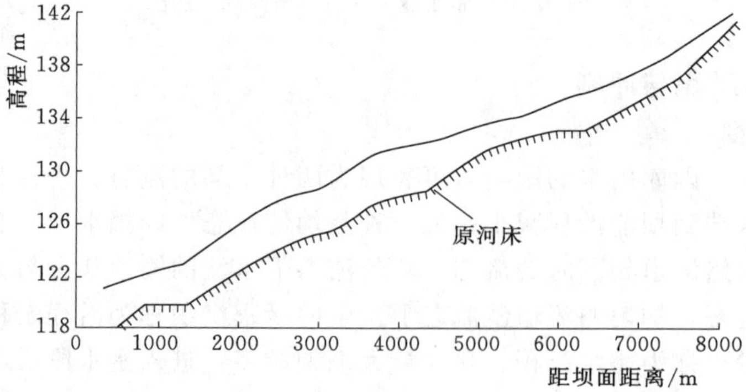

图 3.15 带状淤积

(3) 锥体淤积。锥体淤积是在坝前形成淤积面接近水平，为一条直线，形似锥体的淤积，如图 3.16 所示，多发生于水库水位不高，壅水段较短，底坡较大，水流流速较高的情况下。

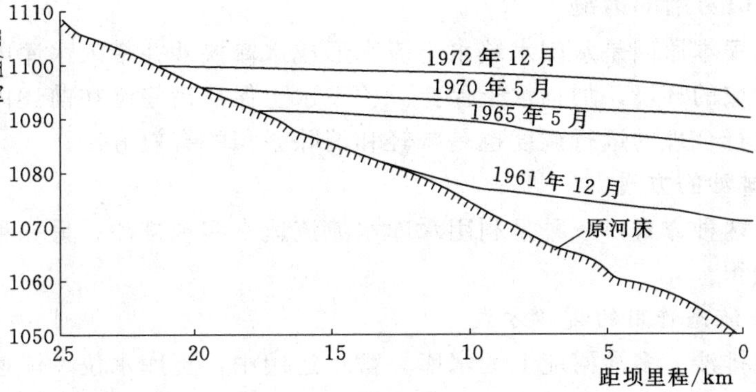

图 3.16 锥体淤积

影响淤积形态的因素有水库的运行方式、库区的地形条件和干支流入库的水沙情况等。

3.4.2.3 水库的冲刷

水库库区的冲刷分溯源冲刷、沿程冲刷和壅水冲刷三种。

1. 溯源冲刷

当水库水位降至三角洲顶点以下时，三角洲顶点处形成降水曲线，水面比降变陡，流速加快，水流挟沙能力增大，将由三角顶点起从下游逐渐发生冲刷，这种冲刷称为溯源冲刷。溯源冲刷有辐射状冲刷、层状冲刷和跌落冲刷三种形态，如图 3.17 所示，当水库水位在短时间内降到某一高程后保持稳定或当放空水库时会形成辐射状冲刷；如果冲刷过程中水库水位不断下降，历时较长，会形成层状冲刷；如果淤积为较密实的黏性涂层，会形成跌落状的冲刷。

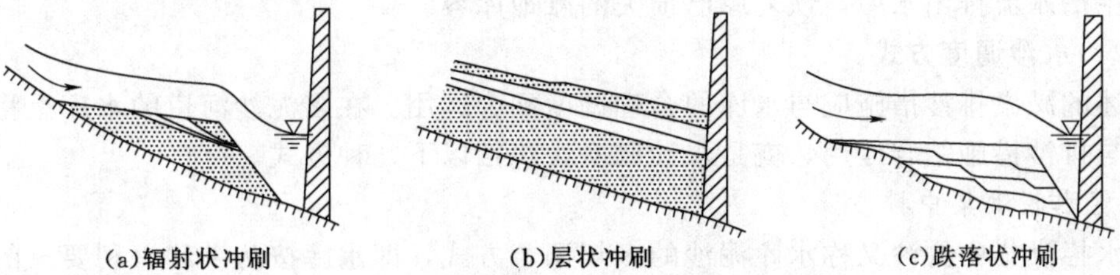

图 3.17 水库溯源冲刷的形态

2. 沿程冲刷

在不受水库水位变化影响的情况下，由于来水来沙条件改变而引起的河床冲刷，称为沿程冲刷。当库水来水较多，而原来的河床形态及其组成与水流挟沙能力不相应，从而发生沿程的冲刷。它是从上游向下游发展的，而且冲刷强度较低。

3. 壅水冲刷

在水库水位较高的情况下，开启底孔闸门泄水时，底孔周围淤积的泥沙，随同水流一起被底孔排出孔外，在底孔前逐渐形成一个最终稳定的冲刷漏斗，这种冲刷称为壅水冲刷。壅水冲刷局限于底孔前，且与淤积物的状态有关。

3.4.3　水库淤积防治的措施

水库淤积的根本原因是水库水域水土流失形成水流挟沙并带入水库内。所以根本的措施是改善水库水域的环境，加强水土保持。关于水土保持措施已在前述内容中介绍。除此之外，对水库进行合理的运行调度也是减轻和消除淤积的有效方法。

3.4.3.1　减淤排沙的方式

减淤排沙有两种方式：一种是利用水库水流流速来实现排沙；另一种是借助辅助手段清除已产生的淤积。

1. 利用水流流态作用的排沙方式

（1）异重流排沙。多沙河流上的水库在蓄水运用中，当库水位、流速、含沙量符合一定条件（一般是水深较大、流速较小、含沙量较大）时，库区内将产生含沙量集中的异重流，若及时开启底孔等泄水设备，就能达到较好的排沙效果。

（2）泄洪排沙。在汛期遭遇洪水时，库水位壅高，将造成库区泥沙落淤，在不影响防洪安全的前提下，及时加大洪流量，尽量减少洪水在库区内的滞洪时间，也能达到减於的效果。

（3）冲刷排沙。水库在敞泄或泄空过程中，使水库水流形成冲刷条件，将库内泥沙冲起排出库外。有沿程冲刷和溯源冲刷两种方式。

2. 辅助清淤措施

对于淤积严重的中小型水库，还可以采用人工、机械设备或工程设施的措施作为水库清淤的辅助手段。机械设备清淤是利用安在浮船上的排沙泵吸取库底淤积物，通过浮管排出库外，也有的借助安在浮船上的虹吸管，在泄洪时利用虹吸管吸取库底淤积泥沙，排到下游。工程设施清淤是指在一些小型多沙水库中，采用一种高渠拉沙的方式，即在水库周边高地设置引水渠，在库水位降低时利用引渠水流对库周滩地造成的强烈冲刷和滑塌，使泥沙沿主槽水流排出水库，恢复原已损失的滩地库容。

3.4.3.2　水沙调度方式

上述的减淤排沙措施应与水库的合理调度配合运用。在多泥沙河道的水库上将防洪兴利调度与排沙措施结合运用，就是水沙调度，包括以下几种方式。

1. 蓄水拦洪集中排沙

蓄水拦洪集中排沙又称水库泥沙的多年调节方式，即水库按防洪和兴利要求的常用方式拦洪集中排沙和蓄水运用，待一定时期（一般为 2～3 年）以后，选择有利时机泄水放空水库，利用溯源冲刷和沿程冲刷相结合的方式清除多年的淤积物，达到全部或大部分恢复原来的防洪与兴利库容。在蓄水运用时期，还可以利用异重流进行排沙，这种方式宜于河床比降大、滩地库容所占比重小、调节性能好、综合利用要求高的水库。

2. 蓄清排浑

蓄清排浑又称泥沙的年调节方式，即汛期（丰沙期）降低水位运用，以利排沙，汛后（长沙期）蓄水兴利。利用每年汛期有利的长沙条件，采用溯源冲刷和沿程冲刷相结合的方式，清除蓄水期的淤积，做到每年基本恢复原来的防洪和兴利库容。

3. 泄洪排沙

泄洪排沙即在汛期水库敞开泄洪，汛后按有利排沙水位确定正常蓄水位，并按天然流量供水。这种方式可以避免水库大量淤积，能达到短期内冲淤平衡，但是综合效益发挥将受到限制。

根据我国水库的运用经验，水库的运用方式可根据水库的容积沙量比 $K_s=V_0/V_s$（V_0 为水库容积，V_s 为水库的年来沙量）和容积水量比 $K_w=V_0/W$（W 为年来水量）来初步确定：当 $K_s>50$，$K_w>0.2$ 时，宜采用拦洪蓄水运用方式；当 $K_s<30$，$K_w<0.1$ 时，宜采用蓄清排浑运用方式或泄洪排沙；当 $K_s=30$，$K_w=0.1\sim0.2$ 时，可以采用前期拦洪蓄水、后期蓄清排浑的运用方式或采用泄洪排沙或蓄清排浑交替使用的运用方式。

一般以防洪季节灌溉为主的水库，由于水库的主要任务与水库的排沙并无矛盾，故可以采用泄洪排沙或蓄清排浑的运用方式；对于来沙量不大的以发电为主的水库，可采用拦洪蓄水与蓄清排浑交替使用的运用方式。

3.4.4 水库的泄洪排沙

3.4.4.1 泄洪排沙泄量的选择

排沙泄量的大小对滞洪排沙效果有很大影响，排沙泄量过大，泄洪时间短，对于下游行洪放淤不利；排沙泄量过小，则滞洪时间过长，将会造成水库大量淤积。根据一些水库实测资料的分析，排沙、泄量与峰前水量存在下列关系：

$$Q_{sw}=W_w(\eta_{s0}/4000)^{1/0.37} \tag{3.1}$$

式中 η_{s0} ——排沙率；

W_w ——入库洪水的峰前水量，m^3；

S_w ——第一天平均排沙量，m^3/s。

式（3.1）适用于单峰型洪水，涨峰历时不超过 12h 的情况。

对于峰高、量大的洪水，若滞洪历时过长，则漫滩淤积量就大，排沙率就低，根据一些中小型水库实测资料的分析，排沙效率 η_{s0} 与滞洪历时 t 之间存在下列关系：

$$\eta_{s0}=258t^{-1/3} \tag{3.2}$$

3.4.4.2 泄洪排沙期淤积量计算

滞洪排沙期间的淤积量为

$$\Delta W_s=W_s-W_{s0} \tag{3.3}$$

$$W_{s0}=\eta W_s \tag{3.4}$$

$$\eta=\eta_w^{1.5} \tag{3.5}$$

式中 W_s ——一次洪水的入库沙量，m^3；

W_{s0} ——该次洪水的排沙量，m^3；

η ——排沙比，等于库沙量与入库沙量之比；

η_w ——排水比，即出库水量 W_0 与入库水量 W_w 之比。

3.4.5 水库的异重流排沙

3.4.5.1 异重流排沙的形成条件

当 $L\geqslant Q_sJ_0$ 时，异重流中途消失；当 $L<Q_sJ_0$ 时，形成异重流排沙。其中，L 为水库回水长度，km；Q_s 为洪峰的平均输沙率，kg/s；J_0 为库底比降，‰。

3.4.5.2 异重流排沙计算

异重流的淤积和排沙计算有两类方法：一类是挟沙能力计算法；另一类是经验统计法。这里介绍经验统计法。

经验统计法是在水库运行管理中，按实测资料建立的异重流传播时间、异重流排沙泄量和异重流沙比的经验关系式，估算水库的异重流排沙情况，是比较简便而迅速的方法，在中小型水库管理中被普遍采用。

（1）异重流的传播时间。异重流的传播时间是指异重流从潜入断面运行至坝前的时间，能否准确地掌握这一时间关系，并且是否充分发挥异重流的排沙效果，这是水库管理中的重要问题。如果在异重流到达坝前的时刻能及时开闸泄水，则可将异重流挟带的大部分泥沙排出库外，如若开闸过晚，则异重流到坝前受阻，泥沙将在库内落淤；若开闸过早，则将使库内储存的清水泄出库外，造成浪费。

异重流传播时间与洪峰流量和水库前期蓄水量的关系为

$$T_0 = 3.2(W_0^{1/2}/Q)^{0.48} \tag{3.6}$$

式中 T_0——从洪峰通过入库水文站到异重流运行至坝前的历时，h；

W_0——水库前期蓄水量，万 m^3；

Q——洪峰流量，m^3/s。

（2）异重流的排沙泄量。异重流排沙泄量的选择，直接影响到水库的排沙效果。据有关工程实测资料的分析得，异重流排沙泄量与入库洪水的峰前水量、水库的前期蓄水量和排沙比存在下列关系：

$$q_0 \leqslant W_1(\eta e^{0.006W_0}/4000)^{2.7} \tag{3.7}$$

式中 q_0——异重流第一日的平均排沙量，m^3/s；

W_1——入库洪水的峰前水量，万 m^3；

W_0——水库的前期蓄水量，万 m^3；

η——排沙比，%，即水库排出的总沙量（m^3）与入库总沙量（m^3）之比的百分率。

（3）异重流的排沙比。据有关资料分析得异重流的平均排沙比与河底比降的关系：

$$\eta = 6.4J^{0.64} \tag{3.8}$$

式中 η——平均排沙比；

J——原河底比降。

3.5 水库的控制运用

3.5.1 水库控制运用的意义

水库的作用是调节径流、兴利除害。但是，由于水库功能的多样性和河川未来径流的难以预知性，使水库在运用中存在一系列的矛盾问题，概括起来主要表现在四个方面：一是汛期蓄水与泄水的矛盾；二是汛期弃水发电与防汛的矛盾；三是工业、农业、生活用水的分配矛盾；四是在水资源的配置和使用过程中产生用水部门及地区间的不平衡而发生的水事纠纷问题。这就要加强对水库的控制运用，合理调度。只有这样，才能在有限的水库资源条件下较好地满足各方面的需求，获得较大的综合利益。如果水库调度同时结合水文预报进行，实现水库预报调度，所获得的综合效益将更大。

3.5.2 水库调度工作的要求

水库调度包括防洪调度与兴利调度两个方面。在水情长期预报还不可靠的情况下，可根据已制定的水库调节图与调度准则指导水库调度，也可参考中短期水文预报进行水库预报调度，对于多泥沙河流上的水库，还要处理好拦洪蓄水与排沙的关系，即做好水沙调度。水库群调度中，要着重考虑补偿调节与梯级调度问题。为做好调度的实施工作，应预先制定水库年度调度计划，并根据实际来水与用水情况，进行实时调度。

水库年调度计划是根据水库原设计和历年运行经验，结合面临年度的实际情况而制定的全年调度工作的总体安排。

水库实时调度是指在水库日常运行的面临阶段，根据实际情况确定运行状态的调度措施与方法，其目的是实现预定的调度目标，保证水库安全，充分发挥水库效益。

3.5.3 水库控制运用指标

水库控制运用指标是指那些在水库实际运行中作为控制条件的一系列特征水位，它是拟定水库调度计划的关键数据，也是实际运行中判别水库运行是否安全正常的主要依据之一。

水库在设计时，按照有关技术标准的规定选定了一系列特征水位，如图 3.18 所示，主要有校核洪水位、设计洪水位、防洪高水位、正常蓄水位、防洪限制水位、死水位等，它们决定水库的规模与效益，也是水库大坝等水工建筑物设计的基本依据。水库实际运行中采用的特征水位是水利部颁发的《水库管理通则》中规定的允许最高水位、汛期末蓄水位、汛期限制水位、兴利下限水位等。它们的确定，主要依据原设计和相关特征水位，同时还须考虑工程现状和控制运用经验等因素。当情况发生较大变化，不能按原设计的特征水位运用时，应在仔细分析比较与科学论证的基础上，拟定新的指标，这些运行控制指标因实际情况需要随时调整。

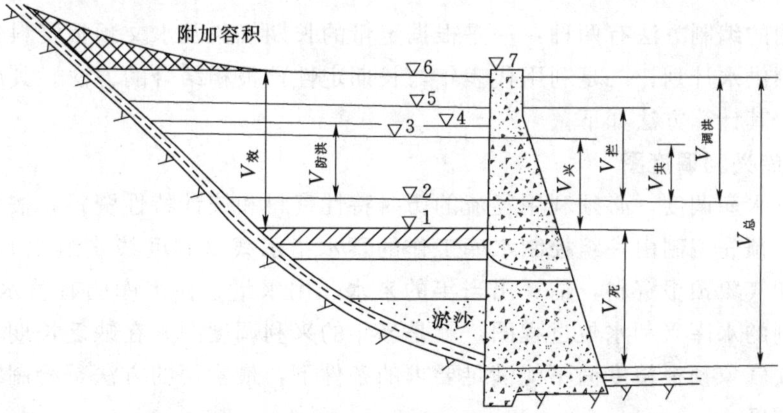

图 3.18 水库水位与库容特征

1—死水位；2—防洪限制水位；3—正常蓄水位；4—防洪高水位；
5—设计洪水位；6—校核洪水位；7—坝顶高程

（1）允许最高水位，是在水库运行中，在发生设计的校核洪水时允许达到的最高库水位，它是判断水库工程防洪安全最重要的指标。

（2）汛期限制水位，水库为保证防洪安全，汛期要留有足够的防洪库容而限制兴利蓄水的上限水位。一般根据水库防洪和下游防洪要求的一定标准洪水，经过调洪演算推求而得。

（3）汛期末蓄水位，是综合利用的水库，汛期根据兴利的需要，在汛期限水位上要求充蓄到的最高水位。这个水位在很大程度上决定了下一个汛期到来之前可能获得的兴利效益。

（4）兴利下限水位，是水库兴利运用在正常情况下允许消落到的最低水位。它反映了兴利的需要及各方面的控制条件，这些条件包括泄水及引水建筑物的设备高程，水电站最小工作水头，库内渔业生产、航运，水源保护及要求等。

3.5.4　水库兴利控制的运用

水库兴利控制运用的目的，是在保证水库及上下游城乡安全及河道生态条件的前提下，使水库库容和河川径流资源得到充分运用，最大限度地发挥水库的兴利效益。

水库兴利控制运用是水利管理的重要内容，其依据是水库兴利控制运用计划。

3.5.4.1　编制控制运用计划的基本资料

编制水库兴利控制运用计划需收集下列基本资料：①水库历年逐月来水量资料；②历年灌溉、供水、发电、航运等用水资料；③水库集水面积内和灌区内各站历年降水量、蒸发量资料及当年长期气象水文预报资料；④水库的水位与面积、水位与库容的关系曲线；⑤各种特征库容及相应水位，水库蒸发、渗漏损失资料。

3.5.4.2　水库年度供水计划的编制

1. 编制年度供水计划的内容

编制年度供水计划的内容主要是估算来水、蓄水、用水，通过水量平衡计算拟定水库供水方案。

2. 编制方法

目前常用的编制方法有两种：一是根据定量的长期气象及水文预报资料估算来水和用水过程，编制供水计划；二是利用代表年与长期定性预报相结合的方法。其中以第一种方法最为常用，其计算方法如下。

3.5.4.3　水库兴利调度图

为了进行水库调度，必须利用径流的历时特性资料和统计特性资料，按水库运行调度的一定准则，预先编制由一组控制水库工作的蓄水指示线（调度线）组成的水库调度图。如当年有长期气象预报资料，估算出当年的来水、用水量，在水库已有蓄水量的情况下，通过计算绘制的水库兴利水位过程图，就是当年的兴利调度图。在缺乏长期水文、气象预报资料或水文气象预报精度尚不能满足要求的条件下，最常用的方法是绘制统计调度图来进行的兴利调度。

1. 年调节兴利调度图

年调节水库兴利基本调度图如图 3.19 所示，图中线Ⅰ为防洪破坏线（保证供水线），线Ⅱ为限制供水线，线Ⅰ与线Ⅱ是在水库保证正常供水的前提下，相应设计枯水年份的各种可能出现的库水位的外包线和内包线，线Ⅲ为防弃水线，是在水库按最大需水量（或电站最大过水能力）工作的条件下，相应丰水年份可能出现的库水位的内包线，以上3条基本调度线将水库以年度为周期的范围划分为4个运行区，并规定了相应的调度方式。线Ⅰ与线Ⅱ之间（A区）为保证正常供水区，水库按保证运行方式工作；线Ⅱ与死水位之间（C区）为降低供水区，水库按降低洪水区或天然入库净流量供水，以减轻破坏程度或缩短破坏时间；线Ⅰ与线Ⅲ之间（B区）为加大供水区，水库按加大供水方式工作，以充分利用余水量，减少弃水量；线Ⅲ与正常蓄水位之间（D区）为最大供水区，水库按最大需水量或供水设备的最大过水能力供水。在实际运行中，不考虑水文预报时，由面临时段初的库水位所在区域决定水库的供水量（或发电出力）；若结合面临时段的入库径流量预报，可由时段来预计可以达到的库水位所在的区域，决定水库供水量。

2. 多年调节水库兴利调度

多年调节水库的调节周期一般为由若干连续枯水年组成的库水段。实用上一般仍绘制以年度为单位的调度图。其基本调度线图和辅助调度线图的形式，与年调节水库类似，如图3.20所示。与年调节水库调度图的差别为：①防洪破坏线（Ⅰ）位于多年库容蓄满点以上，说明多年库容未蓄满以前，水库不应加大供水量；②限制供水线（Ⅱ）最低点为死水位，最高点水位至死水位所相应的库容一般应等于年库容。

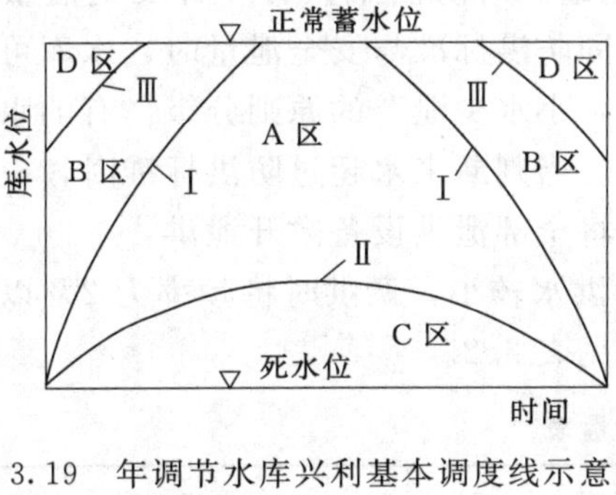

图3.19 年调节水库兴利基本调度线示意图

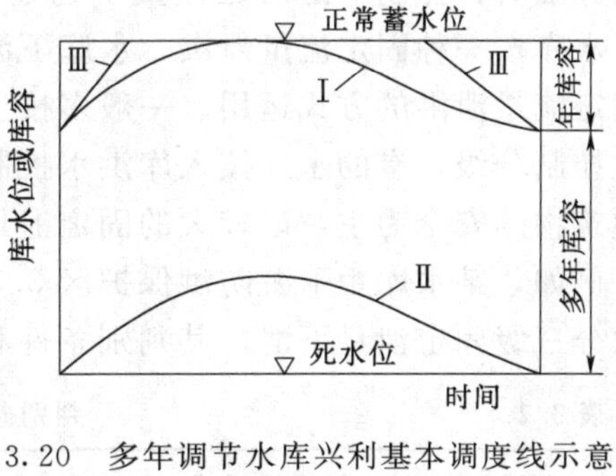

图3.20 多年调节水库兴利基本调度线示意图

3.5.5 水库防洪控制运用

水库防洪调度是指利用水库的调蓄作用和控制能力，有计划地控制、调节洪水，以避免下游防洪区的洪灾损失和确保水库工程安全。

为确保水库安全，以充分发挥水库对下游的防洪效益，应每年在汛前编制好水库汛期控制运用计划。防汛控制运用计划应根据工程实际情况，对防洪标准、调度方式、防洪限制水位进行重新确定，并重新绘制防洪调度图。

3.5.5.1 防洪标准的确定

对实际工程状况符合原规划设计要求的，应执行原规划设计时的防洪标准。对由于受工程质量、泄洪能力和其他条件的限制，不能按原规划设计标准运行的，就应根据当年的具体情况拟定本年度的防洪标准和相应的允许最高水位，在拟定时应考虑以下因素：

(1) 当年工程的具体情况和鉴定意见，水库建筑物出现异常时对规定的最高防洪位应予以降低。

(2) 当年上、下游地区与河道堤防的防洪能力及防汛要求。

(3) 新建水库未经过高水位考验时，汛期最高洪水位需加以限制。

3.5.5.2 防洪调度方式的确定

水库汛期的防汛调度是水库管理中一项十分重要的工作。它不但直接关系水库安全和下游防洪效益的发挥，而且影响汛末蓄水和兴利效益的发挥。要做好防汛调度，必须重视并拟定合理可行的防洪调度方式，包括泄流方式、泄流量、泄流时间、闸门启闭规则等。

水库的防洪调度方式取决于水库所承担的防洪任务、洪水特性和各种其他因素。按所承担的防洪任务要求分为：①以满足下游防洪要求的防洪调度方式；②以保证水库工程安全而无下游防汛任务要求的防洪调度方式。

1. 下游有防洪要求的调度

下游有防洪要求的调度包括固定泄洪调度方式、防洪补偿调度方式、防洪预报调度方式三种。

(1) 固定泄洪调度。对于下游洪区（控制点）紧靠水库、水库至防洪区的区间面积小、区间流量不大或者变化平稳的情况，区间流量可以忽略不计或看作常数，对于这种情况，水库可按固定泄洪方式运用。泄流量可按一级或多级形式用闸门控制。当洪水不超过防洪标准时，控制下游河道流量不超过河道安全泄量。对防洪渠只有一种安全泄量的情况，水库按一种固定流量泄洪，水库下游有几种不同防洪标准与安全泄量时，水库可按几个固定流量泄洪的方式运用。一般多按“大水多泄，小水少泄”的原则分级。有的水库按水位控制分级，有的水库按入库洪水控制流量分级。当判断来水超过防洪标准时，应以水工建筑物的安全为主，以较大的固定泄量泄水，或将全部泄洪设备敞开泄洪。

例如，某水库距下游防洪保护区3.5km，区间洪水较小，调洪时将频率为2%以下的洪水分三级固定泄量下泄，其判别条件和分级泄量见表3.2。

表3.2　判别条件和分级泄量表

判别条件入库流量 $Q/(m^3/h)$	泄流方式	说　明
<2500	$q=Q$	q 为泄流量
2500～4000	$q=2500m^3/s$	多余滞蓄
4000～6100	$q=2500m^3/s$	多余滞蓄
>6100	自由泄流	为保大坝安全

(2) 防洪补偿调度（或错峰调度）。当水库距下游防洪区（控制点）较远、区间面积较大时，如图3.21 (a) 所示，则对区间的来水就不能忽略，要充分发挥防洪库容的作用，可采用补偿（或错峰调度）方式。所谓补偿调节，就是指水库的下泄流量加上区间来水，要不大于下游防洪控制点允许的安全泄流量 $q_{安}$。为使下游防洪控制点的泄流量不超过 $q_{安}$，水库就必须在区间洪水通过防洪控制点时减少泄流量，如图3.21 (b) 所示，图中 Q_B-t 为区间洪水过程线，Q_A-t 为入库洪水过程线，B 点的洪水到达防洪控制点 C 的传

播时间为 t_{BC} ，水库泄流到达 C 点的传播时间为 t_{AC}，两者之差 $t=t_{BC}-t_{AC}$。在图 3.21 中 Q_B-t 移后 t，倒置于 $q_安$ 之下，则水库的泄流量过程即如图 3.21（b）中 $abcd$ 线所示。图中 $q_安$ 以上的水库入库过程线与 bcd 曲线所包围的面积，即为满足下游防洪要求所需的防洪库容，图中的斜线面积为补偿库容。这种补偿调节，在无预报的情况下，必须是水库泄流量到达防洪控制点的时间小于或等于区间洪水到达控制点的时间，即 $t_{AC}\leqslant t_{BC}$。若区间洪水能预报，且预见期 $t_预$ 与 t_{BC} 之和不小于 t_{AC} 时，也可进行补偿调节。

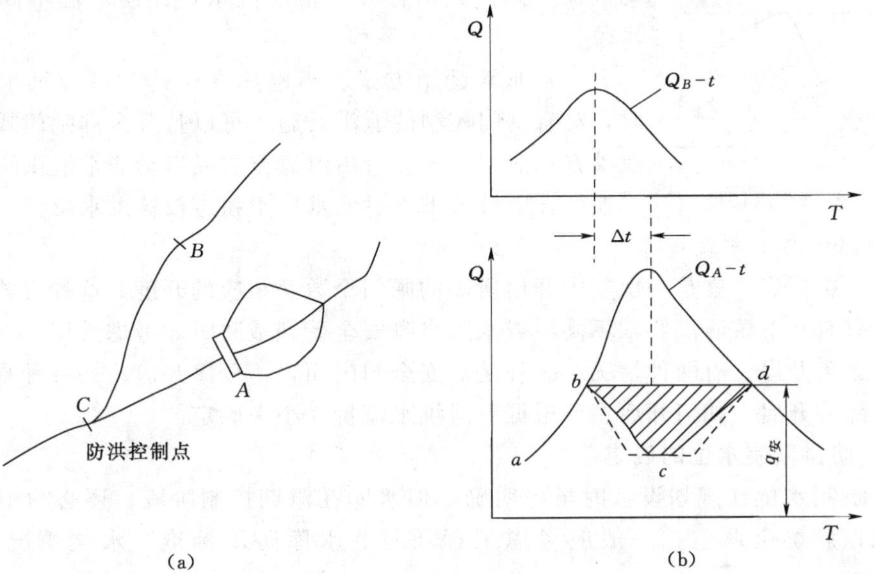

图 3.21 补偿调节示意图

错峰调节是指当区间洪水汇流时间太短，水库无法根据预报的区间洪水过程逐时段地放水时，为了使水库的安全泄流量与区间洪水之和不超过下游的安全流量，只能根据区间预报可能出现的洪峰，在一定时间内对水库关闸控制，错开洪峰，以满足下游的防洪要求。这实际上是一种经验性的补偿。例如，大伙房水库就曾经按照抚顺站的预报关闸错峰，即当连续暴雨 3h 雨量超过 60mm，或不足 3h 雨量超过 50mm 时关闸错峰。

（3）防洪预报调度是利用准确预报资料进行调度工作的一种方式。对已建成的水库考虑预报进行预泄，可以腾空部分防洪库容，增加水库的防洪能力或更大限度地削减洪峰保证下游安全。对具有洪水预报技术和设备条件，洪水预报精度和准确性高，且蓄泄运用较灵活的水库可以采用防洪预报调度，短期水文预报一般指降水径流预报或上下站水位流量关系的预报，其预期不长，但精确度较高，合格率较高，一般考虑短期预报进行防洪调度比较可靠。

根据防洪标准的洪水过程，按照采用的洪水预报预见期及其精度，进行调洪演算。调洪演算所用的预泄流量是在水库泄流能力范围内且不大于下游允许泄流量的流量。如果下游区间流量比较大时应该是不超过下游允许泄流与区间流量的差值。通过调洪演算即可求出能够预泄的库容及调洪最高水位，如图 3.22 所示。

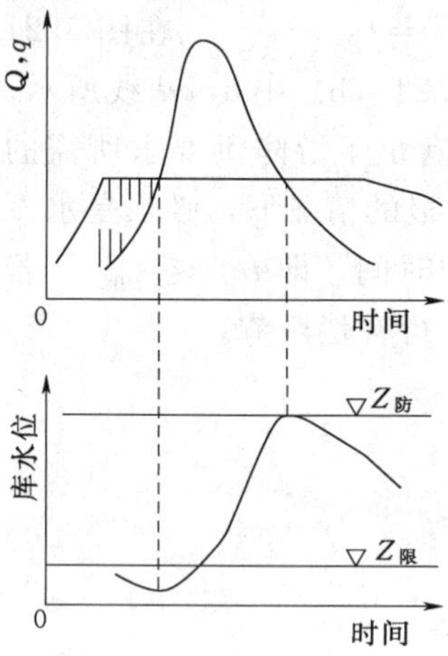

图 3.22　预报防洪调度

2. 下游无防洪要求的调度

当下游无防洪要求时，应以满足水库工程安全为主进行调度，包括正常运用方式和非常运用方式两种情况的泄流方式，可采用自由泄流或变动泄流的方式进行。

(1) 正常运用方式。可以采用库水位或者入库流量作为控制运用的判断指示。按照预先制定的运行方式（一般为变动泄流，闸门逐渐打开）蓄泄洪水，控制水位不高于设计洪水位。

(2) 非常运用方式。当水库水位达到设计洪水位并超过时，对有闸门控制的泄洪设施，可以打开全部闸门或按规定的泄洪方式泄洪（多为自由泄流方式或启动非常泄洪道等方式），以控制发生校核洪水时库水位不超过校核洪水位。

3. 闸门的启闭方式

(1) 集中开启。就是一次集中开启所需的闸门个数及相应的开度。这种方式对下游威胁较大，只有在下游防洪要求不高，或水库自身安全受到威胁时才考虑采用。

(2) 逐步开启。有两种情况：一种是对安全闸门而言，分序开启；另一种是对单个闸门而言，部分开启。如何开启主要根据下泄洪水流量大小来确定。

3.5.5.3　防洪限制水位的确定

防洪限制水位在规划设计时虽已明确，但水库在汛期控制阶段，还必须根据当年的情况予以重新确定调整。一般应考虑工程质量、水库防洪标准、水文情况等因素来确定。

对于质量差的应降低防洪限制水位运行；问题严重的要空库运行；对于原设计防洪标准低的水库在汛期应降低防洪限制水位，以便提高防洪标准；对于库容较小，而上游河道枯季径流相对较大，在汛期后短期内可以蓄满，则防洪限制水位可以定得低一些。

在汛期内供水有明显的分期界限的，为了充分地发挥水库的防洪及综合效益，在一定条件下使防洪库容与兴利库容相结合使用，并根据预报信息提前预泄洪水或拦蓄洪尾等，对此可以采取分期防洪限制水位进行分期调度，即将汛期分为不同的阶段，分别计算各阶段洪量和留出不同的防洪库容，进而确定各阶段的防洪限制水位，分期蓄水，逐步抬高防洪限制水位。

例如，丹江口水库从气象上看，可划分为7—8月与9—10月两个明显的时期，而且所采取的下游允许泄流量也不同，7—8月下游受长江水位顶托的可能性大，允许泄流量相对较小，9—10月洪水主要来自上游，流程较长，故洪水预报预见期也长一些，因此，两期所要求的防洪库容与汛限水位均可不同，如图3.23及表3.3所示。

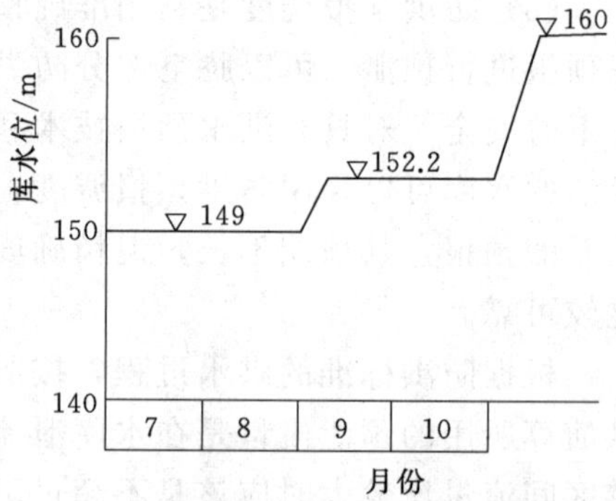

图 3.23　丹江口水库分期防洪限制水位

表 3.3 分期防洪限制水位

月份	防洪库容/亿 m^3	防洪高水位/m	汛前限制水位/m
7—8	78	160	149
9—10	58	160	153.2

分期防洪限制水位的确定方法有两种：

(1) 从设计洪水位反推防洪限制水位。将汛期划分为几个时段后，根据各分期的设计洪水，从设计洪水位（或防洪高水位）开始按逆时序进行调洪计算，反推各分期的防洪限制水位及调节各分期洪水所需的防洪库容。

(2) 假定不同的分期防洪限制水位，计算相应的设计洪水位，综合比较后确定各分期的防洪限制水位。对每一个分期设计洪水拟定几个防洪限制水位，然后对每个防洪限制水位按规定的防洪限制条件和调洪方式，对分期设计洪水进行顺时序的调洪计算，求出相应的设计洪水位。最大泄流量和调洪库容。最后综合分析后确定各分期的防洪限制水位。

3.5.5.4 汛期防洪调度图

水库汛期防洪调度图是防洪调度工作的工具，只要根据水库的水位在调度图中所处的位置，就可以按相应的调度规则来确定该时刻的下泄流量。防洪调度图可以确定整个汛期的调洪方式。防洪调度图由防洪限制水位线、防洪调度线、各种标准洪水的最高调洪水位线和由这些线所划分的各级调洪区所组成，根据调洪库容与兴利库容结合的情况，可分为3种。

1. 调洪库容与兴利库容部分结合的调度图

如图 3.24 所示的防洪调度线由线段 $abcdef$ 组成，其中线段 $abef$ 的高程为正常蓄水位，线段 cd 的高程为汛期限制水位，t_c 至 t_d 为由水文气象特性和实测洪水资料确定的主汛期，线段 de 为遭遇各种可能洪水经水库调蓄后的库水位的内包线，线段 bc 为汛期初减少弃水和保证下游安全而需控制的库水位的下包线。在实际运行时，水库因兴利要求的蓄水位不得超过线段 $abcdef$。此线以上按大坝调洪和下游防洪调度方式运用，以下按兴利调度方式运用，其中正常蓄水位和防洪限制水位之间称为重叠库容，在主汛期放空，用于防洪滞洪；在汛后利用余水充蓄，用于兴利。

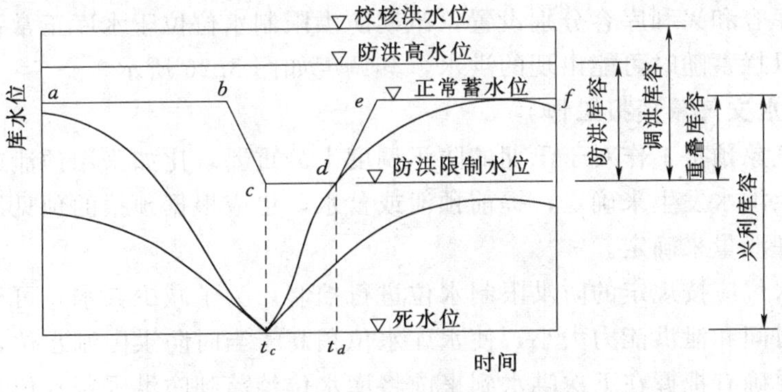

图 3.24 防洪和兴利库容部分结合的调度图

2. 防洪库容和兴利库容完全结合的调度图

防洪库容和兴利库容完全结合的调度图分三种情况：

（1）防洪库容是兴利库容的一部分（部分重叠），如图3.25（a）所示。

（2）防洪库容与兴利库容全部重叠，如图3.25（b）所示。

（3）兴利库容是防洪库容的一部分，如图3.25（c）所示。

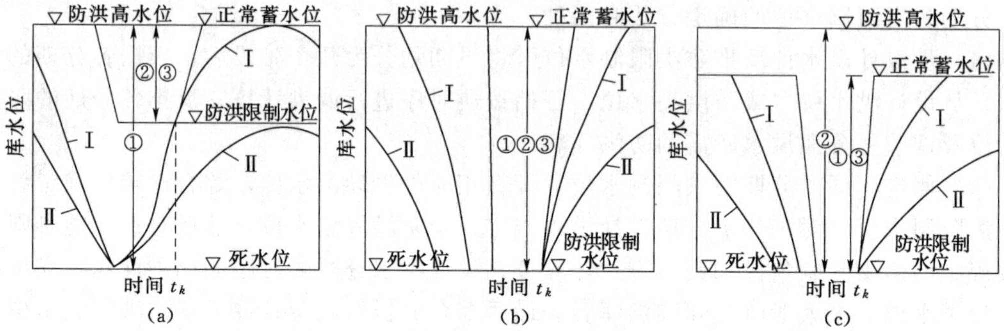

图3.25 防洪库容与兴利库容完全结合

①—兴利库容；②—防洪库容；③—重叠库容

Ⅰ—防洪破坏线；Ⅱ—限制供水线

调洪库容与兴利库容完全结合，故正常蓄水位与设计洪水位或防洪高水位相同，或低于设计洪水位或防洪高水位，而防洪限制水位可能等于死水位也可能高于死水位［图3.25（a）］。图中的防洪调度线是根据设计洪水过程线从洪水出现时刻 t_k（洪水出现可能最迟时间）开始，由防洪限制水位进行调洪计算所求得的水库蓄水位过程线，它也表示汛期各个时刻为满足防洪要求所必须预留库容的指导线。基本调度线（Ⅰ线）是根据设计枯水年的来水，经调节计算，在满足发电及其他兴利要求的情况下绘制的水位过程线，因此它必须位于防洪调度线的下侧。在汛期前，水库的兴利蓄水位不得超过防洪限制水位和防洪调度线，如果洪水时期水库的水位被迫超过防洪限制水位和防洪调度线，则应根据一定标准确定的调洪规则来控制水库的泄流量，使水库水位回落到防洪限制水位和防洪调度线上来。

3. 调洪库容与兴利库容不结合

这种方法适用于在水库控制流域面积较小，洪水出现的时期和洪水的大小无规律的情况，此时调洪库容和兴利库容分别设置，汛期防洪限制水位位于水库正常蓄水位上，预留全部调洪库容以拦蓄随时可能出现的洪水，其调度如图3.26所示。

3.5.5.5 做好水文气象预报工作

做好水文气象预报工作对于汛期的防汛调度十分重要，比如采用预泄或延泄措施，要依据预报有无大洪水发生来确定；提前预泄或蓄水，也应根据预报的预见期，结合当时库水位及下游允许泄量来确定。

汛期水库水位应按规定的防洪限制水位进行控制。为了减少弃水，可根据水情预报条件、洪水传播时间和泄洪能力大小，使水库水位稍高于当时防洪限制水位，通过兴利用水逐渐消落，但要确有把握在下次洪水到来前将库水位消落到防洪限制水位，对于没有预报条件、洪水传播时间短和泄洪能力小的水库，不宜这样运行。

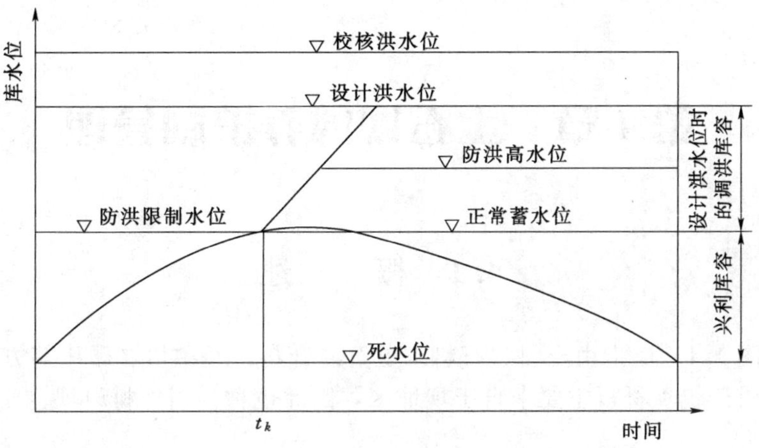

图 3.26 调洪库容与兴利库容不结合的防洪调度图

思 考 题

1. 水库有哪些类型？水库的作用有哪些？
2. 水库蓄水之后对环境有哪些影响？环境状况对水库的功能和寿命有何影响？
3. 水库管理的工作内容包括哪些？
4. 水库调度包括哪几方面？对水库调度工作有何要求？
5. 水库控制运用指标有哪些？这些指标在水库控制运用中有何意义和作用？
6. 水库兴利控制运用的目的是什么？
7. 什么是兴利调度图？
8. 年调节兴利调度图包括哪些内容？各有何意义？
9. 多年调节水库兴利调度图与年调节兴利调度图有何异同？
10. 什么是防洪控制运用？年度防洪控制运用计划编制中主要做哪些工作？
11. 什么是防洪调度方式？其中包含哪几种调度方式？
12. 在确定防洪限制水位时应考虑哪些因素？
13. 防洪限制水位的确定方法有哪些？
14. 防洪调度图包括哪些内容？
15. 防洪调度图有几种形式？不同形式的防洪调度图各自的作用是什么？如何应用？
16. 水库泥沙淤积与冲刷有哪些不同类型？
17. 什么是溯源冲刷？什么是沿程冲刷？什么是壅水冲刷？
18. 什么是异重流？
19. 水库淤积的防治措施有哪些？
20. 水沙调度的方式有哪几种？
21. 泄洪排沙泄量如何计算？

第4章　土石坝的养护和管理

4.1　概　　述

土石坝（图4.1）泛指由土料、石料或土石混合料，经抛填、碾压等方法修筑而成的挡水建筑物。由于筑坝材料主要来自于坝址区，因此也称为当地材料坝。

图4.1　土石坝

4.1.1　土石坝的特点

土石坝所用材料为松散颗粒，土粒间的联结强度低，抗剪能力小，颗粒间孔隙较大，因此易受到渗流、冲刷、沉降、冰冻、地震等的影响。

在运用过程中常常会因渗流而产生渗透破坏和蓄水的大量损失；因沉降导致坝顶高程不足和产生裂缝；因抗剪能力小、边坡不够平缓、渗流等易产生滑坡；因土粒间联结力小，抗冲能力低，在风浪、降雨等作用下易造成坝坡的冲蚀、侵蚀和护坡的破坏；因气温的剧烈变化易引起坝体土料冻胀和干缩。

故要求土石坝有稳定的坝身、合理的防渗体和排水体、坚固的护坡及适当的坝顶构造，并应在水库的运用过程中加强监测和维护。

4.1.2　土石坝的失事

我国现有运行的土石坝中许多存在不同程度的缺陷和病害，严重的则导致大坝失事。促使病害产生并影响土石坝安全的因素很多，主要有以下几点：

（1）运用过程中，长期受到水的渗透、冲刷、气蚀和磨损等物理作用和侵蚀、腐蚀等化学作用。

（2）由于勘测、规划、设计和施工的原因使土石坝结构本身存在一些不足和缺陷。

（3）工程管理不当及人为因素。

（4）遭遇不可预见的自然因素和非常因素的作用。

虽然大坝失事原因是多方面的，但若能加强管理，及时摸清和消除工程中存在的缺陷和隐患，就可避免一些事故的发生，或减轻事故破坏的程度。

4.1.3 土石坝的病害类型

据国家主管部门对全国1000件土石坝工程事故原因调查分析显示：其中裂缝占25.3%，渗漏占26.4%，管涌占5.3%，滑坡、坍塌占10.9%，护坡破坏占6.5%，冲刷破坏占11.2%，气蚀破坏占3%，闸门启闭失灵占4.8%，白蚁钻洞及其他事项占6.6%。可见，土石坝的病害类型主要是裂缝、渗漏、滑坡、护坡损坏等几种。

4.2 土石坝的检查和养护

土石坝的各种病害都有一个发展过程，针对可能出现病害的形式和部位加以检查，如能在病害初期及时发现，并采取措施进行处理和养护，就可防止轻微缺陷的进一步发展和各种不利因素对土石坝的过大损害，保证土石坝的安全，延长土石坝的使用年限。大量的工程管理经验表明，工程缺陷的破坏主要是检查、观察发现的。

4.2.1 土石坝的检查

土石坝的检查应分为日常巡视检查、年度检查和特别检查。

4.2.1.1 日常巡视检查

日常巡视检查是用直观方法或简单的工具，经常对土石坝的表面进行检查和观察，了解建筑物是否完整，有无异常现象，是土石坝养护维修的基础。日常巡视检查每月不宜小于1次，汛期应视汛情相应增加次数。库水位首次达到设计洪水位前后或出现历史最高水位时，每天不应少于1次。如遇特殊情况和工程出现异常时，应增加次数。

1. 检查范围和内容

土石坝日常巡视检查应包括以下内容：

（1）大坝表面缺陷，包括坝坡的塌陷、隆起、滑动、松动、剥落、冲刷、垫层流失、架空、风化变质等，坝顶的塌陷、积水、路面工作状况，混凝土面板的不均匀沉陷、破损、接缝开合和表面止水工作状况、面板和趾板接触处沉降、错动、张开等。

（2）大坝坝体、防浪墙、混凝土面板裂缝，包括裂缝的类型、部位、尺寸、走向和规模等。

（3）大坝渗漏，包括坝体、坝基渗漏，绕坝渗流，以及渗漏的类型、部位、渗漏量、规模、水质和溶蚀现象等，尤其应重点关注土石结合部的渗漏状况。

（4）大坝坝体滑坡，包括滑坡引起的裂缝宽度、裂缝形状、裂缝两端错动，排水是否畅通，以及上部的塌陷和下部的隆起等。有渗流监测设施的还应观察坝体内的浸润线是否过高。

(5) 排水与导渗设施工作状况，包括截渗和减压设施有无破坏、穿透、淤塞等现象；排水反滤设施是否有堵塞和排水不畅，渗水有无骤增、骤减和浑浊现象。

2. 检查方法

日常巡视检查工作主要用目测巡视的方法，即通过眼看、耳听、手摸等直观方法并辅以简单工具进行。应有专人负责，认真填写有关检查记录，并存档。对发现的异常现象应及时上报，并研究分析，提出妥善的处理措施。

4.2.1.2　年度检查

年度检查宜在每年的汛前、汛后、高水位、死水位、低气温及冰冻较严重地区的冰冻期和融冰期进行，每年不宜少于2次。

1. 检查内容

年度检查的内容除包括日常巡视检查的内容外，还应包括下列内容：

(1) 坝下埋涵（管）的裂缝、渗漏、破损、断裂、错位、沉降等。

(2) 白蚁及其他动物危害。

2. 检查方法

年度检查与日常巡视检查一样，做好全方位的目测巡视，落实“五定”要求，即定制度、定人员、定时间、定部位和定任务。同时在年度检查时常常要借助工具和一些仪器进行。

(1) 槽探、井探及注水检查法。槽探一般开挖成长条状，深度在10m以内，主要可用来检查坝体隐患。井探多由人工开挖成圆形断面，深度在40m以内，可用于探查坝体深层的洞穴、管涌、裂缝等隐患。这两种方法直观可靠，是常用的勘探隐患方法，但较费工费时，易破坏坝体局部结构。注水检查是在坝体的测压孔或新钻孔内注水试验，根据算得的渗透系数值判断坝体内部是否存在裂缝或其他渗水途径等，可配合前两种方法使用。

(2) 甚低频电磁检查法。甚低频电磁的工作频率为15～35kHz，发射功率为20～1000kW，其波长长、功率大、穿透力强，具有传播距离远、衰减小、场强稳定等特点。多用于大坝基础破碎带或石灰喀斯特溶洞的渗水隐患检查。

(3) 同位素检查法。主要有同位素示踪测速法、同位素稀释法和同位素示踪吸附法三种。其主要是在坝体渗漏区孔内投入适当的同位素剂，在下游或附近监测同位素的到达情况，通过分析可确定渗流速度、流向、渗漏系数等，以检查坝体渗漏途径和渗流量。

4.2.1.3　特别检查

特别检查是当土石坝发生比较严重的险情或破坏现象，或发生特大洪水、3年一遇暴雨、7级以上大风、5级以上地震，以及第一次最高水位、库水位日降落0.5m以上等非常运用情况下，由工程管理单位组织专门力量进行的巡查，必要时可邀请上级主管部门和设计、施工等单位共同进行。特别检查应结合观测资料进行分析研究，判断外界因素对土石坝状态和性能的影响，并对水库的管理运用提出结论性报告。

另外，土石坝还有安全鉴定工作要做。安全鉴定在水库建成的初蓄期和稳定运行期每隔3～5年进行1次，老化期每隔6～10年进行1次。按照工程分级管理的原则，由上级主管部门组织管理、设计、施工、科研等单位及有关专业人员共同参加的鉴定工作，应对土石坝的安全情况做出鉴定报告，评价工程建筑物的运行状态，如需处理应提出措施。

4.2.2 土石坝的养护

土石坝的养护工作应做到及时消除土石坝枢纽的表面缺陷和局部工程问题，随时防护可能发生的损坏，保持土石坝枢纽的安全、完整、正常运行。

养护包括经常性养护、定期养护和专门性养护。经常性养护应及时进行；定期养护应在每年汛前、汛后、冬季来临前或易于保证养护工程施工质量的时间段进行；专门性养护应在极有可能出现问题或出现问题后，制定养护方案并及时进行，若不能及时进行养护施工时，应采取临时性防护措施。

根据 SL 210—2015《土石坝养护修理规程》，养护对象应包括坝顶、坝端、坝坡、排水设施、闸门及启闭设备、地下洞室、边坡、安全监测设施及其他辅助设施等。

4.2.2.1 坝顶及坝端的养护

应及时清除坝顶的杂草、弃物。坝顶出现的坑洼和雨淋沟缺应及时用相同材料填平补齐，并保持一定的排水坡度。坝顶公路路面应经常规范养护，出现损坏时应及时按原路面要求修复，不能及时修复的应用土或石料临时填平。

防浪墙、坝肩和踏步、栏杆、路缘石等出现局部破损应及时修补或更换，保持完整和轮廓鲜明。

应及时清除坝端的堆积物。坝端出现局部裂缝、坑凹应查明原因，并及时填补。

坝顶灯柱歪斜，线路和照明设备损坏时，应及时修复或更换。

坝顶排水系统出现堵塞、淤积或损坏时，应及时清除和修复。

4.2.2.2 坝坡的养护

坝坡养护应做到坡面平整，无雨淋沟缺，无荆棘杂草丛生现象；护坡砌块应完好，砌缝紧密，填粒密实，无松动、塌陷、脱落、架空等现象；排水系统应完好无淤堵。

（1）干砌块石护坡的养护。及时填补、揳紧个别脱落或松动的护坡石料；及时更换风化或冻毁的块石，并嵌砌紧密；块石塌陷，垫层被淘刷时，应先翻出块石，恢复坝体和垫层后，再将块石嵌砌紧密。

（2）混凝土或浆砌块石护坡的养护。及时填补伸缩缝内流失的填料，填补时应将缝内杂物清洗干净。护坡局部发生侵蚀剥落、裂缝或破碎时，应及时采用水泥砂浆表面抹补、喷浆或填塞处理，处理时应将表面清洗干净。如破碎面较大，且垫层被淘刷，砌体有架空现象时，应临时用石料填塞密实，待岁修或大修时按有关规定彻底修理。排水孔如有不畅，应及时疏通或补设。

（3）堆石护坡或碎石护坡的养护。对于堆石护坡或碎石护坡，如因石料滚动造成厚薄不均时应及时进行平整。

（4）草皮护坡的养护。应经常修整、清除杂草、防治病虫害，保持护坡完整美观。若杂草严重，应及时用化学方法或人工去除杂草；发现病虫害时，应立即喷洒杀虫剂或杀菌剂；使用化学药剂时，应防止污染环境。草皮干枯时，及时洒水或施肥养护。出现雨淋沟时，应及时还原坝坡，补植草皮。

(5) 严寒地区护坡的养护。在冰冻期间，应积极防止冰凌对护坡的破坏。可根据具体情况，采用打冰道或在护坡临水处铺设塑料薄膜等办法减少冰压力。具备条件时可采用机械破冰法、动水破冰法或水位调节法破碎坝前冰盖。坝坡排水系统内如有积水，应在入冬前清除干净。

4.2.2.3　混凝土面板的养护

水泥混凝土面板的养护和防护可参照混凝土表面养护与防护的有关规定执行。

沥青混凝土面板的养护应采取下列措施：表面封闭层出现龟裂、剥落等老化现象时应及时进行修复；夏季气温较高的地区，应采用浇水的方法对沥青混凝土面板表面进行降温，防止斜坡流淌；冬季气温较低的地区，应采取保温措施，防止沥青混凝土面板冻裂。

面板变形缝止水带的止水盖板（片）、嵌缝止水条、柔性填料等出现局部损坏、老化现象时，应及时修复或更换。

4.2.2.4　坝区的养护

设置在坝区范围内的排水设施、监测设施、交通设施和绿化等，应保持完整、美观，无损坏现象。

绿化区内的树木、花卉出现缺损或枯萎时，应及时补植或灌水、施肥养护。

坝区范围内出现白蚁活动迹象时，应及时进行治理。

坝区范围内出现新的渗漏逸出点时，应设置观测设施进行持续观测，分析查明原因后再进行处理。

上游设有铺盖的土石坝应避免放空水库，防止铺盖出现干裂或冻裂。应避免库水位骤降引起坝体滑坡，损坏铺盖。

坝区内的排水、导渗设施养护应符合下列规定：

(1) 应达到无断裂、损坏、堵塞、失效现象，排水畅通。

(2) 应及时清除排水沟（管）内的淤泥、杂物及冰塞，保持通畅。

(3) 排水沟（管）局部出现松动、裂缝和损坏时，应及时用水泥砂浆修补。

(4) 排水沟（管）的基础遭受冲刷破坏时，应先恢复基础，后修复排水沟（管），修复时应使用与基础相同的土料并夯实。排水沟（管）如设有反滤层时，也应按设计标准进行修复。

(5) 应随时检查修补滤水坝趾或导渗设施周边山坡的截水沟，防止山坡浑水淤塞坝趾导渗排水设施。

(6) 减压井应经常进行清理疏通，必要时洗井，保持排水畅通；周围如有积水渗入井内，应将积水排干，填平坑洼，保持井周无积水。减压井的井口应高出地面，防止地表水倒灌。如减压井已被损坏无法修复，可将该减压井用滤料填实，另建新减压井。

(7) 应经常检查并防止土石坝的导渗和排水设施遭受下游浑水倒灌或回流冲刷，必要时可修建导流墙或将排水体上部受回流影响部分的表层石块用砂浆勾缝，排水体下部与排水暗沟相连，保证排水体正常排渗。

4.2.2.5　边坡的养护

混凝土喷护边坡表面滋生的杂草与杂物应及时清除。

边坡排水沟、截水沟内的杂草与淤积物应及时清除，保持沟内清洁与流水畅通。排水沟、截水沟表面出现的破损应及时整修恢复。排水孔出现堵塞时应及时疏通。

应定期观察边坡的稳定情况，清除落石，必要时设置防护设施。

边坡出现冲沟、缺口、深陷及坍落时应时延整修。

边坡挡土墙应定期检查，发现异常现象应及时采取下列措施：

(1) 清除挡土墙上的草木。

(2) 墙体出现裂缝或断缝时，应先进行稳定处理，再进行补缝。

(3) 排水孔应保持畅通，出现严重渗水时，应增设排水孔或墙后排水设施。

边坡锚固系统的养护应符合下列规定：

(1) 应定期检查边坡支护锚杆的外露部分是否出现锈蚀。如锈蚀严重，应先去锈，再用水泥砂浆保护。

(2) 应定期检查边坡支护预应力锚索外锚头的封锚混凝土的碳化与剥蚀情况。如碳化或剥蚀情况较为严重，应按 SL 230—98《混凝土坝养护修理规程》的有关规定进行处理。

(3) 应加强锚杆和预应力锚索支护边坡的防水、排水工作，防止地下水入渗，减轻或避免地下水对锚杆和锚索的腐蚀作用。

4.2.2.6　监测设施维护

水管式沉降仪、钢丝位移计等安全监测系统应经常维护。水管式沉降仪观测玻璃管及储水桶内的杂质应及时清理，并定期更换系统内的液体；钢丝位移计系统应保持工作台清洁，观测标尺应经常擦油维护，并做好观测台的防腐除锈工作。

其他安全监测设施维护应按 SL 230—98 的有关规定执行。

安全监测设施报废应按 SL 621—2013《大坝安全监测仪器报废标准》的规定执行。

4.2.2.7　其他养护

(1) 有排漂设施的应定期排放漂浮物；无排漂设施的可采用浮桶、浮桶结合索网或金属栅栏等措施拦截漂浮物并定期清理。

(2) 应定期监测坝前泥沙淤积和泄洪设施下游冲淤情况。淤积影响枢纽正常运行时，应进行冲沙或清淤；冲刷严重时应进行防护。

(3) 坝肩和输水、泄水道的岸坡应定期检查，及时疏通排水沟和排水孔，对滑坡体及其坡面损坏部位应及时处理。

(4) 大坝上设置的钢木附属设备（灯柱、线管、栏杆、标点盖等），应定期涂刷油漆，防锈防腐。

(5) 应保证大坝两端的山坡和地面截水设施正常工作，防止水流冲刷坝顶、坝坡或坝脚，应及时清理岸坡结合部山坡的滑坡堆积物，并及时处理滑坡部位。

(6) 应定期检查输水洞、涵、管等的完好情况及其周围土体的密实情况，及时填堵存在的接触缝和接触冲刷形成的缺陷。

(7) 应及时打捞漂至坝前的较大漂浮物，避免遇风浪时撞击坝坡。

(8) 应定期开展白蚁及其他动物危害的防治工作。

(9) 应加强水库库岸周边安全护栏、防汛道路、界桩、告示牌等管理设施的维护与维修。

4.3　土石坝的裂缝处理

土石坝坝体裂缝是一种较为常见的病害现象，大多发生在蓄水运用期间，对坝体存在着潜在的危险。例如，细小的横向裂缝有可能发展成坝体的集中渗漏通道；部分纵向裂缝则可能是坝体滑坡的征兆；有的内部裂缝，在蓄水期突然产生严重渗漏，威胁大坝安全；有的裂缝虽未造成大坝失事，但影响正常蓄水，长期不能发挥水库效益。因此，对土石坝的裂缝，应予以足够重视。

4.3.1　土石坝裂缝的类型及成因

土石坝的裂缝有的在坝体表面就可以看到，有的隐藏在坝体内部，要开挖检查或借助检测仪器才能发现。裂缝的宽度，窄的不到 1mm，宽的可达几百毫米，甚至更大；裂缝的长度，短的不足 1m，长的达数十米，甚至更长；裂缝的深度，有的不到一米，有的深达坝基；裂缝的走向，有平行坝轴线的纵缝，有垂直坝轴线的横缝，有与水平面大致平行的水面缝，还有倾斜的裂缝。

土石坝裂缝的成因主要是由于坝基承载力不均匀，坝体材料不一致，施工质量差，设计不合理所致。

土石坝的裂缝，按照裂缝出现在土坝中的部位可分为表面裂缝和内部裂缝；按照裂缝走向可分为横向裂缝、纵向裂缝、水平裂缝和龟纹裂缝；按照裂缝的成因又可分为沉陷裂缝、滑坡裂缝、干缩裂缝、冰冻裂缝和振动裂缝。各种裂缝的特征详见表 4.1。

纵向裂缝和横向裂缝如图 4.2 所示，内部裂缝如图 4.3 所示。

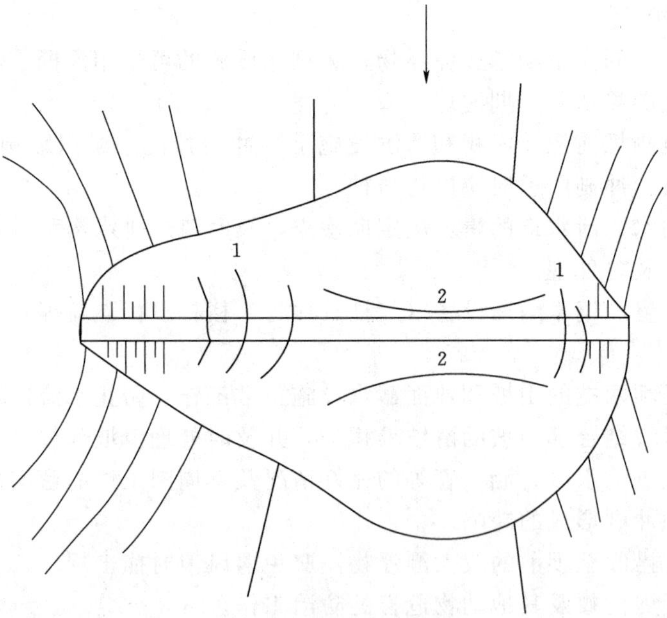

图 4.2　横向裂缝和纵向裂缝

1—横向裂缝；2—纵向裂缝

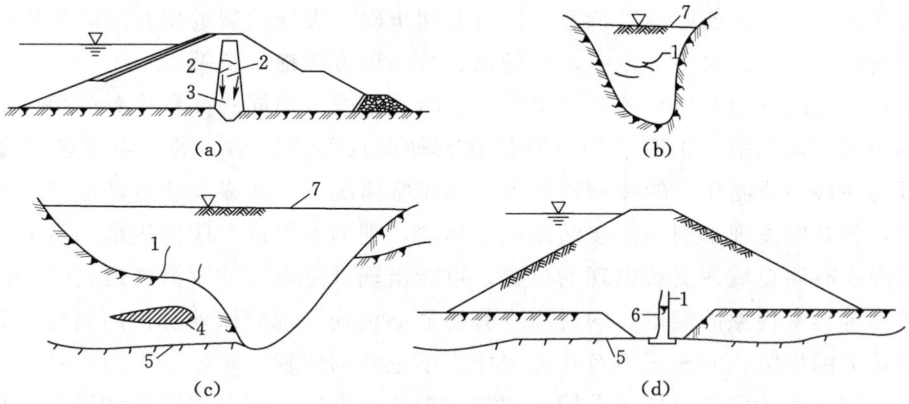

图 4.3 内部裂缝示意图

1—裂缝；2—坝壳；3—黏土心墙；4—软弱夹层；5—岩基；6—混凝土截水墙；7—坝顶

表 4.1 **裂缝分类及特征表**

分类	裂缝名称	裂缝特征
按裂缝部位	表面裂缝	裂缝暴露在坝体表面，缝口较宽，一般沿深度变窄而逐渐消失
	内部裂缝	裂缝隐藏在坝体内部，水平裂缝常呈透镜状，垂直裂缝多为上宽下窄的形状
按裂缝走向	横向裂缝	裂缝走向与坝轴线垂直或斜交，一般出现在坝顶，严重的发展到坝坡，近似铅直或稍有倾斜，防浪墙及坝肩砌石常随缝开裂
	纵向裂缝	裂缝走向与坝轴线平行或接近平行，多出现在坝顶及坝坡上部，也有的出现在铺盖上，一般较横缝长
	水平裂缝	裂缝水平或接近水平，常发生在坝体内部，多呈中间裂缝较宽，四周裂缝较窄的透镜状
	龟纹裂缝	裂缝呈龟纹状，没有固定的方向，纹理分布均匀，一般与土坝表面垂直，缝口较窄，其深度为10～20cm，很少超过1m
按裂缝成因	沉陷裂缝	多发生在坝体与岸坡接合段。河床与台地接合段、土坝合龙段、坝体分区期填土交界处、坝下埋管的部位以及坝体与溢洪道边墙接触的部位
	滑坡裂缝	裂缝中段大致于平行坝轴线，缝两端逐渐向坝脚延伸，在平面上略呈弧形，缝较长，多出现在坝顶、坝肩、背水面及排水不畅的坝坡下部。在水位骤降或地震情况下，迎水面也可能出现。形成过程短促，缝口有明显错动，下部土体移动，有离开坝体的倾向
	干缩裂缝	多出现在坝体表面，密集交错，没有固定方向，分布均匀，有些呈龟纹裂缝形状，降雨后裂缝变窄或消失；也有的出现在防渗体内部，其形状呈薄透镜状
	冰冻裂缝	发生在冰冻影响深度内，表层呈破碎、脱空现象，缝宽及缝深随气温而异
	振动裂缝	在经受强烈振动或烈度较大的地震以后发生纵向、横向裂缝，横向裂缝的缝口随时间延长，逐渐变小或弥合；纵向裂缝口没有变化。防浪墙多出现裂缝，严重的可使坝顶防浪墙及灯柱倾倒

4.3.2 土石坝裂缝的检查

对裂缝的检查与探测，首先应借助观测资料的整理分析，根据上面提及的裂缝常见部位，对这些部位的坝体变形（垂直和水平位移）、测压管水位、土体中应力及孔隙水压力变化、水流渗出后的浑浊度等进行鉴别，只有初步确定裂缝出现的位置后，再用探测方法弄清裂缝确切的位置、大小、走向，为确定裂缝处理方案提供依据。

通常在裂缝附近会产生下列异常情况：①沿坝轴线方向同一高程位置的填土高度、土质等基本相同，而其中个别测点的沉降值比其他测点明显减小，则该点可能存在内部裂缝；②垂直坝段各排测压管的浸润线高度，在正常情况下，除靠岸坡的两侧略高外，其他大致相同，若其中发现个别坝段浸润线明显抬高，则测点附近可能出现横向裂缝；③在通过坝体的渗水有明显清浑交替出现的位置，可能出现贯穿裂缝或管涌通道；④坝面有刚性防浪墙拉裂等异常现象的坝段，同时坝身有明显塌坑处，说明该处有横向裂缝；⑤短距离内沉降差较大的坝段；⑥土压力及孔隙水压力不正常的位置。

对于可能存在的裂缝部位可采用土坝隐患探测的方法，即有损探测和无损探测法进行检查，但有损探测对坝身有一定的损坏。有损探测又分为人工破损探测和同位素探测；无损探测是指电法探测。

1. 人工破损探测

对表面有明显征兆，沉降差特别大，坝顶防浪墙被拉裂的部位，可采用探坑、探槽和探井的方法探测。探坑、探槽和探井是指人工开挖一定数量的坑、槽和井来实际描述坝内隐患情况。该法直观、可靠，易弄清裂缝位置、大小、走向及深度，但受到深度限制，目前国内探坑、探槽的深度不超过10m，探井深度可达到40m。

2. 同位素探测

同位素探测法是利用大坝已有的测压管，投入放射性示踪剂模拟天然渗透水流运动状态，用核探测技术观测其运动规律和踪迹。通过现场实际观测可以取得渗透水流的流速、流向和途径。在给定水力坡降和有效孔隙率时，可以计算相应的渗透水流速度和渗透系数。在给定的宽度和厚度的基础上，可以计算渗流量。同位素探测法也称放射性示踪法、单孔示踪法、单孔稀释法和单孔定向法等。

3. 电法探测

电法探测是一种无损伤探测的方法，在土坝表面布设电极，通过电测仪器观测人工或天然电场的强度。分析这些电场的特点和变化规律，以达到探测工程隐患的目的。

土坝坝体是具有一定几何形状的人工地质体，同一坝段的坝体横断面尺寸沿大坝纵向方向通常是一致的，筑坝材料也相对均匀。因此，坝体几何形状对人工电场的影响在各个坝段基本相同，一旦有隐患存在，必然会破坏坝体的整体性和均匀性，引起人工电场的异常变化，导致隐患测点与其他测点电阻率的差异，这就是电法探测土坝隐患的机理。

电法探测适用于土坝裂缝、集中渗流、管涌通道、基础漏水、绕坝渗流、接触渗流、软土夹层及白蚁洞穴等隐患探测，它比传统的人工破坏探测速度快，费用低，目前已广泛运用。电法探测的方法较多，有自然电场法、直流电阻率法、直流激发极法和甚低频电磁法。

以上列举的裂缝探测方法有些较直观、清楚，有些只能大体确定裂缝位置，究竟采用何种方法，应视当地具体条件和设备情况而定。

4.3.3 土石坝裂缝的预防

土石坝裂缝的防治首先在于防。而土坝裂缝的预防措施，可归纳为设计、施工和管理三个方面。即在设计时提出裂缝可能产生的部位，在施工中采取必要的措施，在管理上加强养护，正确运用。

1. 设计阶段

由前述裂缝的成因可知，大多数裂缝均由坝体或坝基的不均匀沉陷引起，故设计中，应考虑如何减小坝体的不均匀沉陷。如坝基中的软土层应预先挖除；湿陷性黄土应预先浸水，事先沉陷；坝体两端的山坡和台地应按具体条件开挖成较缓的边坡，切忌有倒坡和峭壁存在；与坝接触的刚性建筑物（如坝下涵洞、溢洪道、截水墙等），应使其接触面有一定的正坡，减少坝体的不均匀沉陷，有利于坝体与刚性建筑物的结合；土石坝与其他建筑物或岸坡的接合处应适当加厚黏土防渗体，防止裂缝贯穿防渗体；对坝体应根据土壤特性和碾压条件，选择合适的含水量和填筑标准。

2. 施工阶段

施工必须按设计提出的要求进行，严格把握好清基、上坝土质、含水量、填筑层厚和碾压标准等各项施工质量，妥善处理划块填筑的接缝，施工停歇期较长时，黏性土的填筑面应铺设临时砂土或松土保护层，复填时应清除保护层、刨松填筑面，注意新老面的结合，防止填筑面的干缩。

3. 管理运行阶段

在运行管理期间，首先应按日常维护工作的具体要求进行养护，其次需特别注意库水位的升降速度，即首次蓄水应逐年分期提高库水位，以防止因突然增加荷载和湿陷产生裂缝；正常供水期要限制库水位的下降速度，防止因库水位骤降而导致迎水坡产生滑坡裂缝。

4.3.4 土石坝裂缝的处理

裂缝处理前，首先应根据观测资料、裂缝特征和部位，结合现场探测结果，分析裂缝类型、产生原因，然后按照不同情况，采取针对性的措施，适时进行加固和处理。

各种裂缝对土石坝都有不同的影响，危害最大的是贯穿坝体的横向裂缝、内部裂缝及滑坡裂缝，一旦发现，应认真监视，及时处理。对缝深小于 0.5m、缝宽小于 0.5mm 的表面干缩裂缝，或缝深不大于 1m 的纵向裂缝，也可不予处理，但要封闭缝口；有些正在发展中的、暂时不致发生险情的裂缝，可观测一段时间，待裂缝趋于稳定后再进行处理，但要作临时防护措施，防止雨水及冰冻影响。

非滑坡性裂缝处理方法主要有开挖回填、灌浆和两者相结合 3 种方法。

4.3.4.1 开挖回填法

开挖回填是处理裂缝比较彻底的方法，适用于处理深度不超过 3m 的裂缝，或允许放空水库进行修补加固防渗部位的裂缝。

1. 裂缝的开挖

为探清裂缝的范围和深度，在开挖前可先向缝内灌入少量石灰水，然后沿缝挖槽。缝的开挖长度应超过裂缝两端 1m，深度超过裂缝尽头 0.5m，开挖的坑槽底部的宽度至

0.5m，边坡应满足稳定及新旧回填土结合的要求。坑槽开挖应做好安全防护工作，防止坑槽进水、土壤干裂或冻裂，挖出的土料要远离坑口堆放。

对贯穿坝体的横向裂缝，开挖时顺缝抽槽，先挖成梯形或阶梯形（每阶以 1.5m 高度为宜，回填时逐级消除阶梯，保持梯形断面），并沿裂缝方向每隔 5～6m 做一道结合槽，结合槽垂直裂缝方向，槽宽 1.5～2.0m，并注意新老土结合，以免造成集中渗流。

2. 处理方法

开挖的横断面形状应根据裂缝所在部位及特点的不同而不同。具体有以下几种：

（1）梯形楔入法。适用于裂缝不太深的非防渗部位，开挖时采用梯形断面，或开挖成台阶形的坑槽。回填时削去台阶，保持梯形断面，便于新老土料紧密结合，如图 4.4（a）所示。

（2）梯形加盖法。适用于裂缝不太深的防渗斜墙和均质土坝迎水坡的裂缝，其开挖情形基本与“梯形楔入法”相同，只是上部因防渗的需要，适当扩大开挖范围，如图 4.4（b）所示。

（3）梯形十字法。适用于处理坝体和坝端的横向裂缝，开挖时除沿缝开挖直槽外，在垂直裂缝方向每隔一定距离（2～4m），加挖结合槽组成“十”字，为了施工安全，可在上游做挡水围堰，如图 4.4（c）所示。

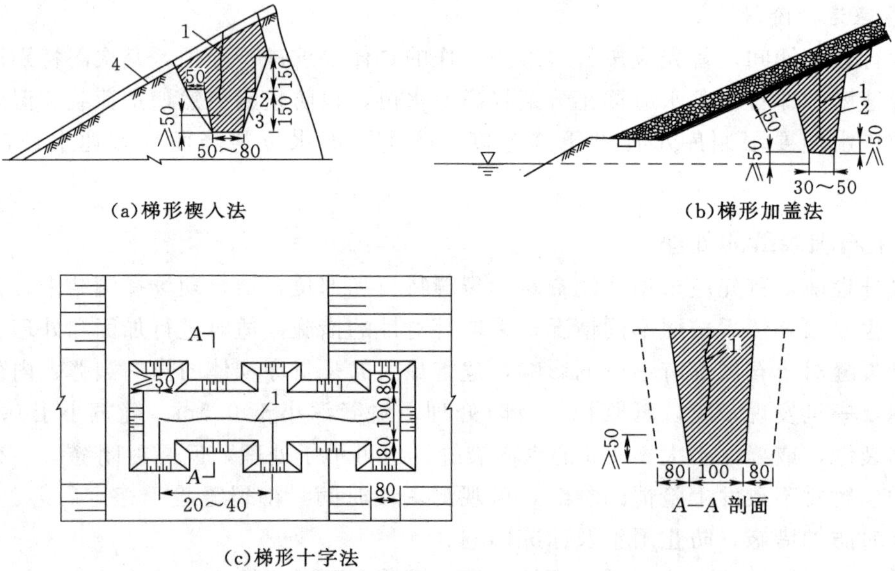

图 4.4　土石坝裂缝的开挖回填处理（单位：cm）

1—裂缝；2—开挖线；3—回填时削坡线；4—草皮护坡

3. 土料的回填

回填的土料要符合坝体土料的设计要求。对沉陷裂缝要选择塑性较大的土料，含水量大于最优含水量的 1%～2%。回填前，如果坝土料偏干，则应将表面湿润，土体过湿或冰冻，则应清除后再进行回填，便于新老土的接合。回填时应分层夯实，土层厚度以

0.1～0.2m 为宜。要特别注意坑槽边角处的夯实质量，要求压实厚度为填土厚度的 2/3。回填后，坝顶或坝坡应覆盖 30～50cm 的砂性土保护层。

对于缝宽大于 1cm，缝深超过 2m 的纵向裂缝亦需开挖回填处理。但应注意，如缝是由于不均匀沉降引起的，当坝体继续产生不均匀沉降时，应先把缝的位置记录下来，采用泥浆封口的临时措施，待沉降趋于稳定时，再开挖处理，因为这类缝在开挖回填处理中还会被破坏，故应采取必要的安全措施以防人身安全事故发生。当挖槽工作量大时，可采用打井机具沿缝挖井。小型土坝采用此方法比较切实可行，井的直径一般为 120cm，两个井圈搭接 30cm，在具体施工中应先打单数井，回填坝体，之后打双数井，分层夯实。浙江省温岭县用冲抓钻打井处理土坝裂缝就取得了成效。

4.3.4.2 灌浆法

对于采用开挖回填法有困难，或危及坝坡稳定，或工程量较大的深层非滑动裂缝和内部裂缝，可采用灌浆法。灌浆法就是在裂缝部位用较低压力或浆液自重把浆液灌入坝体内，充填密实裂缝和孔隙，以达到加固坝体的目的。试验证明，合适的浆液对坝体中的裂缝、孔隙或洞穴均有良好的充填作用，同时在灌浆压力作用下对坝内土体有压密作用，使缝隙被压密或闭合。

灌浆的浆液应具有良好的灌入性、流动性、析水性、收缩性和稳定性，以保证良好的灌浆效果，并使浆液灌入后能迅速析水固结，收缩性小，与坝体紧密结合，具有足够的强度，并可避免因发生沉淀而堵塞裂缝入口及输浆管路。一般可采用纯黏土浆，制浆材料宜采用粉粒含量在 50%～70%的黏性土，浆液配比按水与固体的重量比为 1∶1～1∶2。但在灌注浸润线以下部位的裂缝时宜采用黏土水泥混合浆液，浆液中水泥掺量为干料的 10%～30%，以加速浆液的凝固和提高早期强度。在灌注渗透流速较大部位的裂缝时，为了能及时堵塞通道，可掺入适量的砂、木屑、玻璃纤维等材料。

灌浆孔的布置应根据裂缝的分布和深度来决定，对坝体表面裂缝，每条裂缝上均应布孔，孔位宜布置在长裂缝的两端和转弯处、裂缝密集处、缝宽突变处及裂缝交错处，并注意与导渗或观测设备之间应有不小于 3.0m 的距离，以防止串浆。对于坝体内部裂缝，可根据裂缝的分布范围、裂缝的大小、灌浆压力和坝体的结构等综合考虑灌浆孔的布置，一般应在坝顶上游侧布置 1～2 排，必要时可增加排数；孔距可根据裂缝大小和灌浆压力来决定，一般为 3～6m。布孔时，孔距应由疏至密，逐渐加密。孔深应超过缝深 1～2m。

灌浆压力一定要控制适当，一般情况下，应首选重力灌浆和低压灌浆。

灌浆技术发展很快，近年来已广泛应用到土质堤坝除险加固及裂缝和渗漏的处理。实践中已总结出 20 字的有效经验，即浆料选择“粉黏结合”，浆液浓度“先稀后浓”，孔序布置“先疏后密”，灌浆压力“有限控制”，灌浆次数“少灌多复”。

4.3.4.3 开挖回填与灌浆处理相结合

此法适用于自表层延伸到坝体深处的裂缝，或当库水位较高、不易全部开挖回填的部位，或全部开挖回填有困难的裂缝。施工时对裂缝的上部采用开挖回填，裂缝的下部采用灌浆处理，一般是先开挖约 2～4m 深后立即回填。回填时预埋灌浆管，然后在回填面上进行灌浆。

4.4 土石坝的渗漏处理

土石坝的坝体和坝基，一般都具有一定的透水性。因此，水库在蓄水后出现渗漏现象总是不可避免的。对于不引起土体渗透破坏的渗漏通常称为正常渗漏；相反，引起土体渗透破坏的渗漏称为异常渗漏。正常渗漏的特征为渗漏量较小，水质清澈，不含土颗粒；异常渗漏的特征为渗流量较大、比较集中，水质浑浊，透明度低。工程实践中需要处理的是异常渗漏，故本节只对异常渗漏进行介绍。

4.4.1 土石坝渗漏的种类和成因

按土石坝异常渗漏的部位可分为坝体渗漏、坝基渗漏、接触渗漏和绕坝渗漏。

4.4.1.1 坝体渗漏

水库蓄水后，水将从土坝上游坡渗入坝体，并流向坝体下游，渗漏的逸出点均在背水坡面，其逸出现象有散浸和集中渗漏两种。

散浸出现在背水坡上，最初渗漏部位的坡面呈现湿润状态，随着土体的饱和软化，在坡面上会出现细小的水滴和水流。散浸现象的特征为土湿而软，颜色变深，面积大，冒水泡，阳光照射有反光现象，有些地方青草从生，或坝坡面的草皮比其他地方旺盛。需进一步鉴别时，可用钢筋轻易插入，拔出钢筋时带有泥浆，散浸处坝坡水温比一般雨水温度低，且散浸处的测压管水位高。

集中渗漏是指渗水沿渗流通道、薄弱带或贯穿性裂缝呈集中水股形式流出，对坝体的危害较大。集中渗漏既会发生在坝体中，也可能发生在坝基中。

坝体渗漏的主要原因有以下几方面：

(1) 设计考虑不周。坝体过于单薄，边坡太陡，防渗体断面不足，或下游反滤排水体设计不当，致使浸润线逸出点高于下游排水体；复式断面土坝的黏土防渗体与下游坝体之间缺乏良好的过渡层，使防渗体遭到破坏；埋于坝体的涵管，由于本身强度不够，或涵管上部荷载分布不均，涵管分缝止水不当致使涵管断裂漏水，水流通过裂缝沿管壁或坝体薄弱部位流出；对下游可能出现的洪水倒灌没有采取防护措施，致使下游滤水体被淤塞失效。

(2) 施工不按规程。土坝在分层、分段和分期填筑时，不按设计要求和施工规范、程序去做，土层铺填太厚，碾压不实；分散填筑时，土层厚薄不一，相邻两段的接合部分出现少压和漏压的松土层；没有根据施工季节采取相应措施，在冬季施工中，对冻土层处理不彻底，把冻土块填在坝内，而雨季及晴天的土体含水量缺乏有效控制；填筑土料及排水体不按设计要求，随意取土，随意填筑，致使层间材料铺设错乱，造成上游防渗不牢，下游止水失效，使浸润线抬高，渗水从排水体上部逸出。

(3) 其他方面的原因。由于白蚁、獾、蛇、鼠等动物在坝身打洞营巢，会造成坝体集中渗漏；由于地震等引起的坝体或防渗体的贯穿性横向裂缝也会造成坝体渗漏。

4.4.1.2 坝基渗漏

上游水流通过坝基的透水层，从下游坝脚或坝脚以外覆盖层的薄弱部位逸出，造成坝后管涌、流土和沼泽化。

管涌为在土体渗透水压力的作用下，土体中的细颗粒在粗颗粒孔隙中被渗水推动和带出坝体以外的现象。

流土则为土体表层所有颗粒同时被渗水顶托而移动流失的现象。流土开始时坝脚下土体隆起，出现泉眼，并进一步发展，土体隆起松动，最后整块土掀翻被抬起。管涌和流土都属于土体渗透破坏形式，在水库处于高水位时易发生。

坝基渗漏的主要原因有以下几方面：

(1) 勘测设计问题。坝址的地质勘探工作做得不够细致，地基结构没完全了解，致使设计未采取有效的防渗措施；坝前水平防渗铺盖的长度和厚度不足，垂直防渗深度未达到不透水层或未全部截断坝基渗水；黏土铺盖与强透水地基之间未铺设有效的过滤层，或铺盖以下的土体为湿陷性黄土，不均匀沉陷大，使铺盖破坏而漏水；对天然铺盖了解不够清楚，薄弱部位未做补强处理。

(2) 施工管理原因。水平铺盖或垂直防渗设施施工质量差，未达到设计要求；坝基或两岸岩基上部的风化层及破碎带未作处理，或截水槽未按要求放到新鲜基岩上；由于施工管理不善，在坝前任意挖坑取土，破坏了天然铺盖。

没有控制水库最低水位，使坝前黏土铺盖裸露暴晒而开裂，或不当的人类活动，破坏了防渗设施；对坝后减压井、排水沟缺乏必要的维修，使其失去了排水减压的作用，导致下游逐渐出现沼泽化，甚至形成管涌；在坝后任意取土挖坑，缩短了渗径长度，影响地基渗透稳定。

4.4.1.3 接触渗漏

接触渗漏是指渗水从坝体、坝基、岸坡的接触面或坝体与刚性建筑物的接触面通过，在坝后相应部位逸出。

接触渗漏的主要原因有以下几方面：

(1) 坝基底部基础清理不彻底；坝与地基接触面未做结合槽或结合槽尺寸过小；截水槽下游反滤层未达到要求，施工质量差。

(2) 土石坝的两岸山坡没有很好地清基，与山坡的接合面过陡，坝体与山坡接合处回填土夯压不实；坝体防渗体与山坡接触面没有作必要的防止坝体沉陷和延长渗径处理。

(3) 土石坝与混凝土建筑物接合处未做截水环、刺墙，防渗长度不够，施工回填夯压不实；坝下涵管分缝，止水不当，一旦出现不均匀沉陷，会造成涵管断裂漏水，产生集中渗流和接触冲刷。

4.4.1.4 绕坝渗漏

绕坝渗漏是指渗水通过土坝两端山体的岩石裂缝、溶洞和生物洞穴及未挖除的岸坡堆积层等，从山体下游岸坡逸出。

绕坝渗漏的主要原因有：两岸的山体岩石破碎，节理发育，或有断层通过，而又未做处理或处理不彻底，山体较单薄，且有砂砾和卵石透水层；因施工取土或其他原因破坏了岸坡的天然防渗覆盖层，两岸的山体有溶洞以及生物洞穴或植物根系腐烂后形成的孔洞等。

4.4.2　土石坝渗漏检查及分析

4.4.2.1　检查内容

检查内容主要包括坝体浸润线、渗流量和水质等。通过对上述内容的检查来分析判断是否存在异常渗漏，以便采取措施加以防护。

4.4.2.2　异常渗漏的识别方法

（1）查看下游坝面是否有散浸现象。根据散浸特征来识别，有散浸说明浸润线抬高，逸出点高于排水设施的顶点，可能导致渗透破坏或滑坡。

（2）查看坝身、坝基或两岸山体中是否有集中渗流。根据集中渗流特征来识别，发现后要观测渗水量的变化情况和水的浑浊程度。要注意观察库水位上升期和高水位期。

（3）查看坝后渗水水质情况，是否带出红、黄的松软黏状铁质沉淀物，是否由清变浊，或下游坝脚后是否有地基表面翻水冒沙，这是产生管涌等渗透破坏的明显特征。

（4）查看渗流量和测压管水位是否有异常变化。若在相同库水位时浸润线和渗流量没有变化，或渗流量有逐年减小的趋势，则属正常渗水。若渗流量随时间增大，或者是库水位达到某一高度后浸润线抬高和渗流量突然增大，或突然减少和中断，超出正常变化规律，则是异常渗水的信号，应注意检查坝体上游面在该水位附近坝体有无裂缝和孔洞、有无裂隙和断层及其他情况，并监测渗漏量的变化。

4.4.3　土石坝渗漏处理及加固措施

坝体发生渗漏后，应仔细检查观测，对资料进行分析、整理，找出渗漏原因，并根据具体情况，有针对性地采取相应的措施。处理土坝渗漏的原则是“上堵下排”或“上截下排”。在上游采取防渗措施，堵截渗漏途径；在下游采取导渗排水措施，将坝体内的渗水导出以增加渗透稳定和坝坡稳定。

4.4.3.1　坝体渗漏处理

1. 斜墙法

斜墙法即在上游坝坡补做或加固原有防渗斜墙，堵截渗流，防止坝身渗漏。此法适用于大坝施工质量差，造成了严重管涌、管涌塌坑、斜墙被击穿、浸润线及其逸出点抬高、坝身普遍渗水等情况。具体按照所用材料的不同，分为黏土斜墙、沥青混凝土斜墙及土工膜防渗斜墙。

（1）黏土防渗斜墙。修筑黏土斜墙时，一般应放空水库，揭开护坡，铲去表土，再挖松 10～15cm，并清除坝身含水量过大的土体，然后填筑与原斜墙相同的黏土，分层夯实，使新旧土层结合良好。斜墙底部应修筑截水槽，深入坝基至相对不透水层。对黏土防渗斜墙的具体要求为：①所用土料的渗透系数应为坝身土料渗透系数的 1%以下；②斜墙顶部厚度（垂直于斜墙坡面）应不小于 0.5～1.0m，底部厚度应根据土料容许水力坡降而定，一般不得小于作用水头的 1/10，最小不得少于 2m；③斜墙上游面应铺设保护层，用砂砾或非黏性土料自坝底铺到坝顶。厚度应大于当地冰冻层深度，一般为 1.5～2.0m。下游面通常按反滤要求铺设反滤层。

如果坝身渗漏不太严重，且主要是施工质量较差引起的，则不必另做新斜墙，只需降低水位，使渗漏部分全部露出水面，将原坝上游土料翻筑夯实即可。

当水库不能放空，无法补做新斜墙时，可采用水中抛土法处理，即用船载运黏土至漏水处，从水面均匀地投下，使黏土自由沉积在上游坝坡，从而堵塞渗漏孔道，不过效果没有填筑斜墙好。

对于坝体上游坡形成塌坑或漏水喇叭口，而在其他坝段质量尚好的情况下，可用黏土铺盖进行局部处理，注意在漏水口处预埋灌浆管，最后采用压力灌浆充填漏水孔道，如图 4.5 所示。

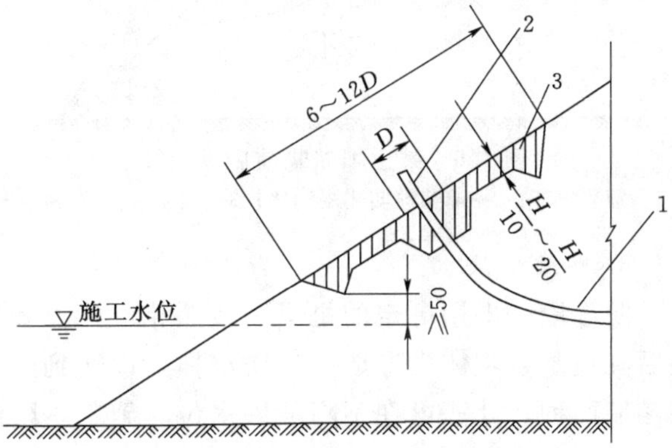

图 4.5 漏水喇叭口处理示意图（单位：cm）

D—漏水喇叭口直径；H—设计水头；

1—漏水通道；2—预埋灌浆管；

3—黏土铺盖（夯实）

（2）沥青混凝土斜墙。在缺乏合适的黏土土料，而有一定数量的合适沥青材料时，可在上游坝坡加筑沥青混凝土斜墙。沥青混凝土几乎不透水，同时能适应坝体变形，不致开裂，抗震性能好，工程量小（因其厚度约为黏土斜墙厚度的 1/40～1/20），投资省，工期短。我国在修筑沥青混凝土斜墙方面已积累了相当丰富的经验，故近年来，用沥青混凝土做斜墙处理坝身渗漏已受到广泛的重视。

（3）土工膜防渗斜墙。土工膜的基本原料是橡胶、沥青和塑料。当对土工膜有强度要求时，可将抗拉强度较高的绵纶布、尼龙布等作为加筋材料，与土工膜热压形成复合土工膜，成品土工膜的厚度一般为 0.5～3.0mm，它具有重量轻、运输量小、铺设方便的特点，而且具有柔性好，适应坝体变形，耐腐蚀，不怕鼠、獾、白蚁破坏等优点。土工膜防渗墙与其他材料防渗斜墙相比，其施工简便、设备少、易于操作、节省造价，而且施工质量容易保证。

土工膜与坝基、岸坡、涵洞的连接以及土工膜本身的接缝处理是整体防渗效果的关键，沿迎水坡坝面与坝基、岸坡接触边线开挖梯形沟槽，然后埋入土工膜，用黏土回填；土工膜与坝内输水涵管连接，可在涵管与土坝迎水坡相接段，增加一个混凝土截水环，由于迎水坡面倾斜，可将土工膜用沥青黏在斜面上，然后回填保护层土料；土工膜本身的连接方式常有搭接、焊接、黏结等，其中焊接和黏结的防渗效果较好。

近年来，土工膜材料品种不断更新，应用领域逐渐扩大，施工工艺也越来越先进，已从低坝向高坝发展。

2. 灌浆法

均质土坝或心墙坝由于施工质量差，坝体渗漏严重，无法采用斜墙法或水中倒土法进行处理时，可从坝顶钻孔采用劈裂灌浆法或常规灌浆法进行处理，在坝内形成一道灌浆帷幕，阻断渗水通道。灌浆法的主要优点是水库不需要放空，可在正常运用条件下施工，工程量小、设备简单、技术要求不复杂、造价低、易于就地取材。适用于均质土坝，或者是心墙坝中较深的裂缝处理。具体施工方法及要求可参考施工技术等课程。

如某均质坝，坝高 37m，因坝体压实质量差而造成渗漏，经研究分析，采用坝体灌

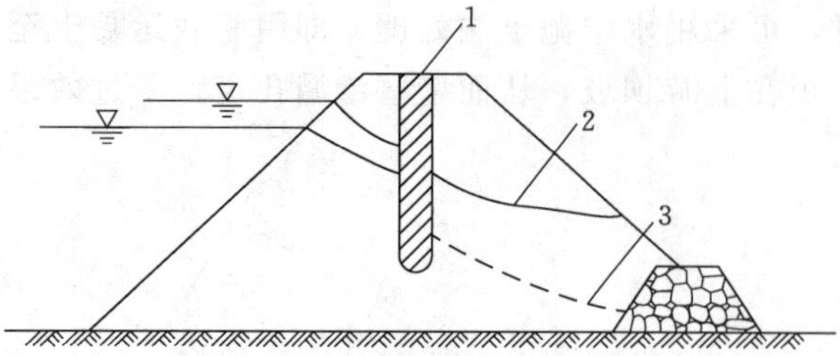

图 4.6　某土坝灌浆前后浸润线
1—灌浆帷幕；2—灌浆前实测浸润线；3—灌浆后实测浸润线

浆处理：灌纯黏土浆，灌浆孔一排，孔距 2m，采用分段灌注，每段 5m。第一段灌浆压力为 70～100kPa，以后深度每增加 1m，压力提高 10kPa，但控制最高压力不超过 300kPa，灌浆期间水库最大水头为 27.5m。经过处理后渗流量减少 73%～86%，坝体浸润线也明显下降，如图 4.6 所示。

3. 防渗墙法

防渗墙法即用一定的机具，按照相应的方式造孔，然后在孔内填筑具体的防渗材料，最后在地基或坝体内形成一道防渗体，以达到防渗的目的。具体包括混凝土防渗墙、黏土防渗墙两种。此法可在不降低库水位时施工，防渗效果比灌浆法更可靠。

4. 导渗法

上面几种均为坝身渗漏的“上堵”措施，目的是截流减渗，而导渗则为“下排”措施。主要针对已经进入坝体的渗水，通过改善和加强坝体排渗能力，使渗水在不致引起渗透破坏的条件下，安全通畅地排出坝外。按具体不同情况，可采用以下几种形式。

(1) 导渗沟法。当坝体散浸不严重，不致引起坝坡失稳时，可在下游坝坡上采用导渗沟法处理。导渗沟在平面上可布置成垂直坝轴线的沟或人字形沟（一般为 45°角），也可布置成两者结合的 Y 形沟，如图 4.7 所示。三种形式相比，渗漏不十分严重的坝体，常用 I 形导渗沟；当坝坡、岸坡散漫面积分布较广，且逸出点较高时，可采用 Y 形导渗沟；而对散浸相对较严重，且面积较大的坝坡及岸坡，则需用 W 形导渗沟。

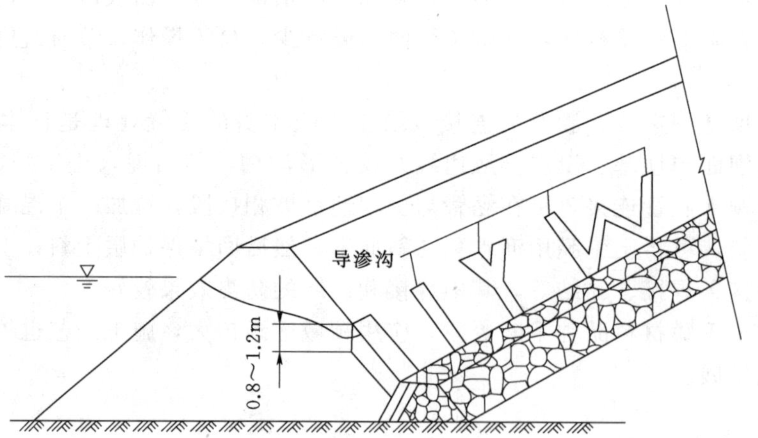

图 4.7　导渗沟平面形状示意图

几种导渗沟的具体做法和要求为：①导渗沟一般深为 0.8～1.2m、宽仅为 0.5～1.0m，沟内按反滤层要求填砂、卵石、碎石或片石；②导渗沟的间距可视渗漏的严重程度，以能保持坝坡干燥为准，一般为 3～10m；③严格控制滤料质量，不得含有泥土或杂质，不同粒径的滤料要严格分层填筑，其细部构造和滤料分层填筑的步骤如图 4.8 所示；

④为避免造成坝坡崩塌，不应采用平行坝轴线的纵向或类似纵向（如 T 形）导渗沟；⑤为使坝坡保持整齐美观，免受冲刷，导渗沟可做成暗沟。

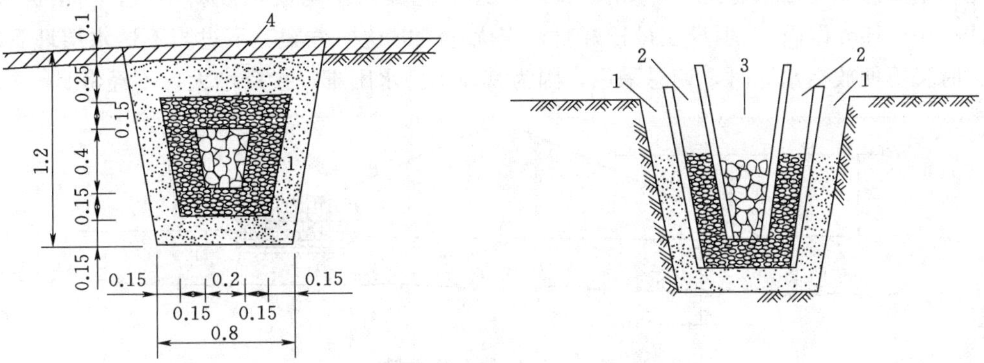

图 4.8 导渗沟构造图（单位：m）

1—砂；2—卵石或碎石；3—片石；4—护坡

（2）导渗砂槽法。对局部浸润线逸出点较高和坝坡渗漏较严重，而坝坡又较缓，且具有褥垫式滤水设施的坝段，可用导渗砂槽处理。它具有较好的导渗性能，对降低坝体浸润线效果亦比较明显，其形状如图 4.9 所示。

（3）导渗培厚法。当坝体散浸严重，出现大面积渗漏，渗水又在排水设施以上出逸，坝身单薄，坝坡较陡，且要求在处理坝面渗水的同时增加下游坝坡稳定性时，可采用导渗培厚法。

导渗培厚即在下游坝坡贴一层砂壳，再培厚坝身断面，如图 4.10 所示。这样，一可导渗排水；二可增加坝坡稳定。不过，需要注意新老排水设施的连接，确保排水设备有效和畅通，达到导渗培厚的目的。

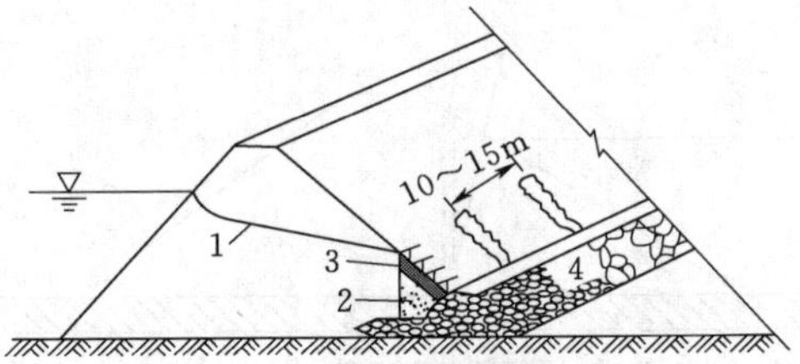

图 4.9 导渗砂槽示意图

1—浸润线；2—砂；3—回填土；4—滤水体

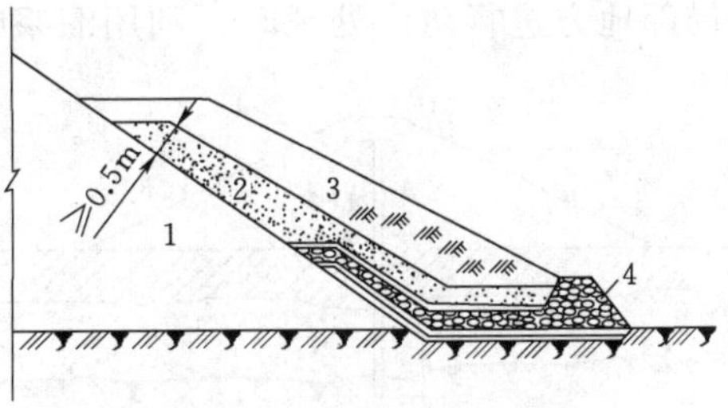

图 4.10 导渗培厚法示意图

1—原坝体；2—砂壳；3—培厚填体；4—排水棱体

4.4.3.2 坝基渗漏处理

坝基渗漏处理的原则，仍可归纳为“上堵下排”。即在上游采取水平防渗（如黏土铺盖）和垂直防渗（如截水槽、防渗墙等）两种措施，阻止或减少渗流通过坝基；在下游用导渗措施（如排水沟、减压井等）把已经进入坝基的渗流安全排走，不致引起渗透破坏。

下面分别介绍坝基渗漏常用的防渗、导渗措施。

1. 黏土截水槽

黏土截水槽是在透水地基中沿坝轴线方向开挖一条槽形断面的沟槽，槽内填以黏土夯实而成，是坝基防渗的可靠措施之一，如图 4.11 所示。尤其对于均质坝或斜墙坝，当不透水层埋置较浅（10～15m 以内）、坝身质量较好时，应优先考虑这一方案。不过当不透水层埋置较深，而施工时又不便放空水库时，切忌采用，因为其施工排水困难，投资增大，不经济。

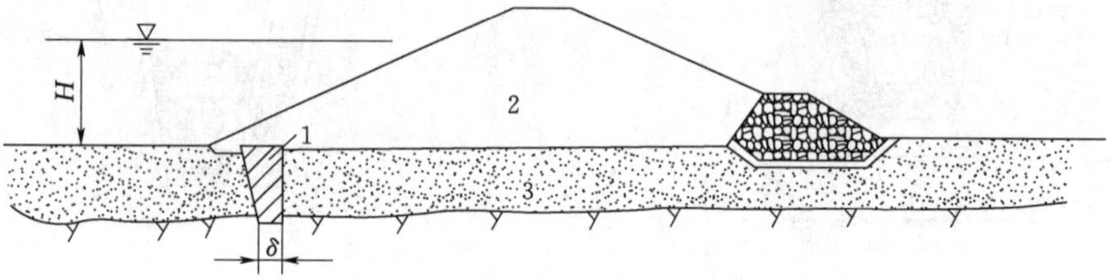

图 4.11　黏土截水槽

1—黏土截水槽；2—坝体；3—透水层

2. 混凝土防渗墙

如果覆盖层较厚，地基透水层较深，修建黏土截水槽困难大，则可考虑采用混凝土防渗墙。其优点是不必放空水库，施工速度快，节省材料，防渗效果好。

混凝土防渗墙即在透水地基中用冲击钻造孔，钻孔连续套接，孔内浇注混凝土，形成的封闭防渗的墙体。其上部应插入坝内防渗体，下部和两侧应嵌入基岩，如图 4.12 所示。

3. 灌浆帷幕

所谓灌浆帷幕是在透水地基中每隔一定距离用钻机钻孔，孔深达基岩下 2～5m，然后在钻孔中用一定压力把浆液压入坝基透水层中，使浆液填充地基土中的孔隙，使之胶结成不透水的防渗帷幕，如图 4.13 所示。当坝基透水层厚度较大，修筑截水槽不经济；或透水层中有较大的漂石、孤石，修建防渗墙较困难时，可优先采用灌浆帷幕。另外当坝基中局部地方进行防渗处理时，利用灌浆帷幕亦较灵活方便。

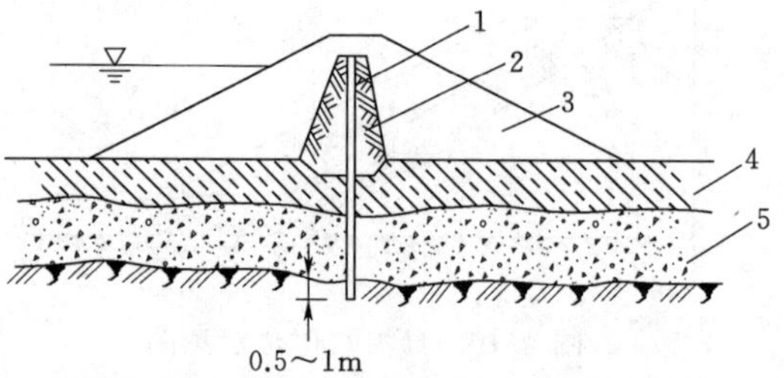

图 4.12　混凝土防渗墙的一般布置图

1—防渗墙；2—黏土心墙；3—坝壳；4—覆盖层；5—透水层

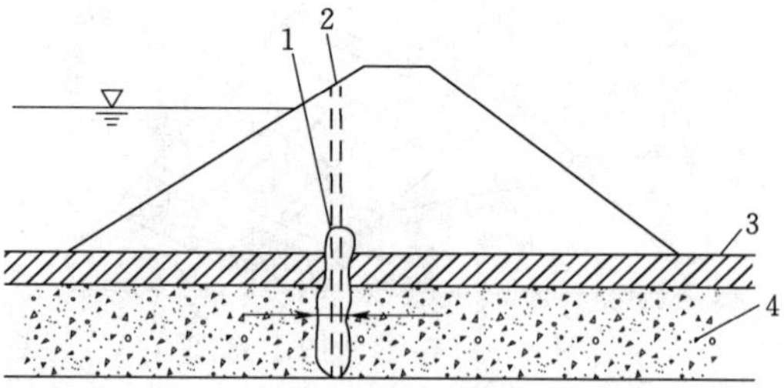

图 4.13　灌浆帷幕示意图

1—帷幕体；2—钻孔；3—覆盖层；4—透水层

灌注的浆液一般有黏土浆、水泥浆、水泥黏土浆、化学灌浆等。在砂砾石地基中，多采用水泥黏土浆，其水泥含量为水泥黏土总重量的 10%～30%，浆液浓度范围多为干料：水＝1：1～1：3。最优配比可具体进行试验确定。对于砂土地基，切忌盲目采用黏土浆及水泥浆（因砂的过滤作用，会析出浆料颗粒阻塞浆路），而只有当砂砾的最小粒径在 4mm 以上时才能采用。对于中砂、细砂和粉砂层，可酌情采用化学灌浆，但其造价较高。

4. 砂浆板桩

砂浆板桩就是用人力或机械把20～60号的工字钢打入坝基内，一组（7～10根）由打桩机在前面打，一组由拔桩机在后面拔，工字钢腹板上焊一条直径32mm的灌浆管，在拔桩的同时开动泥浆泵，把水泥砂浆经灌浆管注入地基内，以充填工字钢拔出后所留下的孔隙。待工字钢全部拔出并灌浆后，整个坝基防渗砂浆板桩即告完成，如图4.14所示。

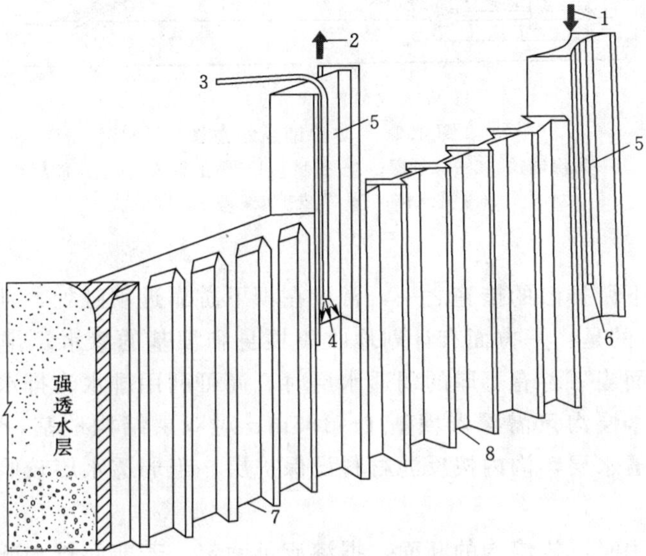

图4.14 砂浆板桩施工示意图

1—打桩；2—拔桩；3—接泥浆泵；4—灌注砂浆板桩；5—灌浆管；6—栓塞；7—已灌注好的板桩；8—已打入的工字钢

5. 高压定向喷射灌浆

所谓高压喷射灌浆是以置入地基的灌浆管上很小的喷嘴中，喷射出高压或超高压的高速喷流体，利用喷流体的高度集中、力量强大的动能冲击和切割土体，同时导入具有固化作用的浆液与冲切下来的土体就地混合。随着喷嘴的运动和浆液的凝固，在地基中形成质地均匀、连续密实的板墙或桩柱等固结体，达到防渗和加固地基的目的，如图4.15所示。

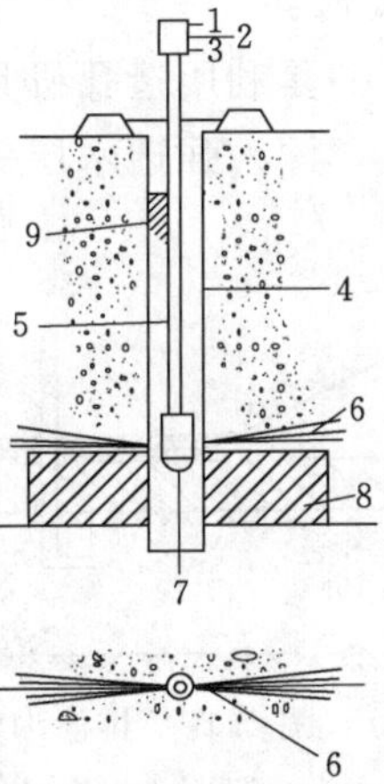

图4.15 高压定向喷射灌浆原理示意图

1、2、3—水、气、浆管；4—钻孔；5—喷射灌浆管；6—水气射流切割缝槽；7—喷浆口；8—形成的防渗墙；9—回浆

6. 黏土铺盖

黏土铺盖是常用的一种水平防渗措施，是利用黏土在坝上游地基面分层碾压而成的防渗层。其作用是覆盖渗漏部位，延长渗径，减小坝基渗透坡降，保证坝基稳定，如图4.16所示。特点是施工简单、造价低廉、易于群众性施工，但需在放空水库的情况下进行；同时，要求坝区附近有足够的合乎要求的土料。另外，采用铺盖防渗虽可以防止坝基渗透变形并减少

渗漏量，但却不能完全杜绝渗漏。故黏土铺盖一般在不严格要求控制渗流量、地基各向渗透性比较均匀、透水地基较深，且坝体质量尚好，采用其他防渗措施不经济的情况下采用。

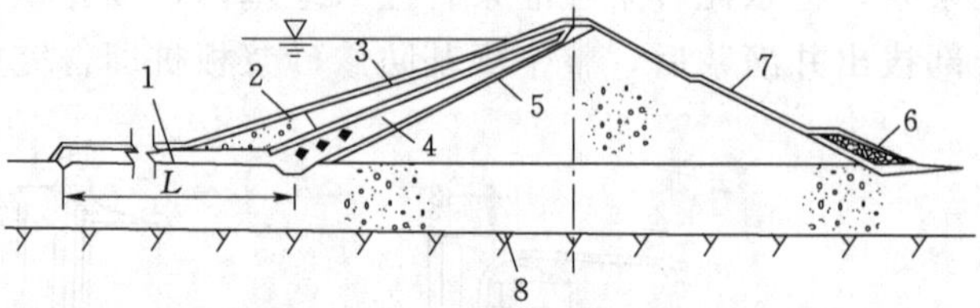

图 4.16　防渗铺盖示意图

1—防渗铺盖；2—保护层；3—护坡；4—黏土斜墙；5—反滤层；6—排水体；7—草皮护坡；8—基岩

7. 排渗沟

排渗沟是坝基下游排渗的措施之一，常设在坝下游靠近坝趾处，且平行于坝轴线，如图 4.17 所示。其目的是：一方面有计划地收集坝身和坝基的渗水，排向下游，以免下游坡脚积水；另一方面当下游有不厚的弱透水层时，尚可利用排水沟排水减压。

对一般均质透水层沟只需深入坝基 1～1.5m；对双层结构地基，且表层弱透水层不太厚时，应挖穿弱透水层，沟内按反滤材料设保护层；当弱透水层较厚时，不宜考虑其导渗减压作用。

在只起排渗作用时，排渗沟的断面，据渗流量确定；若兼起排水减压作用时，应做专门计算。

为了方便检查，排渗沟一般布置成明沟；但有时为防止地表水流入沟内造成淤塞，也可做成暗沟，但工程量较大。

8. 减压井

减压井是利用造孔机具，在坝址下游坝基内，沿纵向每隔一定距离造孔，并使孔穿过弱透水层，深入强透水层一定深度而形成，如图 4.18 所示。

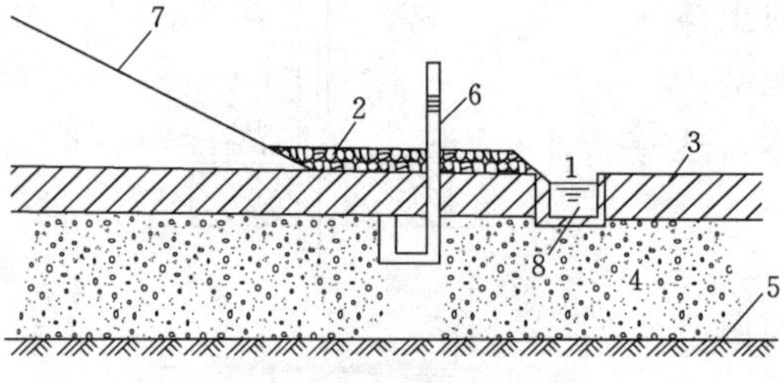

图 4.17　排渗沟示意图

1—排渗沟；2—透水盖重；3—弱透水层；4—透水层；5—不透水层；6—测压管；7—下游坝坡；8—反滤层

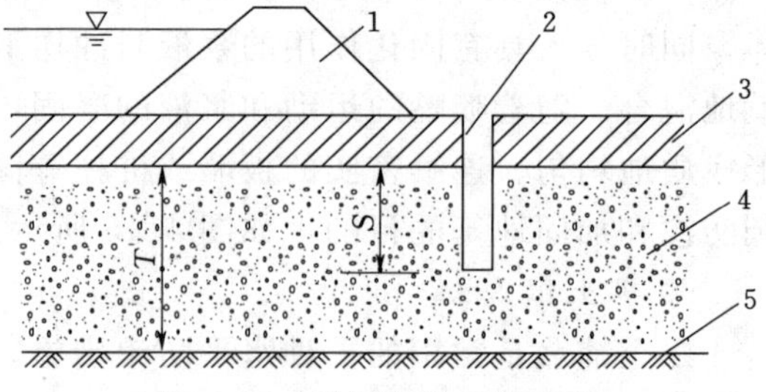

图 4.18　减压井位置示意图

1—坝体；2—减压井；3—弱透水层；4—强透水层；5—不透水层

减压井的结构是在钻孔内下入井管（包括导管、花管、沉淀管），管下端周围填以反滤料，上端接横向排水管与排水沟相连，如图 4.19 所示。这样可把地基深层的承压水导出地面，以降低浸润线，防止坝基渗透变形，避免下游地区沼泽化。当坝基弱透水层覆盖较厚，开挖排水沟不经济，而且施工也较困难时，可采用减压井。减压井是保证覆盖层较厚的砂砾石地基渗流稳定的重要措施。

减压井虽然有良好的排渗降压效果，但施工复杂，管理、养护要求高，并随时间的推移，容易出现淤堵失效的现象，所以，一般仅适用于下列情况：

（1）上游铺盖长度不够或天然铺盖遭破坏，渗透逸出坡降升高，同时坝基为复式透水地基，用一般导渗措施不易施工，或其他措施处理无效。

（2）不能放空水库，采用“上堵”措施有困难，且在运用上允许在安全控制地基渗流条件下，损失部分水量。

（3）原有减压井群中部分失效，或减压井间距过大，致使渗透压力亦过大，需要插补。

（4）在施工、管理运用和技术经济方面，都比其他措施优越。

9. 透水盖重

透水盖重是在坝体下游渗流出逸地段的适当范围内，先铺设反滤料垫层，然后填以石料或土料盖重。它既能使覆盖层土体中的渗水导出，又能给覆盖层土体一定的压重，抵抗渗压水头，故又称为压渗，如图 4.20 所示。

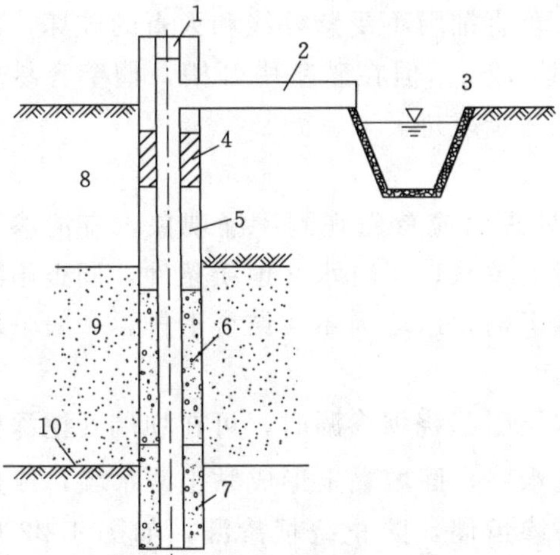

图 4.19 减压井结构示意图

1—井帽；2—出水管；3—排水沟；4—黏土或混凝土封闭；5—导管；6—有孔花管；7—沉淀管；8—弱透水层；9—透水层；10—不透水层

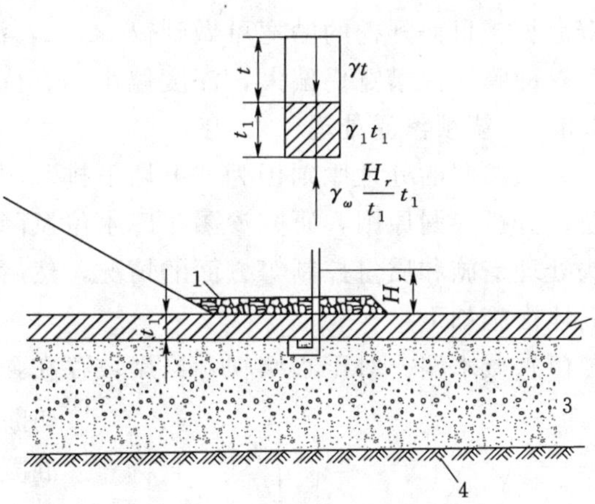

图 4.20 透水盖重示意图

1—透水盖重；2—弱透水层；3—透水层；4—不透水层

常见的压渗型式有两种：

（1）石料压渗台。主要适用于石料较多的地区、压渗面积不大和局部的临时紧急救护，如图 4.21（a）所示。如果坝后有夹带泥沙的水流倒灌，则压渗台上面需用水泥砂浆勾缝。

（2）土料压渗台。适用于缺乏石料、压渗面积较大、要求单位面积压渗重量较大的情况，需注意在滤料垫层中每隔 3～5m 加设一道垂直于坝轴线的排水管，以保证原坝脚滤水体排出通畅，如图 4.21（b）所示。

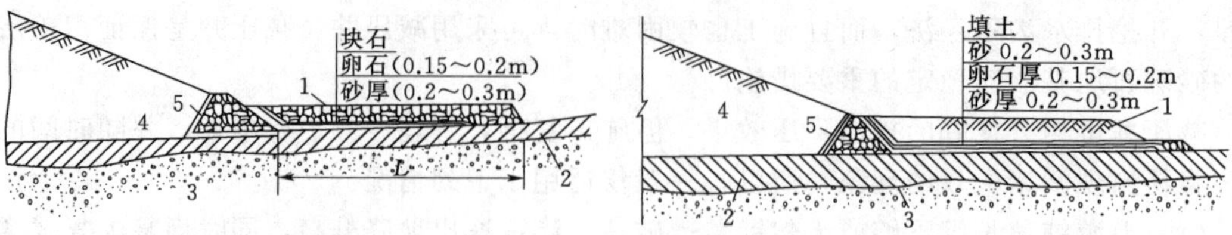

(a)石料压渗台　　(b)土料压渗台

图 4.21　压渗台示意图

1—压渗台；2—覆盖层；3—透水层；4—坝体；5—滤水体

透水盖重简单易行，是处理坝基渗漏中较常采用的一种下排措施，主要适用于坝基不透水层较薄、渗漏严重、有冒水翻砂现象，或坝后长期渗漏积水、大面积沼泽化，甚至发生管涌和流土破坏的情况。

10. 垂直铺塑防渗

垂直铺塑技术是运用专门开沟造槽的机械，开出一定宽度和深度的沟槽，在沟槽内垂直铺设土工膜，再用土回填沟槽，形成以土工膜为主体的垂直防渗墙。

此技术是由山东省水利科学研究院开发的，已成功应用于基础渗漏处理。例如山东省东营市重河水库和新疆大海子水库坝基防渗，还有江苏省骆马湖大堤的堤基防渗。

土工膜具有良好的隔水性和适应变形的能力，垂直铺膜不受紫外线和人畜的破坏，使用寿命长。目前开挖的槽宽可做到仅 20cm，深度达 12m。但在砂基中开槽，槽壁容易塌落，对铺膜来说槽宽仍偏大，深度偏小，有待于进一步改进。

4.4.3.3　绕坝渗漏处理

绕坝渗漏的处理原则仍为“上堵下排”。具体处理时应首先观测渗漏现象，查清渗漏部位，分析渗漏原因，研究渗漏与库水位及降雨量的关系；了解水文地质条件，调查施工接头处理措施和质量控制等方面的情况，然后对症下药，以堵为主，结合下排，一般采取的具体措施如下：

(1) 截水墙。对于心墙坝，当岸坡存在强透水层引起绕坝渗漏时，可在坝端开挖深槽切断强透水层，回填黏土形成黏土截水墙，或做混凝土防渗齿墙，防止绕坝渗漏，如图 4.22 所示。这种方法比较可靠，但要注意，截水墙必须和坝身心墙连接。

图 4.22　坝端截水墙示意图

1—坝端截水墙；2—坝顶；3—上游坝坡

(2) 防渗斜墙。对于均质坝和斜墙坝，当坝端岸坡岩石异常破碎造成大面积渗漏时，而岸坡地形平缓，且有大量黏土可供使用，则可沿岸坡做黏土防渗斜墙防止绕坝渗漏。具体要求斜墙下端做截水槽嵌入不透水层，若开挖工程量大无法达到不透水层，也可做铺盖与斜墙连接。如水库放空困难，水下部分也可采用水中抛土或浑水放淤的办法处理。另外，在斜墙顶上应沿山腰开挖排水沟，把雨水截住，以免冲刷斜墙。

(3) 黏土铺盖。黏土铺盖即在坝肩上游的岸坡上用黏土进行铺盖以延长渗径，防止绕渗的措施。具体适用于坝肩岩石节理裂隙细小、风化较微，且山坡单薄透水性大的情况。而对于较陡的山坡，在水位变化较少的部位，可采用砂浆抹面；在水位变化较频繁的部位，或者裂缝较大的地段，可用混凝土、钢筋混凝土或浆砌石材料，结合护坡，在渗漏岩层段的上游面作衬砌防渗。

(4) 灌浆帷幕。当坝端岩石裂隙发育、绕渗严重时，可采用灌浆帷幕进行绕渗处理，具体方法与坝基的灌浆帷幕处理相同。注意坝肩两岸的灌浆帷幕应与坝基的灌浆帷幕形成一道完整的防渗帷幕。

(5) 堵塞回填。对于动物洞穴和根茎腐烂的孔洞所引起的绕渗，开挖后可以将洞穴回填黏土并夯实，或向洞穴灌注水泥砂浆或用混凝土堵塞洞穴。

(6) 下游导渗排水。即在下游岸坡绕渗出逸处，铺设排水反滤层，保护土料不致流失，防止渗透破坏。当下游岸坡岩石渗流较小，可沿渗水坡面以及下游坝坡与山坡接触处铺设反滤层，导出渗水，当下游岸坡岩石地下水位较高、渗水严重时，可沿岸边山坡或坡脚处打基岩排水孔，引出渗水；当下游岸坡岩石裂隙发育密集，可在坝脚山坡岩石中打排水平洞，切穿裂缝，集中排出渗水。

4.4.3.4 岩溶地区的渗漏处理

在岩溶发育地区筑坝，易造成严重渗漏。渗漏会带走溶洞或裂隙中的充填物，使渗漏进一步发展，库水大量流失，危及坝体和坝基安全。岩溶的处理措施包括地表处理和地下处理两种，地表处理主要有黏土或混凝土铺盖、喷水泥砂浆或混凝土等措施，地下处理主要有开挖回填、堵塞溶洞及灌浆等措施。

4.5 土石坝的滑坡处理

4.5.1 土石坝滑坡的类型

土石坝滑坡按其性质可分为剪切性滑坡、塑流性滑坡和液化性滑坡三种，如图4.23所示。

1. 剪切性滑坡

剪切性滑坡多发生在坝基和坝体除高塑性以外的黏性土中。主要是由于坝坡坡度太陡，填土压密程度较差，渗透水压力较大造成的。当坝受到较大的外荷作用使滑动体上的滑动力矩超过阻滑力矩时，在坝坡或坝顶开始出现一条平行于坝轴线的裂缝，随后裂缝不断延长和加宽，两端逐渐弯曲延伸（在上游坡时曲向上游，在下游坡时曲向下游）。与此同时，滑坡体下部出现带状或椭圆形隆起，末端向坝趾方向滑动，先慢后快，直至滑动力矩与阻滑力矩达到平衡时滑动终止。目前土坝中出现的滑坡绝大多数属于这一类型，如图4.23(a)所示。

2. 塑流性滑坡

塑流性滑坡主要发生在含水量较大的高塑性黏土填筑的坝体。高塑性黏土在一定的荷载作用下会产生蠕动或塑性流动，在土的剪应力低于土的抗剪强度的情况下，剪应变仍不断增加，使坝坡出现连续位移和变形，其过程为缓慢的塑性流动，这种现象称为塑流性滑坡。这种滑坡的滑动体上部通常不出现明显的纵缝，而是坡面的水平位移和垂直位移连续增长，滑动体下部也可能有隆起现象，如图4.23(b)所示。

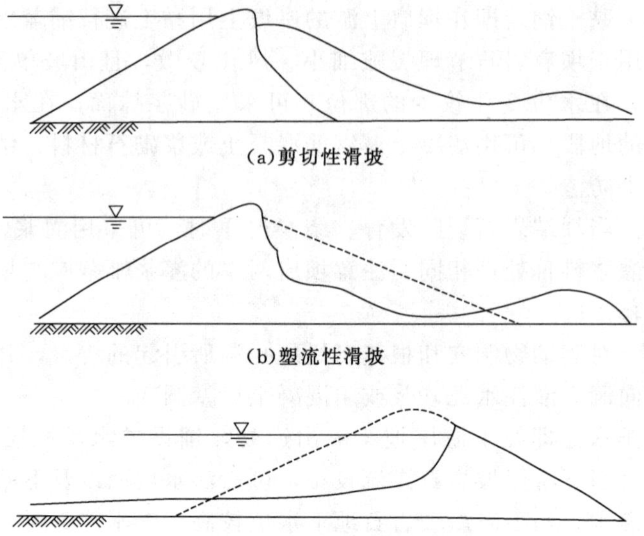

(a)剪切性滑坡

(b)塑流性滑坡

(c)液化性滑坡

图 4.23　土石坝滑坡的类型

3. 液化性滑坡

液化性滑坡多发生在坝体或坝基土层为均匀的中细砂或粉砂的情况下。当水库蓄水后坝体在饱和状态下突然受到震动（如地震、爆破及机械振动等）时，砂的体积急剧收缩，坝体水分无法析出，使砂粒处于悬浮状态，从而使坝体向坝趾方向急剧流泻，其过程类似流体向地势低的地方流散，故称为液化性滑坡，如图 4.23（c）所示。这类滑坡时间很短促，顷刻之间坝体液化流散，很难观测、预报及抢护。

由于滑坡裂缝与前述的沉陷裂缝在处理方法及程序上有别，因此须严加区别，以便正确处理，一般可按表 4.2 加以鉴别。

表 4.2　沉陷纵向裂缝和滑坡裂缝的区别

裂缝型式 内容	沉陷纵向裂缝	滑坡裂缝
外形	直线或接近直线，垂直向下延伸	两端弯曲、中间近似为直线的弧形曲线
裂缝宽度	缝宽度小，几毫米到几十毫米，错距小于 30cm	缝宽可达 1m 以上，错距可达数米
发展时间	裂缝随土体固结逐渐减缓	开始发展缓慢，当滑体失稳后突然加快
发展结果	随时间加长，缝宽缝深不断加大	滑体脱离原位，滑动力（距）与阻滑力（距）平衡，滑体静止
缝口特征	缝口少见有擦痕	缝口可见擦痕及错距，缝口可见稀泥
处理方法	开挖回填或灌浆处理	先堆石固脚，止滑后再进行处理

4.5.2　土石坝滑坡的原因

土石坝滑坡的原因是多方面的，主要与下列因素有关。

(1) 筑坝的土料组成。不同的土料其力学指标(主要指内摩擦角和黏聚力)不同,其阻止滑动体滑动的抗滑力也就不相同。另外,不同的土料其颗粒组成不同,其碾压密实度也不尽相同,因而土的抗剪强度也不相同,抗剪强度低的上层可能会引起滑坡。

(2) 土坝的结构形式。土坝的结构形式是指土坝上下游坝坡、防渗体与排水设施的布置等,如坝坡太陡,势必造成滑动面上的滑动力(矩)大于抗滑力(矩),而防渗体或排水设施布置不当或失效,会引起坝体浸润线过高,下游坝坡大面积渗水,造成渗透压力过大。增大滑动力(矩),导致土坝滑坡。

(3) 土坝的施工质量。在土坝施工中,由于铺土太厚,碾压不实或土料含水量不符合要求,使碾压后的坝体干容重达不到设计标准,会使填筑土体的抗剪强度不能满足稳定要求;在冬季施工时,没有采取适当措施,形成冻土层,或者将冻土带进坝体,在解冻后或蓄水后,库水入渗形成软弱夹层;合龙段的边坡及两岸与土坝连接段的岸坡太陡,以及土埂加高培厚的新旧坝体之间结合处理不好等都可能引起滑坡。

(4) 管理因素。在水库运行管理中,水库的库水位降落速度太快,土体孔隙中的水不能及时排出,形成较大的渗透压力。在坝坡稳定分析时,水位以下的上游坝壳土体按浮容重计算滑动力。当水位骤降后,将会使水位降落区的土体由浮容重变为饱和容重,因此,滑动力增大可能使上游坝坡发生滑动。

坝后排水设施堵塞或失效,造成坝体浸润线抬高,会引起下游坝坡滑坡。

(5) 其他因素。持续的降雨使坝坡土体饱和,风浪淘刷使护坡破坏,地震及不当人为因素等均会影响土坝稳定。

4.5.3 土石坝滑坡的预防与处理

4.5.3.1 滑坡的预防

预防滑坡的主要方法是保证土坝有合理的断面和良好的质量。对于已建成的水库,要认真执行管理运用制度,避免运用不当而造成滑坡。

对土坝稳定有怀疑时,应进行稳定校核。如发现土坝在高水位或其他不利情况(如地震等)下有可能滑坡时,则应及早采取预防措施。一般可采取在坝脚压重或放缓边坡,或采取防渗、导渗措施以降低浸润线和坝基渗透压力。在特殊情况下,可采取有针对性的专门措施,或将土坝局部翻修改建。

此外,当土坝加高时,一般应在培厚的基础上加高,如图 4.24 所示。只有通过稳定分析,认为确无问题时,才能直接加高坝顶。

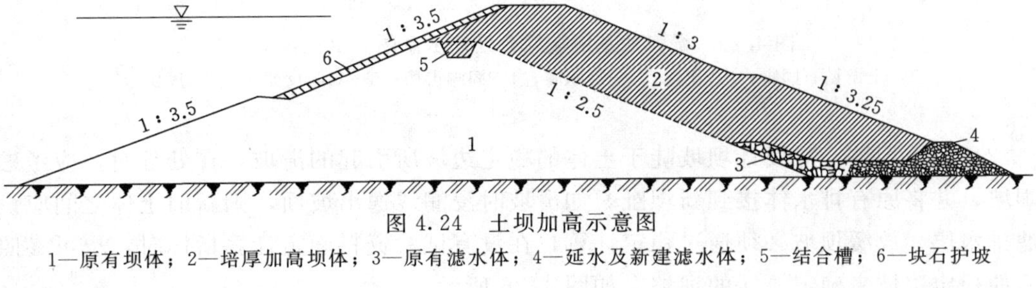

图 4.24 土坝加高示意图

1—原有坝体;2—培厚加高坝体;3—原有滤水体;4—延水及新建滤水体;5—结合槽;6—块石护坡

4.5.3.2　滑坡的抢护

当发现滑坡征兆后，应根据情况进行判断。滑坡抢护的基本原则是：上部减载，下部压重，即在主裂缝部位进行削坡，而在坝脚部位进行压坡。具体的抢护措施应根据滑动情况、出现的部位、发生的原因等因素而定。

（1）迎水坡由于库水位骤降而引起滑坡。其抢护方法如下：

1）有条件的应立即停止水库泄水。

2）在保证土坝有足够的挡水断面的前提下，将主裂缝部位进行削坡。

3）在滑动体坡脚部分抛砂石料或砂袋等，作临时压重固脚。

（2）背水坡由于渗漏而引起滑坡。其抢护方法如下：

1）尽可能降低库水位，但应控制水位降落速度，以免水位骤降而影响上游坡的安全。

2）沿滑动体和附近的坡面上开沟导渗，使渗透水能够很快排出。

3）若滑动裂缝达到坝脚，应该首先采取压重固脚的措施。如坡脚有渊潭和水塘，应先抛砂石将其填平，然后在滑动体下半部用砂石料压脚。

4）对迎水坡进行防渗处理。

4.5.3.3　滑坡的处理

当滑坡稳定后，应根据情况，经研究分析，进行彻底的处理，其措施有以下几种。

（1）开挖回填。松动了的土体已形成贯穿裂缝面，如不处理就不可能恢复到未滑动前的紧密结合状。因此，应尽可能将滑动体全部开挖，再用原开挖土或与坝体相同的土料分层回填夯实。如滑动体方量很大，全部开挖确有困难，可以将松土部分挖掉，然后回填夯实。对松土开挖，可先将裂缝两侧的松土挖掉，开挖至缝底以下 0.5m，其边坡不陡于 1∶1，挖坑两端的边坡不陡于 1∶3，并做好结合槽，以利于防渗。回填土应分层填土夯实。开挖回填前，应洒水湿润，将表层刨毛或耙松，再填土夯实，以利接合。对地基淤泥层（或其他高压缩性土层）尚未清除或清除不彻底而引起的滑坡，应在坝址处挖穿淤层，回填透水料（背水坡脚），做成固脚齿槽，同时采取压重固脚的措施，如图 4.25 所示。

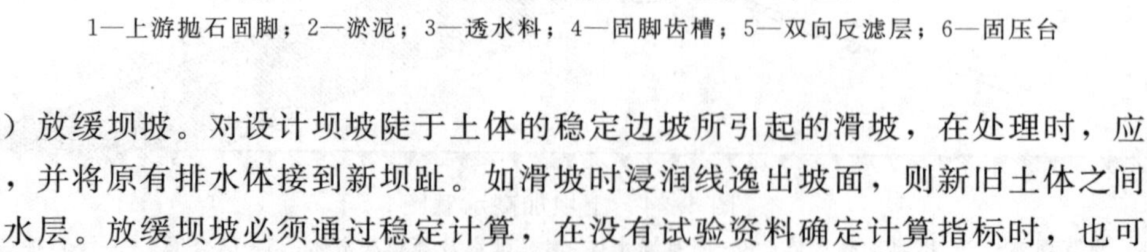

图 4.25　淤泥地基滑坡综合处理示意图（单位：m）

1—上游抛石固脚；2—淤泥；3—透水料；4—固脚齿槽；5—双向反滤层；6—固压台

（2）放缓坝坡。对设计坝坡陡于土体的稳定边坡所引起的滑坡，在处理时，应考虑放缓坝坡，并将原有排水体接到新坝趾。如滑坡时浸润线逸出坡面，则新旧土体之间应设置反滤排水层。放缓坝坡必须通过稳定计算，在没有试验资料确定计算指标时，也可参照滑坡后的稳定边坡来确定放缓的坝坡，如图 4.26 所示。

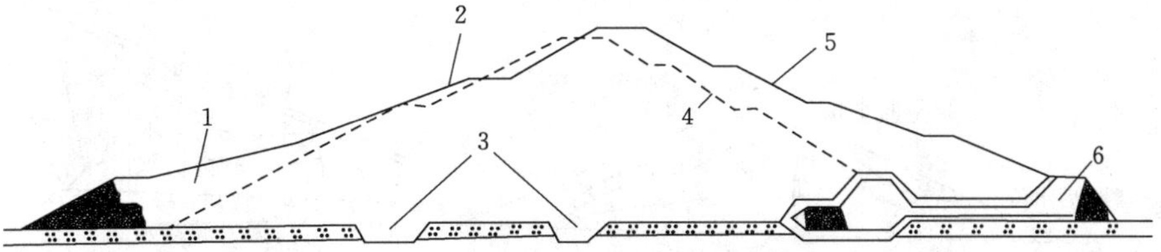

图 4.26 水库滑坡处理示意图

1—砌石压脚；2—放缓坝坡；3—原截水槽；4—原坝坡；5—处理后的坝坡；6—新做排水体

(3) 压重固脚。严重滑坡时，滑坡体底部往往滑出坝趾以外，在这种情况下就需要在滑坡段下部采用压重固脚的措施，以增加抗滑力。一般采用固压台，如同时起排水作用时，也有称为压浸台。压重固脚的材料最好用砂石料。在砂石料缺乏的地区，也可用风化土料，但应夯压到设计要求的密实度。有排水要求的，要同时考虑排水体的设施。固压台的尺寸，应根据使用材料和压实程度，通过试验和计算确定。对于中小型水库，当坝高小于 30m 时，压坡体高度一般可采用滑坡体高度的 1/2～2/3。固压台如用石料，其厚度一般为 3～5m（或 1/3 压坡体高度）；如用土料，其厚度应比石料大 0.5～1.0 倍。其压坡体的坡度，可放缓至 1∶4。

(4) 加强防渗。在水库蓄水后产生滑坡时，一般都需解决防渗问题。如原来坝体没有防渗斜墙，在高水头作用下，产生渗透破坏，引起背水坡滑坡，或者由于水位骤降引起迎水坡滑坡，使防渗斜墙受到破坏，均应根据具体情况降低库水位或放空水库，彻底修复防渗斜墙。对由于浸润线过高而逸出坡面或者由于大面积散浸引起的滑坡，除结合下游导渗设施外，还应考虑加强防渗，如进行坝身灌浆、加强防渗斜墙等。

(5) 排水处理。对于由于渗漏引起的背水坡滑坡，当采用压重固脚时，新旧土体以及新土体与地基间的接合面应设置反滤排水层并与原排水体相连接。对由于排水体堵塞而引起的滑坡，在处理时应重新翻修原排水体，使其恢复作用。对因减压井堵塞引起地基渗流破坏而造成的滑坡，应对减压井进行维修，恢复其效能。

(6) 综合措施。确定安全合理的剖面结构，选择能适应各种工作条件的稳定坝坡和采取完善可靠的防渗、排水措施，使在不同运用条件下土体内的孔隙水压力减小，这是防止和处理滑坡的有效方法。如有些水库会出现水位骤降，则应在上游设置排水，使水位下降时孔隙水压力由平行于坝坡方向变成垂直于坝基方向，以增加上游坡的稳定性，如图 4.27 所示。

4.5.3.3 滑坡处理中应注意的几个问题

(1) 造成滑坡的原因不同，采取的处理措施也有所区别，但任何一种滑坡，都需要采取综合性的处理措施，如开挖回填、放缓坝坡、压重固脚和防渗排水等，而非单一方法所能解决。在处理时，一定要严格掌握施工质量，确保工程安全。

(2) 在滑坡处理中，特别是在抢护工程中，一定要在确保人身安全的情况下进行工作。

(3) 对滑坡性的裂缝，原则上不应采取灌浆方法处理，因为浆液中的水分将降低滑坡体与坝体之间的抗剪强度，对滑坡稳定不利，而且灌浆压力也会加速滑坡体下滑。如必须采用时，一定要有充分论证，确保坝体的稳定。

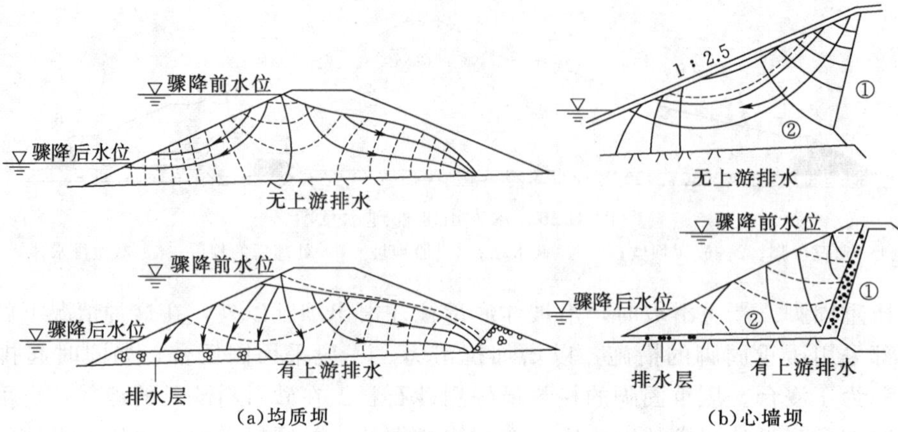

图 4.27　库水位下降时坝体内流网图

①—不透水料；②—中等不透水料

(4) 滑坡体上部与下部的开挖与回填，应该符合“上部减载”与“下部压重”的原则。开挖部位的回填，要在做好压重固脚以后进行。其下部开挖，要分段进行，切忌全面同时开挖，以免引起再次滑坡。

(5) 不宜采用打桩固脚的方法处理滑坡，因为桩的阻滑作用很小，不能抵挡滑坡体的推力，而且打桩震动反而会助长滑坡的发展。

4.6　土石坝护坡的修理

我国已建土坝护坡的形式，多数的迎水坡为干砌块石护坡，背水坡为草皮或干砌石护坡。少数土坝迎水坡有用浆砌块石、混凝土预制板、沥青渣油混凝土和抛石等形式护坡。

4.6.1　土石坝护坡破坏的类型及原因

常见护坡破坏的类型有脱落破坏、塌陷破坏、崩塌破坏、滑动破坏、挤压破坏、鼓胀破坏、溶蚀破坏等。

护坡的破坏原因是多方面的，观察和归纳后主要有以下几方面的原因：

(1) 由于护坡块石设计标准偏低或施工用料选择不严，块石重量不够，粒径小，厚度薄。有的选用石料风化严重，在风浪的冲击下，护坡产生脱落，垫层被淘刷，上部护坡因失去支撑而产生崩塌和滑移，如图 4.28 所示。

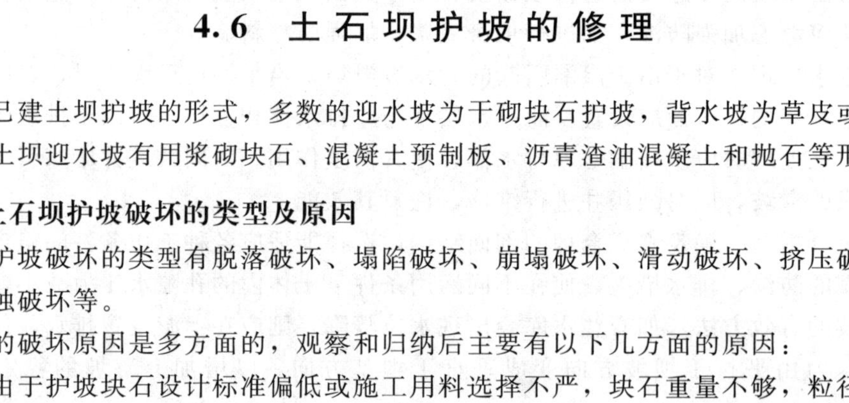

图 4.28　护坡在风浪作用下的破坏形式

(2) 护坡的底端和护坡的转折处未设基脚，结构不合理或深度不够，在风浪作用下基脚被淘刷，护坡会失去支撑而产生滑移破坏，如图 4.29 所示。

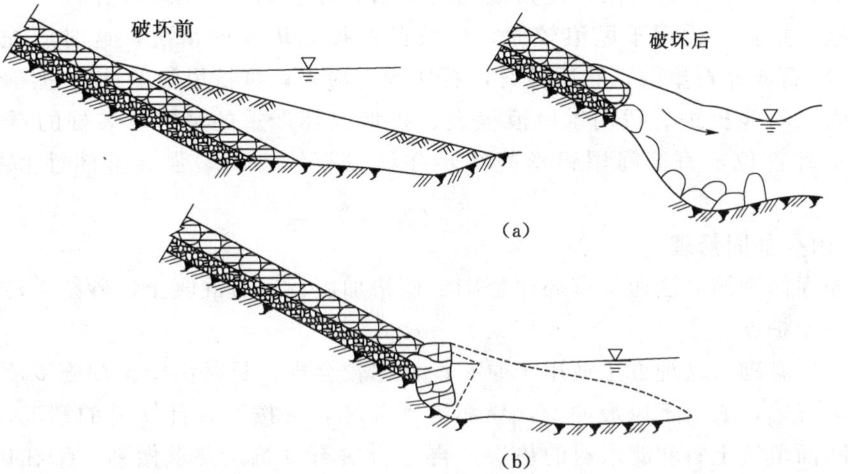

图 4.29 护坡基脚淘刷破坏图

(3) 砌筑质量差。砌筑块石时，块石上下竖向缝口没有错开，出现通缝，这样砌筑就失去了块石互相连锁的作用。块石砌筑的缝隙较大，底部架空，搭接不牢。受到风浪淘刷，块石极易松动脱出，遭到破坏。

(4) 没有垫层或垫层级配不好。护坡垫层材料选择不严格，未按反滤原则设计施工。级配不好，层间系数大，起不到反滤作用。在风浪作用下，细粒在层间流失，护坡被淘空，引起护坡破坏。

(5) 在严寒地区，冻胀使护坡拱起，冻土融化，坝土松软，使护坡架空；水库表面冰盖与护坡冻结在一起，冰温升降对护坡产生推拉力，使护坡破坏。

(6) 在土坝运用中，水位骤降和遭遇地震，均易造成护坡滑坡的险情。

4.6.2 土石坝护坡的检查

土石坝护坡的检查项目主要包括以下几个方面：

(1) 靠近护坡处的水质是否变浑，护坡下面的垫层是否流失，垫层下面的土体是否松软、滑动和淘刷。

(2) 坝面排水沟是否畅通，坝坡表面雨水有无集中流动冲刷，排水沟有无冲刷破坏，雨水能否从排水沟排出。

(3) 护坡表面是否风化剥落、松动、裂缝、隆起、塌陷、架空和冲走，有无杂草、灌木丛、雨淋沟、空隙、兽洞或蚁穴。

4.6.3 土石坝护坡的抢护和修理

土石坝护坡的抢护和修理分为临时紧急抢护和永久加固修理两类。

4.6.3.1 临时紧急抢护

当护坡受到风浪或冰凌破坏时，为了防止险情继续恶化，破坏区不断扩大，应该采取临时紧急抢护措施。临时抢护措施通常有砂袋压盖、抛石和铅丝石笼抢护等几种。

（1）砂袋压盖。适用于风浪不大、护坡局部松动脱落、垫层尚未被淘刷的情况，此时可在破坏部位用砂袋压盖两层，压盖范围应超出破坏区 0.5～1.0m 范围。

（2）抛石抢护。适用于风浪较大，护坡已冲掉和坍塌的情况，这时应先抛填 0.3～0.5m 厚的卵石或碎石垫层，然后抛石，石块大小应足以抵抗风浪的冲击和淘刷。

（3）铅丝石笼抢护。适用于风浪很大、护坡破坏严重的情况。装好的石笼用设备或人力移至破坏部位，石笼间用铅丝扎牢，并填以石块，以增强其整体性和抵抗风浪的能力。

4.6.3.2　永久加固修理

永久加固修理的方法通常有局部翻砌、框格加固、砾石混凝土、砂浆灌注、全面浆砌块石和混凝土护坡。

（1）局部翻砌。这种方法适用于原有设计比较合理，只是由于土坝施工质量差，护坡产生不均匀沉陷，或由于风浪冲击，局部遭到破坏，可按原设计恢复的情况。在翻砌前，先按坝原断面填筑土料和滤水料的垫层，再进行块石砌筑。要求做到：①在砌筑块石时，须预先试行安放，以测试块石应锤击修凿的部位。修凿的程度，要求达到接缝紧密，块石间能有较大的缝隙，一般称“三角缝”；②块石应立砌，其间互相锁定牢固，不应平砌或块石大面向上，底部架空；③砌筑的竖向缝必须错开，不应有直缝；④砌石缝的底部如有较大空隙，应用碎石填满塞紧，要做到底实上紧，避免垫层砂砾料由石缝被风浪吸出，造成护坡塌陷破坏；⑤防止护坡因块石松动，淘刷垫层，而使整体护坡向下滑动。为此，有的在迎水坡上顺轴线方向设置浆砌石齿墙的阻滑设施，如图 4.30 所示。实践证明，采取了这一措施，效果显著。

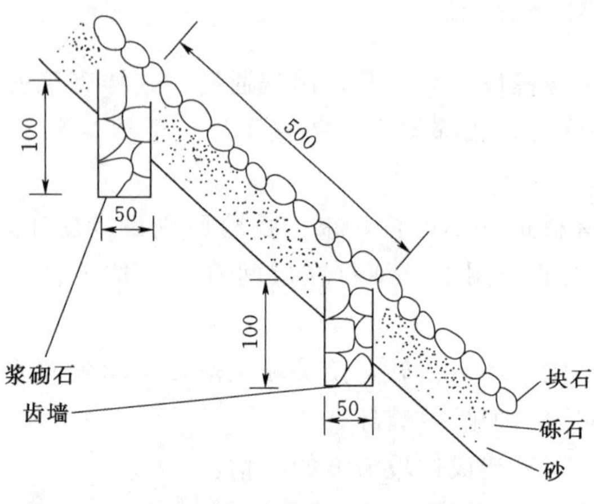

图 4.30　浆砌石齿墙护坡示意图（单位：cm）

（2）浆砌石（或混凝土）框格。由于河、库面较宽，风程较大，或因严寒地区结冰的推力，护坡大面积破坏，需全部进行翻砌，仍解决不了浪击冰推破坏时，可利用原护坡较小的块石浆砌框格，起到固架作用，中间再砌较大块石。框格形式可筑成正方形或菱形。框格大小，视风浪和冰情而定。如风浪淘刷或冰凌撞击破坏较严重，可将框格网缩小，或将框格带适当加宽；反之，可以将框格放大，以减少工程量和水泥的消耗。在采用框格网加固护坡时，为避免框格带受坝体不均匀沉陷裂缝，应留伸缩缝。在严寒地区，框格带的深度应大于当地最大冻层的厚度，以免土体冻胀，框格带产生裂缝，破坏框架作用。河南省某水库，曾采用正方形浆砌块石框格加固护坡。浆砌石带框格宽 1m，框格内干砌块石长宽各 2m。经过两次 6～7 级风浪淘刷，均未破坏，如图 4.31 所示。

（3）砾石混凝土或砂浆灌注。在原有护坡的块石缝隙内灌注砾石混凝土或砂浆，将块石胶结起来，连成整体，可以增强抗风浪和冰推的能力，减免对护坡的破坏。当前，有的护坡垫层厚度和级配符合要求，但块石普遍偏小；有的护坡块石大小符合要求，但垫层厚度和级配不合规定，经常遭遇风浪或冰冻，破坏了护坡。如更换块石或垫层，工程量都很大，采用上述浆砌框格加固，又不能避免破坏，可考虑采用这种措施加固护坡。一般处理范围，可在水位变化的区域内进行，通过实践，效果较好。具体的方法是，先将坡面的脏物、杂草等清除干净，用水冲洗石缝，保证块石与混凝土或水泥浆结合牢固。在初凝前，将灌注的缝隙表面用水泥砂浆勾成平缝。为了排除护坡内的渗水，一般在一定的面积内应留细缝或小孔作为渗水排除通道。灌缝混凝土应选用适合石缝大小的砾石作骨料，混凝土标号不宜过高，以节约水泥。如遇石缝较小，可改用砂浆灌入，一般使用 M8 的砂浆，水灰比为 0.6，水泥与砂料比为 1∶4，如图 4.32 所示。

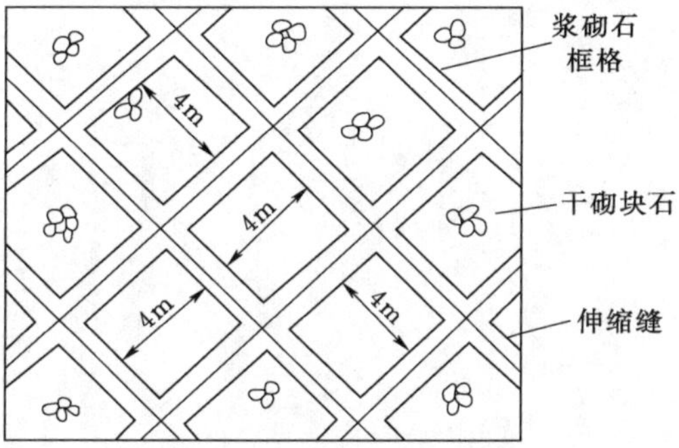

图 4.31　浆砌石框格护坡示意图

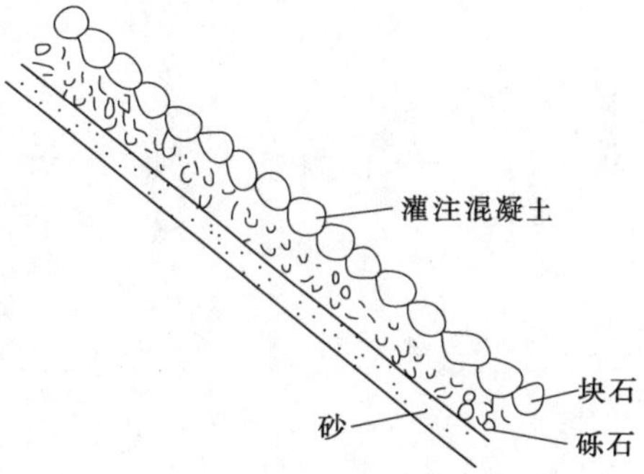

图 4.32　干砌石灌注混凝土护坡示意图

（4）全面浆砌块石。当采用混凝土或砂浆灌注石缝加固，不能抗御风浪淘刷和结冰挤压时，可利用原有护坡的块石进行全面浆砌。如广东省某水库干砌石护坡，最后采取了这一加固措施，解决了风浪的淘刷。在砌筑前，将原有的块石洗干净，以利于块石与砂浆紧密结合。砌筑块石时，必须保护好下边垫层，防止水泥砂浆灌入。一般采用 M5 的砂浆，勾缝为 M8 的砂浆，并一律采用块石立砌。为适应土坝边坡不均匀沉陷和有利于维修工作，应分块砌筑，并设置伸缩缝。一般分块的面积以 5～6m^2 为宜，并应留一个排水孔或排水缝以利于排除土体内的渗水。

（5）块石混凝土护坡。使用这种加固方法，可以利用原护坡块石，就地分块浇筑混凝土护坡，也有用预制混凝土板护坡的，并做好接缝处理和排水孔（缝）。采用这种护坡，比全面浆砌方法的优点是能抗御较大风浪的淘刷，耐冻性强，可就地使用块石。但也有缺点，如需要较多的水泥、砂、碎石，工程造价高，工期较长。在我国沿海附近地区的土坝护坡，遭受飓风袭击，如采用浆砌块石护坡，仍遭受破坏时，常采用这一加固措施。

思 考 题

1．土石坝通常都存在哪些病害？

2．土石坝日常巡视检查有哪些内容？

3. 土石坝的养护有哪些要求？
4. 土石坝的裂缝按其部位、走向及成因分别有哪些类型？
5. 土石坝的非滑坡性裂缝裂缝应该如何处理？
6. 土石坝渗漏有哪些类型？
7. 土石坝的渗漏如何处理？
8. 土石坝一般存在哪些滑坡？有何表现特征？
9. 如何判断土石坝坝坡是否会滑坡？
10. 土石坝的滑坡如何预防？对发生的滑坡应如何处理？
11. 土石坝护坡常会发生哪些破坏？受风浪或冰凌破坏时，应如何紧急抢护？

第 5 章　混凝土坝及浆砌石坝的养护和管理

5.1　概　　述

5.1.1　混凝土坝与浆砌石坝的类型及特点

混凝土坝和浆砌石坝是水利枢纽工程中常见的挡水建筑物，按照结构和传力特点可分为重力坝（图 5.1）、拱坝（图 5.2）、支墩坝（图 5.3）等。当今利用混凝土或砌石材料发展起来的新坝型还有碾压混凝土坝和面板堆石坝等。

图 5.1　重力坝

图 5.2　拱坝

混凝土坝和浆砌石坝具有共同的优点：工程量较土石坝小；雨季也可施工，施工期允许坝顶过水，其抗冲刷、抗渗漏性能好；施工工艺已趋成熟。此外，混凝土坝可通过坝顶溢流；浆砌石坝能就地取材，节约水泥和钢材用量，节省施工模板和脚手架，只需少量施工机械，受温度影响较小，发热量低，施工期无控设备，施工技术简单。因此，混凝土坝和浆砌石坝在我国水利水电工程建设中被广泛采用。

图 5.3　支墩坝

5.1.2　混凝土坝及浆砌石坝的主要病害类型

混凝土坝及浆砌石坝的主要病害类型有如下几种：

（1）坝的抗滑稳定性不够。对于挡水建筑物的大坝来说，必须同时满足强度和稳定两方面的要求。一般重力坝，其强度条件容易得到满足，而抗滑稳定性则往往成为设计控制条件，特别当坝基存在软弱夹层，而在设计施工阶段又没有充分考虑其对大坝稳定的影响，则大坝运行时很可能出现坝体失稳，这是大坝最危险的病害。

（2）裂缝及渗漏。混凝土坝和浆砌石坝在运行中，受到各种荷载作用和地基变形的影响，坝体中比较容易产生裂缝，削弱了坝体的整体稳定和强度，缩短了渗径甚至是直接产生集中渗漏，不仅增大了裂缝部位的扬压力，而且对大坝造成侵蚀，对大坝的安全和使用寿命造成危害。另外，当水库在蓄水投入运行后，水流在上下游水位差的作用下，会在坝基和两岸山岩内发生绕坝渗流，当基础存在一定缺陷，施工处理不彻底时，则会因运行期间渗透性不能满足要求而产生严重的渗漏现象，若不及时处理，同样会危及大坝安全。

（3）剥蚀破坏。剥蚀破坏是混凝土结构表面发生麻面、露石、起皮、松软和剥落等老化病害的统称。根据不同的破坏机理，可将剥蚀分为冻融剥蚀、冲磨和空蚀、钢筋锈蚀、水质侵蚀和风化剥蚀等。

5.2　混凝土坝和浆砌石坝的检查与养护

混凝土坝和浆砌石坝的检查与养护，能保障其安全运行，延长使用寿命。因此，应制定相应的检查与养护制度，由大坝管理单位指定有专业经验的技术人员来完成，并做好记录与存档，若发现异常迹象或变化，应及时报告处理，主要工作内容如下。

5.2.1　运用前的检查和养护

建筑物在运用前，必须根据设计文件和有关竣工验收规定，进行全面检查，特别是水下工程，必须在蓄水前处理完毕。

（1）建筑物的结构、形状、基础处理以及仪器埋设等，凡不符合设计要求的，应采取相应的补救措施。所有在施工中出现的缺陷，如混凝土因振捣不密实、温差过大、施工缝处理不良等而引起的蜂窝、麻面、孔洞以及裂缝渗漏等，应根据其严重程度和对建筑物安全运行的影响情况，分别进行表面处理或堵漏、补强处理。

（2）施工用的模板、排架及机械设备等应全部拆除收存，遗留在表面的螺栓及其他铁件，除个别情况因运用需要保留外，均应进行割除，如在泄流面上的，还应进行表面修整。要保留的铁件宜涂油漆或沥青保护，防止锈蚀。

（3）泄流面上及泄洪孔洞进口附近如有砂石、混凝土块、铁件或其他杂物堆积，必须彻底清除。

（4）泄水建筑物出口明渠的陡坡、消力池和尾水渠的边坡，如有危石应将其清除；两岸较高的风化岩边坡或土坡，凡有崩坍危险并威胁建筑物安全的，应及时处理。

5.2.2　运用中的经常性检查与养护

混凝土坝和浆砌石坝的日常检查与养护，主要包括以下内容：

（1）大坝外观巡查、维护。保持坝体表面清洁完整，无杂草、积水和杂物，检查坝面混凝土脱落情况，大坝伸缩缝是否有错动现象，伸缩缝充填物是否老化脱落，有无其他新产生的裂缝和渗漏情况，一旦发现，做好记录并及时汇报处理。

（2）大坝变形及渗流观测巡查。大坝变形观测和渗流观测能很好地监测大坝的稳定性和安全性，定期对大坝进行变形观测和渗流观测，及时分析观测数据，如有自动观测设施，应该经常检查监测数据，发现异常情况，应及时汇报处理。

(3) 大坝排水系统检查、维护。保持坝基排水系统和坝面排水系统完整、通畅，量水设施完好无损，集水井和集水廊道的淤积物应及时清除，发现新增加的渗漏溢出点要注意观察，并做好记录，注意观察排水系统的排水量变化情况。

(4) 大坝泄水建筑物巡查、维护。对大坝泄水洞（孔）、溢流坝段等表面混凝土进行检查，保证表面混凝土光滑平整，无脱落剥蚀现象；保证进口闸门、启闭机无锈蚀和变形，启闭操作灵活到位；保证泄水建筑物进口进流顺畅，及时清理漂浮物和障碍物，出口消能充分，水流流态稳定，对坝基和两岸无淘刷冲蚀发生。

(5) 大坝观测设施巡查、维护。经常检查大坝观测设施，确保完好无损，工作正常；对大坝变形观测设施宜加封保护装置，对渗流和水位等自动化观测设备，应经常检查避雷装置和电源装置，确保工作状态稳定可靠；经常检查自动观测数据，是否出现过大数据变动或偏差，如有异常，及时报告处理。

(6) 严禁坝体及上部结构超载运行。兼做公路的坝顶，应设置路标和限荷标示牌，禁止超过设计标准的车辆通过坝顶及其交通桥。

(7) 严禁在大坝附近爆破、炸鱼、采石、取土、打井、毁林开荒等危害大坝安全和破坏水土保持的活动。

5.3 混凝土坝和浆砌石坝的裂缝处理

5.3.1 裂缝的类型及特征

裂缝是混凝土坝和浆砌石坝中常见的病害，如图 5.4 所示，其产生的根本原因是坝体温度变化、地基不均匀沉陷及其他因素引起的应力和变形超过了混凝土强度或砂浆与石料的胶结强度和坝体抵抗变形的能力。在混凝土坝和浆砌石坝中，裂缝按产生的具体原因不同，可分成以下四类。

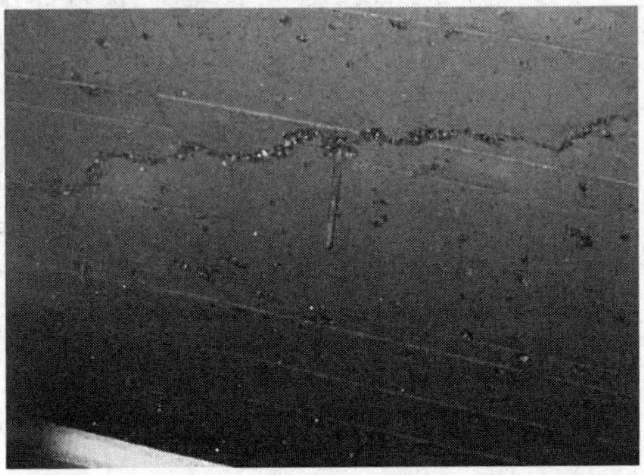

(a)大坝裂缝

(b)仪器检测

图 5.4 大坝裂缝及检测

5.3.1.1 变形裂缝

坝体由于温度和湿度变化引起收缩和膨胀变形以及基础和上部荷载不均匀引起不均匀沉降变形而导致裂缝。这种裂缝是由于变形要求得不到满足而产生应力，当这种应力超过坝体材料的极限允许应力值时就产生裂缝。变形裂缝产生后，往往因变形得到部分或全部满足而产生应力松弛。尽管混凝土和浆砌石材料强度高，但其韧性差，不能很好地适应变形要求，因而易产生裂缝。混凝土坝和浆砌石坝中产生的裂缝，多属于变形裂缝。

变形裂缝又可进一步分为以下几种：

(1) 温度变形裂缝。温度变形裂缝在混凝土坝中十分突出，在施工时，混凝土在入仓温度及其水化热升温的作用下，混凝土内部温度上升很快，坝体混凝土凝固后，混凝土内部的温度逐步降低，其体积也要发生收缩变形。当混凝土因降温变形受到岩基或老混凝土垫层的约束时，将会在坝体内靠近约束处产生约束裂缝。这类裂缝常在混凝土浇筑后 2～3 个月或更长时间出现，裂缝较深，有时是贯穿性的，破坏了坝体的整体性。

(2) 干缩裂缝。在混凝土坝浇筑后，随着表层水分散失，温度降低，表层产生因体积收缩导致的裂缝，称为干缩裂缝。裂缝为表面性的，宽度较小，多在 0.05～0.2mm，其走向纵横交错，成龟裂状，没有规律性。

(3) 塑性裂缝。混凝土坝浇筑以后，硬化初期尚处于一定的塑性状态时，因骨料自重下沉导致塑性变形而产生的裂缝称为塑性裂缝。裂缝出现在结构表面，形状不规则且长短不一，互不连贯。

(4) 沉陷裂缝。沉陷裂缝是由不均匀沉陷产生的。混凝土坝和浆砌石坝中的沉陷裂缝，往往发生于存在断裂破碎带、软弱夹层或节理发育、风化不一的基础中，坝基础受力后产生不均匀沉陷，坝体材料受剪切破坏而产生裂缝。另外，当相邻坝段荷载悬殊，而基础又未作必要加固处理时，也易产生沉陷裂缝。沉陷裂缝两侧坝体常有垂直方向和水平方向的错动，多数为上下游贯通，坝顶至坝基贯通，缝宽较大，随气温变化略有变化。水库蓄水后，沉陷裂缝还可能继续发展。因此，沉陷裂缝的存在会严重影响大坝的安全和正常运用。

5.3.1.2　施工裂缝

混凝土坝和浆砌石坝中的有些裂缝，是由施工过程中的一些因素引起的，如混凝土振捣不实，分块浇筑新旧混凝土接缝处理不好等，均会留下施工裂缝。裂缝一般为深层或贯穿性的，走向与工作缝面一致。竖直施工缝开裂往往较大，一般大于 0.5mm；水平施工缝开裂较小。

5.3.1.3　荷载裂缝

荷载裂缝是由坝体内主应力引起的，所以有时称应力裂缝。大坝在施工和运行期间，在外荷载的作用下，坝体结构内应力超过一定的数值，沿垂直或大致垂直主应力方向会产生裂缝。荷载裂缝常属于深层或贯穿性裂缝，缝宽沿长度方向和深度方向变化较大，受温度变化的影响较小。

5.3.1.4　碱骨料反应裂缝

在混凝土坝中，由于使用了不适当的骨料，致使骨料中某些矿物质与混凝土微孔中的碱溶液发生化学反应引起体积膨胀而导致的裂缝。裂缝无一定走向，大多呈龟裂状，缝宽较小。

5.3.2　裂缝的原因

混凝土坝与浆砌石坝裂缝的产生，主要与设计、施工、运用管理等有关。

(1) 设计方面。大坝在设计过程中，由于各种因素考虑不全，坝体断面过于单薄，致使结构强度不足，造成建筑物抗裂性能降低，容易产生裂缝。设计时，分缝分块不当，块长或分缝间距过大也容易产生裂缝。由于设计不合理，水流不稳定，引起坝体振动，同样能引起坝体开裂。

(2) 施工方面。在施工过程中，由于基础处理、分缝分块、温度控制等未按设计要求施工，致使基础产生不均匀沉陷；施工缝处理不善，或者温差过大，造成坝体裂缝。在浇筑混凝土时，由于施工质量控制不好，使混凝土的均匀性、密实性差，或者混凝土养护不当，在外界温度骤降时又没有做好保温措施，导致混凝土坝容易产生裂缝。

(3) 运用管理方面。大坝在运用过程中，超设计荷载使用，使建筑物承受的应力大于设计应力产生裂缝。大坝维护不善，或者在北方地区受冰冻影响而又未做好防护措施，也容易引起裂缝。

(4) 其他方面。由于地震、爆破、台风和特大洪水等引起的坝体振动或超设计荷载作用，常导致裂缝发生。含有大量碳酸氢离子的水，对混凝土产生侵蚀，造成混凝土收缩也容易引起裂缝。

5.3.3 裂缝处理的原则

(1) 裂缝尚未威胁到构件的耐久性和防水性时，应根据裂缝的宽度判断是否需要修补。

(2) 确认必须进行修补的裂缝，应根据裂缝的类型制定修补方案，确定修补材料、修补方法和修补时间。

(3) 静止裂缝可即时进行修补，并根据裂缝宽度和干湿环境选择修补材料和修补方法。

(4) 活动裂缝应先消除其成因，观察一段时间，确认已稳定后，再按静止裂缝的修理方法进行修补。不能完全消除成因，但确认对结构、构件的安全性不构成危害时，可使用具有弹性或柔韧性较好的材料进行修补。

(5) 尚在发展的裂缝应分析其原因，采取措施制止或减缓其发展，待裂缝停止发展后，再选择适宜的材料和方法进行修补或加固。

5.3.4 裂缝处理的措施

混凝土及浆砌石坝裂缝的处理，目的是恢复其整体性，保持其强度、耐久性和抗渗性，以延长建筑物的使用寿命。裂缝处理的措施与裂缝产生的原因、裂缝的类型、裂缝的部位及开裂程度有关。沉陷裂缝、应力裂缝，一般应在裂缝已经稳定的情况下再进行处理；温度裂缝应在低温季节进行处理；影响结构强度的裂缝，应与结构加固补强措施结合考虑；处理沉陷裂缝，应先加固地基。

混凝土坝和浆砌石坝中的裂缝处理，常采用表层处理、填充处理、灌浆处理、加厚补强坝体四种措施。

5.3.4.1 裂缝的表层处理

坝体表层出现的细微裂缝，缝宽一般小于0.3mm，且在坝面分布范围较大，只影响耐久性而不影响坝体安全性，对此可采用表层处理。处理方法主要有表面喷涂、表面贴补、表面喷浆（混凝土）等。

1. 表面喷涂

（1）环氧树脂等有机材料喷刷。先用钢丝刷或风沙枪清除表面附着物或污垢，并凿毛、冲洗干净；对凹处先涂刷一层树脂基液，再用树脂砂浆抹平；最后在整个施工面喷涂或涂刷 2～3 遍，第一次喷涂采用稀释涂料，涂膜总厚度应大于 1mm。喷涂材料主要有环氧树脂类、聚酯树脂类、聚氨酯类、改性沥青类等。该处理方法施工速度快，工作效率高，适合大面积表面微细裂缝处理或炭化防护处理。

（2）普通水泥砂浆涂抹。先将裂缝附近混凝土凿毛并清洗干净，用标号不低于 425 号的水泥和中细砂以 1∶1～1∶2 的灰砂比拌成砂浆涂抹。涂抹的总厚度一般为 1～2cm。在竖面或顶部，一次涂抹过厚往往会因自重而脱落，因此宜分次涂抹，最后压实抹面收光。3～4h 后即进行养护，防止收浆过程中发生干裂或受冻。

（3）防水速凝灰浆（或砂浆）涂抹。对有渗漏的裂缝，普通水泥砂浆难以涂抹时，可采用防水速凝灰浆（或砂浆）涂抹，也可用防水速凝灰浆（或砂浆）封堵塞后，再用普通水泥砂浆涂抹。防水速凝灰浆（或砂浆）是在灰浆（或砂浆）内加入防水剂（同时又是速凝剂），以达到速凝和提高防水性能的目的。防水剂市场有销售，也可自行配制，其配合比见表 5.1。配制时将水加热至 100℃，然后把表中编号 1～5 种材料（或其中 2～4 种，但总重量应达到取 5 种的重量，并使每种重量相等）加入水中，继续加热，不断搅拌，待全部溶解后，降温至 30～40℃，再注入水玻璃内，并搅拌均匀，0.5h 后即可使用。不用时应在非金属容器内密封保存。防水剂灰浆和砂浆的配合比见表 5.2。

表 5.1　　防水剂配合比（重量比）

编号	材料名称	化学名称	分子式	配合比	材料颜色
1	胆矾	硫酸铜	$CuSO_4 \cdot 5H_2O$	1	水蓝色
2	红矾	重铬酸钾	$K_2Cr_2O_7$	1	橙红色
3	绿矾	硫酸亚铁	$FeSO_4 \cdot 12H_2O$	1	绿色
4	明矾	硫酸铝钾	$KAi(SO_4)_2 \cdot 12H_2O$	1	白色
5	蓝矾	硫酸铬钾	$KCr(SO_4)_2 \cdot 12H_2O$	1	紫色
6	水玻璃	偏硅酸钾	K_2SiO_2	400	无色
7	水		H_2O	40	

表 5.2　　防水剂灰浆（或砂浆）配合比（重量比）

名　称	水泥	砂	防水剂	水	初凝时间/min
速凝砂浆	100		69	44～52	2
中凝灰浆	100		20～28	40～52	6
速凝砂浆	100	220	45～58	15～28	1
中凝砂浆	100	220	20～28	40～52	3

配制防水速凝灰浆（或砂浆）时，应先将防水剂（或水玻璃）按重量比稀释，再注入水泥或水泥与砂的拌和物内并迅速拌匀。配制的灰浆（或砂浆）有速凝的特点，为便于操作，初凝时间不宜选择过短，表中初凝时间仅供参考；在涂抹前应进行试拌，以掌握凝固

时间。一次拌量不宜过多，随拌随用，避免浪费。

(4) 环氧树脂砂浆等涂抹。当涂抹的坝体表面有抗冲刷或有耐磨要求时，或者需要提高修补强度或柔性时，宜用环氧树脂砂浆等涂抹。环氧砂浆通常在普通砂浆中加环氧树脂、固化剂、增塑剂、稀释剂而配成，其优点是强度比普通砂浆高，弹模低，极限拉伸大，其缺点是热膨胀系数大，当温度剧烈变化时能使环氧砂浆与老混凝土脱开。为了提高涂抹层的耐久性，环氧砂浆宜用于温度变化小，日光不易照射的部位。

环氧砂浆的一种配方见表5.3，涂抹工艺与普通水泥砂浆相同。

表5.3　环氧砂浆配方（重量比）

材料名称	比例（重量）	备注	材料名称	比例（重量）	备注
6101号环氧树脂	100	主剂	石棉粉	10	填料
600号聚酰胺树脂	15	固化剂	水泥	200	填料
邻苯二甲酸二丁酯	10	增塑剂	砂	400	细骨料
690号环氧丙烷苯基醚	10	稀释剂			

2. *表面贴补*

表面贴补是在混凝土裂缝处用黏结剂贴补有一定强度和防渗性能的片材，一般在裂缝条数不多的情况下采用。贴补片材有橡皮、塑料带、紫铜片和玻璃丝布，并用环氧材料作黏结剂。裂缝的贴补可根据其干湿情况，采用不同固化剂配制的环氧黏结剂。对于渗水漏水的裂缝，应先用防水速凝灰浆等封堵材料封堵后，再进行贴补处理。以下介绍橡皮和玻璃丝布的贴补方法。

(1) 橡皮贴补。将裂缝两侧表面凿成宽14～16cm、深1.5～2cm的槽，要求槽面平整无油污灰尘。橡皮按需要尺寸裁剪（若长度不够，可将橡皮搭接部位切成斜面，锉毛后用胶水接长），厚度以3～5mm为宜，并将表面锉毛或放在工业用浓硫酸中浸1～2min，取出后立即用清水冲洗干净，晾干待用。

在处理好的混凝土表面刷上一层环氧基液，再铺一层厚5mm的环氧砂浆，顺裂缝划开宽5mm的环氧砂浆，填以石棉线，然后将粘贴面刷有一层环氧基液的橡皮从裂缝的一端开始铺贴在刚涂抹好的环氧砂浆上。铺贴时要用力均匀压紧，直至环氧砂浆从橡皮边缘挤出为止，如图5.5所示。为使橡皮不致翘起，需用包有塑料薄膜的木板将橡皮压紧；为防止橡皮老化，应在橡皮表面刷一层环氧基液，再抹一层环氧砂浆保护。

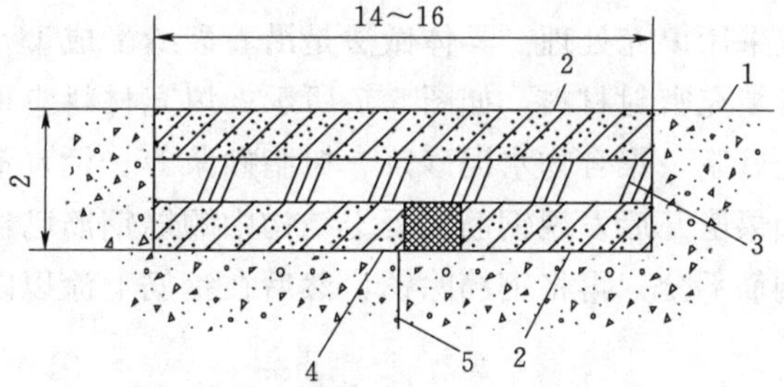

图5.5　橡皮贴补示意图（单位：cm）
1—原混凝土面；2—环氧砂浆；3—橡皮；
4—石棉线；5—裂缝

(2) 玻璃丝布贴补。玻璃丝布的品种较多，贴补常用的是中碱无捻玻璃丝布，其特点为强度高、耐水性好、气泡易排除和施工较方便。玻璃丝布的厚度以0.2～0.4mm为宜，因厚度越大对胶液的浸润力越差。玻璃丝布表面的油蜡在使用前必须除去，以提高黏结力。处理油蜡的方法一般是将其放入皂液里（或用高温和化学等方法）煮沸0.5～1h，然后取出用清水漂净，晒干待用。

粘贴前要将混凝土表面凿毛整平并清洗干净，如表面不平整时，可用环氧胶或环氧砂浆抹平。粘贴时先在粘贴面上均匀刷一层环氧基液，其厚度小于1mm，并使粘贴表面均为基液所浸润，不能有气泡产生，再将事先裁剪好的玻璃丝布拉直，由一端向另一端铺设，刷平贴实，使环氧基液渗出玻璃丝布，不存留气泡；若玻璃丝布内存有气泡，可用刀将丝布划破，排除气泡，然后用刷子刷平贴紧，最后在玻璃丝布上再刷一道环氧基液。按同样方法可贴第二层、第三层玻璃丝布。上层玻璃丝布应比下层稍宽 1～2cm，以便压边，如图 5.6 所示。玻璃丝布的层数视情况而定，一般粘贴 2～3 层即可。环氧玻璃丝布又称玻璃钢，具有强度高、抗冲耐磨和抗气蚀性好的特点，适用于高速水流区及一般的裂缝修补。

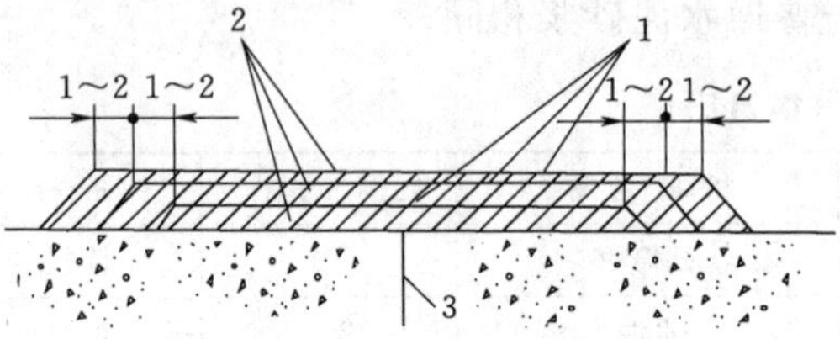

图 5.6　玻璃丝布贴补示意图（单位：cm）
1—玻璃丝布；2—环氧基液；3—裂缝

3. 表面喷浆（混凝土）

如大坝表面裂缝分布范围大，为了保证施工质量，加快施工进度，常用喷浆（混凝土）方法。施工工艺是先将修补坝面进行凿毛处理，用喷射机械将配好的砂浆喷射坝面，形成一层保护层。当需要提高喷浆强度时，可以采用钢丝网喷浆。砂浆采用 425～525 号硅酸盐水泥为宜，每立方米砂浆中水泥用量不低于 500kg，水灰比控制在 0.40～0.50 为宜，砂料选用偏粗中砂，这样既节约水泥，又减小收缩。喷射压力控制在 0.1～0.3MPa，施工自下向上，分层喷射，每层喷射间隔时间为 20～30min，总厚度为 5～10cm。为了保证修补效果，应最后进行收浆抹面，并注意湿润养护 7d。详细施工工艺参见 DL/T 5181—2003《水电水利工程锚喷支护施工规范》和 SL 377—2007《水利水电工程锚喷支护技术规范》。

5.3.4.2　裂缝的填充处理

坝体表层出现明显的、宽度大于 0.3mm 的裂缝，且裂缝条数不多，裂缝深度较大时，宜采用填充处理。具体做法是沿着裂缝凿成 U 形或 V 形槽，槽顶宽约 10cm，将槽清洗干净后填充密封材料，如图 5.7 所示。填充材料应根据裂缝的类型进行选择。静止裂缝可选用水泥砂浆、聚合物水泥砂浆、树脂砂浆等；活动裂缝宜选用弹性树脂砂浆和弹性嵌缝材料等。如果凿开后发现钢筋混凝土结构中顺缝钢筋已经锈蚀，则将混凝土凿除到能充分处理已锈的钢筋部分，再将钢筋除锈，然后在钢筋上涂以防锈涂料，并先在槽中填充嵌缝材料。

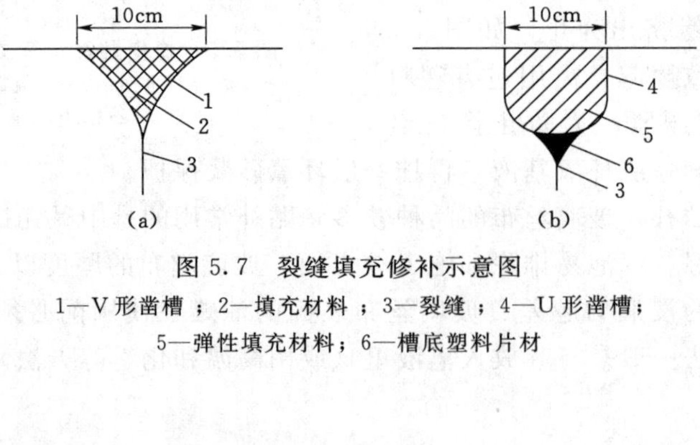

图 5.7　裂缝填充修补示意图
1—V 形凿槽；2—填充材料；3—裂缝；4—U 形凿槽；
5—弹性填充材料；6—槽底塑料片材

在对坝体活缝进行填充处理时，宜凿成U形槽，槽底垫上一层与混凝土不粘的材料（一般用塑料片材），再填充弹性嵌缝材料，使其与槽两侧黏结。底槽因有塑料垫层，嵌缝材料与槽底混凝土不黏结，而其沿槽的整个宽度可以自由变形，裂缝发生张拉变形时，不会被拉开。此外，应注意在使用普通水泥砂浆作填充材料时，应先湿润槽壁，而使用其他填充材料时，则宜保持槽内干燥。但无论采用何种嵌补材料，槽内均不能有渗水现象出现，否则，必须先用速凝灰（砂）浆堵漏，或者先进行导渗，使凿槽内无渗水现象，再进行填充处理。

5.3.4.3 裂缝的灌浆处理

坝体出现深层裂缝，对坝体的整体稳定性和防渗有影响时，应采用灌浆法进行修补处理。灌浆修补法属裂缝内部处理法，是用压力设备将浆液压入坝体裂缝及内部缺陷中，填充其空隙，浆液凝结、硬化后，起到补强加固、防渗堵漏、恢复坝体整体稳定性的作用。此外，灌浆处理还可以用来对大坝基础进行防渗的加固处理。由于灌浆处理对深层裂缝和缺陷处理效果好，在水利工程维护管理中得到了广泛的应用。下面仅就坝体裂缝灌浆处理技术作介绍。

1. 灌浆材料（浆材）

裂缝灌浆处理的目的有两个：一是补强加固；二是防渗堵漏。补强加固要求浆材固化后有较高的强度，能恢复坝体的整体性，因此宜采用环氧树脂、甲基丙烯酸酯、聚酯树脂、聚氨酯等化学材料。防渗堵漏要求浆材的抗渗性能好，而不一定要求较高的强度，因此一般选用可溶性聚氨酯（LW）、丙烯酰胺（Am-9）、水泥和水玻璃等。此外，选用灌浆材料还应掌握两条原则：一是材料的可灌性。不管是补强加固还是防渗堵漏，所选材料必须能够灌入裂缝，充填饱满，而且灌入后能够凝结固化，以达到补强加固和防渗堵漏的目的。二是浆材的耐久性。首先所选用的材料在使用时要求性能稳定，不易起化学变化，不易被侵蚀或溶蚀破坏；另外所选材料与裂缝混凝土有足够的黏结强度，不易脱开，这条原则对活缝来说尤为重要。

灌浆材料品种繁多，常用的浆材有水泥类浆材、环氧类浆材、丙烯酰胺类浆材、聚氨酯类浆材、甲基丙烯酸酯类浆材等。

（1）水泥类浆材。水泥类灌浆材料有普通水泥浆材、超细水泥浆材、硅粉水泥浆材、膨胀水泥浆材等四种。

水泥类浆材配方的水灰比为0.5∶1～1∶1。普通水泥浆材宜采用525号硅酸盐水泥；超细水泥浆材用比表面积大于8000cm^2/g的水泥；硅粉水泥浆材硅粉掺量为7%～10%；膨胀水泥浆材可用膨胀水泥，也可用硅酸盐水泥掺膨胀剂配制成膨胀水泥浆材，膨胀剂UEA掺量为10%～12%。

（2）环氧类浆材。环氧类浆材是由环氧树脂（主剂）、固化剂（间苯二胺、乙二胺）、稀释剂（丙酮、苯、甲苯、二甲苯、环氧丙烷苯基醚、环氧丙烷丁基醚等）、增塑剂（邻苯二甲酸二丁酯等）组成，其典型配方见表5.4。

（3）丙烯酰胺类浆材。丙烯酰胺类浆材是化学浆材中出现较早的一种，在美国商品名称为Am-9，我国称其为丙凝。丙凝浆材具有黏度低、可灌性好、凝结时间可调节、抗渗性好等特点，其常用配方列于表5.5。表中所列质量百分比仅仅是化学材料部分，它只占全部浆材的 10%，其余 90%的水量未列入表中。丙烯酰胺类浆材在聚合前有一定毒性，操作人员应佩戴橡胶手套进行操作，切不可大意。

(4) 甲基丙烯酸酯类浆材。甲基丙烯酸酯浆材通常简称甲凝。这类材料的主要特点是黏度低、可灌性好、力学强度高，多用于混凝土裂缝补强。甲凝浆材由主剂和引发剂、促进剂、除氧剂、阻聚剂等改性剂组成，其典型配方见表 5.6。

表 5.4　　环氧类浆材配方（质量比）

材料名称		环氧树脂 6101	邻苯二甲酸二丁酯	二甲苯	环氧氯丙烷	乙二胺	间苯二胺
配方	1	100	10	90	20	15	
	2	100	10	60	20		17
	3	100	10	60		10	

表 5.5　　丙烯酰胺类浆材常用配方

材料名称		作用	质量百分比/%
甲液	丙烯酰胺	主剂	9.5
	N-N 甲撑双丙烯酰胺	交联剂	0.5
	β-二甲氨基丙腈	促进剂	0.1～0.4
	三乙醇胺	促进剂	0～0.4
	硫酸亚铁	促进剂	0～0.01
	铁氰化钾	阻聚剂	0～0.01
乙液	过硫酸铵	引发剂	0.5

表 5.6　　甲基丙烯酸酯类浆材配方

材料名称	作用	用量	材料名称	作用	用量
甲基丙烯酸甲酯	主剂	100	对甲苯亚磺酸	除氧剂	0.5～1.0
过氧化苯甲酰	引发剂	1～1.5	焦性没食子酸	阻聚剂	0～0.1
二甲基苯胺	促进剂	0.5～1.5			

注　计量单位液体为 L，固体为 kg。

(5) 聚氨酯类浆材。聚氨酯类浆材是一种防渗堵漏效果较好，固结效能较高的分子化学灌浆材料。国内有氰凝、SK 型聚氨酯浆材、低强度（LW）和高强度（HW）水溶性聚氨酯浆材等；国外有日本的塔斯（TACCS）和海索尔（HYSOL-OH）等。

聚氨酯类浆材分油溶性和水溶性两类，而水溶性聚氨酯又分高强度和低强度两种。

2. 灌浆施工工艺

大坝裂缝灌浆处理工序大致分为以下几项：

(1) 钻孔埋管。钻孔埋管是压力灌浆施工的第一步，其施工质量的好坏将影响到整个工程的灌浆进程和处理质量。钻孔可使用机钻、风钻、电锤钻。孔位可定为骑缝孔或斜钻孔两种。孔径可根据实际情况选定，但不宜太大，以免出浆过多。孔距则根据裂缝的宽窄而定，为50～150cm。钻孔埋管前一定要仔细清洗孔壁，同时压水（或压气）检查裂缝的走向、串通情况，然后才埋管。遇到与裂缝不通的死孔，可以另行处理，不必埋管，以减少无效劳动。

（2）嵌缝止浆。裂缝灌浆之前一般都要做嵌缝止浆，以防止加压灌浆时浆液流失，并保证裂缝中浆液充填饱满。嵌缝方法基本与前述的裂缝填充法相同。

（3）压水或压气检查。压水或压气检查的目的为：①在钻孔洗孔之后，检查钻孔是否与裂缝串通，通则有效，不通则需重新钻孔；②在埋管之后检查埋管是否与裂缝串通，出现问题及时处理；③表面嵌缝以后，通过压水（或压气）检查嵌缝的质量如何，发现漏水（漏气）现象及时修补，压水检查时的进水速度和数量还可以作为灌浆控制的参考；④在灌浆完成之后，通过检查孔进行压水（或压气）检查，以确定灌浆效果，如检查孔仍能进水（或进气），说明裂缝还未充填饱满，可利用检查孔进行补充灌浆。

（4）灌浆。灌浆是关键性的工序，在灌浆过程中应特别注意施工工艺。灌浆方式有双液法和单液法两种。凝胶时间短的浆材多使用双液法，浆液在孔口混合后马上进入裂缝迅速凝固；凝胶时间长的浆材多用单液法，一般使用注浆泵或压浆罐进行。灌浆压力一般为0.2～0.6MPa，可根据进浆速度、进浆量和边界条件选定，压力不宜太高，以防止施工破坏。注浆次序对于垂直裂缝应由下而上，对于水平裂缝应由一端向另一端灌注，或由中间向两端灌注。应尽量排除裂缝中的水（气），以保证浆液充填密实饱满。浆液的稀稠度应根据裂缝的宽窄及时调整，裂缝太宽需要浓浆时，可在浆液中加入填料，以节约浆材用量。裂缝灌浆，一般选择冬季气温最低、裂缝开度大的时候进行。水泥灌浆施工可参照SL 62—2014《水工建筑物水泥灌浆施工技术规范》的规定执行。

5.3.4.4 加厚补强坝体

由于坝体单薄、本身强度不足而出现较多应力裂缝和沉陷裂缝时，宜采用加厚坝体的方法进行处理，既可封缝堵漏，又可加强坝体的整体稳定性和改善坝体的应力状态。坝体一般在上游加厚，其尺寸应由应力核算确定。对浆砌石坝，在施工处理时，应特别注意新老砌体的结合，若在其间设置混凝土防渗墙，则效果更好。

例如四川省威远县团结水库，其挡水建筑物为坝高22m的浆砌条石拱坝。1966年10月建成，1967年5月蓄水至21m高时，发现在坝身高度6.8m和10.4m（从坝基算起）两处产生了水平裂缝，缝长分别为10m和5m，缝口有压碎现象，漏水较严重。同年6月16日放空水库进行检查，又发现坝体中部有一竖直裂缝，从坝顶向下，长7.6m，缝宽5mm，而且在其右侧8m处还另有一竖直裂缝，长5m，缝口稍窄。此外，还有几条微小裂缝分布于坝顶。

经检查分析，坝体水平裂缝产生的原因主要是：坝体纵剖面处宽度突然缩窄，造成应力集中；石料质量差，裂缝处条石强度等级仅为10MPa左右；砂浆质量差，裂缝部位曾用过不合格的水泥，而且砂浆拌和时未严格控制质量。水平裂缝是由于坝体应力超过了砌体的抗剪强度而引起的应力裂缝，而竖直裂缝则是水库放空时，因坝身回弹而被拉裂。像这样坝体有严重的应力裂缝，其处理方法不仅仅是单纯对裂缝进行修补，而应从增强坝体整体强度和稳定性，改善坝体应力条件入手。故该坝裂缝处理采用了加厚坝体和填塞封闭裂缝的处理方法。在原坝上游面沿水平裂缝凿槽填塞混凝土，然后在上游面加筑混凝土防渗墙及浆砌石加厚坝体；竖直裂缝在凿槽后以高标号水泥砂浆填塞封闭。裂缝处理后，1969年重新蓄水，1973年蓄满，除坝身3.2m高处有少量浸水外，没有再出现裂缝和漏水情况。

加厚坝体的处理费用较高，故选择加固方案时要周全考虑，非常必要时才采用这种方法。

5.4 混凝土坝和浆砌石坝的渗漏处理

5.4.1 混凝土坝和浆砌石坝的渗漏类型

混凝土及浆砌石坝渗漏，按其发生的部位，可分为坝体渗漏、坝基渗漏、坝与岩石基础接触面渗漏、绕坝渗漏。

5.4.2 混凝土坝和浆砌石坝渗漏原因及危害

混凝土建筑物产生渗漏的原因是多方面的，即使最密实的混凝土，其本身仍存有气孔和小孔隙，在水压力作用下也具有一定的渗透性。一般水工混凝土由于设计或施工上的缺陷，或在运用中遭受意外破坏，都容易导致建筑物发生渗漏。一般有以下几种情况：

(1) 由于勘探工作做得不细，地基中留有隐患未能发现和处理，坝基岩石裂缝处理不当或不彻底，以及帷幕灌浆质量不好都会产生坝基渗漏。

(2) 由于设计考虑不周，在某种应力作用下，坝体因地基出现不均匀沉陷或超标准荷载作用产生贯通坝体的裂缝而引起渗漏。

(3) 坝体在砌筑过程中，施工质量控制不好，振捣不实，产生局部缝隙；施工分缝不当或处理不好，留下施工缝；砌筑时砌缝中砂浆不够饱满，或施工时砂浆不够饱满，存在较多孔隙；施工时砂浆过稀，干缩后形成裂缝，造成坝体与坝基接触不良等。这些因施工质量差产生的缝隙均易导致渗漏。

(4) 设计、施工中采取的防渗措施不良，或运用期间由于物理、化学因素的作用，使原来的防渗措施失效或遭受破坏而引起渗漏。如帷幕破坏、伸缩缝止水结构破坏或沥青老化、混凝土受侵蚀后抗渗性能降低，预制混凝土涵管接头处理不好，混凝土与基岩接触不良等。

(5) 大坝在运用过程中，由于物理和化学等因素的作用引起的帷幕损坏，坝体接缝止水老化破坏，混凝土受环境水侵蚀造成抗渗性能降低，以及强烈地震造成的破坏等，都可产生渗漏。

坝体及坝基渗漏的主要危害有：①产生较大的渗透压力，甚至影响坝体的稳定；②坝基和绕坝的长期渗漏，可能使地基产生渗透变形，严重时将危及大坝安全；③影响水库蓄水和水库效益发挥；④长期穿坝渗漏会逐渐造成混凝土溶蚀，严重的溶蚀破坏会因降低坝体混凝土强度而危及大坝安全；⑤在严寒地区，渗漏溢出处易产生冻融破坏。

因此，对大坝渗漏必须加强检测，严格控制；发现渗漏，及时查明原因，分析危害性，并进行相应的处理。

5.4.3 混凝土坝和浆砌石坝渗漏处理措施

渗漏处理的基本原则是“上截下排、以截为主，以排为辅、先排后堵”，根据渗漏的部位、危害程度以及修补条件等实际情况制定处理措施。

对于建筑物本身渗漏的处理，以上游面封堵为主；对于基础渗漏的处理，以截为主，辅之以排；对于接触渗漏或绕坝渗漏的处理，应先封堵，以排补救。

5.4.3.1 混凝土坝坝体渗漏处理

1. 混凝土坝坝体裂缝渗漏的处理

根据裂缝发生的原因及其对结构影响的程度、渗漏量的大小和集中分散情况，分别采取以下措施。

(1) 表面处理。坝体裂缝渗漏按裂缝所在位置可采取表面涂抹、表面贴补、凿槽嵌补等表面处理方法。对于渗漏量较大，但是渗透压力不影响建筑物正常运用的渗水裂缝，在漏水出口进行处理时，应采取以下导渗措施：

1) 埋管导渗。沿漏水裂缝在混凝土表面凿槽，并在裂缝渗漏集中部位埋设引水铁管（其数量视渗漏的情况而定，然后用旧棉絮沿裂缝填塞，使漏水集中从引水管排出，再用快凝灰浆或防水快凝砂浆迅速回填封闭槽口，最后把引水管封堵好，如图 5.8 所示。

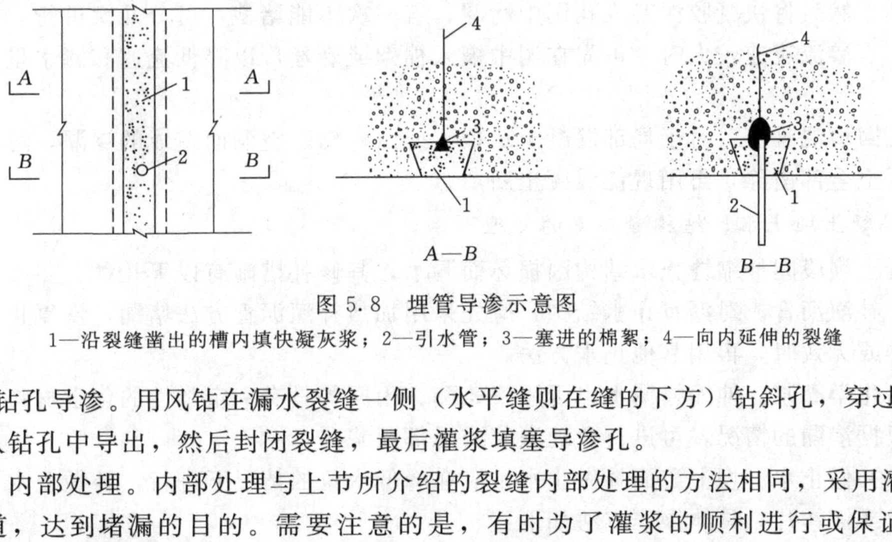

图 5.8 埋管导渗示意图

1—沿裂缝凿出的槽内填快凝灰浆；2—引水管；3—塞进的棉絮；4—向内延伸的裂缝

2) 钻孔导渗。用风钻在漏水裂缝一侧（水平缝则在缝的下方）钻斜孔，穿过裂缝面，使漏水从钻孔中导出，然后封闭裂缝，最后灌浆填塞导渗孔。

(2) 内部处理。内部处理与上节所介绍的裂缝内部处理的方法相同，采用灌浆充填漏水通道，达到堵漏的目的。需要注意的是，有时为了灌浆的顺利进行或保证灌浆的可靠性，须先在裂缝上游面采取表面处理堵漏或在裂缝下游面采取导渗并封闭裂缝的措施。

(3) 结构处理结合表面处理。对于影响建筑物整体性或破坏结构强度的渗水裂缝，除了内部处理外，有的还要采取结构处理与表面处理结合的措施，以达到防渗、结构补强或恢复整体性的要求。结构补强措施多种多样，必须通过专门验算和进行技术经济比较选定。

2. 混凝土坝体散渗或集中渗漏的处理

混凝土坝由于蜂窝、空洞、不密实及抗渗指标不够等缺陷，从而引起坝体散渗或集中渗漏时，可根据渗漏的部位、程度和施工条件等情况，采取下列某一种或某几种方法相结合进行处理。

（1）灌浆处理。灌浆处理主要用于建筑物内部密实性差、裂缝孔隙比较集中的部位。可用水泥灌浆，也可用化学灌浆。

（2）表面涂抹。对大面积的细微散渗及水头较小的部位，可采取表面涂抹处理，对面积较小的散渗可采取表面贴补处理。

（3）构筑防渗层。防渗层适用于大面积的散渗情况。防渗层一般做在坝体迎水面，结构一般有水泥浆及砂浆防渗层等形式。水泥浆及砂浆防渗层，一般在坝的迎水面应抹 5 层，总厚度 12～14mm。

（4）增设防渗面板。当坝体本身质量差、抗渗等级低、大面积渗漏严重时，可在上游坝面增设防渗面板。防渗面板一般用混凝土材料，施工时需先放空水库，然后在原坝体布置锚筋并将原坝体凿毛、刷洗干净，最后浇筑混凝土。锚筋一般采用直径 12mm 的钢筋，每平方米一根，混凝土强度等级一般不低于 C15。

混凝土防渗面板的两端和底部都应深入基岩 1～1.5m，根据经验，一般混凝土防渗面板底部厚度为上游水深的 1/60～1/15，顶部厚度不少于 30cm。为防止面板产生温度裂缝，应设伸缩缝，分块进行浇筑，伸缩缝间距不宜过大，一般为 15～20m，缝间设止水。

（5）堵塞孔洞。当坝体存在集中渗流孔洞时，若渗流流速不大，可先将孔洞内稍微扩大并凿毛，然后将快凝胶泥塞入孔洞中堵漏，若一次不能堵截，可分几次进行，直到堵截住为止。当渗流流速较大时，可先在洞中楔入棉絮或麻丝，以降低流速和漏水量，然后再行堵塞。

（6）回填混凝土。对于局部混凝土疏松，或由蜂窝、空洞而造成的渗漏，可先将质量差的混凝土全部凿除，再用现浇混凝土回填。

3. 混凝土坝止水、结构缝渗漏的处理

混凝土坝段间伸缩缝止水结构因损坏而漏水，其修补措施有以下几种：

（1）补灌沥青。对沥青止水结构，应先采用加热补灌沥青方法堵漏，恢复止水，若补灌有困难或无效时，再用其他止水方法。

（2）化学灌浆。伸缩缝漏水也可用聚氨酯、丙凝等具有一定弹性的化学材料进行灌浆处理，根据渗漏的情况，可进行全缝灌浆或局部灌浆。

（3）补做止水。坝上游面补做止水，应在降低水位的情况下进行，补做止水可在坝面加镶铜片或镀锌片，具体操作方法如下：

1）沿伸缩缝中心线两边各凿一条槽，槽宽 3cm、深 4cm，两条槽中心距 20cm，槽口尽量做到齐整顺直，如图 5.9 所示。

2）沿伸缩缝凿一条宽 3cm、深 3.5cm 的槽，凿后清扫干净。

3）将石棉绳放在盛有 60 号沥青的锅内，加热至 170～190℃，并浸煮 1h 左右，使石棉绳内全部浸透沥青。

4）用毛刷向缝内小槽刷上一层薄薄的沥青漆，沥青漆中沥青、汽油比为 6∶4，然后把沥青石棉绳嵌入槽缝内，表面基本平整。沥青石棉绳面距槽口面保持 2.0～2.5cm。

5）把铜片或镀锌铁片加工成图 5.10 的形状。紫铜片厚度不宜小于 0.5mm，紫铜片长度不够时，可用铆钉铆固搭接。

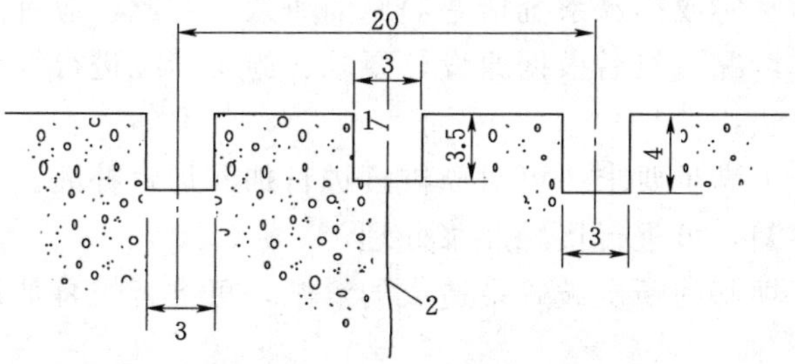

图 5.9 坝面加镶铜片凿槽示意图（单位：cm）
1—中心线；2—伸缩缝

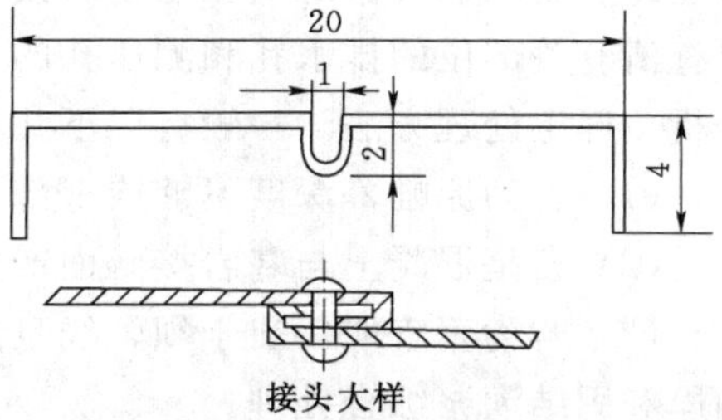

图 5.10 紫铜片形状尺寸图（单位：cm）

6）用毛刷将配好的环氧基液在两边槽内刷一层，然后在槽内填入环氧砂浆，并将紫铜片嵌入填满环氧砂浆的槽内，如图 5.11 所示。将紫铜片压紧，使环氧砂浆与紫铜片紧密结合，然后加支撑将紫铜片顶紧，待固化后才拆除。

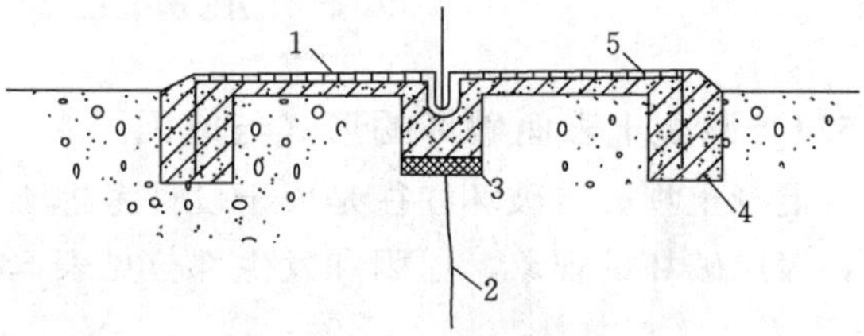

图 5.11 坝面加镶片示意图
1—环氧基液与沥青漆；2—裂缝；3—沥青石棉绳；
4—环氧砂浆；5—紫铜片

7）在紫铜片面上和两边槽口环氧砂浆上刷一层环氧基液，待固化后再涂上一层沥青漆，经 15～30min 后再涂一层冷沥青胶泥，作为保护层。

5.4.3.2 浆砌石坝体渗漏的处理

浆砌石坝产生渗漏的原因有：上游防渗部分施工质量不好；砌缝砂浆存在较多孔隙；砌筑石料本身抗渗指标较低。通常采用以下方法进行处理。

（1）重新勾缝。当坝体石料质量较好，仅局部地方由于施工质量差，砌缝中砂浆不够饱满，有孔隙，或者砂浆干缩产生裂缝而造成渗漏时，均可采用水泥砂浆重新勾缝处理。一般浆砌石坝，当石料质量较好时，渗漏多沿灰缝发生，因此认真进行勾缝处理后，渗漏途径可全部堵塞。

（2）灌浆处理。当坝体砌筑质量普遍较差，大范围内出现严重渗漏，勾缝无效时，可采用从坝顶钻孔灌浆，在坝体上游形成防渗帷幕。

（3）加厚坝体。当坝体砌筑质量普遍较差，渗漏严重，勾缝无效，又不具备灌浆处理条件时，可在上游面加厚坝体，若原坝体较单薄，可一并加厚坝体防渗体。加厚坝体前需放空水库。

（4）上游面增设防渗层或防渗面板。渗漏严重时，可在坝上游面增设防渗层或混凝土防渗面板。方法和前述混凝土坝的防渗面板做法相同。

5.4.3.3 绕坝渗漏的处理

绕过混凝土或浆砌石坝的渗漏，应根据两岸的地质情况，摸清渗漏的原因及渗漏的来源与部位，采取相应措施进行处理：可在上游面封堵，也可进行灌浆处理。

5.4.3.4 基础渗漏的处理

对岩石基础，如出现扬压力升高或排水孔涌水量增大等情况，可能是原有帷幕失效、岩基断层裂隙扩大、混凝土与基岩接触不密实或排水系统堵塞等原因所致。对此，应首先要查清有关部位的排水孔和测压孔的工作情况，然后根据原设计要求、施工情况进行综合分析，确定处理方法。一般有以下几种方法：

（1）若为原帷幕深度不够或下部孔距不满足要求，可对原帷幕进行加深加密补灌。

（2）若是混凝土与基岩接触面产生渗漏，可进行接触灌浆处理。

（3）若为垂直或斜交于坝轴线且贯穿坝基的断层破碎带造成的渗漏，可进行帷幕加深加厚和固结灌浆综合处理。

（4）若为排水设备不畅或堵塞，可设法疏通，必要时增设排水孔以改善排水条件。

5.5 混凝土坝表面破坏处理

5.5.1 混凝土表面破坏的形式与成因

混凝土坝表层破坏往往是由于设计考虑不周、施工质量差、管理不善或其他因素造成的，表层破坏的现象、原因和发生部位见表 5.7。

表 5.7 表层破坏现象、原因和发生部位

现 象	原 因	常见部位
拆模后混凝土表面有蜂窝、麻面、骨料架空和外露、模板走样、接缝不平	施工质量不好	各部位均可能发生
高速水流冲刷、淘刷、磨损、气蚀等，使混凝土表面变形、骨料外露、疏松脱壳等	流速大于混凝土表面允许流速；水流边界条件不好，在高速水流作用下，引起气蚀破坏；水流中挟有大量砂石等推移质或冰凌等漂浮物；消力池护坦上及其附近堆积有砂石、混凝土块或钢筋等杂物	与水流接触的表面，特别是底板表面；过水建筑物急弯部分，断面突变部位及不平整部位
冻融、风化剥蚀使混凝土表面疏松脱壳或成块脱落	严寒地区冰冻及干湿交替循环作用；有侵蚀性水的化学侵蚀作用	水位变化区及与水经常接触的部位
撞击破坏使混凝土表面成块脱落、凹凸不平	机械、船舶或其他坚硬物的撞击	各部位均可能发生

5.5.2 混凝土表面破坏的修补要求

5.5.2.1 表层损坏混凝土的清除方法

在清除表层损坏混凝土时，应根据损坏的部位与程度，分别选用下述方法处理：

（1）人工凿除。浅层或面积较小时可以采用。

（2）风镐凿除。对于损坏较深（5～50cm）、面积较大的，可以结合人工进行。

（3）小型爆破为主的爆除。对于损坏深度大于 50cm 且面积较大的，可采用爆除方法。对于某些不宜进行爆破作业的特殊部位，可钻排孔，用人工打楔凿除，或用机械切割凿除。

（4）膨胀剂静力剥除。这种方法是沿混凝土清除边缘用机械切割边缝，深度不超过清除厚度，然后顺着清除界面钻孔并装膨胀剂。膨胀剂一般为石灰加掺和剂形成。这是一种安全、简便、高效的新型实用技术方法。在一些改造工程中使用，获得良好的效果。

5.5.2.2 清除表层损坏混凝土的技术要求

在清除表层损坏混凝土时，既要保证表层以下或周围完好的混凝土、钢筋、管道与观测设备及埋设件等不受破坏，又要保证损坏区域附近的机械设备和建筑物的安全。当采用以小型爆破为主的方法清除时，对有钢筋部位的表层损坏混凝土，可参照以下技术要求制定具体措施：

（1）爆破程序。爆破作业一般应分层分区进行，以保证爆破效果。爆破程序为：切断贯穿性钢筋和钻防振孔→拆除钢筋层→混凝土松动爆破→混凝土龟裂爆破及浅孔爆破→凿除保护层。

（2）布设防振孔。设防振孔一排，布置在凿除区内，与清除边线相距约 30cm，孔深约为爆破孔的 2 倍，如图 5.12 所示。

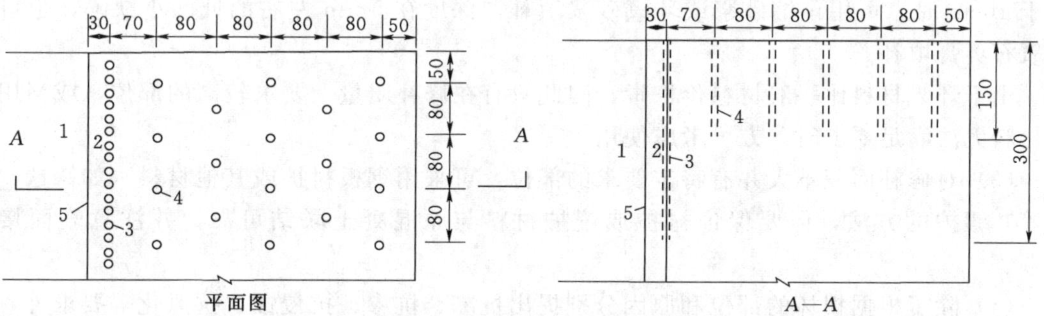

图 5.12 松动爆破布孔示意图（单位：cm）

1—保留区；2—保护区；3—防振孔；4—爆破装药孔；5—清除边线

（3）钢筋的处理。凡贯穿在凿除区和保留区之间的钢筋，必须在爆破前切断，在切断时，要注意随后焊接用的钢筋应保留有足够的搭接长度。

（4）爆破的控制。为了防止爆破时对相邻部位混凝土及建筑物的不良影响，对各爆破区的孔深、孔距、最小抵抗线、装药量和一次起爆总装药量等参数，要严加控制，并通过试验验证。

（5）爆破和凿除。参照图 5.13，按下列要求进行：①距清除边线 1m 以外的混凝土，采用松动爆破；②距竖直面清除边线 30～100cm 范围内的混凝土，采用龟裂爆破切割；③在底面清除边线以上 50～100cm 范围内采用浅孔松动爆破，并用火雷管起爆；④距竖直清除边线 30cm 和距底面清除边线 50cm 以内的混凝土，采用人工或风镐凿除。

5.5.3 修补方法的选择和对修补材料的要求

（1）当修补面积较大、深度大于 20cm 时，可采用普通混凝土（包括膨胀水泥混凝土和干硬性混凝土）、喷混凝土、压浆混凝土或真空作业混凝土回填；深度在 5～20cm 的，可采用喷混凝土或普通混凝土回填；深度在 5～10cm 的，可采用普通砂浆、喷浆或挂网喷浆填补；深度在 5cm 以下的，可采用预缩砂浆、环氧砂浆或喷浆填补。

（2）当修补面积较小，深度大于 10cm 时，可用普通混凝土或环氧混凝土回填，深度

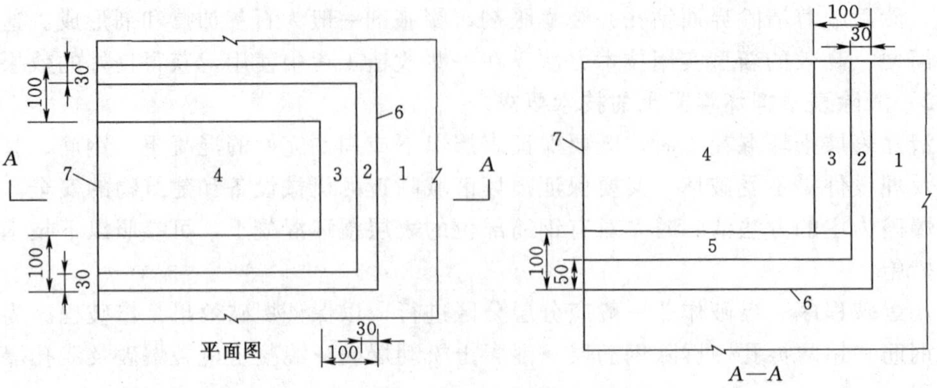

图 5.13　混凝土清除分区示意图（单位：cm）

1—保留区；2—人工或风镐凿除区；3—龟裂爆破区；4—松动爆破区；
5—浅孔爆破区；6—清除边线；7—临空面

小于 10cm 时，可用预缩砂浆或环氧砂浆填补，深度在 5mm 左右的低凹小缺陷，也可用环氧石英膏填补。

由于环氧材料比一般材料价格贵，因此只有在修补质量上要求较高的部位，或当用其他材料无法满足要求时，方可考虑使用。

（3）对修补面积不大并有特定要求的部位，可采用钢板衬护或其他材料（如铸铁、铸石等）镶护的方法，但要保证衬护或镶护材料与原混凝土联结可靠，并注意表面接合平顺。

（4）除了根据损坏的部位和原因分别提出抗冻、抗渗、抗侵蚀、抗风化等要求外，一般要求砂浆和混凝土高强、耐磨和具有一定的韧性。混凝土的技术指标不得低于原混凝土，所用水泥不得低于原混凝土的水泥的强度，一般采用 C40 以上的普通硅酸盐水泥为宜；水灰比应尽量选用较小值，并通过试验确定。

（5）对由于湿度变化而引起风化剥蚀的部位进行修补时，宜在砂浆或混凝土中掺入占水泥重量 1/10000 左右的加气剂，以提高砂浆或混凝土的抗冻性和抗渗性，但这样会使强度稍有降低，因此应控制含气量不超过 5%。

5.5.4　混凝土表层修补的几种常用方法

对混凝土表层修补中所采用的水泥砂浆修补、预缩砂浆修补、喷浆修补、环氧砂浆修补等方法与 5.3 节中裂缝处理的方法是相同的。除此，这里再介绍几种方法。

1. 喷混凝土修补

喷混凝土的密度及抗渗能力比一般混凝土大，而且具有快速、高效、不用模板以及把运输、浇筑、捣固结合在一起的优点。

（1）材料与配比。根据强度、防渗、抗冻等要求进行试验确定。一般水泥∶砂子∶石子＝1∶2∶2；水灰比为 0.4～0.45。速凝剂掺量为水泥量的 2%～4%。

（2）修补工艺。

1）喷混凝土前的准备工作。喷混凝土的准备工作，基本上与喷浆相同。

2）喷混凝土作业。喷混凝土的喷射方法与养护方法可参照前述喷浆修补有关内容进行。一次喷射层厚度一般以不小于最大骨料粒径的1.5倍为宜。

喷射层的间隔时间与水泥品种、施工温度和速凝剂掺量有关，一般不超过前一层终凝时间。当修补面积较大时，可考虑分区自上而下喷射。

2. 混凝土真空作业修补

真空作业，是采用真空系统将浇筑的混凝土中多余的水量提早吸出，以增加混凝土的早期强度，提高混凝土的质量，缩短拆模期限的一种修补方法。

(1) 真空作业的设备装置。

混凝土真空作业的装置有移动式和固定式两种。移动式装置可装在汽车上或拖车上，固定式布置可参看图5.14，其主要设备包括真空泵、真空槽、连接器等。

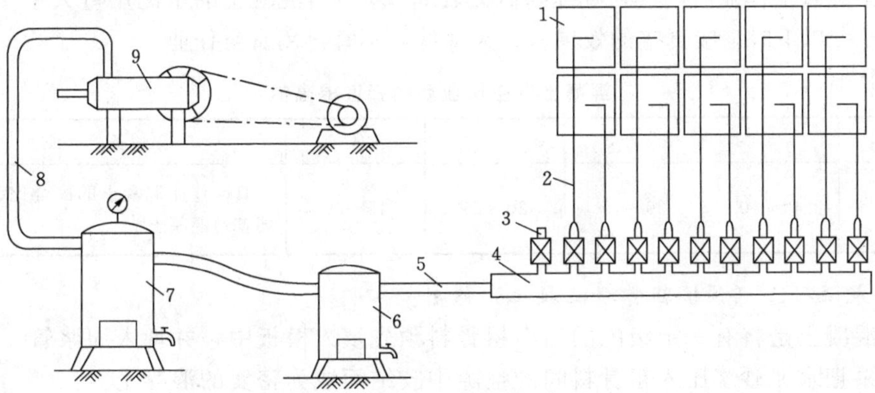

图5.14 混凝土清除分区示意图（单位：cm）

1—真空盘或真空模板；2—吸气压力胶管；3—连接器分嘴；4—连接器；
5—吸气总管；6—集水槽；7—真空槽；8—连接管；9—真空泵

(2) 真空作业的技术要求。

1) 施工程序。洗刷模板→涂抹肥皂水或石灰浆→支设模板→浇筑混凝土或预填骨料混凝土→真空作业→拆模→养护。

2) 真空系统各项设备应严密不漏气，并保持清洁，注意防止杂物及水被吸入真空泵内。真空盘与混凝土表面接触要严密，各真空盘应尽量靠紧。在最初抹平混凝土表面时，应比设计高度高出5～10mm（一般应经试验确定），使真空作业后混凝土表面高度与设计高度相符。真空作业后不得在混凝土表面加水泥砂浆面层。

3) 真空模板必须安装牢固，防止变形、漏气。每次作业时，混凝土必须浇筑到高出该层真空腔的上缘，并填满真空腔。真空作业的吸水量，要根据所要求的真空作业层厚度及水灰比降低值确定。真空度一般为350～550mm水银柱高度，真空槽和连接器可控制在较高范围，真空腔可控制在较低范围。

4) 真空作业时间随着混凝土的密度和作业层厚度按吸水量而定。当作业层厚度不超过25cm时，一般采用15～45min；当超过25cm时，可延长至50min。真空作业修补可用一次吸真空法，也可用二次吸真空法。如第一次作业后，吸水量仍未达到要求指标，可间隔10min，再第二次吸真空10～15min。

5) 真空作业最好在混凝土振捣抹平后15min内开始，最迟也不应超过30min。真空模板各层吸真空作业必须在其上一层混凝土振捣完毕后才开始。真空作业中途如因故停工，间断时间应小于 30min。气温低于 8℃时，应做好真空系统防冻措施。

6）真空作业完毕后，先拔掉吸气嘴的气管，再停真空泵，以防灰浆水倒灌。

7）拆模时间。水平表面可在作业完毕后立即拆除模板；40℃以下的斜面以 2～3h 为宜；40℃以上或竖直面以 5～24h 为宜。对承重的真空模板，须通过验算确定。

8）真空盘或真空模板每次使用后，应立即冲洗过滤布；在每次作业前，可在过滤布上涂一层肥皂水、石灰浆，或其他能防止黏结的廉价材料。

9）在真空作业后，混凝土的养护与普通混凝土相同。

（3）真空作业的效果。

混凝土经真空作业后，其强度提高值见表 5.8。但当混凝土的水泥用量大于 400kg/m^3、水灰比为 0.4 以下时，吸真空的效果就大大降低，不宜再用真空作业。

表 5.8　　混凝土真空作业后的强度提高值

龄期/d	3	7	28	1	备　注
强度提高值/%	40～60	30～40	20～25	15～20	真空作业混凝土的配合比、养护条件同普通混凝土

3. 压浆混凝土（预填粗骨料混凝土）修补

压浆混凝土是将有一定级配的洁净粗骨料预先填入模板中，并埋入灌浆管，然后通过灌浆管用泵把水泥砂浆压入粗骨料间的空隙中胶结而成为密实的混凝土。

（1）材料与配比。

1）砂。砂宜采用细砂，超过 2.5mm 的颗粒应预先筛除，细度模数最好在 1.2～2.4 范围内。

2）粗骨料。粗骨料应为洁净的卵石或碎石，宜采用间断级配，最小粒径不得小于 2cm，最大粒径尽可能用得大些，使孔隙率降低。在一般情况下，孔隙率为 35%～40%。

3）掺和料。掺入一定数量的掺和料可以节约水泥，改善砂浆的和易性，提高抗渗和抗蚀能力。最常用的掺和料有火山灰质混合材料和粒状高炉矿渣等，其中以粉煤灰应用最广。粉煤灰的质量应符合混凝土施工规范的规定，掺入量可通过试验确定。

4）外加剂。为了改善砂浆的性能，常掺用加气剂、塑化剂和铝粉等外加剂，最佳掺量应由试验来确定。铝粉掺入量约为水泥与掺和料总重量的十万分之四至万分之一。用铝粉时，应先将铝粉与干的掺和料拌匀。

5）配合比。压浆混凝土的配合比设计，应根据试验求得压浆混凝土强度与砂浆强度的关系，再按要求的砂浆强度确定砂浆配合比。但砂浆与胶结料的重量比不超过 1.6。为了满足施工的需要，用压浆法浇筑混凝土的砂浆，应具有下列分层度和流动度指标：

a）分层度（即砂浆的离析程度）≤2cm。

b）流动度（即砂浆的稠度）：当石子粒径为 20mm 时为 17～22s；当石子粒径大于 20mm 时为 22～25s。

选择适当的分层度和流动度，是为了砂浆在压力作用下，通过管道输送时砂粒处于悬浮状态，以利于提高输送效率。

(2) 压浆系统的布置。

压浆系统的布置，除应满足压浆作业顺利进行外，还应使其移动次数最少，且输浆管线路最短。系统布置方式如图 5.15 所示。

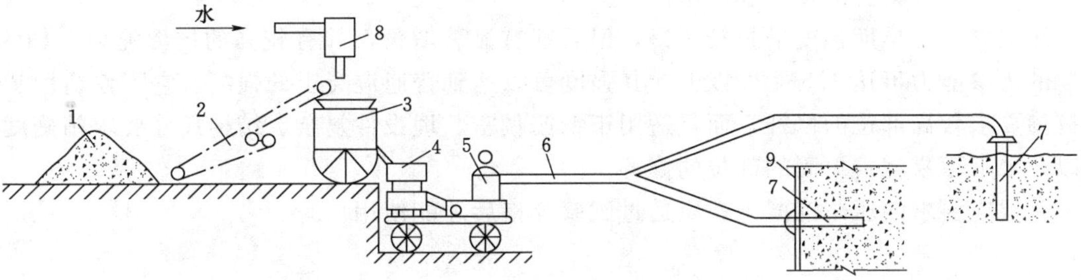

图 5.15　真空系统布置示意图

1—水泥、砂材料；2—皮带输送机；3—强制式砂浆搅拌机；4—带有搅拌装置的砂浆储备器；5—砂浆泵；6—输浆泵；7—灌浆泵；8—称水装置；9—模板

(3) 压浆混凝土作业。

1) 准备工作。

a) 立好模板，筛选洗净粗骨料，分层填筑，每层厚度不宜超过 20cm，并加以捣实，以降低填石的孔隙率。

b) 在预填粗骨料过程中，应按设计要求埋入灌浆管和观测管，并保证不被填石所破坏。

c) 压浆前应对管路作压水试验，检查有无漏水。

2) 压浆作业注意事项。

a) 砂浆拌和时间应不少于 3min。压浆开始时，先压送水泥浆较多的砂浆，以润滑管路，然后再压送按规定配合比拌和的砂浆。

b) 初次拌好的砂浆必须测定流动度，当数值超过规定时，应加以改正。在压浆过程中，也应经常检查流动度。

c) 压浆管的布置方式，应根据修补部位的形状及大小确定。可以穿过侧面模板水平放置，也可以竖直放置。竖放时，压浆管距离模板不宜小于 50cm，以免对模板产生过大压力。压浆管间距与位置，应根据浇筑范围、压浆管的作用半径及管径，砂浆流动度与灌浆压力等事先经试验确定，一般间距为 1.5～2.0m。

d) 当施工部位的厚度不大，但面积较大、埋设的灌浆管较多时，应对灌浆顺序进行安排。一般常采用双线循环法，即从一端向另一端推进。开始灌浆时，第 1 线和第 2 线同时进行，当第 1 线灌完后，第 2 线仍继续灌浆，而将第 1 线的输浆管接到第 3 线，同样第 2 线灌完后，再把输浆管装到第 4 线，如此连续向前推进。

e) 当结构物的标高由四周向中心逐渐增高或者是斜面，而布置的灌浆管不能同时灌浆时，应先从最下部开始逐渐上升，不得间断。

f) 压浆过程中，必须测定砂浆的上升情况，观测结果要作详细记录。

g) 发生严重故障时，如模板破坏和设备损坏等被迫停止的工作时间较长，则应将被埋入砂浆中的所有灌浆管提升到砂浆面以上 10～15cm 处，并用铁钎捅捣或通过压缩空气等方法使管路通畅，将设备内的砂浆全部弃掉，且冲洗洁净。继续压浆前，应先适量地压送纯水泥浆（水灰比采用 0.5）后再压送砂浆，以免砂浆由上而下灌注时在接缝处形成蜂窝、麻面。

（4）压浆混凝土的效果和应用。

压浆混凝土早期强度增长较缓慢，但后期有显著增长，并有较高的抗渗能力，如 90d 龄期的抗渗能力可达 1.5MPa 以上，其强度可以达到普通混凝土的强度。它不仅适用于一般抗渗要求较高部位的修补，而且适用于钢筋稠密、埋设件复杂、结构尺寸要求精确度较高以及水下不易浇筑捣固的部位的修补。

有抗冻要求的压浆混凝土，应通过试验合格后才能使用。

5.6　混凝土坝及浆砌石坝的抗滑稳定处理

重力坝是用混凝土或浆砌石修筑的大体积挡水建筑物，它的主要特点是依靠自重来维持坝身的稳定。

重力坝必须保证在各种外力组合的作用下，有足够的抗滑稳定性，抗滑稳定性不足是重力坝最危险的病害。当发现坝体存在抗滑稳定性不足，或已产生初步滑动迹象时，必须详细查找和分析坝体抗滑稳定性不足的原因，提出有效措施，及时处理。

5.6.1　重力坝抗滑稳定性不足的原因

根据对重力坝病害和失事情况的调查分析，坝体抗滑稳定性不足，主要是由于重力坝在勘测、设计、施工和运用管理中存在如下问题造成的：

（1）在勘测工作中，对坝基地质缺乏全面和系统的分析研究，特别是对具有缓倾角的泥化夹层，其泡水后层间摩擦系数极小，软弱面的抗剪强度低、抗冲能力差。如在设计中采用过高的抗剪强度指标，当水库蓄满后在强大的水平推力作用下，易造成坝体抗滑稳定性不足。例如湖南省双牌电站坝后冲刷坑原设计深度比实际冲刷深度浅，地基又为倾向下游的缓倾角夹层，结果坝基出现临空面，使电站大坝出现险情，经采取预应力钢索锚固措施才排除险情，耗资 800 余万元。

（2）设计的坝体断面过于单薄，自重不够，或坝基扬压力加大，在水平推力作用下，上游坝趾处出现裂缝，从而增大底部渗透压力，减轻了坝体有效重量，使坝体稳定性不够。

（3）施工质量较差，施工时坝基清理不彻底，开挖深度不够，使坝体置于强风化层上，在水库蓄水时因坝基渗流造成地基软化，形成坝与地基接触面之间的抗剪强度值减小，扬压力增大，使坝体不安全。

（4）由于管理运用不善，造成水库水位较多地超过设计最高水位，甚至形成洪水漫顶，增大了坝体所受的水平推力，或管理不善造成排水设备堵塞，帷幕断裂，增加了渗透压力，扬压力变大，使坝体的抗滑稳定性降低。

5.6.2　增加重力坝抗滑稳定性的主要措施

重力坝承受强大的上游水压力和泥沙压力等水平荷载，如果某一截面的抗剪能力不足以抵抗该截面以上坝体承受的水平荷载时，便可能产生沿此截面的滑动。由于一般情况下坝体与地基接触面的结合较差，因此滑动往往是沿坝体与地基的接触面发生的。所以，重力坝的抗滑稳定分析，主要是核算坝底面的抗滑稳定性。坝底面的抗滑稳定性与坝体的受力有关，重力坝所受的主要外力有垂直向下的坝体自重、垂直向上的坝基扬压力、水平推力和坝体沿地基接触面的摩擦力等，如图 5.16 所示。

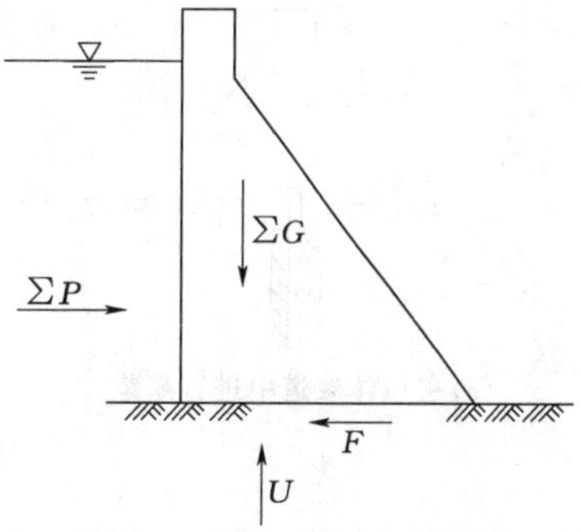

图 5.16　重力坝受力示意图
ΣP—水平推力；ΣG—自重；
F—抗滑力；U—扬压力

当坝底为水平面时，通常用摩擦公式或剪摩公式校核其抗滑稳定性，即

$$K=\frac{F}{\sum P}=\frac{f(\sum W-U)}{\sum P} \tag{5.1}$$

$$K'=\frac{f'(\sum W-U)+c'A}{\sum P} \tag{5.2}$$

式中　$\sum W$——水库蓄水后作用在坝体（滑动面以上部分）上垂直向下的力（水重、坝体自重等）之和，kN；

$\sum P$——作用在坝体上的水平推力（包括水压力、泥沙压力、浪压力等）之和，kN；

F——坝体沿地基接触面的摩擦力，也是阻止坝体滑动的阻滑力，kN；

U——垂直向上的坝基扬压力，kN；

f——坝体与坝基之间的摩擦系数；

f'、c'——坝体（混凝土或浆砌石）与坝基接触面的抗剪断摩擦系数、抗剪断凝聚力，kN/m^2；

A——坝体与坝基连接面面积，m^2；

K、K'——抗滑和抗剪断强度计算的抗滑稳定安全系数。

由式（5.1）、式（5.2）可知，增加坝体的抗滑稳定，也就是增大安全系数。其途径有：减少扬压力，增加坝体所受铅直向下力，增加摩擦系数和减少水平推力等。

5.6.2.1　减少扬压力

扬压力对坝体的抗滑稳定性有极大的影响，减少扬压力是增加坝体抗滑稳定性的主要方法之一。通常减少扬压力的方法有两种：一是加强防渗，二是加强排水。

（1）加强防渗。加强坝基防渗，可采用补强帷幕灌浆或补做帷幕措施，对减少扬压力的效果非常显著。

灌浆可在坝体灌浆廊道中进行，如图 5.17（a）所示；当没有灌浆廊道时，可从坝顶上游侧钻孔，穿过坝身，深入基岩进行灌浆，如图 5.17（b）所示；当即无灌浆廊道，从坝顶钻孔灌浆又困难，又不能放空水库时，也可以采用深水钻孔灌浆，如图 5.17（c）所示。

（2）加强排水。为减少扬压力，除在坝基上游部分进行补强帷幕灌浆以外，还应在帷幕下游部分设置排水系统，增加排水能力。两者配合使用，更能保证坝体的抗滑稳定性。

排水系统的主要形式是排水孔，排水孔的排水效果与孔距、孔径和孔深有关，常用的孔距为 2～3m，孔径为 15～20cm，孔深为 0.4～0.6 倍的帷幕深度。原排水孔过浅或孔距

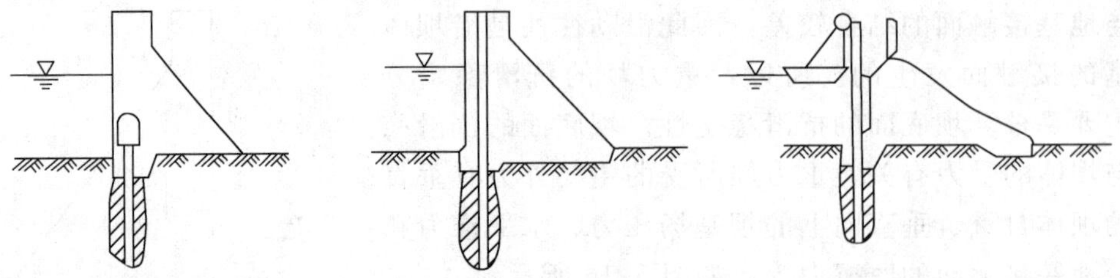

(a)在坝体廊道中进行灌浆　(b)在坝顶钻孔进行灌浆　(c)深水钻孔灌浆

图 5.17　补强帷幕灌浆进行方式

过大的，应进行加深或加密补孔，以增加导渗能力。

如原有的排水孔受泥沙等物堵塞时，可采用高压水（气）冲孔或用钻机清扫以恢复其排水能力。

5.6.2.2　增加坝体所受铅直向下力

目前采用增加坝体所受铅直向下力 $\sum W$ 的措施有加大坝体剖面和预应力锚索加固两种方法。

(1) 加大坝体剖面。可在上游面或下游面加大剖面以增加坝体自重。从上游面加大剖面可增加坝体自重及垂直水重，并可改善坝体防渗条件，但要降低库水位、修筑围堰才能进行施工作业。加大下游剖面施工比较简单，但只能利用加大部分坝体的自重，不能利用水重，也不能改善防渗条件。通常加大坝体剖面来增加坝体自重是不经济的。坝体的加大部分应通过抗滑稳定性计算来确定，同时应考虑施工期对坝体上游趾处应力的影响，注意新旧坝体间的结合。

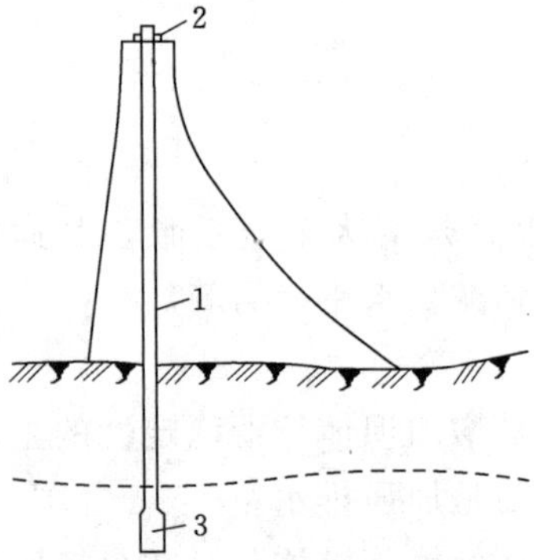

图 5.18　预应力锚固示意图
1—锚索孔；2—锚头；3—扩孔段

(2) 预应力锚索加固。预应力锚固，是从坝顶钻孔到坝基一定深度，在孔内穿入钢锚索，锚索一端锚入基岩中，另一端锚固于坝体内，通过对锚索施加预应力，使坝体内及坝体与坝基之间压力增大。从而可以增加坝体的抗滑稳定性，如图 5.18 所示。由于用锚索加固大坝取得了成功，全世界已有 60 余座大坝采用这一方法。

预锚加固法特别适用于坝基夹层深而多的情况，当下伏坚硬完整岩石时，会取得很好的效果。国外较为典型的预锚加固工程有美国的拉卜利尔坝、密尔顿湖坝，这些坝分别运行了 50 余年，沉陷基本趋于稳定。对于抗倾覆预锚加固，通常在上游锚固效果较好，锚固力产生很大的抗倾覆力矩，增加了坝体稳定，并改善了坝体及坝基中的应力状态。

5.6.2.3　提高软弱夹层的抗剪强度指标

我国有些工程试验表明，软弱夹层抗剪强度极低，黏结力 $c' \approx 0$，f 为 0.2～0.25，因此，提高 f 值是增加坝体抗滑稳定性的重要措施。软弱夹层较浅时，通常可用换基法，清除表层软弱夹层，换填混凝土；对于中浅层软弱夹层，亦可采取浅层明挖，较深部位灌浆的综合措施；对埋藏较深的软弱夹层，换基工作量太大，可以开挖几排孔洞，中间填塞混凝土。此外，还可用坝踵深齿切断软弱夹层，使滑动面下移至完整的岩基中。

5.6.2.4　减小水平推力

减小水平推力可采用控制水库运用和在坝体下游面加支撑等方法。

（1）控制水库运用。控制水库运用主要用于病险水库度汛或水库设计标准偏低等情况。对病险库来讲，通过降低汛前调洪起始水位，可减小库水对坝的水平推力。对设计标准偏低的水库，通过改建溢洪道，加大泄洪能力，控制水库水位，也可达到保持坝体稳定的作用。

（2）坝体下游面加支撑。坝体下游面加支撑，可使坝体上游的水平推力通过支撑传到地基上，从而减少坝体所受的水平推力，又可增加坝体重力。支撑的形式包括在溢流坝下游护坦钻孔设桩、非溢流坝的重力墙支撑、钢筋混凝土水平拱支撑，如图 5.19 所示，可根据建筑物的形式和地质地形条件加以选用。

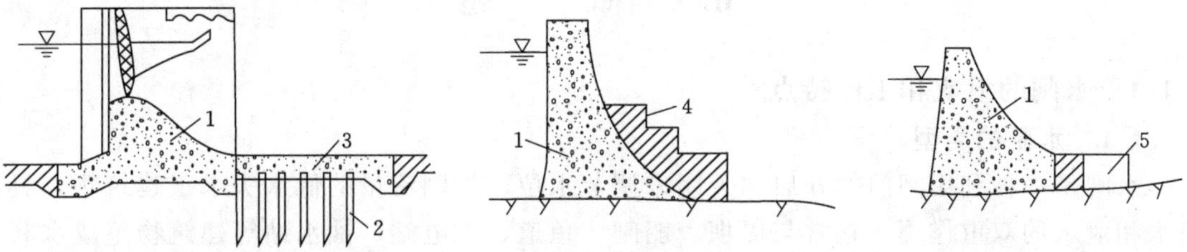

(a)溢流坝护坦上钻孔设桩　(b)非溢流坝设重力墙支撑　(c)钢筋混凝土水平拱支撑

图 5.19　下游面加支撑的形式

1—坝体；2—支撑桩；3—护坦；4—重力墙；5—水平拱

采用何种抗滑稳定的措施要因地制宜，补强灌浆和加大坝体断面是经常采用的两种有效措施，有些情况下也可采用综合性措施。

思　考　题

1. 混凝土坝及浆砌石坝有哪些类型的病害？
2. 混凝土坝运用前与运用中需做哪些检查？
3. 混凝土坝裂缝按产生的具体原因不同，有哪些类型？如何处理？
4. 哪些因素会引起混凝土坝发生渗漏？渗漏有哪些类型？应如何处理？
5. 坝体混凝土表面通常发生那些破坏？
6. 混凝土表面破坏如何清理？
7. 混凝土表面破坏的处理有哪些方法？
8. 什么是混凝土的真空作业？真空作业的施工程序是什么？
9. 压浆混凝土作业时应注意什么？
10. 重力坝抗滑稳定性不足的原因有哪些？
11. 增强混凝土重力坝稳定性的途径有哪些？

第6章 水闸的养护与管理

【学习要求】 了解水闸的组成及工作特点；熟悉水闸在运行过程中经常容易出现的问题及产生的原因；熟悉水闸操作运行前的准备工作、要求及注意事项；熟悉水闸养护与管理的目的、要求和方法。

6.1 概　　述

6.1.1 水闸的组成和工作特点

6.1.1.1 水闸的类型

水闸是一种利用闸门的开启和关闭来调节水位、控制流量的低水头水工建筑物，具有挡水和泄水的双重作用，它常与堤坝、船闸、鱼道、水电站、抽水站等建筑物组成水利枢纽，以满足防洪、灌溉、排涝、航运以及发电等水利工程的需要。

1. 按照水闸所承担的任务分类

（1）进水闸。建在河道、湖泊的岸边或渠道的渠首（灌溉渠系的进水闸又称渠首闸），用来引水灌溉、发电或其他用水需要。灌溉渠系中建于干渠以下各级渠道渠首的进水闸，其作用是把上一级渠道的水分进下一级渠道。位于下一级渠首的进水闸称为分水闸，位于斗渠、农渠渠首的进水闸又称为斗门、农门。

（2）节制闸。在河道或在渠道上建造，枯水期用以抬高水位，以满足上游取水和航运等要求，洪水期用以控制下泄流量，以保证下游河道安全。拦河建造的节制闸又称拦河闸，一般选择建造在河道顺直、河势相对稳定的河段。灌溉渠系中的节制闸一般建于支渠分水口的下游，用以抬高闸前水位，满足支渠引水时对水位的要求。

（3）冲沙闸。常建在多泥沙河道上引水枢纽或渠系中沉砂池的末端，也可设在引水渠内布置有节制闸的分水枢纽处，常与节制闸并排布置。用于排除进水闸、节制闸前河道或渠道中淤积的泥沙，减少引水水流中的含沙量。冲沙闸又称为排沙闸。

（4）分洪闸。为了减轻洪水对江河下游的威胁，通常在泄洪能力不足的河段中、上游河岸的适当位置建分洪闸，洪峰来临时开闸分泄一部分洪水进入湖泊、洼地等滞洪区。进入滞洪区的水，待外河水位低落时，再由排水闸流入原河道。

（5）排水闸。多修建在江河沿岸排水渠道末端，用以排除河道两岸低洼地区的积水。当外河上涨时，可以关闸防止洪水倒灌，避免洪灾；当外河水位退落时，开闸排水防止涝害。其特点是具有双向挡水的作用。

（6）挡潮闸。在河流入海的河口地段，为防止海水倒灌，常建有挡潮闸。同时还可用来抬高内河水位，满足蓄淡灌溉的需要。内河感潮河段两岸受涝时，可用其在退潮时排涝。建有通航孔的挡潮闸，可在平潮时开闸通航。

各种水闸的布置如图 6.1 所示。

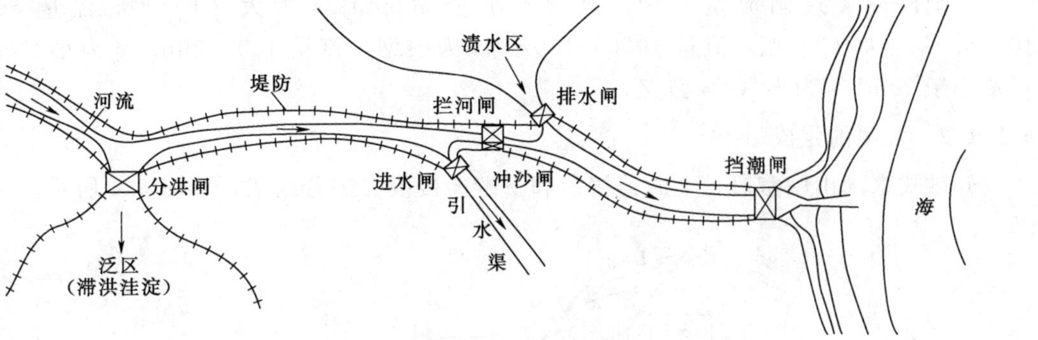

图 6.1 水闸的分类及布置示意图

2. 按照闸室的结构型式分类

(1) 开敞式水闸。水闸闸室上面没有填土，是开敞的。这种水闸又分为胸墙式和无胸墙式两种。当上游水位变幅较大而过闸流量又不是很大时，即挡水位高于泄水位时，可采用胸墙式，如进水闸、挡潮闸及排水闸等。有泄洪、通航、排冰、过木要求的水闸常采用无胸墙的开敞式水闸。开敞式水闸如图 6.2 所示。

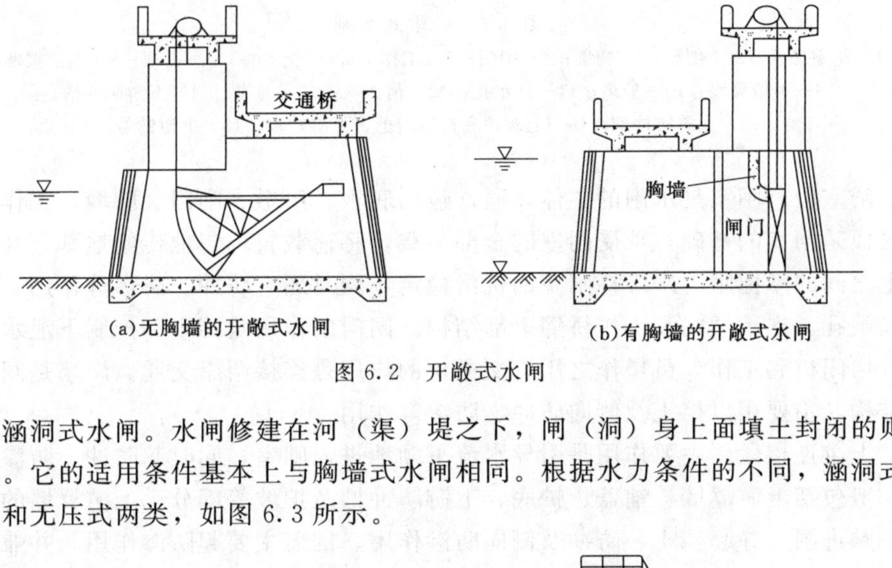

(a)无胸墙的开敞式水闸　(b)有胸墙的开敞式水闸

图 6.2 开敞式水闸

(2) 涵洞式水闸。水闸修建在河（渠）堤之下，闸（洞）身上面填土封闭的则成为涵洞式水闸。它的适用条件基本上与胸墙式水闸相同。根据水力条件的不同，涵洞式水闸分为有压式和无压式两类，如图 6.3 所示。

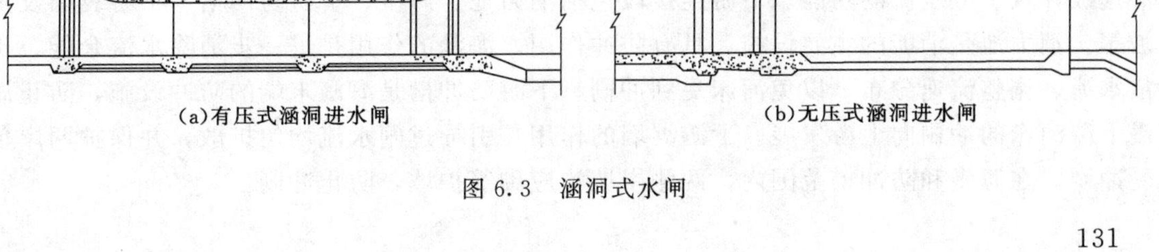

(a)有压式涵洞进水闸　(b)无压式涵洞进水闸

图 6.3 涵洞式水闸

3. 按照最大过闸流量分类

水闸按最大过闸流量分为：流量不小于 $5000m^3/s$ 为大（1）型，流量 $5000\sim1000m^3/s$ 为大（2）型，流量 $1000\sim100m^3/s$ 为中型，流量 $100\sim20m^3/s$ 为小（1）型，流量小于 $20m^3/s$ 为小（2）型。

6.1.1.2　水闸的组成

开敞式水闸由闸室段、上游连接段和下游连接段三部分组成，如图 6.4 所示。

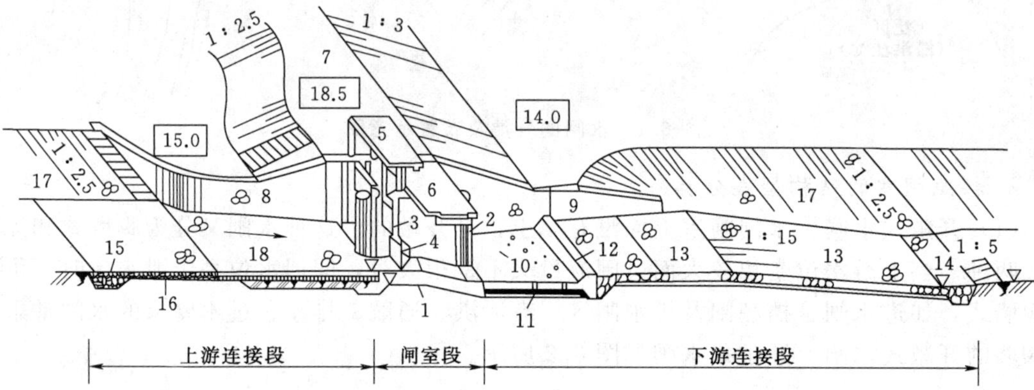

图 6.4　开敞式水闸

1—闸室底板；2—闸墩；3—胸墙；4—闸门；5—工作桥；6—交通桥；7—堤顶；8—上游翼墙；9—下游翼墙；10—护坦；11—排水孔；12—消力坎；13—海漫；14—下游防冲槽；15—上游防冲槽；16—上游护底；17—上、下游护坡；18—上游铺盖

（1）闸室段。闸室是水闸的主体，通常包括底板、闸墩、闸门、胸墙、工作桥及交通桥等。底板是闸室的基础，承受闸室的全部荷载，将荷载较均匀地传给地基，并利用底板与地基土之间的摩擦阻力来维持闸室的抗滑稳定，同时还有防冲、防渗等作用。闸墩的作用是分隔闸孔，支承闸门和工作桥等上部结构。闸门的作用是挡水和控制下泄水流。工作桥供安置启闭机和工作人员操作之用。交通桥的作用是连接两岸交通。岸墙是闸室与河岸的连接结构，主要用以挡土及侧向防冲、防渗等作用。

（2）上游连接段。主要作用是引导水流平顺地进入闸室，同时起防冲、防渗、挡土等作用，一般包括上游翼墙、铺盖、护底、上游防冲槽及护坡等部分。上游翼墙的作用是引导水流平顺进闸，并起挡土、防冲及侧向防渗作用。铺盖主要起防渗作用，并兼有防冲作用。护坡及护底的作用是保护河岸及河床不受冲刷。上游防冲槽主要是保护护底的头部，防止河床冲刷向护底方向发展。

（3）下游连接段。主要作用是将下泄水流平顺引入下游河道，具有消能、防冲、防止渗透破坏及扩散水流的功能。下游连接段包括消力池、海漫、下游防冲槽、下游翼墙及护坡等。消力池是消能的主要设施，具有防冲作用。海漫的作用是进一步消除水流余能、扩散水流、调整流速分布，以免河床受到冲刷。下游防冲槽是海漫末端的防冲设施，防止海漫下游河床的冲刷向上游发展。下游翼墙的作用是引导过闸水流均匀扩散，并保护两岸免受冲刷。在海漫和防冲槽范围内，两侧岸坡均应砌筑护坡，防止冲刷。

6.1.1.3 水闸的工作特点

水闸可以修建在土基或岩基上，但多数建于软土地基上。地基条件差、作用水头低且变幅大是水闸工作条件比较复杂的两个主要原因。因而水闸具有许多不同于其他水工建筑物的工作特点，主要表现在抗滑稳定性、防渗、消能防冲和沉降等方面。

(1) 易产生滑动失稳。水闸关门挡水时，水闸上、下游形成较大的水头差，造成较大的水平推力，使水闸有可能沿闸基产生向下游的滑动，为此，水闸必须具有足够的重力，以维持自身的稳定。

(2) 容易产生渗透变形。由于上、下游水位差的作用，水将透过地基和两岸向下游产生渗流。渗流会引起水量损失，同时在渗流作用下，容易引起闸基及两岸土壤产生渗透变形，严重时闸基和两岸连接建筑物的地基土会被淘空，危及水闸安全。渗流对闸室和两岸连接建筑物的稳定不利。因此，水闸应采取合理的防渗排水措施，尽可能减小闸底渗透压力，防止闸基及两岸土体发生渗透变形，以保证闸的抗滑及抗渗稳定性。

(3) 容易引起冲刷。水闸开闸泄水时，在上、下游水位差的作用下，过闸水流往往具有较大的流速及动能，流态也较复杂，而土质河床的抗冲能力较低，容易引起冲刷。另外，由于水闸在泄水时闸下游常出现波状水跃和折冲水流，会进一步加剧对河床和两岸的淘刷。因此，保证闸室具有足够的过水能力外，还必须采取有效的消能防冲措施，以减少或消除过闸水流对下游河床和岸坡的有害冲刷。

(4) 容易产生较大的沉降。水闸建在松软土基上时，由于土的压缩性大，在闸室自重及其他荷载作用下，往往会产生较大的沉降；当闸室基底压力分布不均匀，或相邻结构的基底压力相差较大时，还会产生较大的不均匀沉陷。过大的地基沉降会影响水闸的正常使用，严重时会造成闸室的倾斜，甚至断裂。因此，水闸应具有合理的结构型式和构造，合理的施工程序及地基处理措施，以减小地基的不均匀沉降。

6.1.2 水闸失事的原因

根据水闸的工作特点可以看出，引起水闸失事的原因通常是多方面的，主要破坏形式有地基不均匀沉陷引起的混凝土结构的断裂、地基土渗透变形引起的混凝土或浆砌石结构的破坏或失稳，闸门启闭机失灵、消能防冲效果不好引起的冲刷破坏等。

6.2 水闸的养护维修

水闸工程的土建部分与各种坝一样，由混凝土、浆砌石、土石料等构成，其土建部分的养护维修工作与坝体基本相同，不再重复。本章着重介绍与水闸自身特点有关的养护维修和操作运用工作。

6.2.1 水闸的操作运用

6.2.1.1 闸门启闭前的准备工作

1. *严格执行启闭制度*

(1) 水闸的管理部门对闸门的启闭，要按照控制运用计划及主管部门的指示、由技术负责人确定闸门的运用方式和启闭次序，按规定程序下达执行。管理部门对主管部门的指示应详细记录。

（2）操作人员接到启闭闸门的任务后，应迅速做好各项准备工作。

（3）如果闸门开启后，其泄流或水位变化对上、下游有危害或影响时，必须事先通知有关单位，做好准备，以免造成不必要的损失。

2. 认真进行闸门启闭前的检查

水闸在启闭运用前对闸门、启闭设备、电器设备等有关部位进行的检查与日常维护的检查内容不同。日常维护检查，是按养护修理规程进行维护，以保证设备处于正常使用状态；运用前的检查，是为了水闸能够安全及时启闭，启闭设备及供电设备符合运行要求等，着重于安全运行方面的检查。

（1）检查上、下游管理范围和安全警戒区内有无船只、漂浮物或其他施工作业，并进行处理。

（2）观察上、下游水位和流态，核对流量与闸门开度。

（3）检查闸门启、闭状态是否正常，有无杂物卡阻；门体有无歪斜，门槽是否堵塞。

（4）寒冷地区，冬季启闭闸门前还应注意检查闸门的活动部分有无冻结现象。

（5）检查启闭闸门的电源或动力有无故障；电动机是否正常，相序是否正确；机电安全保护设施、仪表是否完好。

（6）机电转动设备、高速部位（如变速箱等）的润滑油是否符合要求。

（7）牵引设备是否正常。如钢丝绳有无锈蚀、断裂，螺杆等有无弯曲变形，吊点结合是否牢固。

（8）液压启闭机的油泵、阀、滤油器是否正常，油箱的油量是否充足，管道、油缸是否漏油等。

6.2.1.2 闸门操作运用的原则

（1）工作闸门可以在动水情况下启闭，船闸的工作闸门应在静水情况启闭。

（2）检修闸门一般在静水情况启闭。

6.2.1.3 闸门的操作运用

（1）闸门操作运行应符合下列要求：

1）过闸流量应与上、下游水位相适应，使水跃发生在消力池内。可根据实测的闸下水位-流量关系图表进行操作。

2）过闸水流应平稳，避免发生集中水流、折冲水流、回流、漩涡等不良流态。

3）关闸或减少过闸流量时，避免下游河道水位消落过快。

4）开闸或关闸过程中，避免闸门停留在发生振动的位置。

5）涵洞式水闸闸门运行，应避免洞内长时间处于明满流交替状态。

（2）多孔水闸的闸门运行应符合下列规定：

1）按设计要求或运行操作规程进行启闭，没有专门规定的应同时均匀启闭，不能同时启闭的，应由中间孔向两侧依次对称开启，由两侧向中间孔依次对称关闭。

2）多孔挡潮闸闸下河道淤积严重时，可开启单孔或少数孔闸门进行适度冲淤，同时加强观测，防止消能防冲设施遭受损坏。

3）双层孔口或上、下扉布置的闸门，应先开启底层或下扉的闸门，再开启上层或上扉的闸门，关闭时顺序相反。

（3）闸门操作应遵守下列规定：

1）按操作程序，由持有上岗证的人员进行操作。

2）电动、手摇两用启闭机人工操作前，应先断开电源；闭门时严禁松开制动器使闸门自由下落；闸门操作结束时，应立即取下摇柄或断开离合器。

3）有锁定装置的闸门，启闭闸门前应先打开锁定装置。

4）两台启闭机启闭一扇闸门的，应严格控制保持同步。

5）闸门启闭过程中如发现超载、卡阻、倾斜、杂音等异常情况，应及时停车检查并处理。

6）液压启闭机启闭闸门到达预定位置，压力仍然升高时，应控制油压。

7）闸门开启接近最大开度或关闭接近闸底时，应注意及时停车，卷扬启闭机可采用点按关停，螺杆启闭机可采用手动关停；遇有闸门关闭不严现象，应查明原因并进行处理，螺杆启闭机严禁强行顶压。

闸门运用应填写工作日志，应记录下列内容：启闭依据、操作时间、操作人员、启闭顺序、闸门开度及历时、启闭机运行状态、上下游水位、流量、流态、异常或事故处理情况等。

采用自动监控的水闸，应按照设定程序进行操作，并保留操作记录。

6.2.2 水闸的养护维修

养护是指对水闸工程经常性的保养，使其保持工程完好、设备完整清洁、操作灵活。

水闸的维修一般指经常性修复和年度修复（岁修），不涉及除险加固及改（扩）建工程施工，有时根据项目的复杂以及紧急程度，称为大修和抢险。大修是指技术水平较高、工程量较大的维修工程，有时可以列入加固范畴；抢险是指紧急防汛期或突然发生的建筑物险情、设备（设施）故障或损坏时立即进行的维修。

由于水工建筑物养护与维修的界限不易分清，一般把不影响建筑物安全的局部破损修复列为养护工作的内容。对于多孔水闸，局部修复累计工程量较大或技术复杂、养护工作无力安排的项目，可列入维修。

6.2.2.1 水闸维修养护的一般规定

（1）水闸工程的维修养护应坚持“经常养护，及时维修，养修并重”的原则，对检查发现的缺陷和问题，应随时进行保养和局部维修，以保证工程及设备处于良好状态。

（2）水闸工程的维修养护按工作内容和费用可分为养护和维修。

（3）水闸工程维修应遵循下列程序：检查评估、编报维修方案（或设计文件）、实施、验收。

（4）工程出险时，应按预案组织抢修。在抢修的同时报上级主管部门，可组织专家会商论证抢修方案。

（5）水闸工程维修项目验收合格后，应将有关资料归档。

6.2.2.2 混凝土及砌石工程的养护

对于水闸中的混凝土及砌石工程的养护要做到以下几点：

（1）应经常保持建筑物表面清洁完整，无积水、无杂物。

（2）应及时清理、疏通建筑物或部（构）件的排水沟、排水孔，保持排水畅通。

（3）应及时修复建筑物局部破损。

（4）应及时打捞、清理闸前积存的漂浮物。

（5）寒冷地区，应经常检查并修复防冻胀设施。

6.2.2.3 防渗、排水设施及永久缝维修养护

（1）铺盖出现局部冲蚀、冻胀损坏，应及时修补。

（2）消力池、护坦上的排水井（沟、孔）或翼墙、护坡上的排水管应保持畅通，反滤层淤塞或失效的，应重新补设排水井（沟、孔、管）。

（3）永久缝填充物老化、脱落、流失，应及时充填封堵。沥青井的井口（出流管、盖板等）应经常保养，并按规定加热、补灌沥青。永久缝处理，应按其所处部位、原止水材料以及承压水头选用相应的修补方法。

6.2.2.4 水闸地基及两岸防护工程维修养护

（1）岩基上的水闸要防止基岩或基础与基岩接触面发生渗漏，如有渗漏，一般采用灌浆的方法进行处理。

（2）土基上的水闸要注意防止下游渗流出口段渗透坡降不能超过允许值，否则应采取延长渗径以降低渗透坡降、或提高地基出口容许出逸坡降等措施。

（3）软土地基上的水闸，要注意加强结构刚度及地基加固等措施，防止最大沉降量或相邻部位的最大沉降差超过允许值。

（4）水闸基础下有液化土层或有潜在液化危险的部位可采取基础灌浆、板桩围封等措施进行控制。

（5）水闸两岸要注意在高水位一侧采取有效的防渗措施，低水位一侧采取排水措施防止发生侧向绕渗。

（6）挡土墙出现墙身倾斜、滑动迹象，或经过验算抗滑稳定不满足要求时，要采取措施进行控制及处理。

6.2.2.5 闸门的维修养护

1. 闸门门叶的维修养护

门叶是闸门的主体，要求门叶不锈不漏。要注意有无门叶变形、杆件弯曲或断裂及气蚀等病害，发现问题应及时处理。

（1）要经常清理面板、梁系及支臂，以保持清洁。

（2）要经常检查各部位构件连接螺栓，以保证其处于完好、紧固、配齐状态，出现腐蚀要及时处理。

（3）闸门运行中发生振动时，要采取有效措施消除或减轻。

（4）闸门门叶构件不能有变形、强度及刚度不够的现象，如果存在这些现象，要及时更换或补强。

（5）要经常检查门叶的焊缝，如有开裂，要及时补焊。

（6）要经常检查防冰冻构件，使其处于良好状态。

2. 闸门行走支承装置的维修养护

行走支承装置是闸门升降时的主要活动和支承部件，行走支承装置常因维护不善而引起不正常现象，如滚轮锈死，由滚动摩擦变为滑动摩擦，压合胶木滑块变形，增大摩擦系数等。行走支承装置的养护工作，除防止压合胶木滑块劈裂变形及表面保持一定光滑度外，主要是加强润滑和防锈，需注意以下几点：

(1) 要定期清理行走支承装置，保持清洁。

(2) 要经常拆卸清洗滚轮、支铰轴部位，更换新油，以防油孔、油槽聚集油污堵塞等。

(3) 轴销、轮轴、滚轮、滑块等易磨损部件要及时修补或更换，以满足闸门运行要求。

3. 闸门吊耳、吊杆及锁定装置的维修养护

(1) 定期清理维护吊耳、吊杆及锁定装置，保证其不变形、无裂纹、无开焊。

(2) 吊耳、吊杆及锁定装置的轴销、连接螺栓、受力拉板或撑板有裂纹、磨损或腐蚀量超过10%时，应更换。

4. 闸门止水装置的维修养护

止水装置要保证不漏水，及时清理缠绕在水封上的杂草、冰凌或其他障碍物，及时拧紧或更换松动锈蚀的螺栓，主要注意以下几点：

(1) 要保持止水橡胶带处于正常使用状态。如有变形、磨损，应及时调整修复。由于止水橡胶带磨损、变形或老化严重，门后水流散射或设计水头下渗漏量超过0.2L/(s·m)时，应更换。

(2) 潜孔闸门顶止水翻卷或撕裂的，应采取措施消除和修复。

(3) 止水压板有变形时，要及时矫正或更换。

(4) 橡胶带水封要做好防老化措施，如涂防老化涂料；木水封要做好防腐处理；金属水封要做好防锈蚀工作等。

(5) 水润滑管路、阀门等损坏的，可修理或更换。冬季应将水润滑管路排空，防止冻坏。

5. 闸门埋件的维修养护

(1) 要定期清理门槽，保持清洁。

(2) 埋件局部变形、脱落的，局部更换。埋件破损面积超过30%时，应全部更换。

(3) 止水座板出现蚀坑时，可涂刷树脂基材料或喷镀不锈钢材料整平。

6. 钢闸门的防腐要求

采用喷涂涂料保护的钢闸门，出现下列情况应进行修补或重新防腐，所用涂料宜与原涂料性能配套：

(1) 防腐蚀涂层裂纹深达金属基面，或裂纹较深、面积达10%以上。

(2) 生锈鼓包的锈点面积超过2%。

(3) 脱落、起皮面积超过1%。

(4) 粉化，以手指轻擦涂抹，沾满颜料或手指轻擦即露底。

(5) 喷涂金属层的蚀余厚度不足原设计厚度的1/4、表面保护涂层老化的，应重新

涂装。

(6) 采用涂膜——牺牲阳极联合保护的钢闸门，如保护电位不合格时，可重焊、更换或增补牺牲阳极。

6.2.2.6 启闭机的维修养护

启闭机的动力部分应保证有足够容量的电源，良好的供电质量；应保持电动机外壳上无灰尘污物，以利散热；应经常检查接线盒压线螺栓是否松动、烧伤等。主要注意以下方面。

1. 卷扬式启闭机维修养护

(1) 定期清理启闭机表面，连接件应牢固。

(2) 保持制动器灵活、可靠，定期清洗、补油、换油。

(3) 钢丝绳定期清理并涂脂保护，钢丝绳固定部件应紧固、可靠，双吊点启闭机钢丝绳两吊轴高差不能超标。

(4) 钢丝绳断丝数、直径、拉力超过允许值时，需更换；缠绕在卷筒上的预绕圈数应符合设计要求。

(5) 保持滑轮组润滑、清洁，无裂纹、破伤、磨损，钢丝绳无卡阻、偏磨。

(6) 应保持机架焊缝不出现裂纹、脱焊、假焊；启闭机机架（门架）、无机房的启闭机护罩，定期进行防腐蚀处理。

2. 液压启闭机维修养护

(1) 经常检查油箱油位，保持在允许范围内；吸油管和回油管口保持在油面以下。

(2) 液压管路出现焊缝脱落、管壁裂纹，液压系统有滴、冒、漏现象时应及时修理或更换有关部件。

(3) 活塞环、油封出现断裂，失去弹性、变形或磨损严重，空气干燥器、液压油过滤器部件失效等应及时更换。

3. 螺杆式启闭机维修养护

(1) 定期清理螺杆，并涂脂保护。

(2) 螺杆的直线度超过允许值时，应矫正调直并检修推力轴承；修复螺杆螺纹擦伤，及时更换厚度磨损超限的螺杆螺纹。

(3) 承重螺母螺纹破碎、裂纹及螺纹厚度磨损超过允许值时，保持架变形、滚道磨损点蚀、滚体磨损的推力轴承均应及时更换。

6.2.2.7 电气设备的维修养护

变压器、高低压配电设施、闸门启闭机运行控制系统、柴油发电机组、防雷接地设施、水闸预警系统、防汛决策支持系统、办公自动化系统及自动化设施、照明系统、通信、监控及其他设施等应定期检查，保持其完好，处于可用状态；不满足要求的应及时修复或更换。

6.3 水闸病害的处理

水闸在运用过程中，常见的病害有裂缝、渗漏、冲刷、磨损及空蚀等。水闸病害的处理和其他建筑物一样，首先根据损坏的部位和现象，分析破坏的原因，采取有效的措施改变或消除引起破坏的因素，对破坏的部位进行处理。

6.3.1 水闸的裂缝与处理

水闸混凝土裂缝的处理，需要考虑裂缝所处的部位及环境，按裂缝深度、宽度及结构的工作性能，选择相应的修补材料和施工工艺，在低温季节裂缝开度较大时进行修补。

(1) 表层裂缝宽度小于最大裂缝宽度允许值（表6.1）时，可不予处理；如有防止裂缝拓展和内部钢筋锈蚀的必要，可采用表面喷涂料封闭保护。

(2) 表层裂缝宽度大于最大裂缝宽度允许值时，为防止裂缝拓展和内部钢筋锈蚀，宜采用表面粘贴片材或玻璃丝布、开槽充填弹性树脂基砂浆或弹性嵌缝材料进行处理。

表6.1　钢筋混凝土结构最大裂缝宽度允许值　单位：mm

区域＼部位	水上区	水位变动区		水下区
		寒冷地区	温和地区	
内河淡水区	0.30	0.20	0.25	0.30
沿海海水区	0.20	0.15	0.20	0.25

注　气候分区划分标准为，寒冷地区指累年最冷月平均气温高于－10℃、不高于－3℃的地区；温和地区指累年最冷月平均气温高于－3℃的地区。

(3) 深层裂缝和贯穿性裂缝，为恢复结构的整体性，宜采用灌浆补强加固处理。

(4) 影响建筑物整体受力的裂缝，以及因超载或强度不足而开裂的部位，可采用粘贴钢板或碳纤维布、增加断面、施加预应力等方法补强加固。

(5) 渗（漏）水的裂缝，应先堵漏，再修补。

6.3.1.1 闸底板和胸墙的裂缝与处理

实际工程中的水闸底板和胸墙刚度通常较小，适应地基变形的能力较差，很容易受地基不均匀沉陷的影响引起裂缝。另外，由于混凝土强度不足、温差过大或施工质量差等因素影响，也容易引起闸底板和胸墙裂缝。

由于地基不均匀沉陷引起的裂缝，在裂缝修补前，首先应采取措施对地基进行处理，增加地基的稳定性。提高地基稳定性的方法一种是卸载，即减小水闸某些结构的重量，如将墙后填土的边墩改为空箱结构，或拆除增设的交通桥等。这种方法适用于有条件进行卸载的水闸。另一种方法是加固地基，常用的方法是对地基进行补强灌浆，提高地基的承载能力。对于因混凝土强度不足或因施工质量差而产生的裂缝，主要应对结构进行补强处理。

水闸混凝土和浆砌石结构裂缝的处理可参考有关混凝土及浆砌石坝裂缝的处理。

6.3.1.2 翼墙和浆砌石护坡的裂缝与处理

翼墙产生裂缝主要是由于地基不均匀沉陷或墙后排水设备失效所引起的。由于不均匀沉陷而产生的裂缝，首先应采取减载措施稳定地基，然后再对裂缝进行修补处理。如果裂缝是因墙后排水设备失效所引起的，首先应修复排水设施，再修补裂缝。浆砌石护坡裂缝通常是由于填土不实造成的，严重时应进行翻修。

6.3.1.3 护坦的裂缝与处理

护坦裂缝产生的主要原因是地基土被渗流淘刷流失而导致的不均匀沉陷引起裂缝，另外就是温度应力过大和底部排水失效等引起。因地基不均匀沉陷产生的裂缝，可加固地基或待地基稳定后，在该裂缝上设止水，将裂缝改为沉陷缝。温度裂缝可采取补强措施进行修补，底部排水失效，应先修复排水设备再对裂缝进行处理。

6.3.1.4 钢筋混凝土的顺筋裂缝与处理

钢筋混凝土的顺筋裂缝是沿海地区挡潮闸普遍存在的一种病害。顺筋裂缝可使混凝土脱落、钢筋锈蚀，使结构强度过早地丧失。顺筋裂缝产生的原因是海水渗入混凝土后，降低了混凝土的碱度，破坏了钢筋表面的氧化膜，导致海水直接接触钢筋而产生电化学反应，使钢筋锈蚀。锈蚀引起的体积膨胀致使混凝土顺筋开裂。

顺筋裂缝的修补过程一般为：沿缝凿除保护层，再将钢筋周围的混凝土凿除2cm；对钢筋彻底除锈并清洗干净；在钢筋表面涂上一层环氧基液，在混凝土修补面上涂一层环氧胶，再填筑修补材料。

顺筋裂缝的修补材料应具有抗硫酸盐、抗碳化、抗渗、抗冲、强度高、凝聚力大等特性。常用的有铁铝酸盐早强水泥砂浆及混凝土、抗硫酸盐水泥砂浆及细石混凝土、聚合物水泥砂浆及混凝土和树脂砂浆及混凝土等。

6.3.1.5 闸墩及工作桥的裂缝与处理

水闸使用时间较长时，闸墩及工作桥往往会出现许多细小裂缝，严重时混凝土老化剥离，其主要原因是混凝土的碳化。混凝土的碳化是指空气中的二氧化碳与混凝土内部游离的氢氧化钙反应生成碳酸钙和水，使混凝土的碱度降低，钢筋表面的氢氧化钙保护膜破坏，使混凝土失去对钢筋的保护作用，钢筋开始生锈，混凝土膨胀形成裂缝，严重的还会造成混凝土疏松、脱落。

这种病害应对锈蚀钢筋除锈，锈蚀面积大的加设新筋，采用预缩砂浆并掺入阻锈剂进行加固。混凝土的碳化，在各种类型混凝土建筑物中都会存在。混凝土碳化的原因有很多，提高混凝土抗碳化能力的措施也是多方面的。可根据建筑物所处的地理位置、周围环境，选择合适的水泥品种、具有抗酸性的骨料、适宜的配合比，适量的外加剂，高质量的原材料，科学的搅拌和运输，及时的养护以及采取环氧基液涂层保护等工艺手段防止混凝土碳化。

6.3.2 消能防冲设施的破坏及处理

水闸消能防冲设施的破坏由很多原因引起，概括起来有设计、施工、管理等方面，如外形尺寸设计不合理、消能效果不好，地基处理方法不当或施工质量不好、泄水时不按要求控制等都会引起水闸消能防冲设施的破坏。在处理时，要先分析查找引起破坏的原因，有针对性地采取相应的措施和方法进行修理和改善水流条件，防止再次破坏。

6.3.2.1 护坦和海漫的冲刷破坏与处理

护坦和海漫常因单宽流量大而发生冲刷破坏。对护坦因抗冲能力差而引起的冲刷破坏，可进行局部补强处理，必要时可增设一层钢筋混凝土防护层，以提高护坦的抗冲能力。为防止因海漫破坏引起护坦基础被淘空，可在护坦末端增设一道钢筋混凝土防冲齿墙，如图6.5所示。

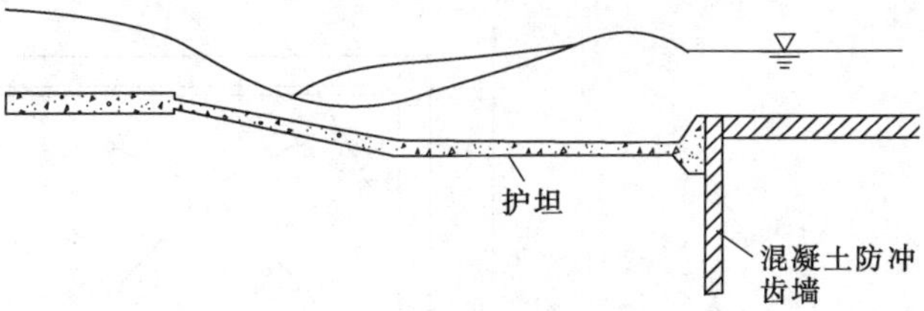

图6.5 钢筋混凝土防冲齿墙

岩基上的水闸，可采用挑流消能的方式，在护坦末端设置鼻坎，将水流挑至距离闸室较远处，以保证护坦及闸室的安全。

对于软基上的水闸，在护坦的末端设置尾槛可减小出池水流的底部流速和能量，减轻水流对海漫的冲刷，防止海漫基础被淘空而引起破坏。

土工织物作为排水反滤材料，已在闸坝等水利工程中得到广泛应用。它具有抗拉强度高，整体性好，重量轻、耐久性好、储运方便，质地柔软，具有排水、防冲、加筋土体等功能，施工简单、速度快、施工质量容易控制，造价低等优点。应用较多的土工织物有涤纶、锦纶、丙纶等。由于合成类型、制造方法不同，各种织物在力学和水力性质方面有很大的差异。根据制造方法，土工织物可分为纺织型和非纺织型两种。

在选择土工织物时，需要对土工织物的物理特性、力学特性、水力学特性及耐久性等都要详细了解并且通过质量检测合格才可以使用。

案例6-1 江苏江都西闸，共9孔，净宽90m，设计流量504m^3/s，校核流量940m^3/s。闸址处河床由极细砂组成，极易产生冲刷。由于超载运行，过闸流量逐年加大到800～1000m^3/s，从而引起河床严重冲刷。水闸上、下游冲坑深度分别为6～7m、2～3m，近闸两岸坍塌，严重威胁水闸安全。处理过程中，在水下沉放了6块软体排护底护岸。排体采用丙纶丝布，以聚氯乙烯绳网加筋，用混凝土预制块及聚丙烯袋装卵石压重，总面积2.4万多m^2。这种方法使用了10多年，排体都比较稳定、覆盖良好，而且上游落淤30～40cm，岸坡及闸下游冲刷明显减轻，工程效益显著。后经抽样检查，性能指标基本无变化。

6.3.2.2 下游河道及岸坡的破坏与处理

当下游水深不够，消力池内不能发生淹没式水跃，下泄水流会冲出较远，引起河床的冲刷；上游河道的流态不良使过闸水流的主流偏斜引起折冲水流，冲刷岸坡；水闸下游翼墙扩散角设计不当产生立轴旋涡等都会引起河道及岸坡的冲刷。

河床冲刷破坏的处理可采用与海漫冲刷破坏大致相同的处理方法。处理河岸冲刷措施可根据产生的原因确定，如在过闸水流主流偏向的一侧修导水墙或丁坝，也可以通过改善翼墙扩散角或加强运用管理等方式解决。

近年来土工织物在护岸工程中也得到广泛应用，特别是模袋混凝土在护坡工程中应用较多。模袋混凝土可以直接在水下施工，无需修筑围堰及施工排水；模袋混凝土灌注结束，就能经受较大流速的冲刷。模袋采用双层聚合化纤合成材料织成，厚度大，强度高。混凝土或水泥砂浆依靠压力在模袋内充胀成形，固化后形成高强度抗侵蚀的护坡。土壤和模袋之间不需另设反滤层。土工织物模袋示意图、土工模袋混凝土护坡分别如图6.6和图6.7所示。

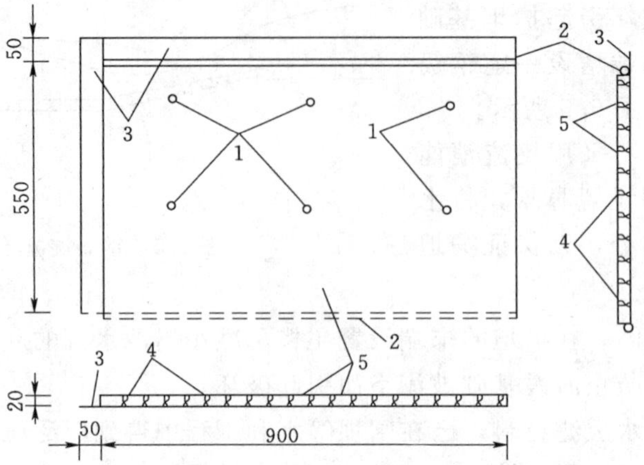

图 6.6　土工织物模袋示意图（单位：cm）

1—浇注孔；2—穿管处；3—接缝反滤布；4—锦纶线拉索；5—土工织物模袋

图 6.7　土工模袋混凝土护坡

6.3.3　水闸渗漏的处理

水闸的渗漏，按产生的部位可分为结构本身渗漏、闸基渗漏和侧向绕渗等。处理的原则为高防低排，即高水位一侧设置防渗设施拦截渗流或延长渗径，低水位一侧采取排水措施，排出渗流，降低渗透压力，减小渗透变形。这是防渗与排水相结合的方法。

6.3.3.1　结构本身渗漏的处理

由混凝土结构裂缝引起的渗漏，可采用表面涂抹、表面贴补、凿槽嵌补、喷浆修补等表面处理措施，也可采用灌浆的方法进行内部处理。影响建筑物整体性或结构强度的渗水裂缝，除了内部处理外，还应采取结构补强措施进行处理。闸身结构缝损坏引起渗漏时，应掏出缝内的堵塞物或老化沥青，然后补做橡胶带止水或金属片止水，具体方法同混凝土坝结构缝的处理。若结构缝内仅填有沥青止水，因为沥青老化或缺少沥青而漏水时，可加热补灌沥青。

对于充填弹性树脂基砂浆或弹性嵌缝材料用于混凝土裂缝处理时，充（嵌）填法修补结构如图 6.8 所示。修补施工应符合下列要求：

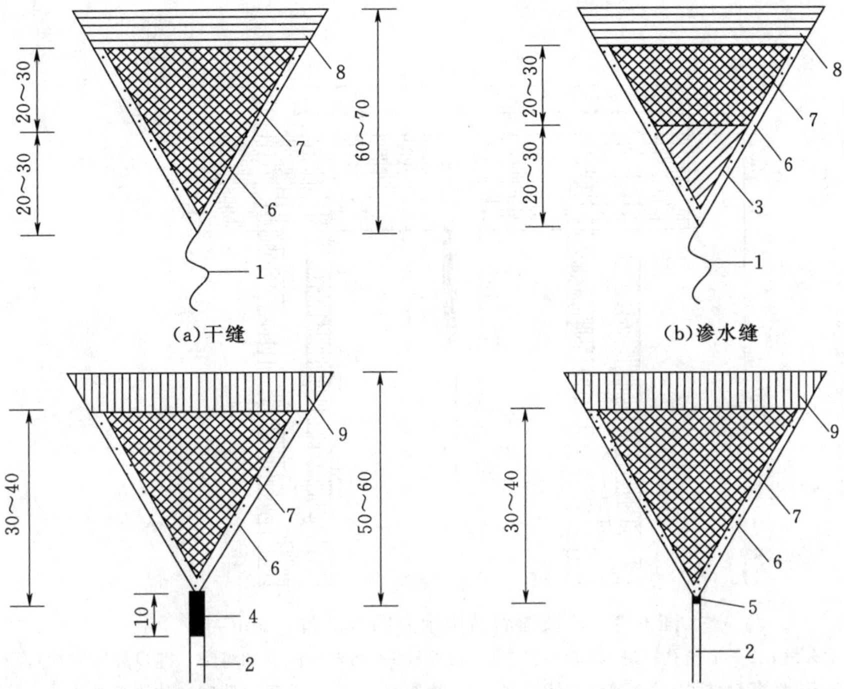

(a)干缝　(b)渗水缝　(c)缝宽大于10mm　(d)缝宽不大于10mm

图6.8　充（嵌）填法修补结构示意图（单位：mm）

1—裂缝；2—永久缝；3—堵漏材料；4—沥青麻丝；5—隔离物（木条或塑料条）；6—胶黏剂；7—弹性嵌缝材料；8—聚合物水泥砂浆；9—弹性树脂砂浆

(1) 沿缝凿成上口宽、槽深为50～70mm的V形槽，槽长应超过缝端150mm，清除缝内杂物并清洗干净。

(2) 如裂缝有渗（漏）水，应先用快速止水砂浆堵漏。

(3) 在槽两侧面涂刷胶黏剂，再在槽内充填弹性树脂基砂浆或弹性嵌缝材料。

(4) 回填聚合物水泥砂浆与原混凝土面齐平。

采用嵌填嵌缝材料用于水闸永久缝渗漏处理时，嵌填修补结构如图6.8（c）和（d）所示。修补施工应符合下列要求：

(1) 在迎水面沿缝凿成上口宽、深为50～60mm的V形槽，清除缝内杂物及失效的止水材料并清洗干净。

(2) 缝宽大于10mm时，缝内填塞沥青麻丝；缝宽不大于10mm时，缝口放置木条或塑料条等隔离物。

(3) 在槽两侧面涂刷胶黏剂，再在槽内嵌填橡胶类、沥青基类、树脂类弹性嵌缝材料。

(4) 回填弹性树脂砂浆与原混凝土面齐平。

采用锚固橡胶或金属片材用于混凝土永久缝处理时，开槽锚固结构如图6.9所示。修补施工应符合下列要求：

(1) 止水材料可选用橡胶带、紫铜片、不锈钢等片材；局部修补时，应做好止水材料的衔接。

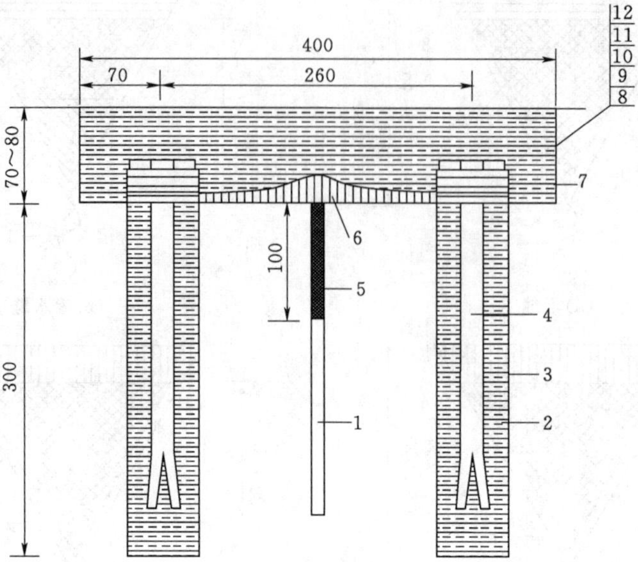

图 6.9 开槽锚固结构示意图（单位：mm）

1—永久缝；2—锚栓孔；3—树脂砂浆；4—锚栓；5—沥青麻丝（如缝窄，缝口放隔离物）；6—弹性密封材料；7—弹性树脂砂浆；8—橡胶垫；9—不锈钢（紫铜）片、橡胶片；10—钢垫层；11—垫圈；12—螺母

（2）在迎水面沿永久缝两侧等宽度凿槽，总宽 400mm 左右，槽深 70～80mm。

（3）沿缝两侧各打一排螺栓孔，冲洗干净，并预埋锚栓。

（4）清除缝内杂物，嵌填沥青麻丝（如缝窄，缝口放置塑料或木棒等隔离物）。

（5）安装橡胶垫条并在其间骑缝充填弹性密封材料（橡胶类、沥青基类、树脂类均可）。

（6）安装止水片材（橡胶、紫铜、不锈钢等）在锚栓上，安装钢压条，拧上螺帽压紧。

（7）在槽内回填弹性树脂砂浆与原混凝土面齐平。

（8）不具备凿槽条件的永久缝，只沿缝凿成上口宽、深为 40～50mm 小槽，最后用聚合物水泥砂浆覆盖封闭，其他同开槽施工，不开槽锚固结构如图 6.10 所示。

6.3.3.2 闸基渗漏的处理

闸基渗漏通常引起渗透变形直接影响到闸室的稳定。对于闸基渗漏首先要分析渗漏原因，查清渗水来源，采取有效措施进行处理。工程中常用的措施有以下几种：

（1）延长或加厚铺盖。如原铺盖防渗效果不好、损坏严重，应将这些部位铺盖挖除，重新回填翻新。加长、加厚铺盖，以提高防渗能力。

（2）及时修补止水。如铺盖与闸底板、翼墙之间，岸墙与边墩之间等连接部位的止水损坏，要及时进行修补，以确保整个防渗体系的完整性。

（3）封堵渗漏通道。底板、铺盖与地基间的空隙是常见的渗漏通道，常会引起渗透变形导致闸室失稳，一般可采用水泥灌浆予以堵闭。

（4）增设或加厚防渗帷幕。建在岩基上的水闸，如基础裂隙发育或较破碎，可在闸底板首端增设防渗帷幕，若原有帷幕的，应设法加厚。

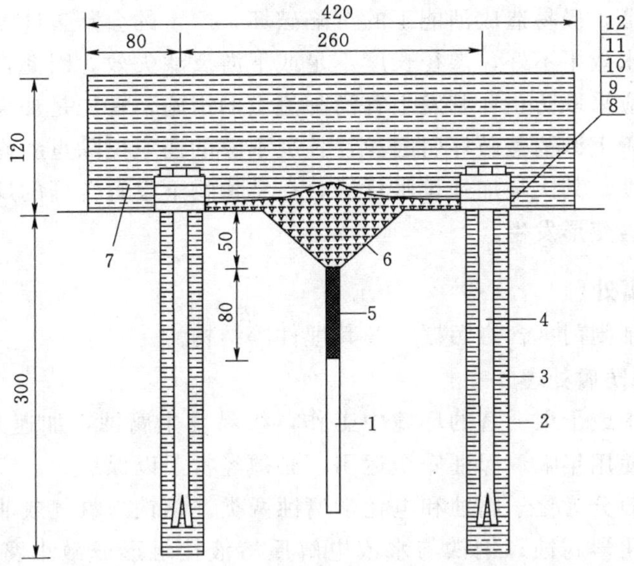

图 6.10　不开槽锚固结构示意图（单位：mm）

1—永久缝；2—锚栓孔；3—树脂砂浆；4—锚栓；5—沥青麻丝（如缝窄，缝口放隔离物）；6—弹性密封材料；7—聚合物水泥砂浆（基面打毛处理）；8—橡胶垫；9—不锈钢（紫铜）片、橡胶片；10—钢垫条；11—垫圈；12—螺母

6.3.3.3　闸侧绕渗的处理

当上游边坡防渗设施和接缝止水不可靠而破坏时，通常上游水会穿过上游边坡绕过刺墙，通过墙后填土渗到下游，渗流在土体中产生较大的渗透压力和渗透变形，引起下游边坡产生破坏，甚至造成翼墙倒塌等事故。

对于水闸侧向绕渗处理的原则同样是上截下排。水闸运行中可采用的防渗措施很多，如经常维护岸墙、翼墙及接缝止水，确保其防渗效果良好；对于防渗结构破坏的部位，采用开挖回填，彻底翻修的方法；若原来没有刺墙的，可考虑增设刺墙，但要严格控制施工质量；接缝止水损坏的，应补做止水等。

6.3.4　空蚀及磨损的处理

建在多泥沙河流上的水闸，不可避免地会出现磨损现象。如果是由于设计原因而引起闸室底板、护坦的磨损，可对水闸结构布置进行改进。例如，有的水闸因护坦上设置了消力墩而引起立轴漩涡，漩涡夹带砂石长时间在一定范围旋转，使护坦磨损，严重时会磨穿护坦，在这种情况下可废弃消力墩，将尾槛改成斜面或流线型，使池内砂石随水流顺势带向下游，减轻对护坦的磨损。

对于结构布置难以改变的部位（如闸室底板），可采用抗蚀性能好的材料进行护面或修补，也能收到很好的效果。磨损的修补材料较多，如环氧材料、高标号混凝土等，可根据具体部位、磨损状况，参考已建工程的经验确定。

6.3.5　软土地基管涌、流土的处理

建在软土地基上的水闸，通常由于地基土颗粒细小，在渗流作用下地基土体易发生管

涌、流土等渗透变形，极易造成消能工的沉陷破坏，严重的会断裂冲毁。引起这种破坏的主要原因是防渗排水效果不好，渗径长度不足或下游反滤失效。因此，除对沉陷破坏的部位进行修复外，还应采取防止地基发生管涌与流土的措施。首先是加强防渗，加长或加厚上游黏土铺盖；由于上游铺盖破坏引起渗径长度不够的还应挖除重新修筑，加深或增设截水墙，加大防渗长度。其次是加强排水反滤，在结构物下设置合理的反滤层等，做到有效排水滤土，防止渗透变形发生。

6.3.6　闸门的防腐处理

闸门防腐蚀包括闸门（含拦污栅）及其埋件等结构。

6.3.6.1　钢闸门的防腐处理

钢闸门常在水中或干湿交替的环境中工作，极易发生腐蚀，加速其破坏，引起事故。为了延长钢闸门的使用年限，保证安全运用，必须经常予以保护。

钢铁的腐蚀一般分为化学腐蚀和电化学腐蚀两类。钢铁与氧气或非电解质溶液作用而发生的腐蚀，称为化学腐蚀；钢铁与水或电解质溶液接触形成微小腐蚀电池而引起的腐蚀，称为电化学腐蚀。钢闸门的腐蚀多属电化学腐蚀。

钢闸门防腐蚀措施主要有涂料保护和电化学保护。涂料保护是在钢闸门表面涂上覆盖层，利用密闭性涂料在钢闸门表面形成薄膜，使金属与水、空气隔开。电化学保护是设法供给适当的保护电能，使钢结构表面积聚足够的电子，成为一个整体阴极而得到保护。钢闸门通常是两种措施联合使用进行保护。

钢闸门防腐，首先必须进行表面预处理，即清除钢闸门表面的氧化皮、铁锈、焊渣、油污、旧漆及其他污物。经过处理的钢闸门要求表面无油脂、无污物、无灰尘、无锈蚀、表面干燥、无失效的旧漆等。

表面处理所要求达到的程度通常用两项指标来衡量，一是表面光洁度，二是表面粗糙度。对于喷镀金属保护，基体金属的表面光洁度应达到 Sa2.5 级，表面粗糙度应为Ry60～Ry100；涂料保护，基体金属的表面光洁度应达到 Sa2 级，表面粗糙度应为Ry40～Ry70。

目前钢闸门表面处理方法有人工处理、火焰处理、化学处理和喷砂处理等，较宜采用喷射或抛射处理。

人工处理是靠人工铲除锈和旧漆，此法工艺简单，无需大型设备，但劳动强度大、工效低、质量较差。该方法适用于局部处理和无法进行喷射处理的情况。

火焰处理是对旧漆和油脂有机物，借燃烧使之碳化而清除。对氧化皮是利用加热后金属母体与氧化皮及铁锈间的热膨胀系数不同而使氧化皮崩裂、铁锈脱落。处理用的燃料一般为氧-乙炔焰。此种方法，设备简单，清理费用较低，质量比人工处理好。

化学处理是利用碱液或有机溶剂与旧漆层发生反应来除漆，利用无机酸与钢铁的锈蚀产物进行化学反应清理铁锈。除旧漆可利用纯碱石灰溶液（纯碱∶生石灰∶水＝1∶1.5∶1）或其他有机脱漆剂。除锈可用无机酸与填加料配制的除锈药膏。化学处理，劳动强度低，工效较高，质量较好。

喷砂处理方法较多，常见的干喷砂除锈除漆法是用压缩空气驱动砂粒通过专用的喷嘴以较高的速度冲到金属表面，依靠砂粒的冲击和摩擦以除锈、除漆。此种方法工效高、质量好，但工艺较复杂，需专用设备。

1. 涂料保护

涂料涂装于物体表面，结成具有保护、装饰和特种功能的薄膜材料，它不仅包括油漆，还包括其他涂料。涂料保护是最古老的防腐方法，至今仍被广泛采用。涂料保护层可以把钢铁和电解质溶液及空气隔离开来，阻止腐蚀的发生与发展。

涂料可分为底漆和面漆两种，两者相辅相成。底漆主要起防锈作用，应有良好的附着力，漆膜封闭性强，使水和氧气不易渗入。面漆作用主要是保护底漆，并有一定的装饰作用，应具有良好的耐蚀、耐水、耐油、耐污等性能。同时还应考虑涂料与被覆材料的适应性，注意产品的配套性，包括涂料与被覆材料表面配套、涂料层间配套、涂料与施工方法配套、涂料与辅助材料（稀释剂、固化剂、催干剂等）配套。实际工程中要根据实际情况，选择适宜的涂料，提高施工质量，才能保证防腐效果。如有些钢闸门由于涂料选择不当，经防腐处理后，有效保护期仅为1～2年，即须重新处理。

涂料保护施工方法一般有刷涂和喷涂两种。刷涂是用漆刷将油漆涂刷到钢闸门表面。该方法工具设备简单，适宜于构造复杂、位置狭小的工作面。

喷涂是利用压缩空气将漆料通过喷嘴喷成雾状而覆盖于金属表面上，形成保护层。喷涂工艺的优点是工效高、喷漆均匀、施工方便，适用于大面积施工。喷涂施工需具备喷枪、储漆罐、空压机、滤清器、皮管等设备。

涂料一般应涂刷3～4遍，涂料保护的时间一般为10～15年。

2. 喷镀保护

喷镀保护是在钢闸门上喷镀一层锌、铝等活泼金属，使钢铁与外界隔离从而得到保护。同时，还起到牺牲阳极（锌、铝）保护阴极（钢闸门）的作用。喷镀有电喷镀和气喷镀两种。水工钢闸门及其他钢结构多采用气喷镀。

气喷镀所需设备主要有压缩空气系统、乙炔系统、喷射系统等。常用的金属材料有锌丝和铝丝，一般采用锌丝。

气喷镀的工作原理是：金属丝经过喷枪传动装置以适宜的速度通过喷嘴，由乙炔系统热熔后，借压缩空气的作用，把雾化成半熔融状态的微粒喷射到部件表面，形成一层金属保护层。

3. 外加电流阴极保护与涂料保护相结合保护

外加电流阴极保护是电化学防腐蚀措施的一种。具体做法是将钢闸门与另一辅助电极（如废旧钢铁等）作为电解池的两个极，以辅助电极为阳极、钢闸门为阴极，在两者之间接上一个直流电源，通过水形成回路，在电流作用下，阳极的辅助材料发生氧化反应而被消耗，阴极发生还原反应得到保护，如图6.11所示。当系统通电后，阴极表面就开始得到电源送来的电子，除一部分被水中还原物质吸收外，大部分将积聚在阴极表面上，使阴极表面电位越来越低。电位越低，保护效率

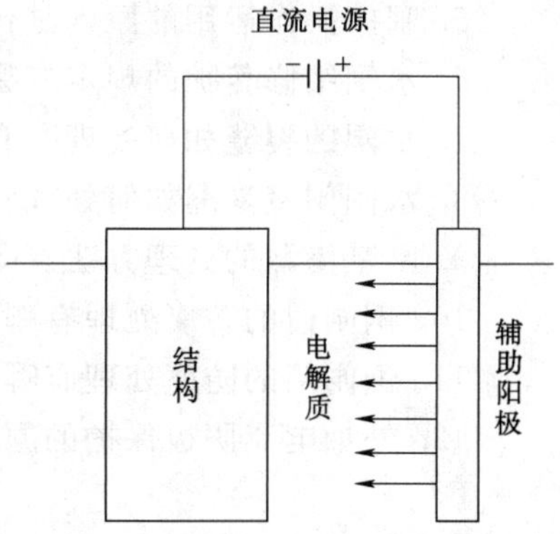

图6.11 外加电流阴极保护示意图

就越高。当钢闸门在水中的表面电位达到−850mV时，钢闸门基本不生锈，这个电位值被称为最小保护电位。在钢闸门上采用外加电流阴极保护时，需消耗大量保护电流。为了节约用电，可采用与涂料一并使用的联合保护措施。

6.3.6.2　钢丝网水泥闸门的防腐处理

钢丝网水泥闸门是由若干层重叠的钢丝网、浇筑高强度等级水泥砂浆而成的，具有重量轻、造价低、便于预制、弹性好、强度高、抗震性能好等优点。完好无损的钢丝网水泥结构，其钢丝网与钢筋被氢氧化钙等碱性物质包围着，钢丝与钢筋在氢氧化钙的碱性作用下生成氢氧化铁保护膜保护网、筋，防止了网、筋的锈蚀。因此，对钢丝网水泥闸门必须使砂浆保护层完整无损。要达到这个要求，一般采用涂料保护。

钢丝网水泥闸门在涂防腐涂料前也必须进行表面处理，一般可采用酸洗处理，使砂浆表面达到洁净、干燥、轻度毛糙的要求。

常用的防腐涂料有环氧材料、聚苯乙烯、氯丁橡胶沥青漆及生漆等。为保证涂抹质量，一般需涂2～3层。

6.3.6.3　木闸门的防腐处理

在水利工程中，一些中小型工程常用木闸门，木闸门在阴暗潮湿或干湿交替的环境中工作，易于霉烂和虫蛀，因此也需进行防腐处理。

木闸门常用的防腐剂有氟化钠、硼铬合剂、硼酚合剂，铜铬合剂等，用于毒杀微生物与菌类，达到防止木材腐蚀的目的。施工方法有涂刷法、浸泡法、热浸法等。处理前应将木材烤干，使防腐剂容易吸附和渗入木材体内。

木闸门通过防腐剂处理以后，为了彻底封闭木材空隙，隔绝木材与外界的接触，常在木闸门表面涂上油性调和漆、生桐油、沥青等，以杜绝腐蚀的发生。

思　考　题

1. 水闸的类型有哪些？
2. 水闸由哪几部分组成？
3. 水闸的工作特点有哪些？
4. 闸门启闭前的准备工作包括哪些内容？
5. 闸门操作运用的原则是什么？
6. 水闸维修养护的规定有哪些？
7. 水闸的裂缝如何处理？有哪些方法？
8. 水闸闸室渗漏如何处理？有哪些方法？
9. 闸基渗漏的处理方法有哪些？
10. 钢闸门的防腐处理有哪些方法？
11. 钢闸门的防腐处理有哪些要求？
12. 外加电流阴极保护的原理是什么？

第 7 章　溢洪道的养护与管理

【学习要求】　了解溢洪道的组成及工作特点；熟悉溢洪道在运行过程中经常容易出现的问题及应检查观测的内容和方法；熟悉溢洪道检查观测的内容、要求和方法；熟悉溢洪道的常见病害及处理方法。

7.1　概　　述

溢洪道是水库枢纽中的主要建筑物之一。它承担着宣泄洪水，保护工程安全的重要作用。

溢洪道可以与拦河坝相结合，做成既能挡水又能泄水的溢流坝式；也可以在坝体以外的河岸上修建溢洪道。当拦河坝的坝型适于坝顶溢流时，采用溢流坝式是经济合理的；当拦河坝是土石坝时，几乎都采用河岸溢洪道；在薄拱坝或轻型支墩坝的水库枢纽中，当水头高、流量大时，也以河岸溢洪道为主；在重力坝的水库枢纽中，河谷狭窄、布置溢流坝和坝后电站有矛盾，而河岸又有适于修建溢洪道的条件时，一般也考虑修建河岸溢洪道。因此，河岸溢洪道的应用比较广泛。

7.1.1　河岸溢洪道的类型及特点

由于正槽溢洪道和侧槽溢洪道的整个流程是完全开敞的，故又称为开敞式溢洪道。井式溢洪道和虹吸式溢洪道称为封闭式溢洪道。

7.1.1.1　正槽式溢洪道

正槽式溢洪道的布置形式如图 7.1 和图 7.2 所示。其泄水槽与堰上水流方向一致，水流平顺，超泄能力大，结构简单，运行安全可靠，是一种采用最多的溢洪道形式。通常所称的河岸溢洪道即指这种溢洪道，适用于各种水头和流量，当枢纽附近有适宜的马鞍形垭口和有利的地质条件时，采用这种溢洪道最为合理。

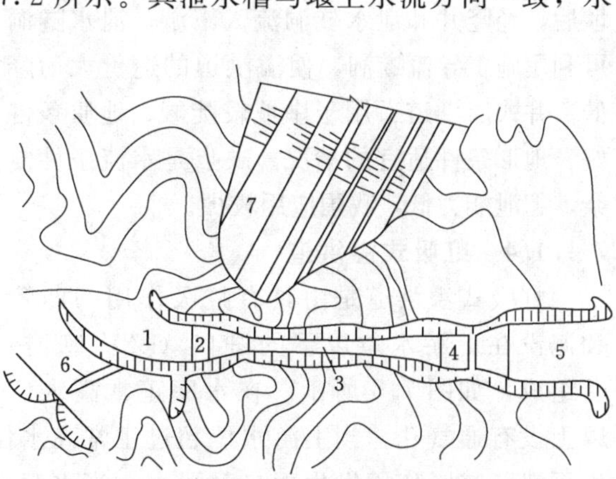

图 7.1　正槽式溢洪道布置示意图

1—引水渠；2—溢流堰；3—泄水槽；4—消能设施；5—尾水渠；6—非常溢洪道；7—土石坝

7.1.1.2　侧槽式溢洪道

侧槽式溢洪道的特点是水流过堰后约转 90°弯经泄水槽流入下游，如图 7.3 所示，因此水流在侧槽中的紊动和撞击都很强烈，且距坝头较近，直接关系到大坝的安全。侧槽溢洪道适用于坝址两岸地势较高，岸坡较陡的中小型水库。

图 7.2　黄壁庄水库正槽式溢洪道

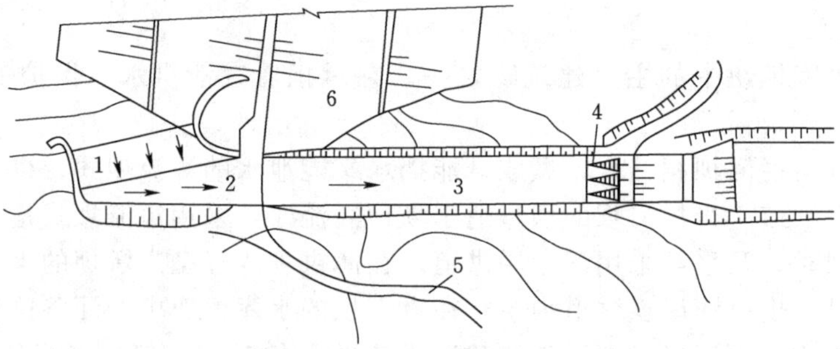

图 7.3　侧槽式溢洪道

1—溢流堰；2—侧槽；3—泄水槽；4—出口消能段；5—上坝公路；6—土石坝

7.1.1.3　井式溢洪道

井式溢洪道的形式如图 7.4 所示，它由进水喇叭口、渐变段、竖井和泄水隧洞等部分组成。进水喇叭口是一个环形的溢流堰，水流过堰后，经竖井和泄水隧洞流入下游。泄水隧洞可利用施工导流隧洞，使溢洪道的造价大为降低。井式溢洪道适用于岸坡较陡峻、地质条件好、地形条件适宜的情况。缺点是水流条件复杂，超泄能力低，我国应用较少。

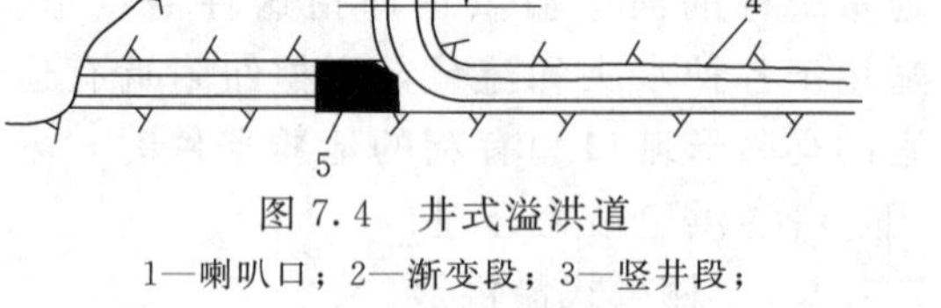

图 7.4　井式溢洪道

1—喇叭口；2—渐变段；3—竖井段；4—隧洞；5—混凝土塞

7.1.1.4　虹吸式溢洪道

虹吸式溢洪道是由具有虹吸作用的曲管和淹没在上游水位以下的进口（又称遮檐）所组成，如图 7.5 所示。在水库正常高水位以上设有通气孔，当上游水位超过正常高水位时，淹没通气孔，水流溢过曲管顶部经挑流坎下泄，虹吸作用发生而自动泄水。当水库水位下降至通气孔以下时，由于进入空气，虹吸作用自动停止。这种溢洪道的优点是可灵敏地自动调节水位，缺点是构造复杂，超泄能力较小，且易堵塞，管内易空蚀，应用较少。

7.1.1.5 非常溢洪道

在一些重要的水库中，除平时运用的正常溢洪道之外，还有非常溢洪道。它是一种保坝的重要措施，仅在发生特大洪水，正常溢洪道宣泄不及致使水库水位将要漫顶时才启用。最常用的是自溃式非常溢洪道。

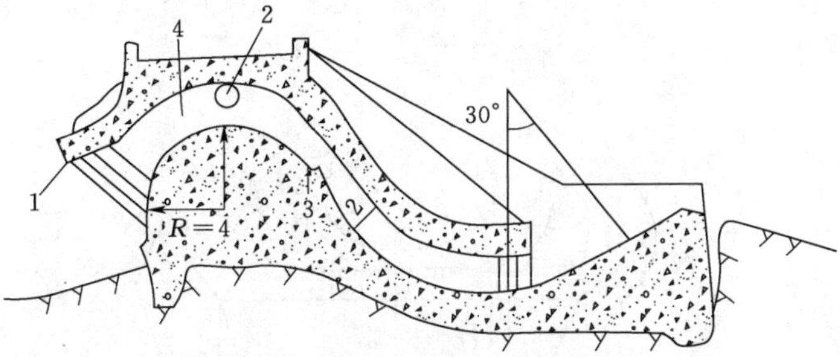

图 7.5 虹吸式溢洪道（单位：m）

1—遮檐；2—通气孔；3—挑流坎；4—曲管

自溃式非常溢洪道有漫顶溢流自溃式和引冲自溃式两种型式。

漫顶溢流自溃式由自溃坝（或堤）、溢流堰和泄槽组成。自溃坝布置在溢流堰顶面，坝体浸水自溃后可露出溢流堰顶面，下泄流量由溢流堰控制。自溃坝平时起挡水作用，当库水位达到一定的高程浸水时应能迅速溃坝泄洪。为此，坝体材料宜选择无黏性细砂土，压实标准不高，易被水流漫顶冲溃。当溢流前缘较长时，可设隔墙将自溃坝分隔为若干段，各段坝顶高程应有差异，形成分级分段启用的布置方式，以满足库区出现不同频率稀遇洪水的泄洪要求。

7.1.2 正槽式溢洪道的组成及各部分作用

正槽式溢洪道一般由引水渠、溢流堰（控制段）、泄水槽（陡槽段）、消能设施及尾水渠五部分组成，如图 7.1、图 7.2 和图 7.6 所示。

7.1.2.1 引水渠

引水渠的作用是将水库的水平顺地引至溢流堰前。

引水渠在平面上最好布置成直线。进口做成喇叭形，使水流逐渐收缩。末端接近溢流堰处，应做渐变过渡段，防止在堰前出现涡流及横向坡降，影响过水能力。渐变段由堰前导水墙形成，导水墙长度可取堰上水头的 5～6 倍。墙顶应高出最高水位。

受地形、地质条件限制，引水渠必须转弯时，弯曲半径应不小于渠底宽的 4～6 倍，并力求在堰前有一直线段以保证堰流为正向进水。

引水渠的长度应尽量缩短，如能使溢流堰直接面临水库，就不需要引水渠，堰前只做一个喇叭形进口即可。

引水渠的横断面应有足够大的尺寸，以降低流速，减小水头损失。一般渠内流速控制在 1～2m/s 以内，最大不宜超过 4m/s。

引水渠的两侧边坡，根据稳定坡度确定，两侧最好做衬砌，以减小糙率和防止冲刷。

引水渠的纵断面应做成平底或底坡度不大的反坡。当溢流堰为实用堰时，渠底在溢流堰处宜低于堰顶 0.5 倍堰顶设计水头。

7.1.2.2 溢流堰

溢流堰是溢洪道的咽喉，作用是控制水库的水位和下泄流量，所以又称为控制堰或控制段。溢流堰的位置是溢洪道纵断面的最高点。在平面上常设于坝轴线附近以利于上坝交通的布置，如图 7.1、图 7.2 和图 7.6 所示。

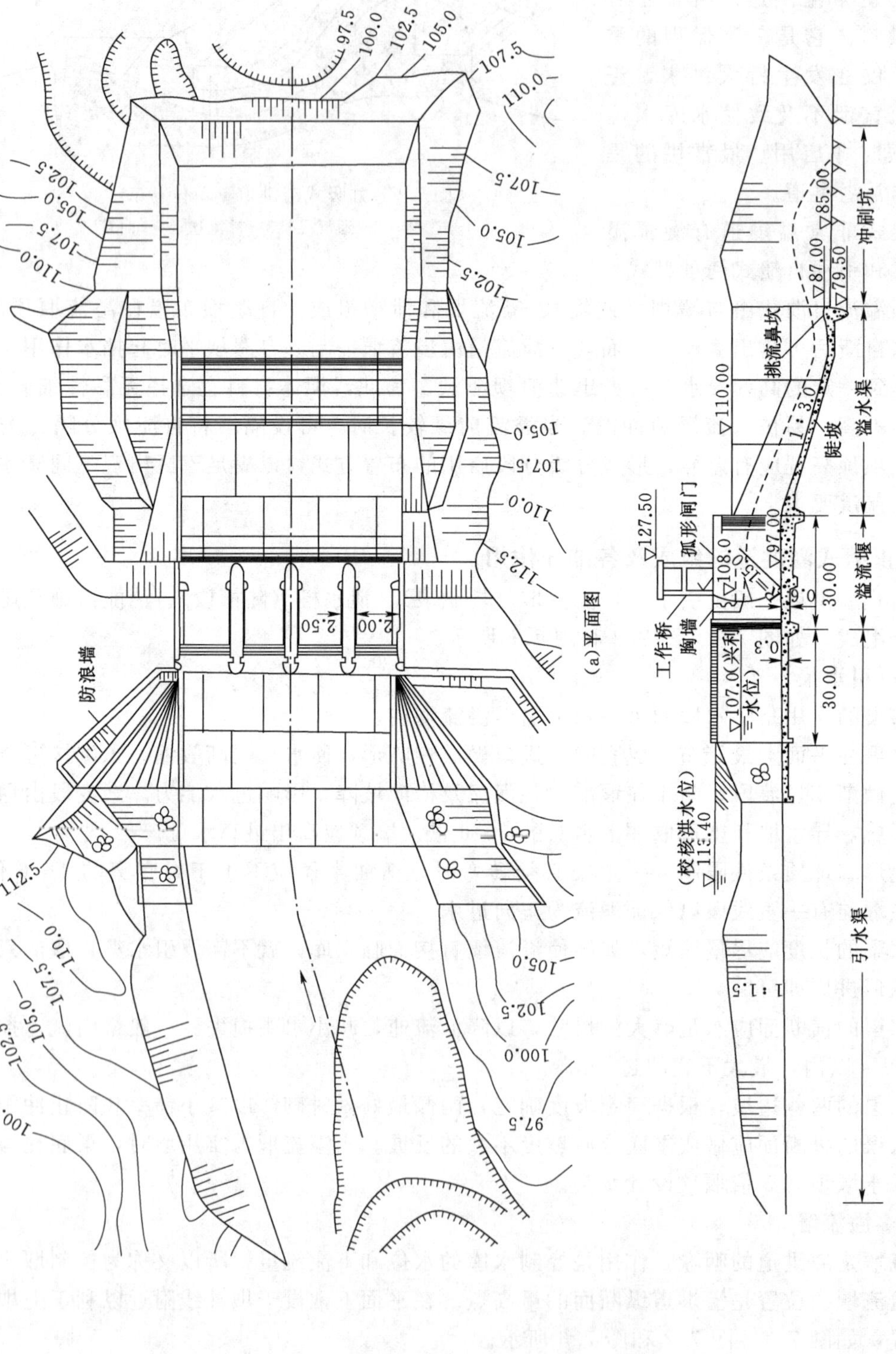

图 7.6　正槽式溢洪道平面图及纵剖面图(单位:m)

在溢洪道上常用的溢流堰的堰型为宽顶堰、实用堰。实用堰的断面形式很多，在溢洪道上经常采用的有WES堰和驼峰堰。

7.1.2.3 泄水槽

泄水槽是开敞式溢洪道的一个重要组成部分，它的布置是否合理，关系到能否使水流安全泄往下游。泄水槽的特点是坡陡、流急。槽内水流的流速高、紊动剧烈、惯性力大，对边界条件的变化非常敏感。如果边墙稍有偏折，就要引起冲击波，对下游消能不利。如槽壁不平整时，极易产生空蚀破坏。

泄水槽在平面上应尽量等宽、直线、对称布置，尽量避免转弯或变断面，以使水流平顺。但有时为节省开挖方量，常在泄水槽首端设收缩段，末端设置扩散段。有时由于地形、地质条件的原因，必须设置弯曲段。无论是收缩段、扩散段或弯曲段，都必须有适宜的轮廓尺寸。

泄水槽的纵坡，通常根据地形、地质条件确定。为使水流平顺和便于施工，坡度变化不宜太多。坡度由陡变缓，泄水槽极易遭到动水压力的破坏，应尽量避免。如果采用由陡变缓的连接形式时，应在变坡处用反弧连接，反弧半径应不小于8～10倍的水深。当坡度由缓变陡时，应在变坡点处用抛物线连接，以免产生负压。

泄水槽的横断面应尽可能做成矩形并加衬砌。当地基为坚硬岩基时，可考虑不衬砌。土基上的泄水槽可以做成梯形，但边坡不宜太缓，以免水流外溢。泄水槽的衬砌必须光滑平整、止水可靠、排水畅通、坚固耐用。

岩基上的中小型工程，可用浆砌条石或块石衬砌；大中型工程和土基上的泄水槽通常采用混凝土衬砌。

泄水槽的衬砌上应设伸缩缝将衬砌分为块状，以防裂缝的产生。岩基上缝的间距一般采用6～12m，土基上可采用间距15m或更大。缝内做止水，防止高速水流钻入底板，将底板掀起。缝应做成搭接式或榫槽式，如图7.7所示。

底板的排水设备，一般设在纵、横伸缩缝的下面，渗水由横向排水集中到纵向排水内排入下游。岩基上的横向排水设备通常是在岩面上开挖沟槽而成。沟槽尺寸一般为30cm×30cm，沟内填不易风化的碎石，上面用混凝土板或沥青油毛毡等盖好，以防堵塞。纵向排水设备也可在沟槽内埋碎石，但通常是在沟内放置缸瓦管，直径一般为10～20cm，管的接口不封闭，以便渗水进入管内。管的周围填满块石，顶部盖好，再浇筑混凝土。为了排水通畅可靠，纵向排水至少应有两条以上。土基上或较差的岩基上，常在底板下面设置约30cm厚的碎石垫层，如图7.8所示，形成平面排水。如为黏土地基，应先铺一层20～50cm的砂砾垫层，垫层上再铺碎石排水层；或在砂砾垫层中做纵、横排水管，管周做反滤层。

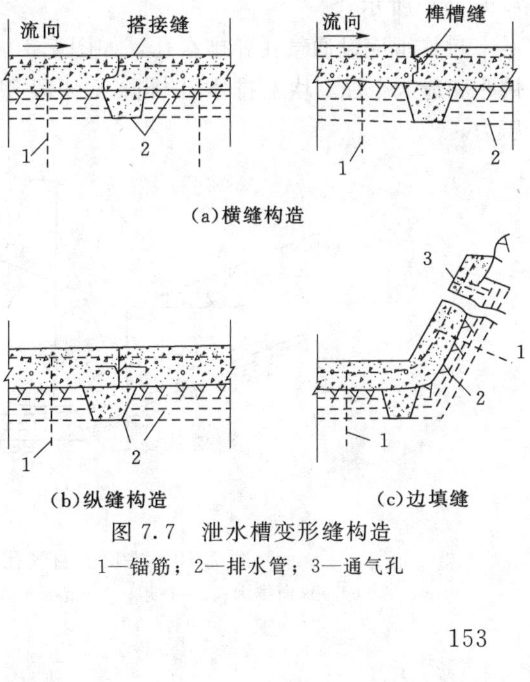

图7.7 泄水槽变形缝构造

1—锚筋；2—排水管；3—通气孔

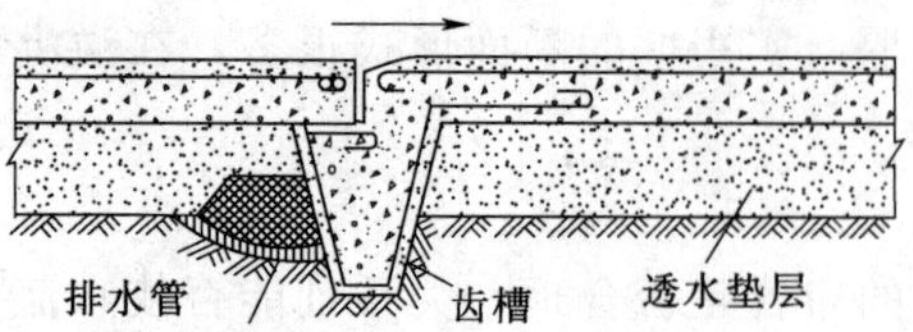

图 7.8　泄水槽底板构造示意图

泄水槽边墙的构造，与底板基本相同。边墙的横缝间距和底板一致，缝内设止水，其后设排水并与底板下的横向排水管连通。为排水顺畅，在排水管顶部设置通气孔，如图 7.7（d）所示。边墙的断面型式根据地基条件和泄水槽横断面形状确定，可以是衬砌式或挡土墙式。泄槽两侧应设平台，以利交通。

7.1.2.4　消能设施和尾水渠

溢洪道消能设施的方式主要有两种：一种是底流消能，适用于地质条件较差或溢洪道出口距坝较近的情况；另一种是挑流消能，适用于较好的岩基或挑流冲刷坑不影响建筑物安全时，这是溢洪道中应用较多的一种形式。

挑流坎的结构形式，一般有两种：一种是重力式，图 7.9（a）所示；另一种是衬砌式，图 7.9（b）所示。后者适用于坚硬完整的岩基上，并用锚筋与岩石连接起来。

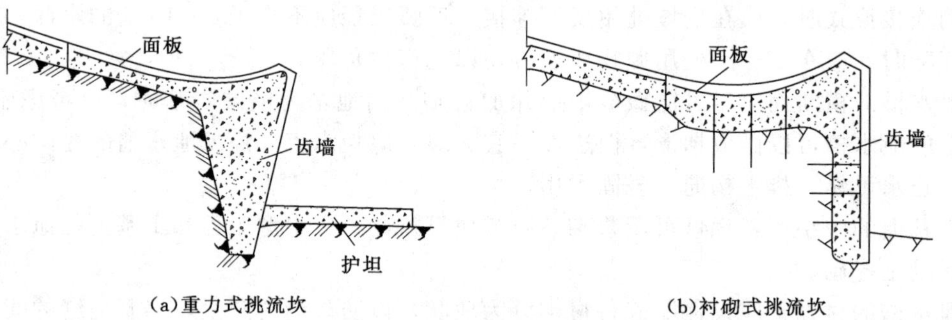

图 7.9　挑流坎的结构型式

挑坎末端做一道深齿墙，可以保护地基不被冲刷，其底部高程应位于冲刷坑可能影响的深度以下。为防止小流量时产生贴流冲刷齿墙底脚，可在挑坎下游做一段护坦，如图 7.9（a）所示。

挑坎上应设通气孔和排水孔，如图 7.10 所示。通气孔向水舌下补气，以免形成真空影响挑距和造成空蚀。坎上排水孔排除反弧段积水；坎下排水孔排除渗流，降低齿墙后的渗透压力。

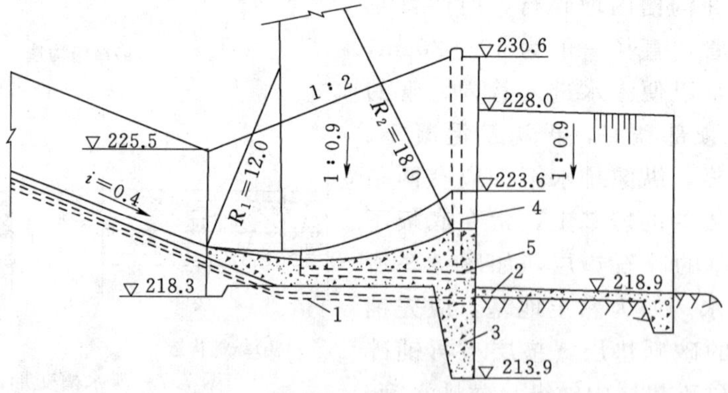

图 7.10　挑坎上通气孔和排水孔布置图（单位：m）

1—纵向排水；2—护坦；3—混凝土齿墙；4—ϕ50cm 通气孔；5—ϕ10cm 排水管

尾水渠是将经过消能后的水流，比较平稳地泄入原河道。它是利用天然的山冲或河沟，必要时加以适当的整理。当地形条件良好时，尾水渠可能很短，甚至在消能后直接进入原河道。布置尾水渠时，应尽量做到短、直，并尽量少占农田。尾水渠的底坡应尽量接近于下游原河道的平均底坡。

7.2 溢洪道的检查与养护

7.2.1 溢洪道的检查观测

7.2.1.1 溢洪道检查的内容

溢洪道的检查包括以下内容：

(1) 引水渠有无坍塌、崩岸、淤堵或其他阻水现象；流态是否正常。

(2) 内外侧边坡有无冲刷、开裂、崩塌及滑移迹象，护面及支护结构有无变形、裂缝及错位。岸坡地下水露头有无异常，表面排水设施和排水孔工作是否正常。

(3) 堰顶或闸室、闸墩、胸墙、边墙、溢流面、底板有无裂缝、渗水、剥落、冲刷、磨损、空蚀等现象；伸缩缝、排水孔是否完好。

(4) 消能工有无冲刷、磨损、淘刷或砂石、杂物堆积等现象，下游河床及岸坡有无异常冲刷、淤积和渡浪冲击破坏等情况。

(5) 工作桥是否有不均匀沉陷、裂缝、断裂等现象。

(6) 闸门有无变形、裂纹、脱焊、锈蚀及损坏现象；门槽有无卡堵、气蚀等情况；启闭是否灵活；开度指示器是否清晰、准确；止水设施是否完好；吊点结构是否牢固；栏杆、螺杆等有无锈蚀、裂缝、弯曲等现象。钢丝绳或节链有无锈蚀、断丝等现象。

(7) 启闭机能否正常工作；制动、限位设备是否准确有效；电源、传动、润滑等系统是否正常；启闭是否灵活可靠；备用电源及手动启闭是否可靠。

7.2.1.2 溢洪道检查的方法和要求

(1) 检查方法。

1) 常规检查方法主要为眼看、耳听、手摸、鼻嗅、脚踩等直观方法，或辅以锤、钎、钢卷尺、放大镜等简单工具器材，对工程表面和异常现象进行检查。对安装了视频监控系统的溢洪道，可利用视频图像辅助检查。

2) 特殊检查方法可采用开挖探坑（或槽）、探井、钻孔取样或孔内电视、向孔内注水试验，投放化学试剂、潜水员探摸或水下电视、水下摄影或录像等方法，对工程内部、水下部位或基础进行检查。在有条件的地方。可采用水下多波束等设备对库底淤积、岸坡崩塌堆积体等进行检查。

(2) 检查要求。

1) 日常巡视检查人员应相对稳定，检查时应带好必要的辅助工具和记录笔、簿以及照相机、录像机等设备。

2) 汛期高水位情况下进行巡查时，宜由数人列队进行拉网式检查，防止疏漏。

3) 年度巡视检查和特别巡视检查，均应制定详细的检查计划并做好如下准备工作：安排好水库调度，为检查输水、泄水建筑物或进行水下检查创造条件；做好电力安排，为检查工作提供必要的动力和照明；排干检查部位的积水，清除检查部位的堆积物；安装或搭设临时交通设施，便于检查人员行动和接近检查部位；采取安全防范措施，确保检查工作、设备及人身安全；准备好工具、设备、车辆或船只，以及量测、记录、绘草图、照相机、录像机等。

7.2.1.3　泄水建筑物的水力学观测

泄水建筑物的水力学观测包括压强、流速、流量、水面线、消能、冲刷、振动、通气、掺气、空化空蚀、泄洪雾化等项目的观测。

（1）压强。

压强观测分为时均压强观测与脉动压强观测，当泄水建筑物进出口水位差超过 80～100m 时，应进行压强观测。压强观测点应能反映过水表面压强分布特征，宜布置在以下部位：

1）闸孔中线，闸墩两侧和下游。

2）溢流堰的堰顶、下游反弧及下切点附近以及其相应位置的边墙等处。

3）过水边界不平顺及突变等部位，如闸门门槽下游边壁、挑流鼻坎、消力墩侧壁等。

4）水舌冲击区、高速水流区及掺气空腔等。

观测方法：一般时均压强可用测压管、压力表进行测量；瞬时压强及脉动压强可采用压力传感器测量。

压强观测时，应同时记录工程的运行情况，如库水位、闸门开度、流量等，并分析各物理量之间的相关关系。

（2）流速。

流速观测点的布置应根据水流流态、掺气及消能冲刷等情况确定。宜布置在建筑物进水口、挑流鼻坎末端、反弧段、溢流坝面、渠槽底部、局部突变处、下游回流及上下游航道等部位。

流速可采用浮标、流速仪、毕托管等进行观测。

浮标测速法适于观测水流表面流速。浮标的修正系数应事先率定。观测浮标的方法有目测法、普通摄影法、连续摄影法、高速摄影法，以及经纬仪立体摄影法和经纬仪交会测量法等。

流速仪测速法应符合以下规定：

1）当流速不超过 7m/s 时，可采用超声波流速仪或超声波流速剖面仪进行测量。

2）当流速较低时，可采用旋杯式和旋桨式流速仪进行测量。

3）毕托管测速法系通过测量传感器的动水压强和静水压强之差来测量流速。

（3）流量。

在需要对过水建筑物的流量进行复核时，应进行流量观测。流量的测量方法应根据建筑物特点、尺寸、水头、流量、量测精度和现场条件等因素确定。

流量测量断面应布置在水流平顺的位置。对于固定测流断面，应将断面布置在稳定地段，而临时测流断面，可视泄水建筑物具体情况而定。

观测可用水文测验方法和直接在各种过水建筑物上进行观测。

直接观测法分为以下几种情况：

1）当泄流量不超过 $0.02\sim10m^3/s$ 时，可采用容积法测流量。

2）对于规则断面，可利用流速仪测量断面的流速分布，以确定过流流量。

3）当水库库容较小、进库流量比较稳定且水位-库容曲线较陡时，可采用水库容积法估算流量。

4）当流速不超过 7m/s 时，可采用断面流速仪法测量流量。

（4）水面线。

水面线观测包括溢洪道水面、挑射水舌轨迹线及水跃波动水面等内容，有以下几种观测方法：

1）溢洪道水面线可用直角坐标网格法、水尺法或摄影法测量。

2）挑流水舌轨迹线可用经纬仪测量水舌出射角、入射角、水舌厚度，可用立体摄影测量平面扩散等。

3）水跃长度及平面形态可在两岸布设若干水位计或水尺进行测量，也可采用摄像或照相的方式记录。

4）水位波动较大的部位，宜沿程布置一定数量的波高仪，以正确反映过水建筑物在运行期间水位变化的过程和特性。

（5）消能。

消能观测的内容包括水流形态的测量和消能率的计算。分析消能率时，应在下游河段水流相对平稳的地方设置断面，根据测量断面的水位和流量，推求消能率。

底流消能观测应注意以下方面：

1）底流消能观测的重点应是水流从急流状态变到缓流状态时水面产生水跃的水力现象，包括水跃长度及跃前、跃后水深，水跃的形式、形态和流速等。

2）水跃长度及跃前、跃后水深，可通过设于侧墙上的方格网、水尺组、压力传感器或波高仪等进行测量。

3）当消力池中流速大于 15m/s 时，应观测消能设施和底板有无空蚀发生。

挑流消能观测应注意以下方面：

1）挑流消能观测分为挑流测量和水垫消能测量两部分。

2）测量水舌剖面轨迹、平面扩散覆盖范围，碰撞挑流加测撞击位置。

3）射流跌入下游尾水后，应观测水舌入水位置，平面水流流态，激溅水体影响范围，水面波动影响范围及雾化强度等。

（6）冲刷。

冲刷观测的重点应为溢流面、闸门下游底板、侧墙、消力池、辅助消能工、消力戽及泄水建筑物下游尾水渠和护坦底板等处有无冲刷破坏。水上部分可直接目测和量测；水下部分采用抽干检查法、测深法、压气沉柜检测法及水下电视检查法等。

局部冲刷观测应测定冲坑位置、深度、形态及范围。

采用抽干检查法时，还应对冲刷岩石的节理裂隙、断层等情况进行描述记录。

采用面流、戽流等消能时，应对鼻坎齿槽、冲坑底部与其他建筑物衔接处易受旋滚及挟带砂石淘刷的部位进行检查观测，并详细记录淘刷部位、范围、深度，绘制平面图及剖面图。

在溢洪道下游应根据基础条件及泄流条件，选择若干有代表性的纵横断面，测量淤积物分布范围、厚度和组成。

（7）振动。

泄水时易导致振动的部位，如闸门段、导墙、溢流厂房顶部面板等应进行振动观测。振动观测主要分为动力特性观测和振动响应观测两类。

振动测点应布置在能够反映结构整体和主要部件（或位置）动态响应的位置上，如闸门结构的主纵梁、主横梁和面板等。

振动观测仪器主要有加速度计、速度传感器、位移传感器、力传感器、应变片和信号放大器等。

（8）通气。

通气主要观测的内容应包括泄水管道的工作闸门、事故闸门、检修闸门、掺气槽坎、泄洪洞的补气洞，及水电引水管道的快速闸门下游等处通气管道的通气情况。

通气量可根据测量断面的平均风速计算确定。通气风速可采用毕托管法、风速仪法进行测量。

（9）掺气。

掺气观测的内容分为水流表面自然掺气及掺气设施的强迫掺气。自然掺气的观测内容为沿程水深的变化和掺气浓度分布。设有掺气设施的泄水建筑物的掺气观测内容为掺气空腔内的负压、掺气坎后掺气空腔的长度、水舌落点附近的冲击压强和沿程底部水流掺气浓度分布。

掺气浓度观测断面宜布置在掺气设施后的空腔末端及其下游，其数量可根据水流条件、掺气设施的型式和尺寸等条件确定。在进行掺气浓度观测时，应同时进行水位、流量、流速、压力等观测。

水中掺气量应采用以下两种测量方法：

1）测量过水断面的掺气水深，与不掺气水深比较确定断面平均掺气量。

2）测量沿水深方向的掺气量，确定沿水流方向各点的掺气浓度及底部掺气浓度。

近壁水流掺气浓度宜采用电阻法，也可用取样法、测压管法、气液计时法和同位素法。

（10）空化空蚀。

空化观测的主要内容为空化噪声和分离区的动水压强。当泄水建筑物具备下列条件之一时应进行空化观测：

1）水流流速大于30m/s，最小水流空化数不大于0.3。

2）设置有新型掺气减蚀设施或新型消能工。

3）过流边界和水流特性发生突变的部位。

空化测点应布置在可能发生空化水流的空化源附近。泄水建筑物的闸门槽、反弧段、扩散段、分岔口、差动式挑坎、辅助消能工等对水流有扰动的部位，也是空化观测的重点。

保证空化源与空化噪声测点之间的传声通道畅通，避免气流隔离空化源与空化噪声测点。

空化现象可用水下噪声测试仪观测。

对可能发生空化水流的泄水建筑物应进行空蚀观测。空蚀观测的主要内容有空蚀部位、空蚀坑的平面形状及特征尺寸、空蚀坑最大深度。

空蚀破坏可用目测、摄影、拓模等计量。

(11) 泄洪雾化。

在溢洪道下游两岸岸坡、开关站、高压电线出线处、发电厂房等受泄洪雾化影响的部位应布置测点，进行雾化观测。

泄洪雾化可用雨量计等进行测量。

7.2.2 溢洪道的养护

溢洪道的安全泄洪是确保水库安全的关键。对大多数水库的溢洪道，泄水机会并不多，宣泄大流量的机会则更少，有的几年或十几年才遇上一次。但由于大洪水出现的随机性，溢洪道要做好每年过大洪水的准备，这就要求我们把工作的重点放在日常养护上，确保溢洪道能正常工作。

(1) 检查水库的集水面积、库容、地形地质条件和水、沙量等规划设计基本资料，按设计要求的防洪标准，验算溢洪道的过流尺寸。当过流尺寸不满足要求时，应采取各种措施予以解决。

(2) 检查开挖断面尺寸，检查溢洪道的宽度和深度是否达到设计标准；观测汛期过水时是否达到设计的过水能力，每年汛后检查观测各组成部分有无淤积或坍塌堵塞现象；还应注意检查拦鱼栅和交通桥等建筑物对溢洪道过水能力的影响等。通过检查，如果发现问题应及时采取措施进行处理。

(3) 应经常检查溢洪道建筑物结构完好情况，经常检查溢洪道的闸墩、底板、胸墙、消力池等结构有无裂缝及渗水现象，陡坡段底板有无被冲刷、淘空、气蚀等现象，发现问题应及时采取措施处理。

(4) 应注意检查溢洪道消能效果。溢洪道消能效果的好坏，关系到工程的安全。消力池消能应注意观察水跃产生情况。挑流消能要注意观察鼻坎挑流的水流是否冲刷坝脚，产生的冲刷坑深度是否有继续扩大。

(5) 做好控制闸门的日常养护，确保闸门正常工作。

(6) 严禁在溢洪道周围爆破、取土、修建无关建筑。注意清除溢洪道周围的漂浮物及影响溢洪道泄洪的杂物，禁止在溢洪道上堆放重物。

7.3 溢洪道的病害处理

7.3.1 溢洪道的病害及处理

溢洪道建筑物通常采用混凝土结构，其结构物的破坏原因很多。这里重点介绍溢洪道因高速水流引起的病害及处理方法。对于其他原因引起的破坏，可根据破坏的原因，采用前面所讲的有关措施和方法加以处理。

7.3.1.1 动水压力引起的底板掀起及处理

溢洪道在泄水时，由于坡陡流急，陡槽段的高速水流，不仅冲击陡槽段的边墙，造成边墙冲毁，威胁溢洪道本身的安全。而且由于泄槽段内流速大，流态混乱，再加上底板不平整，止水不良，高速水流钻到底板以下而又不能及时排除，就会造成上下压差，底板在脉动和压差的作用下掀起破坏。例如墨西哥的马尔帕索堆石坝水库溢洪道泄水槽的衬砌于1970年被破坏，其衬砌厚度达2m，每块重720t，且用12ϕ30的钢筋与基岩锚锭，在强大的动水压力作用下，衬砌仍然被掀起，锚筋全部被拉断。这类破坏的实例国内也不少。

这类破坏处理的措施是重新浇筑底板，采用图7.8所示的底板结构，重新设止水，底板下设排水，底板与基岩间加设锚筋，并严格控制底板的平整度。

7.3.1.2　弯道水流的影响及处理

有些溢洪道因受地形、地质条件的限制，泄槽段陡坡必须建在弯道上，如果弯道轮廓尺寸或弯道渠底横向比降不合理，高速水流进入弯道，水流因受到惯性力和离心力的作用，互相折冲撞击，形成冲击波，使弯道外侧水位明显高于内侧，形成横向高差，弯道半径越小、流速越大，则横向水面坡降也越大。有的工程由此产生水流漫过翼墙顶面，使墙后填土受到冲刷、翼墙向外倾倒，有的甚至被冲走，出现更为严重的事故。

减小弯道水流影响的措施一般有两种：一是将弯道外侧的渠底抬高，使泄水槽有横向坡度，水体经过时产生横向的重力分力，与弯道水流的离心力相平衡，从而减小边墙对水流的影响；二是在进弯道处设置分流隔墩，使集中的水面横比降由分流隔墩分散，如图7.11所示。

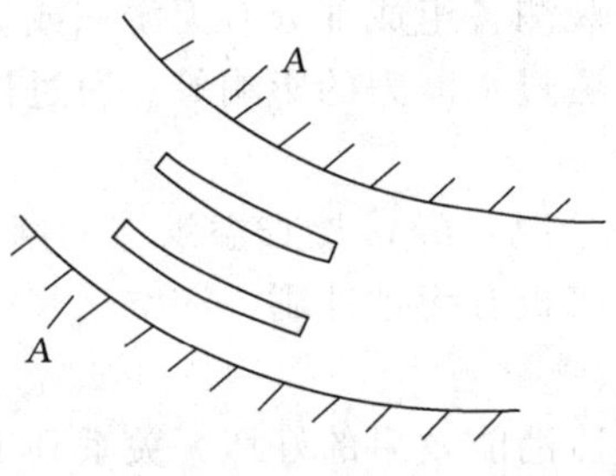

(a)分流墩平面图

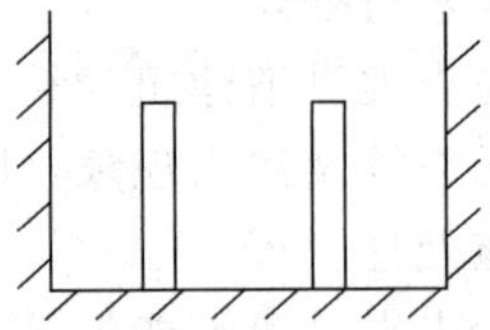

(b)分流墩横剖面图(A—A)

图7.11　弯道分流隔墩布置示意图

7.3.1.3　地基土掏空破坏及处理

当泄水槽底板下面为软基时，由于底板接缝处地基土被高速水流引起的负压吸空，或者板下排水管周围的反滤层失效，土壤颗粒随水流经排水管排出，均容易引起地基被掏空，造成底板断裂等破坏。对这种破坏的处理，首先应做好接缝处反滤，并增设止水。对于排水管周围的反滤层失效引起的地基土被掏空，应对排水管周围的反滤层重新翻修，以满足排水滤土的要求。

7.3.1.4　排水系统失效的处理

泄水槽段底板下设置排水系统是消除浮托力、渗透压力的有效措施。排水系统能否正常工作，在很大程度上决定底板是否安全可靠。

排水系统失效一般需翻修重做。

7.3.1.5　泄水槽底板下滑的处理

泄水槽底板可能因摩擦系数小、底板下扬压力大、底板自重轻等原因，在高速水流拖拽作用下向下滑动。为防止土基上的底板向下滑动，可在每块底板端部做一段横向齿墙，齿墙深度约0.4～0.5m，如图7.8所示。若底板自重不够，可在板下设置钢筋混凝土桩，即在底板上钻孔，并深入地基1～2m，然后浇筑钢筋混凝土成桩，并使桩顶与底板连接。岩基上的底板，自重较轻，可用锚筋加固。锚筋可用20mm以上的粗钢筋，埋入深度1～2m，上端应很好地嵌固在底板内。

7.3.1.6 气蚀的处理

泄水槽段气蚀产生的主要原因是边界条件不好所引起的，如底板、翼墙表面不平整，弯道不符合流线形状，底板纵坡由缓变陡处处理不合理等均容易产生气蚀。对气蚀的处理，一方面可通过改善边界条件，尽量防止气蚀产生；另一方面需对产生气蚀的部位进行修补；修补的方法可参见第5章的有关内容。

许多管理单位总结了工程运用中的经验教训，把在高速水流下保证底板结构安全的措施归结为四个方面，即"封、排、压、光"。"封"要求截断渗流，用防渗帷幕、齿墙、止水等防渗措施隔离渗流；"排"要做好排水系统，将未截住的渗流妥善排出；"压"利用底板自重压住浮托力和脉动压力，使其不漂起；"光"要求底板表面光滑平整，彻底清除施工时残留的钢筋头等不平整因素。以上四个方面是相辅相成、互相配合的。

7.3.2 溢洪道泄洪能力不足的主要原因

溢洪道泄洪能力不足，是导致很多水库垮坝的一个重要原因。根据《全国水库垮坝登记册》的统计，在垮坝的总数中，漫坝占51.5%，其中因泄洪能力不足，漫坝失事的占42%。造成溢洪道泄洪能力不足的主要原因有以下几个方面：

（1）原始资料不可靠。有的水库集雨面积的计算值远小于实际来水面积；有的水库降雨资料不准，与实际不符；有的水库容积关系曲线不对，实际的库容比设计的小等。

（2）水库的设计防洪标准偏低，设计洪水偏小。

（3）溢洪道开挖断面不足，未达到设计要求的宽度和高程等。

（4）溢洪道控制段前淤积及设置拦鱼设施等碍洪设施。

（5）在计算中未考虑溢洪道控制段前较长引水渠的水头损失。

7.3.3 加大溢洪道泄洪能力的措施

溢洪道的泄洪能力主要取决于控制段。因溢洪道控制段的大多水流是堰流，因此根据堰流公式分析溢洪道的泄洪能力，要加大溢洪道泄洪能力，可采取以下措施：

（1）加高大坝。通过加高大坝，抬高上游库水位，增大堰顶水头。这种措施应以满足大坝本身安全和经济合理为前提。

（2）改建和增设溢洪道。通过改建溢洪道可增大溢洪道的泄洪能力，具体措施如下：

1）降低溢洪道底板高程。这种方法会降低水库效益。但如果降低溢洪道底板高程不多就能满足泄洪能力时，在降低的高度上设置简易闸，在洪水来临前将闸门移走，保证泄洪；洪水后期，关闭闸门，使库水回升，可避免或减小水库效益的降低。

2）加宽溢洪道。当溢洪道岸坡不高，加宽溢洪道所需开挖量不很大时，可以采用。

3）采用流量系数较大的堰坎。不同堰型的流量系数不同，同种堰型的形状不同，流量系数也不一样。宽顶堰的流量系数一般为0.32～0.385，实用堰的流量系数一般为

0.42～0.44。因此，当所需增加的泄洪能力的幅度不大，扩宽或增建溢洪道有困难时，在条件允许的情况下，可将宽顶堰改为流量系数较大的曲线形实用堰，以增大泄洪能力。

4）增大侧向收缩系数。侧向收缩系数的大小与闸墩和边墩墩头的平面形状有直接关系，改善闸墩和边墩的头部平面形状如将半圆形改为流线形，可提高侧收缩系数，从而增加泄洪能力。

在有条件的情况下，也可增设新的溢洪道。

(3) 加强溢洪道日常管理。减小闸前泥沙淤积，及时清除拦鱼等妨碍泄洪的设施，可增加溢洪道的泄洪能力。

思　考　题

1. 溢洪道的类型有哪些？
2. 溢洪道由哪几部分组成？
3. 溢洪道检查的内容有哪些？
4. 溢洪道检查的方法和要求有哪些？
5. 泄水建筑物水力学观测的项目有哪些？
6. 泄水建筑物水力学观测的方法和要求有哪些？
7. 溢洪道常见的病害有哪些方法？如何处理？
8. 溢洪道泄洪能力不足的主要原因有哪些？
9. 加大溢洪道泄洪能力的措施有哪些？

第8章 渠系建筑物的养护与管理

8.1 概 述

8.1.1 渠系建筑物的类型

渠系建筑物属于渠系配套建筑物，承担灌区或城市供水的输配水任务，按照用途可分为控制建筑物、泄水建筑物、交叉建筑物、落差建筑物、冲沉沙建筑物、量水建筑物等。

（1）控制建筑物。也称配水建筑物，主要用于控制渠道的水位和分配流量，以满足各级渠道输水、配水和灌水的要求，常见的有进水闸、分水闸、节制闸等。

（2）泄水建筑物。指为了保护渠道及建筑物安全或进行维修，用以泄放多余洪水或放空渠水的建筑物，常用的有泄水闸、退水闸、溢洪堰、泄洪渠。

（3）交叉建筑物。指渠道与高山、山谷、洼地、河沟、道路或其他渠道等相交叉时，修建的用以跨越障碍的建筑物，常用的建筑物有渡槽、倒虹吸管、涵管（涵洞）和桥梁。

（4）落差建筑物。也称连接（或衔接建筑物），当渠道通过地面坡度较大的地段时，为了使渠道纵坡符合设计要求，避免深挖高填，将渠道落差集中而修建的建筑物，常用的有陡坡和跌水。

（5）冲沉沙建筑物。是指为了防止和减少渠道淤积，在渠首或渠系中修建的沉沙及冲沙设施，常用的有沉沙池、沉沙条渠、冲沙闸。

（6）量水建筑物。用于量测渠道水位和流量，实现计量用水的目的。实际中可以借助过水建筑测量，也有专设的各种量水堰。

8.1.2 常见渠系建筑物的构成

1. 渠道

渠道是主要的输水建筑物，正常工作时要求渠道断面不冲不淤。灌区固定渠道一般分为干渠、支渠、斗渠、农渠4级，干渠、支渠主要起输水作用，称为输水渠道；斗渠、农渠主要起配水作用，称为配水渠道。渠道横断面的型式有梯形、矩形、抛物线形、U形和复式断面等。渠道按照结构型式分为挖方渠道、填方渠道和半挖半填渠道3种类型。

2. 隧洞

隧洞按照洞内水力条件不同分为无压隧洞和有压隧洞。无压隧洞输水时，一般有自由的水表面；有压隧洞输水时，水流完全充满洞体，没有自由的水表面。有压隧洞断面一般采用圆形；无压隧洞一般采用马蹄形或城门洞形。隧洞一般由进口段、洞身段和出口段3部分组成。进口段主要由曲线段、拦污栅、闸室段、渐变段、通气孔和平压管等组成。出口段主要由扩散段和消能设施组成。

3. 渡槽

渡槽是跨越河渠、道路、山谷、洼地的架空输水建筑物，又称过水桥。渡槽一般由槽身、支承结构、基础及进出口建筑物等部分组成。槽身断面型式有 U 形槽、矩形槽及抛物线形槽等；支承结构有梁式、拱式及桁架式等；槽身有木制槽、砖石槽、混凝土槽、钢筋混凝土槽及钢丝网水泥槽等；混凝土渡槽有现浇整体式渡槽、装配式渡槽及预应力渡槽等。

4. 倒虹吸管及涵管

倒虹吸管是指渠道穿越山谷、河流、洼地、道路或其他渠道时设置的压力输水管道。倒虹吸管一般由进口段、管身段和出口段 3 部分组成，管身断面型式有圆形、箱形和城门洞形等。倒虹吸管根据管路埋设情况和高差大小分为竖井式、斜管式、曲线式、桥式 4 种类型。涵管是指输水管道穿越高地的交叉建筑物，有路下涵管、渠下涵管、堤下涵管、坝下涵管等。根据管内水力条件分为有压和无压两种。涵管一般由进口段、管身段和出口段 3 部分组成。

8.1.3　渠系建筑物正常工作的基本条件

（1）过水能力符合设计要求，能够迅速、准确地控制运行。

（2）建筑物各个部分始终保持清洁、完整，没有变形和损坏。

（3）护底、护坡和挡土墙均填实，且无危险渗流。

（4）建筑物及其上下游没有磨损、冲刷、淤积现象。

（5）建筑物上游壅高水位不超过设计水位。

（6）闸门及启闭机工作正常，闸门与门槽无漏水现象。

8.1.4　渠系建筑物的工作特点

（1）输送水流随机变化大。输水流量、水位和流速常受水源条件、用水情况和渠系建筑物的状态发生较大而频繁的变化，灌溉渠道行水与停水受季节和降雨影响显著，维护管理应与此相适应。

（2）过水断面受冲淤影响会发生变化。应经常检查维护，保证过水断面的完整。

（3）环境多变，受力条件复杂。位于深水或地下的渠系建筑物，除要承受较大的山岩压力（或土压力）、渗透压力外，还要承受巨大的水头压力及高速水流的冲击作用力。在地面的建筑物又要经受温差作用、冻融作用、冻胀作用以及各种侵蚀作用，这些作用极易使建筑物发生破坏。

（4）高速水流作用。这种作用容易使渠系建筑物产生冲磨和气蚀破坏，水流脉动还会引起振动。

（5）工作条件差异大。在一个工程中，渠系建筑物数量多，分布范围大，所处地形条件和水文地质条件复杂，受到自然破坏和人为破坏的因素较多，且交通运输不便，维修施工不便，管理难度较大。

8.2　渠道的养护与修理

8.2.1　渠道的检查与养护

8.2.1.1　渠道的检查

（1）经常性检查，包括平时检查和汛期检查。平时检查着重检查干渠、支渠渠堤险段。检查渠堤上有无雨淋沟、浪窝、洞穴、裂缝、滑坡、塌岸、淤积、杂草滋生等现象；检查路口及交叉建筑物连接处是否合乎要求，同时还应检查渠道保护区有无人为乱挖滥垦等破坏现象。汛期检查主要是检查防汛的准备情况和具体措施的落实情况。

（2）临时性检查，主要包括在大雨中、台风后和地震后的检查。着重检查有无沉陷、裂缝、崩塌及渗漏等情况。

（3）定期检查，主要包括汛前、汛后、封冻前、解冻后进行的检查，当发现薄弱环节和问题，应及时采取措施，加以修复解决。对北方地区冬灌渠道，应注意冰凌冻害的影响。

（4）渠道行水期间的检查。渠道行水期间应检查观测各渠段流态，是否存在阻水、冲刷、淤积和渗漏损坏等现象，有无较大漂浮物冲击渠坡和风浪影响，渠顶超高是否足够等。

8.2.1.2 渠道的养护

渠道的日常维护工作有以下内容：

（1）严禁在渠道上拦坝壅水，任意挖堤取水，或在渠堤上铲草取土、种植庄稼和放牧等，以保证渠道正常运行。在填方渠道附近，不准取土、挖坑、打井、植树和开荒种地，以免渠堤滑坡和溃决。

（2）严禁超标准输水，以防漫溢。严禁在渠堤堆放杂物和违章修建建筑物。严禁超载车辆在渠堤上行驶，以防压坏渠堤。

（3）防止渠道淤积，有坡水入渠要求的应在入口处修建防沙防冲设施。及时清除渠道中的杂草杂物，以免阻水。严禁向渠道内倾倒垃圾和排污。

（4）在灌溉供水期应沿渠堤认真仔细检查，发现漏水渗水以及渠道崩塌、裂缝等险情应及时采取处理措施，以防止险情进一步恶化。检查时发现隐患应做好记录，以便停水后彻底处理。

（5）做好渠道的其他辅助设施的维护与管理工作。这些辅助设施有量水设施与设备、安全监控仪器设备、排水闸、跌水及两岸交通桥等。

8.2.2 渠道常见病害及成因

渠道常见病害有裂缝、沉陷、滑坡、渗漏、冲刷、淤积、冻胀、蚁害等病害。其中裂缝、沉陷、渗漏、蚁害与土石坝的病害原因类似。以下仅就严重影响渠道输水，或危及渠道安全的常见病害加以分析。

1. 淤积与冲刷

渠道冲刷的主要原因是渠道土质较差、比降过大、水深流急、风浪冲击、施工质量差和运用管理不善等。冲刷主要发生在渠道窄深段、转弯段凹侧及陡坡段，这些渠段水流不平顺且流速大，往往造成冲刷。渠道淤积主要是由于坡水入渠挟带大量泥沙所致，此外，有些灌渠引水水源含沙量大，取水口防沙效果不好也会带来泥沙淤积。

2. 渠道滑坡

渠道产生滑坡的原因很复杂，归纳起来有如下几方面：

1）基体抗剪强度低，如由软弱岩石及覆盖土所组成的斜坡，在雨季或浸水后，抗剪强度明显降低，引起滑坡，如图 8.1 所示。

图 8.1　渠道滑坡实例

2）岩层层面、节理、裂隙切割，当形成顺坡切割面，遇水软化后，其上部的岩土层会失去抗滑稳定性。

3）地下水位抬高时，将使渠道边坡渗透压力增大，边坡抗滑稳定性降低。

4）渠道的新老接合面、岩土结合面等处理不当，易造成漏水而导致崩塌滑坡。

5）地质条件较差，填方渠道边坡过陡，或渠道两侧为深挖方边坡，均易引起坍塌滑坡。

6）排水条件差，排水系统的排水能力不足或失效。使抗滑能力降低而产生滑坡。

7）管理不善，人为破坏。

3. 渠道裂缝、孔洞和渗水

渠堤裂缝主要是由渠基发生沉陷，边坡抗滑失稳以及施工中新旧土体接触处理不当所致。孔洞除了筑渠时夹树根腐烂所致外，主要是蚁、鼠、蛇、兽等动物在渠堤中打洞造成的，当渠道未作硬化衬砌时，隐患穿堤就引起集中漏水。土渠修筑质量不好，防渗效果差，易引起散浸。

4. 渠基沉陷

高填方渠道由于修筑时夯筑不实，或基础处理不好，在运行过程中逐渐下沉，造成渠顶高程不够，渠底淤积严重。有衬砌的渠道在填方与挖方处产生不均匀沉陷易引起裂缝。

5. 冻害破坏

北方地区冬季寒冷，渠道衬砌在冻融作用下产生剥蚀、隆起、开裂或垮塌破坏。

8.2.3　渠道病害的处理

8.2.3.1　渠道冲刷处理

(1) 修建跌水、陡坡、潜堰、砌石护坡护底等，调整渠道比降，减缓流速和提高抗冲能力，达到防冲的目的。

(2) 渠道弯曲过急、水流不顺，造成凹岸冲刷时，可采取加大弯曲半径、裁弯取直的办法，使水流平顺，避免冲刷；也可以采取浆砌石或混凝土衬砌冲刷段提高其抗冲能力。

(3) 渠道土质不好，施工质量差，又未采取衬砌措施，引起大范围冲刷时，可采取渠床夯实或渠道衬砌等措施，提高渠道稳定性，以防止冲刷。

(4) 渠道管理不善，流量突增猛减，水流淘刷或漂浮物撞击渠坡时，应加强管理，科学调控，保持流量均匀，消除漂浮物。

8.2.3.2 渠道淤积的处理

渠道淤积的处理可以从防淤和清淤两方面采取措施。

(1) 防淤措施。

1) 设置防沙、排沙设施，减少进入渠道的泥沙。

2) 调整引水时间，避开沙峰引水，在高含沙量时减少引水流量，在低含沙量时加大引水流量。

3) 防止水挟沙入渠，防止山洪、暴雨径流进入渠道，避免渠道淤积。

4) 衬砌渠道，减小渠道糙率，加大渠道流速，提高挟沙能力，减少淤积。

(2) 清淤措施。

1) 水力清淤。在水源比较充足的地区，可在非用水季节，利用含沙量少的清水，按设计流量引入渠道，利用现有排沙闸、泄水闸、退水闸等泄水拉沙，按先上游后下游的顺序，有计划地逐段进行，必要时可安排受益农户参与，使用铁锹、铁耙等农具搅拌，加速排沙。

2) 人工清淤。是目前使用最普遍的方法，在渠道停水后，组织人力，使用铁锹等工具，挖除渠道淤沙，一般一年进行1～2次。

3) 机械清淤。主要是用挖泥船、挖土机、推土机等工程机械来清理渠道淤积泥沙，这种方法速度快、效率高，能降低劳动强度、节省大量劳力。

8.2.3.3 渠道滑坡的处理

渠道滑坡的处理可采取排水、减载、反压、支挡、换填、改暗涵，或者加支撑、倒虹吸、渡槽和渠道改线等措施。

(1) 砌体支挡。渠道滑坡地段，地形受限，单纯削坡土方量较大时，可在坡脚及边坡砌筑各种形式的挡土墙支挡，用于增强边坡抗滑能力。

(2) 换填好土。渠道通过软弱风化岩面等地质条件差的地带，产生滑坡的渠段，除削坡减载外，还可考虑换填好土，重新夯实，改善土的物理力学性质，达到稳定边坡的目的。一般应边挖边填，回填土多用黏土、壤土或壤土夹碎石等。

(3) 明渠改暗涵或加支撑。傍山渠道由于地质条件差、山坡过陡，易产生滑坡和崩塌，造成渠道溃决。若采用削坡减压、砌筑支挡困难或工程量过大，难以维持边坡稳定，可将明渠改为暗涵。暗涵形式有圆拱直墙、箱涵或盖板涵，涵洞上面回填土石，恢复山坡自然坡度或做成路面。

(4) 渠道改线。对中小型渠道，处在地质条件很差、甚至在大滑坡或崩塌体上时，渠道稳定性没有保证，应考虑改变渠道线路。

8.2.3.4 渠道的沉陷、裂缝、孔洞的处理

处理措施一般有翻修和灌浆两种，有时也可采用上部翻修下部灌浆的综合措施。

(1) 翻修。翻修是将病害处挖开，重新进行回填。这是处理病害比较彻底的方法，但对于埋藏较深的病害，由于开挖回填工作量大，且限于在停水季节进行，是否适宜采用，应根据具体条件分析比较后确定。翻修时的开挖回填，应注意以下各点：

1) 根据查明的病害情况，决定开挖范围。开挖前向裂缝内灌入石灰水，以利掌握开挖边界。开挖中如发现新情况，必须跟踪开挖，直至全部挖尽为止，但不得掏挖。

2) 开挖坑槽一般为梯形，其底部宽度至少为0.5m，边坡应满足稳定及新旧填土接

合的要求，一般根据土质、夯压工具及开挖深度等具体条件确定。较深坑槽也可挖成阶梯形，以便出土和安全施工。

3）开挖后，应保护坑口，避免日晒、雨淋或冰冻，并清除积水、树根、苇根及其他杂物等。

4）回填的土料应根据渠基土料和裂缝性质选用，对沉陷裂缝应用塑性较大的土料，控制含水量大于最优含水量的1%～2%；对滑坡、干缩和冰冻裂缝的回填土料，应控制含水量等于或低于最优含水量的1%～2%。挖出的土料，要试验鉴定合格后才能使用。

5）回填土应分层夯实，填土层厚度以10～15cm为宜，压实密度应比渠基土密度稍大些。

6）新旧土接合处，应刨毛压实，必要时应做接合槽，以保证紧密结合，并要特别注意边角处的夯实质量。

（2）灌浆。对埋藏较深的病害处，翻修的工程量过大，可采用黏土浆或黏土水泥浆灌注处理。处理方式有重力灌浆法和压力灌浆法。重力灌浆仅靠浆液自重灌入缝隙，不加压力。压力灌浆除浆液自重外，再加机械压力，使浆液在较大压力作用下灌入缝隙，一般可结合钻探打孔进行灌浆，在预定压力下，至不吸浆为止。关于灌浆方法及其具体要求，可参照有关规范执行。

（3）翻修与灌浆结合。对病害的上部采用翻修法，下部采用灌浆法处理。先沿裂缝开挖至一定深度，并进行回填，在回填时预埋灌浆管，然后采用重力或压力灌浆，对下部病害进行灌浆处理。这种方法适用于中等深度的病害，以及不易全部采用翻修法处理的部位或开挖有困难的部位。渠基处理好以后，就可进行原防渗层的施工，并使新旧防渗层结合良好。

8.2.3.5　防渗层破坏的处理

渠道的防渗技术方法和形式较多，且各有特点。对防渗层的修补处理，要根据防渗层的材料性能、工作特点和破坏形式选择下列修补方法：

（1）土料和水泥土防渗层的修理。对土料防渗层出现的裂缝、破碎、脱落、孔洞等，应将病害部位凿除，清扫干净，用素土、灰土等材料分别回填夯实，修打平整。

对水泥土防渗层的裂缝，可沿缝凿成倒三角形或倒梯形，并清洗干净，再用水泥土或砂浆填筑抹平，或者向缝内灌注黏土水泥浆。对破碎、脱落等病害，可将病害部位凿除，然后用水泥土或砂浆填筑抹平。

（2）砌石防渗层的修理。对砌石防渗层出现的沉陷、脱缝、掉块等，应先将病害部位拆除，冲洗干净，不得有泥沙或其他污物粘裹，再选用质量及尺寸均适合的石料、砂浆砌筑。对个别不满浆的缝隙，再由缝口填浆并捣固，务使砂浆饱满。对较大的三角缝隙，可用手锤楔入小碎石，缝口可用高一级的水泥砂浆勾缝。对一般平整的裂缝，可沿缝凿开，并冲洗干净，然后用高一级的水泥砂浆重新填筑、勾缝。如外观无明显损坏、裂缝细而多、渗漏较大的渠段，可在砌石层下进行灌浆处理。

（3）膜料防渗渠道的修理。膜料防渗层除在施工中发生损坏，应及时修补外，在运行中一般难以发现损坏。如遇意外事故而出现损坏，可用同种膜料粘补。膜料防渗层常见的病害主要是保护层的损坏，如保护层裂缝或滑坍等，可按相同材料防渗层的修补方法进行修理。

(4) 沥青混凝土防渗层的修理。沥青混凝土防渗层常见的病害主要是裂缝、隆起和局部剥蚀等。对于1mm细小的非贯穿性裂缝，当春暖时，都能自行闭合，一般不必处理；2～4mm的贯穿性裂缝，可用喷灯或红外线加热器加热缝面，再用铁锤沿缝面锤击，使裂缝闭合粘牢，并用沥青砂浆填实抹平。裂缝较宽时，往往易被泥沙充填，影响缝口闭合，应在缝口张开最大时（每年1月左右），清除泥沙，洗净缝口，加热缝面，用沥青砂浆填实抹平。对剥蚀破坏部位，经冲洗、风干后，先刷一层热沥青，然后再用沥青砂浆或沥青混凝土填补。如防渗层鼓胀隆起，可将隆起部位凿开，整平土基后，重新用沥青混凝土填筑。

(5) 混凝土防渗层的处理方法有以下几种：

1) 现筑混凝土防渗层的裂缝修补。当混凝土防渗层开裂后仍大致平整，无较大错位时，如缝宽小，可采用过氯乙烯胶液涂料粘贴玻璃丝布的方法进行修补；如缝宽较大，可采用填筑伸缩缝的方法修补。对缝宽较大的大型渠道，可用下列填塞与粘贴相结合的方法修补。

清除缝内、缝壁及缝口两边的泥土、杂物，使之干燥。沿缝壁涂刷冷底子油，然后将煤焦油沥青填料或焦油塑料胶泥填入缝内，填压密实，使表面平整光滑。填好缝1～2d后，沿缝口两边各宽5cm涂刷过氯乙烯涂料一层，随即沿缝口两边各宽3～4cm粘贴玻璃丝布一层，再涂刷涂料一层，贴第二层玻璃丝布，最后涂一层涂料即完成。涂料要涂刷均匀，玻璃丝布要粘平贴紧，不能有气泡。

伸缩缝填料和裂缝处理材料的配合比及制作方法见表8.1。

表8.1　填料和裂缝处理材料的配合比制作方法

用途	材料名称	配合比（质量比）	制作方法
填筑伸缩缝	沥青砂浆	沥青：水泥：砂＝1：1：4	按配比将沥青在锅内加热至180℃，另一锅将水泥与砂边搅边加热至160℃，然后将沥青徐徐加入水泥与砂锅内，边倒边搅拌，直至颜色均匀一致，即可使用
填筑伸缩缝	焦油塑料胶泥（聚氯乙烯胶泥）	煤焦油：废聚氯乙烯薄膜：癸二酸二辛酯（或T50）：粉煤灰＝100：（15～20）：2（T50为4）：30	按配比将脱水煤焦油加温至110～120℃，加入废聚氯乙烯薄膜碎片、癸二酸二辛酯（或T50），边加边搅约30min，待材料全部溶化后，加粉煤灰继续加温搅拌，温度达到110℃时即可使用
处理裂缝	过氯乙烯胶液涂料	过氯乙烯：轻油＝1：5	按配比将过氯乙烯加入轻油中，溶化24h即可使用
处理裂缝	煤焦油沥青填料	煤焦油：30号沥青：石棉绒：滑石粉＝3：1：0.5：0.5或3：0.5：0.8：0.8	按配比将沥青加入煤焦油中，加温至120～130℃，待全部溶化后，加入石棉绒和滑石粉，搅拌均匀后，即可使用

注　1. 煤焦油宜采用煤3或煤5，优先采用煤3。
2. 制作焦油塑料胶泥所用的废聚氯乙烯膜，应洗净、晾干、撕碎后再用。制作聚氯乙烯胶泥，仅用新鲜的聚氯乙烯粉代替废聚氯乙烯膜即可。前者价低，宜优先选用。
3. 制作中应防火，注意安全。

2）预制混凝土防渗层砌筑缝的修补。预制混凝土板的砌筑缝，多是水泥砂浆缝，容易出现开裂、掉块等病害，如不及时修补，不仅加大渗漏损失，而且将逐渐加重病害，造成更大损失。修补方法是：凿除缝内水泥砂浆块，将缝壁、缝口冲洗干净，用与混凝土板同标号的水泥砂浆填塞，捣实抹平后，保温养护不得少于 14d。

3）混凝土防渗板表层损坏的修补。混凝土防渗板表层损坏，如剥蚀、孔洞等，可采用水泥砂浆或预缩砂浆修补，必要时还可采用喷浆修补。

a. 水泥砂浆修补。首先必须全部清除已损坏的混凝土，并对修补部位进行凿毛处理，冲洗干净，然后在工作面保持湿润状态的情况下，将拌和好的砂浆用木抹子抹到修补部位，反复压平，用铁抹子压光后，保温养护不少于 14d。当修补部位深度较大时，可在水泥砂浆中掺适量砾料，以减少砂浆干缩和增强砂浆强度。

b. 预缩砂浆修补。预缩砂浆是经拌和好之后再归堆放置 30～90min 才使用的干硬性砂浆。当修补面积较小又无特殊要求时，应优先采用。

c. 喷浆修补。喷浆修补是将水泥、砂和水的混合料，经高压喷头喷射至修补部位，施工工艺参见喷浆修补相关内容。

4）混凝土防渗层的翻修。混凝土防渗层损坏严重，如破碎、错位、滑坍等，应拆除损坏部位，填筑好土基后重新砌筑。砌筑时要特别注意将新旧混凝土的接合面处理好。接合面凿毛冲洗后，需要涂一层厚 2mm 的水泥净浆，才能开始砌筑混凝土。然后要注意保温养护。翻修中拆除的混凝土要尽量利用。如现浇板能用的部分，可以不拆除；预制板能用的，尽量重新使用；破碎混凝土中能用的石子，也可作混凝土骨料用等。

8.3　隧洞的养护与修理

输水隧洞是以输水为目的，在岩、土体中通过开挖形成的隧洞，如渠系上的输水洞、枢纽中的发电输水隧洞、泄水隧洞以及导流洞等。在节理发育及比较破碎的岩石或土基中开凿输水隧洞，通常要用混凝土、钢筋混凝土等材料进行衬砌，以防止水流冲刷和坍塌。用隧洞输水运行可靠，维修任务小，也比较安全。

8.3.1　输水隧洞的检查与养护

输水隧洞的检查，主要看洞壁有无裂缝、变形、位移、渗漏、剥蚀、磨损、气蚀、炭化、止水填充物流失等迹象。检查洞内水流是否存在明满流交替的异常现象。对附属工程，还应检查动力、照明、交通、通信、避雷设施、安全设施和观测设备等是否完好，另外，还要检查附近地区有无山体坍塌滑坡、地表排水系统受阻、泄流状态异常或回流掏刷、漂浮物撞击或堵塞泄水口、禁止人为放牧或乱挖砂石等人为破坏现象。

输水隧洞的养护工作包括：

(1）为防止污物破坏洞口结构和堵塞取水设备，要经常清理隧洞进水口附近的漂浮物，在漂浮物较多的河流上，要在进口设置拦污栅。

(2）寒冷地区要采取有效措施，避免洞口结构冰冻破坏；隧洞放空后，冬季在出口处应做好保温措施。

(3) 运用中尽量避免隧洞内出现不稳定流态，发电输水洞每次充水、泄水过程要尽量缓慢，避免猛增突减，以免洞内出现超压、负压或水锤而引起破坏。

(4) 发现局部的衬砌裂缝、漏水等，要及时进行封堵以免扩大。

(5) 对放空有困难的隧洞，要加强平时的观测，要观测外部，观测隧洞沿线的内水和外水压力是否正常，如发现有漏水和塌坑征兆，应研究是否放空隧洞进行检查和修理。

(6) 对未衬砌的隧洞，要对因冲刷引起松动的岩块和阻水的岩石及时清除并进行修理。

(7) 当发生异常水锤或六级以上地震后，要对隧洞进行全面检查和养护。

8.3.2 输水隧洞常见病害与成因

据有关资料分析统计，我国水利工程中的输水隧洞病害大致可以分为六大类，即衬砌裂缝漏水，空蚀，冲磨，混凝土溶蚀破坏，隧洞排气与补气不足，闸门锈蚀变形与启闭设备老化。

1. 裂缝漏水

裂缝漏水为输水隧洞最常见的病害。造成这种病害的原因是多方面的，如伸缩缝、施工冷缝和分缝处理不好，止水失效；混凝土施工质量差，灌浆孔没有封堵；存在地质断层或软弱风化岩层没有处理或处理不当。由于产生的原因不同，漏水的方式也不同，有集中漏水、分散漏水，也有大面积渗水。产生的裂缝有环向裂缝和纵向裂缝，此外还有干缩裂缝。

2. 空蚀

在输水隧洞中，当高速水流流过体型不佳或表面不平整处，水流会与边壁分离，造成局部压强降低。当流场中局部压强下降低于水的气化压强值时，将产生空化，形成空泡水流。空泡进入高压区会突然溃灭，对边壁产生巨大的冲击力，这种连续不断的冲击力和吸力造成边壁材料疲劳损伤而引起剥蚀破坏称为空蚀。实际工程调查表明，不仅大型输水隧洞存在空蚀问题，中小型输水隧洞亦有不同程度的空蚀现象发生。在工程实践中，一般认为明流中平均流速大于15m/s，就有可能产生空化，压力隧洞进口上唇等断面处流速大，压力低，易发生空蚀，如图8.2 (a) 所示；闸门槽处不平整引起水流与边界分离形成漩涡，易造成空蚀，如图8.2 (b) 所示；闸门局部开启，门后易产生负压引起洞顶空蚀，如图8.2 (a) 所示。此外，在隧洞分岔处、消力墩周围、施工不平整的部位和出口闸门单孔开启时的闸墩端部，如图8.2 (c)、(d)、(e)、(f) 所示，以及隧洞出口挑流坎反弧末端等处均易产生空蚀破坏。

3. 冲磨

含沙水流经过输水隧洞，将主要对隧洞底部混凝土产生不同程度的冲磨破坏。产生冲磨破坏的隧洞，其水流流速越大，泥沙（包括推移质和悬移质）含量越高，冲磨破坏越严重。此外，冲磨破坏程度还与隧洞体形的好坏有一定关系，体形不佳处冲磨程度更为严重。根据山东省20世纪90年代的调查，全省大中型水库的输水隧洞发生冲磨破坏的有11座，其中米山水库的输水隧洞冲蚀面积达90%以上。湖北省黄梅县垅坪水库输水隧洞，由于进口低且太靠近山坡，没能有效地防止山洪挟带泥沙入洞，造成隧洞陡坡段底部严重

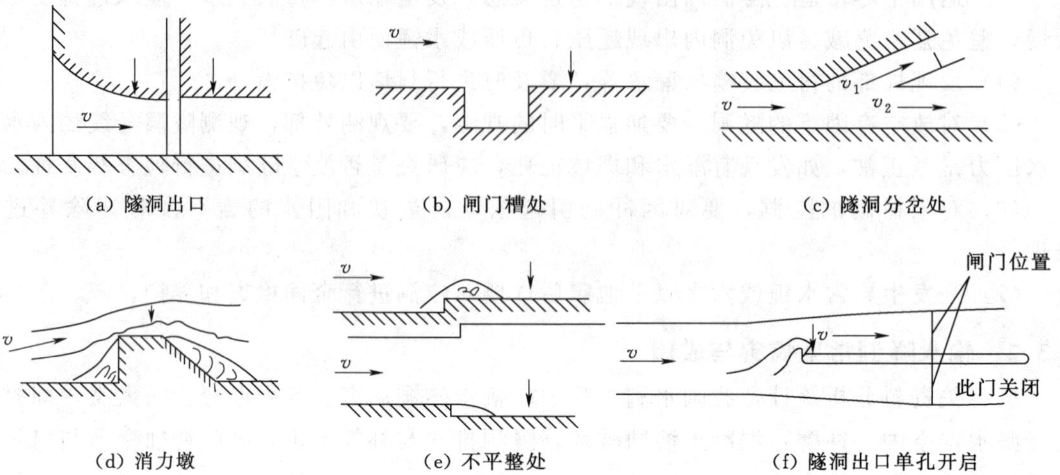

(a) 隧洞出口　(b) 闸门槽处　(c) 隧洞分岔处

(d) 消力墩　(e) 不平整处　(f) 隧洞出口单孔开启

图 8.2　容易产生气蚀的部位（箭头所指处）

冲磨，钢筋保护层被冲磨掉，且多处外露的环向螺纹钢筋被磨得光亮。

4. 混凝土溶蚀破坏

隧洞由于长期受到水流的冲刷和山岩裂隙水沿洞壁裂缝向洞内渗漏，极易产生溶蚀破坏。实际工程中隧洞的溶蚀破坏大致可分为两种：一种是输送的水流对隧洞洞壁混凝土的溶蚀。这种溶蚀主要表现在洞内壁表层混凝土中有效成分 $Ca(OH)_2$ 被溶蚀并被带走，从而大大降低了表面强度。一般情况下水流偏酸性，混凝土中易溶成分含量高，就很容易造成这种破坏。另一种溶蚀破坏主要表现在内部混凝土易溶物质被壁渗流溶解并析出，在内壁表面析出白色的沉淀物（$CaCO_3$）。这种溶蚀破坏对表面强度影响不大，但当溶解析出有效成分较多时，会严重降低隧洞整体强度，甚至导致其中钢筋锈蚀。湖北省红安县金沙河水库泄水洞，渗漏水从洞壁混凝土中带出碳酸钙（$CaCO_3$），沉淀物处处皆是。由于长时间未用此洞泄水，该洞如同一个小的溶洞，石钟和石笋随处可见，最大一处石笋重约 40kg。

5. 隧洞排气与补气不足

过去由于缺乏经验，对隧洞闸门后通气认识不足，设计时未设有通气孔或给出的尺寸太小，实际工程中由此造成的隧洞损坏和事故也不少。如由于高速水流水面掺气将洞内水面以上的空气逐渐带走，造成洞内压力降低，直至空气完全被带走而形成洞顶负压，随着水流流动，又会有部分空气从进出口补充，洞顶压力又会恢复到明流时的正常状态，这样周而复始，有压无压交替运行，洞内水流水面波动，造成周期性的振动和声响，不仅影响隧洞泄流，而且易引起隧洞衬砌的疲劳破坏，危及到隧洞或其他建筑物的安全。

因此，设计隧洞时宜在进口闸门后设置通气孔，目的是不断地向泄水洞内补充空气，防止洞内压力降低，从而有利于防止空蚀的发生和保证正常泄流。如果通气孔孔径过小或被堵塞，布置位置不当或者根本未设通气孔，泄流时补气不足，将可能造成隧洞内压力不稳定或负压，导致隧洞内流态不稳和局部空蚀，严重的将引起整个隧洞结构振动，危及隧洞安全。在压力输水隧洞中，洞内排水需要关闭事故检修闸门时，则要补气；在充水准备开门时，则要排气。所以通气孔在压力隧洞检修闸门启闭过程中起着排气和补气的作用。如补气不足，会影响洞内安全排水；如排气不足，则使洞内压力骤增，达到一定程度时会危及隧洞结构设备和周围人员的安全。

6. 闸门锈蚀变形与启闭设备老化

由于隧洞闸门工作环境恶劣，养护很不方便，因此隧洞闸门锈蚀现象十分普遍，特别是水库深式泄水隧洞闸门，由于启闭运行次数很少，锈蚀更为严重。闸门启闭设备老化损坏也比较突出，主要表现在启闭机启门力和闭门力不足，启闭设备部件损坏，闸门螺杆弯曲或断裂等。

8.3.3 输水隧洞常见病害的处理

8.3.3.1 裂缝漏水的处理

(1) 用水泥砂浆或环氧砂浆修补裂缝。隧洞的裂缝由于漏水，修补工作难度大。因此在进行砂浆封缝之前，应做好堵漏处理。一般先用速凝砂浆快速封堵，如果渗漏量较大，且渗漏不集中，宜先埋设排水管由一处集中排出漏水，待大面积修补完毕并有相当强度之后，再将集中排水孔封堵。

(2) 灌浆处理。施工质量较差的隧洞裂缝漏水和孔洞漏水，可以采用灌浆处理。对于内径较大的隧洞，钻孔机能在洞中作业，采用洞内灌浆更经济。一般在洞壁内按梅花形布设钻孔，灌浆时由疏到密，灌浆压力一般采用 0.1～0.2MPa。由于压浆机械多放在洞外，输浆管路较长，压力损耗大，所以灌浆压力应以孔口压力为控制标准。浆液的配合比可根据需要选定，如江西省跃进水库处理混凝土涵洞时，水泥浆的水灰比由 10：1 一直用到 4：10，灌浆效果都很好。

8.3.3.2 空蚀的处理

输水隧洞的空蚀，初期往往不被人们所重视，认为剥蚀程度较轻，不会影响隧洞安全。但是随着剥蚀程度的加深，水流条件更加恶化，加速了空蚀的发展进程，严重时造成整个空蚀区域衬砌的结构破坏，甚至发生坍塌事故。因此应及时分析空蚀原因，及时处理。

(1) 修改隧洞不合理体型，改善水流边界条件。隧洞体型与流线不吻合产生空蚀的部位多在进口。渐变进口形状应避免直角，单圆弧曲线最好改成椭圆曲线，如图 8.3 所示。

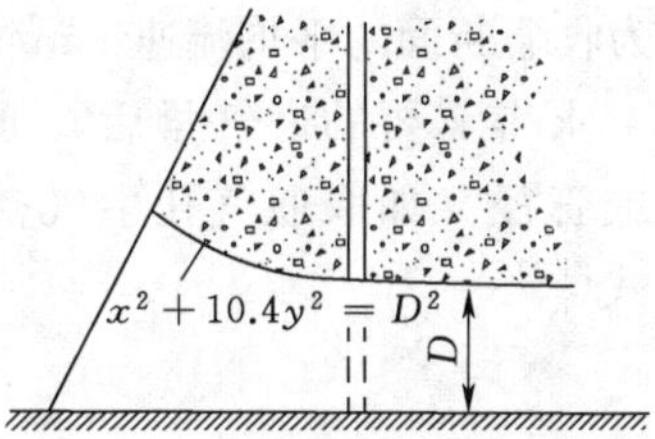

图 8.3 进口段椭圆曲线示意图

常用的矩形断面进口椭圆曲线方程为

$$\frac{x^2}{D^2}+\frac{y^2}{(0.31D)^2}=1 \tag{8.1}$$

或

$$x^2+10.4y^2=D^2 \tag{8.2}$$

式中：x、y 为水平、竖向坐标；D 为输水隧洞洞径，m。

闸门槽与洞身之间应设渐变段。经试验和工程实践证明，对大中型输水隧洞宜改用带错距和倒角的斜坡型门槽（标准门槽），并将棱角削圆，以 1∶12 斜坡与下游两侧边墙相连接，使水流平顺，从而可减轻和避免空蚀发生。通常建议：标准门槽适宜宽深比为 $w/D=1.5\sim2.0$，较优错距比 $w/D=0.05\sim0.08$；低水头小型输水隧洞，可采用矩形门槽，其适宜宽深比 $\Delta/D=1.6\sim1.8$，如图 8.4 所示。

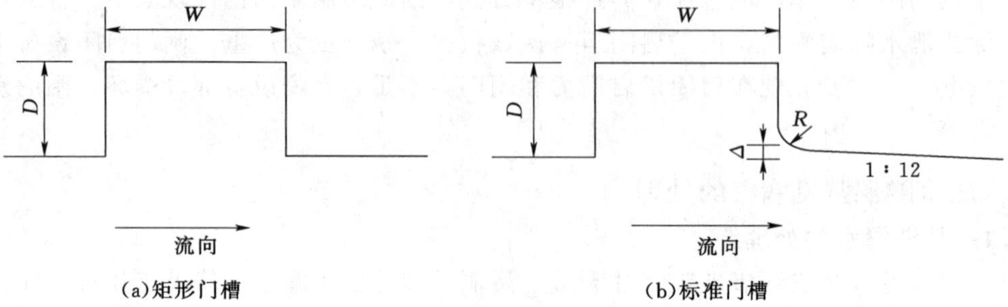

图 8.4　门槽形式

（2）控制闸门开度和设置通气孔。闸门的开度在很大程度上决定了门后水流条件的好坏，据观察分析发现：小开度时，闸门底部止水后易形成负压区，引起闸门沿竖直方向振动，闸门底部容易出现空蚀；大开度时，闸门后易产生明满流交替出现的现象，闸门后部形成负压区，引起闸门沿水流方向产生振动，造成闸门后部洞壁产生空蚀。所以要控制闸门开度在合适的范围内，避免不利开度和不利流态的出现。对无压洞和闸门部分开启的有压洞，以及无通气孔或通气孔孔径不足的隧洞，应在可能产生负压区的位置增设通气孔。通气孔的通气量，可用下列公式进行核算：

$$q=0.04Q\left(\frac{V}{\sqrt{gh}}-1\right)^{0.85} \tag{8.3}$$

式中：q 为通气量，m/s；Q 为输水隧洞闸门开度为 80%时的流量（或允许最大流量），m^3/s；V 为收缩断面的平均流速，m/s；h 为收缩断面水深，m；g 为重力加速度，m/s^2。

求得需要的通气量后，通常采用气流速度为 30～50m/s，即可估算出通气孔的面积大小或管径。如取通气孔中气流速度为 40m/s，则式（8.3）可改写成求通气孔面积 A 的公式

$$A=0.001Q\left(\frac{V}{\sqrt{gh}}-1\right)^{0.85} \tag{8.4}$$

由于闸门开度在 80%时需要进气量最多，所以计算通气面积时要用开度为 80%时的水深和流量，对于有些输水隧洞水头很高不允许闸门开度达 80%时，可用允许的最大流量和相应的水深。

此外，在隧洞其他易产生负压造成空蚀破坏的部位，亦可采取通气减蚀措施。通气减蚀方法在国内外高水头泄水建筑物中常采用，效果明显，也很经济。1960 年美国大古力坝泄水孔应用通气减蚀取得成功后，世界上不少水利工程相继采用此法，取得了良好的效果。我国自 20 世纪 70 年代，先后在陕西冯家山水库溢洪隧洞、新安江水电站挑流鼻坎、石头河隧洞中使用，也取得了较好的效果。主要通气减蚀型式有突扩式、底坎式、槽式和坎槽结合式等，如图 8.5 所示。

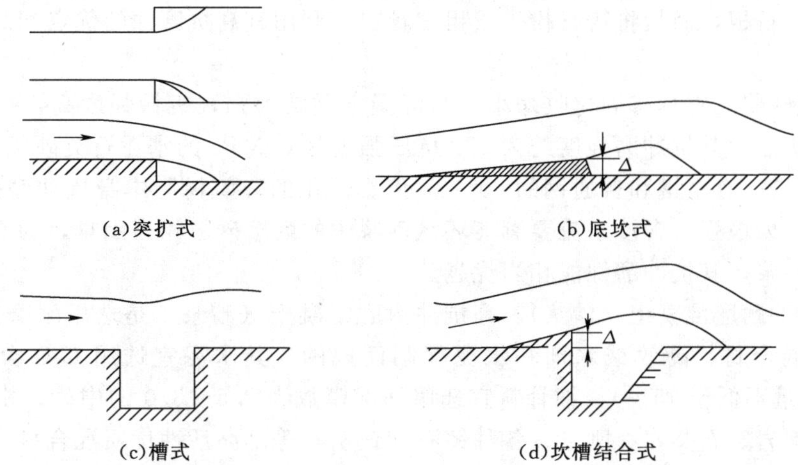

(a)突扩式　(b)底坎式　(c)槽式　(d)坎槽结合式

图 8.5　主要通气减蚀型式（图中箭头表示水流方向）

(3) 采用高强度的抗空蚀材料，有助于消除或减缓空蚀破坏。提高洞壁材料抗水流冲击作用，在一定程度上可以消除水流冲蚀造成表面粗糙而引起的空蚀破坏。资料表明，高强度的不透水混凝土，可以承受 30m/s 的高速水流而不损坏。护面材料的抗磨能力增加，可以消除由泥沙磨损产生的粗糙表面而引起空蚀的可能性，环氧树脂砂浆的抗磨能力，比普通混凝土及岩石的抗磨能力高约 30 倍。采用高标号的混凝土可以缓冲空蚀破坏甚至消除空蚀。采用钢板或不锈钢作衬砌护面，也会产生很好的效果。

(4) 空蚀部位的修复。对隧洞中已遭空蚀破坏的部位，除了上述针对空蚀原因进行修改体型和通气减蚀外，还应及时修补已被空蚀的部位。一般可用耐空蚀的高强度修补材料修补，如环氧砂浆。

8.3.3.3　冲磨破坏的处理

冲磨破坏的修补效果好坏主要取决于修补材料的抗冲磨强度，抗冲磨强度高的材料比较多，选用时主要从造成冲磨破坏的水流挟沙是以悬移质为主还是以推移质为主来考虑。

(1) 悬移质冲磨破坏修补材料。

1) 高强水泥砂浆、高强水泥石英砂浆。工程实践证明，高强水泥砂浆是一种较好的抗冲磨材料，特别是用硬度较大的石英砂代替普通砂后，砂浆的抗磨强度有一定提高。水泥石英砂浆价格低、工艺简单、施工方便，是一种良好的抗泥沙磨蚀材料。水泥石英砂浆水灰比 0.35，灰砂比 1∶1.5，水泥用量 890kg/m^3，28d 抗压强度可达 70MPa，其抗磨蚀强度约为 C30 混凝土的 5 倍，可经受最大流速 35～50m/s 的冲击。当最大流速在 20m/s 左右，平均含砂量为 80～100kg/m^3 时，平均厚度为 10cm 的 28d 抗压强度为 60MPa 的高强水泥石英砂浆抗磨层，可经历 1 万～1.5 万 h 的泄流排砂。

2) 铸石板。铸石板具有优异的抗磨、抗空蚀性能，根据原材料和工艺方法的不同，目前主要有辉绿岩、玄武岩、硅锰渣铸石和微晶铸石等。实践证明，铸石板是最佳的抗磨、抗空蚀材料之一，但其缺点是质脆，抗冲击强度低；施工工艺要求高，粘贴不牢时，高速水流易进入板底空隙，在动水压力作用下将板掀掉冲走。例如在刘家峡溢洪道的底板和侧墙、碧口泄洪洞的出口等处所做的抗冲耐磨试验中铸石板均被水流冲走。因此，目前已很少采用铸石板，而是将铸石粉碎成粗细骨料，利用其高抗磨蚀的优点配制高抗冲磨混凝土。

3）环氧砂浆。它具有固化收缩小，与混凝土黏结力强，机械强度高，抗冲磨及抗空蚀性能好等优点。其抗冲磨强度约为28d抗压强度为60MPa的水泥石英砂浆的5倍，C30混凝土的20倍，合金钢和普通钢的20～25倍。固化的环氧树脂本身抗冲磨强度并不高，但由于其黏结力极强，含沙水流要剥离环氧砂浆中的耐磨砂粒相当困难，因而用耐磨骨料配制的环氧砂浆，其抗冲磨性能相当优越。

4）高抗冲耐磨混凝土（砂浆）。高抗冲耐磨混凝土（砂浆）是选用耐磨蚀粗细骨料、高活性优质混合材、高效减水剂和水泥配制而成的，其水泥宜选用C_3S含量高的水泥（C_3S矿物含量不低于45%），细骨料宜选用细度模数为2.5～3.0的中砂。常用的磨蚀骨料品种有花岗岩、石英岩、刚玉、各种铸石和铁矿石等。高活性优质混合材有硅粉和粉煤灰。减水剂宜选用非引气高效减水剂，而水灰比宜控制在0.3左右。选择高抗冲耐磨混凝土（砂浆）配合比的原则是：尽可能提高水泥石的抗冲磨强度和黏结强度，同时尽量减少水泥石在混凝土中的含量。实际工程中已经应用的抗冲耐磨混凝土（砂浆）有硅粉抗磨蚀混凝土（砂浆）、高强耐磨粉煤混凝土（砂浆）、铸石混凝土（砂浆）和铁矿石骨料抗磨蚀混凝土（砂浆）等。

5）聚合物水泥砂浆。聚合物水泥砂浆是在水泥砂浆中掺加聚合物乳液改性而制成的一类有机无机复合材料。这类砂浆的硬化过程是：伴随着水泥水化产物形成刚性空间结构的同时，由于水化和水分散失，使得乳液脱水，胶粒凝聚堆积并借助毛细管力成膜，填充结晶相之间的空隙，形成聚合物空间的网状结构。聚合物相的引入，既提高了水泥石的密实性、黏结性，又降低了水泥石的脆性，因此是一种比较理想的薄层修补材料，其耐磨蚀性能亦较掺聚合物乳液改性前的水泥砂浆有明显提高，因而可用于有中等抗冲磨空蚀要求的混凝土冲磨空蚀破坏的修补。最常用的聚合物砂浆有丙乳（PAE）砂浆和氯丁胶乳（CR）砂浆。

（2）推移质冲磨破坏修补材料。高速水流挟带的推移质，除了对泄水建筑物过流表面混凝土有磨损作用以外，还有冲击砸撞作用。这就要求修补材料除具有较高的抗磨蚀性能外，还应具有较高的冲击韧性。以前在含推移质河流上修建泄水建筑物常用的抗冲磨衬护材料有钢板、铸铁板、条石、钢轨间嵌填条石或铸石板等，近十几年来研究开发的有高强抗冲磨混凝土、钢纤维硅粉混凝土、钢轨间嵌填高强抗冲磨混凝土等。

1）钢板。钢板具有很高的强度和抗冲击韧性，故抗推移质冲磨性能好。钢板厚度一般选用12～20mm，与插入混凝土中的锚筋焊接。钢板间接缝要焊牢，在沉陷缝位置焊接增强角钢。钢板衬护施工技术要求较严，由于锚固不牢或灌浆不密实而被砸变形、冲走的现象也曾发生。例如映秀湾水电站拦河闸因钢板焊缝不牢，回填灌浆不密实，钢板在推移质撞击下，沿焊缝整块破裂，有1/3被冲走。

2）高强抗冲耐磨混凝土。应用时要加配钢筋网增强。

3）钢纤维硅粉混凝土。试验证明，掺入钢纤维虽然对提高硅粉混凝土抗磨蚀性能的作用不明显，却能改善硅粉混凝土的脆性，提高抗冲击韧性。当钢纤维掺量为0.5%（体积比）时，钢纤维硅粉混凝土的抗空蚀强度约为硅粉混凝土的10倍，受冲击断裂破坏时所吸收的冲击能量约为硅粉混凝土的1.75倍，因而适合用于受推移质冲砸破坏的混凝土的修补。

4）钢轨间嵌填抗冲磨混凝土。钢轨间嵌填抗冲磨混凝土，是由高强度和高抗冲击性的钢轨与抗冲磨混凝土构成的复合衬砌，专门用于抵抗挟带有大粒径推移质高速水流对泄水建筑物的强烈冲砸磨损破坏。钢轨可沿水流方向水平设置，也可垂直过流面竖立设置。

8.4 渡槽的养护与修理

8.4.1 渡槽的检查与养护

渡槽一般由输水槽身、支承结构、基础、进口建筑物和出口建筑物组成。渡槽如图8.6所示。实际工程中，绝大部分是钢筋混凝土渡槽，有整体现浇的和预制装配的。常用的槽身断面形式有矩形和U形两种。支承结构常用梁式、拱式、桁架式、桁架梁及桁架拱式、斜拉式等。

图8.6 渡槽

渡槽的日常检查与养护工作包括以下内容：

（1）经常清理渡槽的进出口及槽身内的淤积及漂浮物，以保证渡槽的正常输水能力。原设计未考虑交通的渡槽，应禁止人、畜通行，防止意外事故发生。

（2）经常检查支承结构是否产生过大的变形、裂缝，渡槽基础是否被水流冲刷淘空。对跨越多沙河流的渡槽，应防止河道淤积抬高洪水位而危及渡槽安全。

（3）北方寒冷地区的渡槽，在冬季应注意检查支承结构基础是否有冻害发生，保证地表排水和地下排水能正常工作。

（4）发现槽身因裂缝或止水破坏造成漏水应及时检修，防止冲刷基础和造成水量浪费。

8.4.2 渡槽的常见病害及成因

渡槽的常见病害有接缝漏水、冻胀与冻融破坏、混凝土碳化、剥蚀、裂缝及钢筋锈蚀，支承结构发生不均匀沉陷和断裂，止水老化破坏，进口泥沙淤积和出口发生冲刷等。此外，有些渡槽因设计原因，在槽中出现涌波现象，造成槽内水流外溢。渡槽的常见病害有冻害、混凝土碳化及钢筋锈蚀、支承结构发生不均匀沉陷和断裂、混凝土剥蚀、裂缝和止水老化破坏、进口泥沙淤积和出口产生冲刷等。此外，近十余年来有些渡槽因设计原因，在槽中出现涌波现象，造成槽身溢水。以下仅就冻害、混凝土碳化及钢筋锈蚀作详细分析，其他病害分析不再赘述。

8.4.2.1 冻害机理分析

1. 冻胀破坏

寒冷地区的渡槽多采用图 8.7 中的基础型式。桩基及排架下板式基础的冻害破坏，如图 8.7 (a) 和 (b) 所示，外观上表现为不均匀上抬，纵向中间基础上抬量大，越往两边抬量越小，呈“罗锅形”。

渡槽基础的不均匀上抬，主要是切向冻胀力作用的结果。当基础周围土中水分冻结成冰时，冰便将基础侧面与周围土颗粒胶结在一起，形成冻结力。当基础周围土冻胀时，靠近桩柱的土体冻胀变形受到约束，从而沿基础侧表面产生方向向上的切向冻胀力。由此可知，切向冻胀力的产生必须满足两个条件：基础和地基土之间存在冻结力的作用；地基土在冻结过程中产生冻胀。

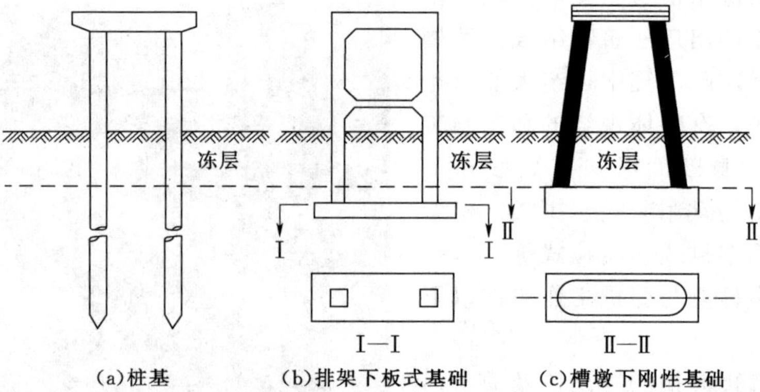

图 8.7 渡槽基础型式

影响切向冻胀力大小的主要因素有地基土的粒度成分、含水量、温度、基础材料性质和基础表面粗糙程度等。对于桩基来说，在切向冻胀力作用下的冻胀上抬通常由以下两种原因所致：其一是由于桩柱上部荷载、桩重力及桩柱与未冻土间的摩擦力不足以平衡总冻拔力而产生整体上抬，其二是由于在冻拔力作用下，桩柱截面尺寸或配筋不满足抗拉强度要求，造成断桩。断桩位置多发生在冻土层底部或桩柱抗拉最薄弱的截面处。

2. 冻融破坏

混凝土是由水泥砂浆和粗骨粒组成的毛细复合材料。混凝土在拌和过程中加入的拌和水总要多于水泥所需的水化水。这部分多余的水便以游离水的形式滞留于混凝土中，形成占有一定体积的连通毛细孔。这些连通毛细孔就是导致混凝土遭受冻害的主要原因。由美国学者提出的膨胀压和渗透压理论证明，吸水饱和的混凝土在冻融过程中，遭受的破坏应力主要有两方面来源：一是混凝土孔隙中充满水，当温度降低至冰点以下而使孔隙水产生物态变化，即水变成冰，其体积要膨胀 9%，从而产生膨胀应力；二是与此同时，混凝土在冻结过程中还可能出现过冷水在孔隙中的迁移和重分布，从而在混凝土的微观结构中产生渗透压。这两种应力在混凝土冻融过程中反复出现，并相互促进，最终造成混凝土的疲劳破坏。目前这一冻融破坏理论在世界上具有代表性和较高的公认程度。

如果混凝土的含水量小于饱和含水量的 91.7%，那么当混凝土受冻时，毛细孔中的膨胀结冻水可被非含水孔体吸收，不会形成损伤混凝土微观结构的膨胀压力。因此，饱水状态是混凝土发生冻融剥蚀破坏的必要条件之一。另一必要条件是外界气温的正负变化，可使混凝土孔隙中的水发生反复冻融循环。工程实践表明，冻融破坏是从混凝土表面开始的层层剥蚀破坏。

8.4.2.2 混凝土碳化及钢筋锈蚀机理分析

钢筋混凝土结构中的钢筋，在强碱性环境中（pH 值为 12.5～13.2），表面会生成一层致密的水化氧化物薄膜，呈钝化状态的薄膜保护钢筋免受腐蚀。通常周围混凝土对钢筋的这种碱性保护作用在很长时间内是有效的，然而一旦钝化膜遭到破坏，钢筋就处于活化状态，就有受到腐蚀的可能性。

使钢筋钝化膜破坏的主要因素如下：

(1) 由于碳化作用破坏钢筋的钝化膜。当无其他有害杂质时，由于混凝土的碳化效应，即混凝土中的碱性物质［主要是 $Ca(OH)_2$］与空气中的 CO_2 作用生成碳酸钙，使水泥石孔结构发生了变化，混凝土碱度下降并逐渐变为中性，pH 值降低，从而使钢筋失去保护作用而易于锈蚀。

(2) 由于水化氧化物薄膜和其他酸性介质的侵蚀作用破坏钢筋的钝化膜。混凝土中钢筋锈蚀的另一原因是氯化物的作用。氯化物是一种钢筋的活化剂，当其浓度不高时，亦能使处于碱性混凝土介质中的钢筋的钝化膜破坏。

(3) 当混凝土中掺加大量活性混合材料或采用低碱度水泥时，也可导致钢筋钝化膜的破坏或根本不生成钝化膜。

当钢筋表面的钝化膜遭到破坏后，只要钢筋能接触到水和氧，就会发生电化学腐蚀，即通常所说的锈蚀。一旦处在保护层保护下的钢筋发生锈蚀，因生成的铁锈体积膨大，很容易将保护层膨胀崩落，从而使钢筋暴露在自然环境中，更加快了锈蚀进程。

实际上，对一般输水建筑物来说，上述混凝土碳化导致钢筋锈蚀是主要的，但又是难以避免的。混凝土的碳化速度快慢与混凝土的材料性质、水灰比、振捣密实度、硬化过程中的养护好坏以及周围环境等因素有关。

大量的实际工程检测表明，同一建筑物的上部结构碳化深度往往比下部结构大。由于渡槽中的结构构件多采用小体积钢筋混凝土轻型结构，钢筋保护层厚度有限，现浇渡槽结构的施工和养护难度较其他输水建筑物大，因此，渡槽的碳化和钢筋锈蚀较其他建筑物更为突出。

8.4.3 渡槽病害的处理

8.4.3.1 渡槽冻害的防治

1. 冻胀破坏的防治措施

为了防止渡槽基础的冻害，可采用消除、削减冻因的措施或结构措施，也可将以上两种措施结合起来，而采用综合处理方法。

(1) 消除、削减冻因。

温度、土质和水分是产生冻胀的三个基本因素，如能消除或削弱其中某个因素，便可达到消除或削弱冻胀的目的。在实际工程中，常采用的措施有换填法、物理化学方法、隔水排水法和加热隔热法。其中换填法是指将渡槽基础周围强冻胀性土挖除，然后用弱冻胀

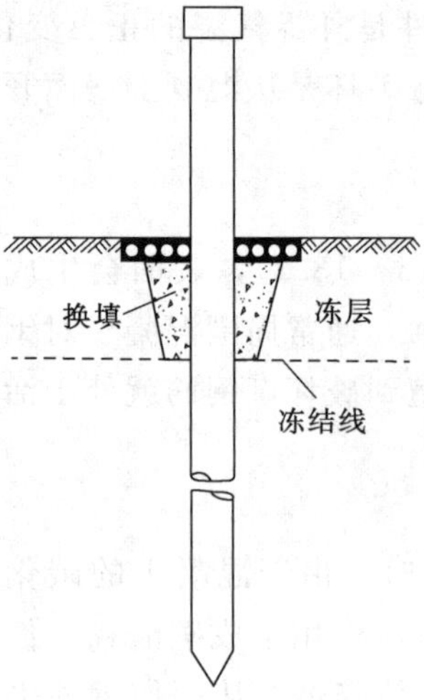

图 8.8　换填措施

的砂、砾石、矿渣、炉灰渣等材料换填，如图 8.8 所示。换填厚度一般采用 30～80cm。采用换填法虽不能完全消除切向冻胀力，但可使切向冻胀力大为减小。在采用砂砾石换填时，应控制粉黏粒的含量，一般不宜超过 14%。为使换填料不被水流冲刷，对换填料表面必须进行护砌。

(2) 防治冻害的结构措施。

防治冻害的结构措施可归纳为回避和锚固两种基本方法。

1) 回避法是在渡槽基础与周围土之间采用隔离措施，使基础侧表面与土之间不产生冻结，进而消除切向冻胀力对基础的作用。实际工程中常用油包桩和柱外加套管两种方法。油包桩是在冻层内的桩表面涂上黄油和废机油等，然后外包油毡纸，在油毡纸外再涂油类，做成二毡二油或三油。套管法是在冻土层范围内，在桩外加一套管，套管通常采用铁或钢筋混凝土制作。套管内壁与桩间应当留有 2～5cm 的间隙，并在其中填黄油、沥青、机油、工业凡士林等。

2) 锚固法是采用深桩，利用桩周围摩擦力或在冻深以下将基础扩大，通过扩大部分的锚固作用防止冻拔。

2. 冻融剥蚀修补

(1) 修补材料。

修补材料首先应该满足工程所要求的抗冻性指标，SL 191—2008《水工混凝土结构设计规范》规定，混凝土的抗冻等级在严寒地区不小于 F300，寒冷地区不小于 F200，温和地区不小于 F100。通常用的修补材料有高抗冻性混凝土、聚合物水泥砂浆，预缩水泥砂浆等。

1) 高抗冻性混凝土。配制高抗冻性混凝土的主要途径是选择优质的混凝土原材料，掺加引气剂提高混凝土的含气量，掺用优质高效减水剂降低水灰比等。当然，良好的施工工艺和严格的施工质量控制也是非常重要的。一般情况下，当剥蚀深度大于 5cm，即可采用高抗冻性混凝土进行修补。根据工程的具体情况，可以采用常规浇筑或滑模浇筑、真空模板浇筑、泵送浇筑、预填骨料压浆浇筑、喷射浇筑等多种工艺。预填骨料压浆浇筑的优点是可大幅度减少混凝土的收缩，施工模板简单。由于预填骨料已充满了整个修补空间，即使收缩发生也不至于使骨料移动。喷射混凝土近年来被广泛地应用于混凝土结构剥蚀破坏的修补加固。这是因为喷混凝土修补施工具有特殊的优点：①由于高速喷射作用，喷混凝土和老混凝土能良好黏结，黏结抗拉强度约为 0.5～2.85MPa；②喷射混凝土施工作业不需要支设模板，不需要大型设备和开阔场地；③能向任意方向和部位施工作业，可灵活调整喷层厚度；④具有快凝、早强特点，能在短期内满足生产使用要求。

2) 聚合物水泥砂浆（混凝土）。聚合物水泥砂浆（混凝土）是通过向水泥砂浆（混凝土）中掺加聚合物乳液改性而制成的一类有机-无机复合材料。聚合物的引入，既提高了水泥砂浆（混凝土）的密实性、黏结性，又降低了水泥砂浆（混凝土）的脆性。近年来，在我国应用比较广泛的改性聚合物乳液有丙烯酸酯共聚乳液（PAE），氯丁胶乳（CR）。

聚合物乳液的掺加量约为水泥用量的10%～15%，水灰比一般为0.30左右。为防止乳液和水泥等拌和时起泡，尚需要加入适量的稳定剂和消泡剂。与普通水泥砂浆（混凝土）相比，改性后砂浆（混凝土）的抗压强度降低0～20%，极限拉伸提高1～2倍，弹模降低10%～50%，干缩变形减小15%～40%，比老混凝土的黏结抗拉强度提高1～3倍，抗裂性和抗渗性大幅度提高，抗冻等级能达到F300以上，因此聚合物水泥砂浆（混凝土）是一种非常理想的薄层冻融剥蚀修补材料。

当冻融剥蚀厚度为10～20mm且面积比较大时，可选用聚合物水泥砂浆修补；当剥蚀厚度大于3～4cm时，则可考虑选用聚合物水泥混凝土修补。由于聚合物乳液比较贵，因此从经济角度出发，当剥蚀深度完全能采用高抗冻性混凝土修补（大于5cm）时，应优先选用抗冻混凝土修补。

3）预缩水泥砂浆。干性预缩水泥砂浆是一种水灰比小，拌和后放置30～90min再使用的水泥砂浆。其配合比一般为水灰比0.32～0.34，灰砂比1：2～1：2.5，并掺有减水剂和引气剂。砂料的细度模数一般为1.8～2.0。预缩水泥砂浆的性能特点是强度高、收缩小、抗冻抗渗性好，与老混凝土的黏结劈裂抗拉强度能达到1.0～2.0MPa，且施工方便，成本低，适合于小面积的薄层剥蚀修补。铺填预缩水泥砂浆以每层4cm左右并捣实为宜。由于水灰比低，加水量少，故需要特别注意早期养护。

（2）施工工艺。

为了保证丙乳砂浆与基底黏结牢固，要求对混凝土表面进行人工凿毛处理，并用高压水冲洗干净，待表面呈潮湿状，无积水时，再涂刷一层丙乳净浆，并立即摊铺拌匀的丙乳砂浆。铺设丙乳砂浆分两层进行，第一层为整平层，第二层为面层。为增加整平层和基底的黏结强度，在抹平过程中将砂浆捣实，抹光操作30min后，砂浆表面成膜，立即用塑料布覆盖，24h后洒水养护，7d后自然干燥养护。施工水泥宜用525号早强普硅水泥及部分425号普硅水泥，水灰比为0.25～0.312，乳液水泥用量比为0.26～0.28。

8.4.3.2 混凝土碳化及钢筋锈蚀处理

1. 混凝土碳化的处理

一般情况下，不需要对混凝土的碳化进行大面积处理，因为施工质量较好的水工建筑物，在其设计使用年限内，平均碳化层深度基本上不会超过平均保护层厚度。一旦建筑物的保护层全部被碳化，说明该建筑物的剩余使用寿命已不长，对其进行全面碳化处理，投资较大，没有多大实际意义。如建筑物的使用年限不长，绝大部分碳化不严重，只是少数构件或小部分碳化严重，对其进行防碳化处理十分必要。当建筑物钢筋尚未锈蚀，宜对其作封闭防护处理。

（1）采用高压水清洗机清洗结构物表面，清洗机的最大水压力可达6MPa，可冲掉结构物表面的沉积物和疏松混凝土，清洗效果较好。

（2）以乙烯-醋酸乙烯共聚乳液（EVA）作为防碳化涂料；其表干时间为10～30min，黏结强度大于0.2MPa，抗－25～85℃，冷热温度循环大于20次，气密性好，颜色为浅灰色。

（3）用无气高压喷涂机喷涂，涂料内不夹带空气，能有效地保证涂层的密封性和防护效果；分两次喷涂，两层总厚度达150μm即可。

2. 钢筋锈蚀的处理

钢筋锈蚀对钢筋混凝土结构危害性极大，其锈蚀发展到加速期和破坏期会明显降低结构的承载力，严重威胁结构的安全性，而且修复技术复杂，耗资大，修补效果不能完全保证。因此，一旦发现钢筋混凝土中钢筋有锈蚀迹象，应及早采取合适的防护或修补处理措施。通常的措施有以下三个方面：

(1) 恢复钢筋周围的碱性环境，使锈蚀钢筋重新钝化。将锈蚀钢筋周围已碳化或遭氯盐污染的混凝土剥除，并重新浇筑新混凝土（砂浆）或聚合物水泥混凝土（砂浆）。

(2) 限制混凝土中的水分含量，延缓或抑制混凝土中钢筋的锈蚀。一般采用涂刷防护涂层，限制或降低混凝土中氧和水分的含量，提高混凝土的电阻，减小锈蚀电流，延缓或抑制锈蚀的发展。国外的研究资料表明：涂刷有机硅质憎水涂料，能够明显降低混凝土中锈蚀钢筋的锈蚀速度，但不能完全制止钢筋的继续锈蚀。因而，防水处理仅能当作临时的应对措施，延缓钢筋混凝土结构的老化速度，直到有可能采取更有效的修补处理对策。

(3) 采用外加电流阴极保护技术。外加电流阴极保护，就是向被保护的锈蚀钢筋通入微小直流电，使锈蚀钢筋变成阴极，被保护起来免遭锈蚀，并另设耐腐蚀材料作为阳极，亦即阴极保护作用是靠长期不断地消耗电能，使被保护钢筋为阴极，外加耐蚀辅助电极作为阳极来实现。这种保护技术在海岸工程的重要结构中应用较多，在输水建筑物未见采用。

8.4.3.3　渡槽接缝漏水处理

渡槽接缝漏水，主要是止水老化失效等原因造成的，处理的方法很多，如聚氯乙烯胶泥止水、塑料油膏止水等。

1. 聚氯乙烯胶泥止水

施工方法步骤如下：

(1) 配料。胶泥配合比（重量比）为：煤焦油∶聚氯乙烯∶邻苯二甲酸二丁酯∶硬脂酸钙∶滑石粉＝100∶12.5∶10∶0.5∶25。

(2) 试验。作黏结强度试验，黏结面先涂一层冷底子油（煤焦油∶甲苯＝1∶4），黏结强度可达 140kPa。不涂冷底子油可达 120kPa。将试件作弯曲 90°和扭转 180°试验未遭破坏，即可满足使用要求。

(3) 做内外模。槽身接缝间隙在 3～8cm 的情况下，可先用水泥纸袋卷成圆柱状塞入缝内，在缝的外壁涂抹 2～3cm 厚的 MIO 水泥砂浆，作为浇灌胶泥的外模，3～5d 后取出纸卷，将缝内清扫干净，并在缝的内壁嵌入 1cm 厚的木条，用胶泥抹好缝隙作为内模。

(4) 灌缝。将配制好的胶泥慢慢加温，温度高低控制在 110～140℃，待胶泥充分塑化后即可浇灌。对于 U 形槽身的接缝，可一次浇灌完成；对尺寸较大的矩形槽身，可采用两次浇灌完成。第二次浇灌的孔口稍大，要慢慢浇灌才能排出缝隙内的空气，如图 8.9 所示。

2. 塑料油膏止水

优点：费用少，效果好。其示意图如图 8.10 所示。

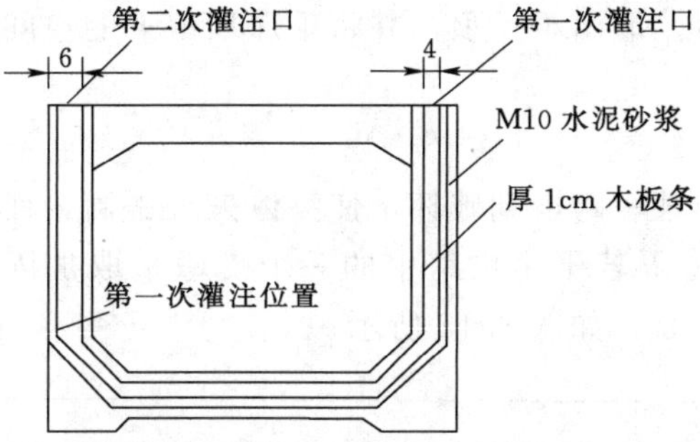

图 8.9 矩形槽身填料止水灌注示意图（单位：cm）

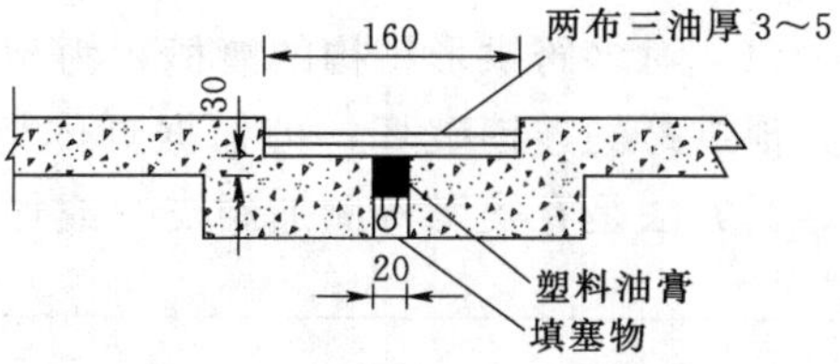

图 8.10 塑料油膏止水示意图（单位：mm）

施工步骤如下：

（1）接缝处理。将接缝清理干净，保持干燥。

（2）油膏预热熔化。最好是间接加温，温度保持在 120℃左右。

（3）灌注方法。先用水泥纸袋塞缝并预留灌注深度约 3cm，然后灌入预热熔化的油膏，边灌边用竹片将油膏同混凝土反复揉擦，使其紧密粘贴。待油膏灌至缝口，再用皮刷刷齐。

（4）粘贴玻璃丝布。先在粘贴的混凝土表面刷一层热油膏，将预先剪好的玻璃丝布粘贴上去，再刷一层油膏并粘贴一层玻璃丝布，然后再刷一层油膏，务必粘贴牢固。

8.4.3.4 渡槽支墩的加固

1. 支墩基础的加固

（1）基础承载力不足的加固。当运行中发现渡槽支墩基底承载力不够时，可采用扩大基础的方法加固，以减少基底的单位承载力，如图 8.11（a）所示。

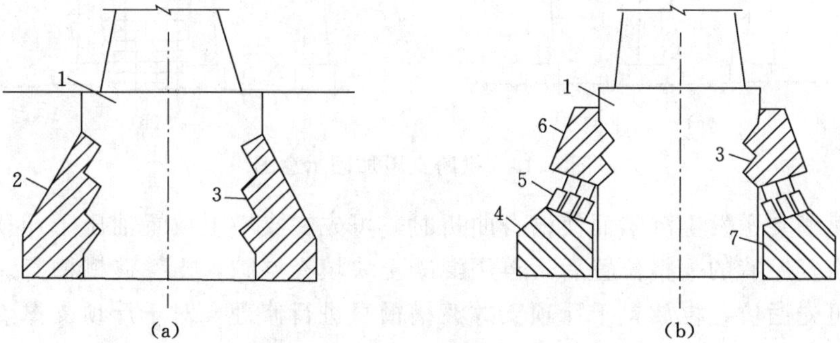

图 8.11 渡槽支墩基础加固示意图

1—原基础；2—基础加固部分；3—斜形凹槽；4—混凝土底盘；5—上部混凝土支持体；6—油压千斤顶；7—空隙

（2）基础沉陷处理。渡槽支墩由于基础沉陷过大，影响正常使用，需将基础恢复原位。在不影响结构整体稳定的前提下，可采取扩大基础、顶回原位的办法处理。如图 8.11（b）所示，先将基础周围的填土挖出，再浇筑混凝土，将沉陷的基础加宽。加宽部分可分为上下两部分：上部为混凝土支持体，与原混凝土基础连成整体；下部为混凝土底盘，与原混凝土基础间留有空隙。施工时先浇底盘及支持体，待混凝土达到设计强度后，在两者之间布置若干个油压千斤顶，将原渡槽支墩顶起恢复到原位，再用混凝土填实千斤顶两侧的空间，待填实的混凝土达到设计强度后，取出千斤顶，并将千斤顶留下的空间用混凝土填实，最后回填灌浆填实原基底空隙。

2. 渡槽支墩墩身加固

（1）对多跨拱形结构的渡槽，为预防因其中某一跨遭到破坏，使整体失去平衡，而引起其他拱跨的连锁破坏，可根据具体情况，对每隔若干个拱跨中的一个支墩采取加固措施。其方法是在支墩两侧加斜支撑或加大支墩断面，如图 8.12 所示。

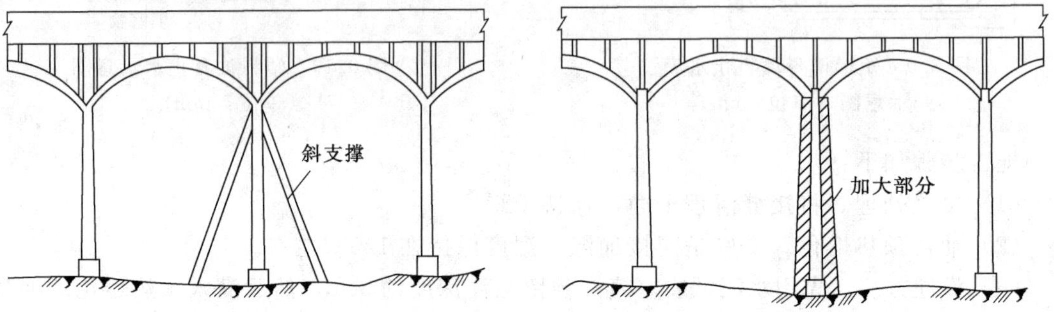

(a)加斜支撑　(b)加大加斜支撑

图 8.12　拱跨支墩预防破坏措施示意图

（2）多跨拱的个别拱跨有异常现象时，如拱圈发生断裂等，可在该跨内设置圬工顶或排架支顶，以增强拱跨的稳定，如图 8.13 所示。

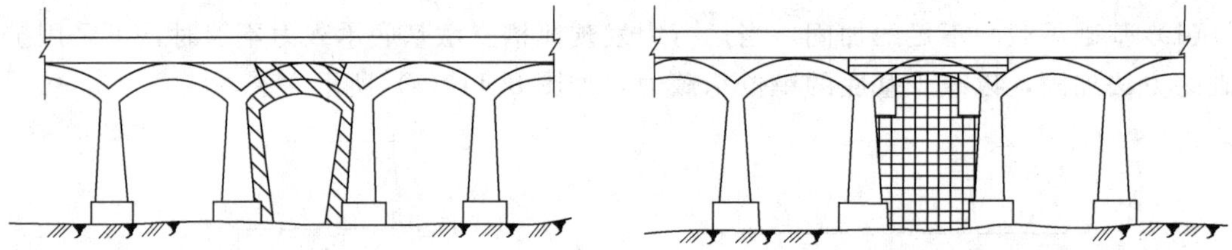
(a)　(b)

图 8.13　拱跨支墩加固示意图

（3）当渡槽支墩发生沉陷而使槽身曲折时，可先在支墩上放置油压千斤顶将渡槽槽身顶起，待其恢复原有的平整位置后，再用混凝土块填充空隙，支撑渡槽槽身。如原支墩顶面是齐平的可先凿坑，再放置千斤顶支撑渡槽槽身进行修理，对千斤顶支撑点必须进行压力核算。

8.5　倒虹吸管及涵管的养护与修理

8.5.1　倒虹吸管及涵管的检查与养护

8.5.1.1　倒虹吸管的检查与养护

倒虹吸管是渠道穿越山谷、河流、洼地，以及通过道路或其他渠道时设置的压力输水管道，是一种交叉输水建筑物，是灌区配套工程中的重要建筑物之一，如图 8.14 所示。倒虹吸管一般由进口、管身段和出口三部分组成。管身断面形式常见的有圆形和箱形两种。国内灌区工程中的倒虹吸管，绝大多数是钢筋混凝土管和预应力钢筋混凝土管，只有少量的钢管和素混凝土管。钢筋混凝土管和预应力钢筋混凝土管既有预制安装的，也有现浇的。

图 8.14　倒虹吸管

倒虹吸管的日常检查与维护工作主要包括以下内容：

(1) 在放水之前应做好防淤堵的检查和准备工作，清除管内泥沙等淤积物，以防阻水或堵塞；多沙渠道上的倒虹吸管，应检查进口处的防沙设施，确保其在运用期发挥作用；注意检查进出口渠道边坡的稳定性，对不稳定的边坡及时处理，以防止在运用期塌方。

(2) 停水后的第一次放水时，应注意控制流量，防止开始时放水过急，管中挟气，水流回涌而冲坏进出口盖板等设施。

(3) 在运行期间应经常注意清除拦污栅前的杂物，以防止压坏拦污栅和壅高渠水，造成漫堤决口。

(4) 在过水运行期间，注意观察进出口水流是否平顺，管身是否有振动；注意检查管身段接头处有无裂缝、孔洞漏水，并做好记录，以便停水检修。

(5) 注意维护裸露斜管处镇墩基础及地面排水系统，防止雨水淘刷管、墩基础而威胁管身安全。

(6) 注意养护进口闸门、启闭设备、拦污栅、通气孔以及阀门等设施和设备，保证其灵活运行。

8.5.1.2　涵管的检查与养护

涵管（洞）是指埋设在堤、坝以及路基下，用来输水或泄水的水工建筑物，其断面形式常有矩形、圆形和城门形；涵管有现浇的，也有预制的，一般圆形小口径涵管大多为预制安装的。涵管（洞）外侧填筑土石料，底部有直接置于土基或岩基上的，也有放置在基座上的；主要作用荷载有自重、外侧土压力、内外水压力和温度应力。在我国，绝大多数土石坝中埋设有坝下涵管，各大河流的干支堤下埋设有大量的输水和泄水涵洞，因此涵管（洞）是一种应用较多的输水建筑物。涵管（洞）的日常检查与维护工作主要有以下内容：

(1) 保证涵管（洞）进口无泥沙淤积，发现泥沙淤积及时清理。

(2) 保证涵管（洞）出口无冲刷掏空等破坏，并注意进出口处其他连接建筑物是否发生不均匀沉陷、裂缝等。

(3) 按明流设计的涵管（洞）严禁有压运行或明流、满流交替运行。启闭闸门要缓慢进行，以免管内产生负压、水击现象。

(4) 路基或坝下涵管（洞）顶部严禁堆放重物，禁止超载车辆通过或采取必要措施，以防止涵洞的断裂。

(5) 能够进入的涵管（洞）要定期派人入内检查，查看有无混凝土剥蚀、裂缝漏抬高现象，若发现此现象应查明是否由涵管断裂引起的，并尽快采取必要处理措施。

(6) 对坝下有压涵管，在运行期间要注意观察外坝坡出口附近有无管涌和逸出点抬高现象，若发现此现象应查明是否由涵管断裂引起的，并尽快采取必要的处理措施。

(7) 注意保养闸门、启闭机械设备，保证运用灵活。

8.5.2　倒虹吸管及涵管的常见病害及成因

8.5.2.1　倒虹吸管常见病害与成因

(1) 管身裂缝。管身裂缝有环向、纵向和龟纹裂缝 3 种。环向裂缝主要是由于管身分节过长，当温度降低时引起纵向收缩变形造成管身脱节，当基础约束过大时会造成拉裂甚至断裂，在斜坡段也有因为镇墩基础沉陷、滑坡或雨水冲刷而失稳引起管身脱节或断裂；纵向裂缝是倒虹吸管最常见的病害，而现浇混凝土管出现纵向裂缝的居多，纵向裂缝常出现在管身顶部，主要原因是现浇管顶施工质量差，同时外露的管顶受到阳光的直射，管身顶部内外温差过大，管壁内外变形不一致；严寒地区，当冬季没有排完管内积水或没有采取保温措施时，也将发生冻害而造成管身纵向裂缝。管身出现裂缝后必然发生漏水，并且结构承载力降低，管道耐久性随之变差。

(2) 接头漏水。接头止水材料老化或接头脱节将止水拉裂会引起漏水。

(3) 边墙失稳。进口处地基沉陷或顶部超载会导致进口处挡土墙或挡水墙失稳。

(4) 混凝土表面剥落。冻融作用（北方地区）或钢筋锈蚀会使混凝土表面剥落。

(5) 设备故障。管理不善、年久失修和设备老化会引起沉沙拦污设施、闸门、启闭设备等破坏失效。

(6) 淤积堵塞。未及时清污，杂物堵塞进口或山洪入渠，挟带大量推移质沉积管中。

(7) 空蚀、振动与冲刷。操作不当，在开始放水时排气阀未及时打开，或放水太急，管内产生负压引起空蚀，或通过小流量时，未及时调节阀门，进口管道内发生水跃，使管身振动或接头破坏。冲刷是因水流含沙石量大，管壁耐磨性差而引起的。

(8) 钢筋锈蚀。主要原因是管身裂缝处或缺陷处，钢筋裸露失去混凝土的碱性保护，钢筋钝化膜被破坏而锈蚀。

8.5.2.2　涵管常见病害与成因

实际工程中涵管（洞）的病害常分为以下几类，即裂缝、空蚀、混凝土溶蚀、闸门及启闭设备锈蚀老化等，其中涵管（洞）的裂缝比隧洞中的裂缝更为常见，是涵管（洞）的突出病害。以下仅就涵管（洞）的裂缝或断裂产生的原因进行分析。

(1) 沿管（洞）身长度方向荷载作用不均匀以及地基处理不良，易在沿管（洞）长方向产生过大的不均匀沉陷差。在地基产生不均匀沉陷的过程中，底部或顶部产生较大的拉应力，侧部产生较大的剪应力，特别是当拉应力超过涵管管身材料的极限抗拉强度时，则造成管身横向开裂。

(2) 由于混凝土涵管在温度发生变化时会产生伸缩变形，当涵管（洞）分缝距离过长，管壁收缩受到周围土体摩擦约束产生的拉应力超过管壁的抗拉强度时，管身就易被环向拉裂。这种裂缝的实质是温度变形裂缝，其特征是裂缝管壁四周都贯穿，且部位大致在每节管的中部区域。

(3) 设计强度不够或工质量差。实际工程中往往因设计考虑不周，或没有严格按设计尺寸施工，或超荷载运行以及浇筑质量差等，造成涵管整体强度不足。其特点是裂缝多，且环向和纵向裂缝都有，同时伴随有其他病害如蜂窝麻面、孔洞和大面积渗漏发生。

8.5.3 倒虹吸管及涵管的病害处理

8.5.3.1 倒虹吸管的病害处理

1. 裂缝的处理

裂缝处理的方案是：对于既未考虑运用期温度应力，又未采取隔热措施的管道，要采取填土等隔热措施；对于强度不足、施工质量差的管道所产生的裂缝，要采取全面加固措施；对有足够强度的管道的裂缝，主要采取防渗措施。

（1）腹裹保护。这是防止纵向裂缝发生和扩展的有效措施。对裸露在外部的倒虹吸管两侧使用预制空心混凝土砌块进行砌筑外包，上部填土夯实，既能对倒虹吸管起到明显的隔热保温作用，又能减轻风、霜、雨、雪等对管身混凝土的侵蚀。

（2）加固补强。对因沉陷引起的裂缝，首先应进行固基处理，如采取灌浆培厚等方法；对强度安全系数太低的管道，可采用内衬钢板加固措施进行处理，处理步骤是：在混凝土管内，衬砌一层厚4～6mm的钢板，钢板事先在工厂加工成卷，其外壁与钢筋混凝土内壁之间留1cm左右的间隙，钢板从进出口送入管内就位、撑开，再焊接成型，然后在两者之间进行回填灌浆。该法的优点是能有效地提高安全系数，加固后安全、可靠、耐久，缺点是造价高，钢材用量多，施工难度大。

（3）表面涂抹、贴补或嵌补封缝。对结构整体性影响不大的裂缝一般只在表面采用涂抹、贴补或嵌补等方法进行封缝处理。有刚性处理和柔性处理两种类型。

1）刚性方案。有钢丝水泥砂浆、钢丝网环氧砂浆和环氧砂浆粘钢板等方法，这类方法不仅能够防渗抗裂，而且还分担裂缝处钢筋的一部分应力，提高建筑物的安全性。

2）柔性方案。有环氧砂浆贴橡皮、环氧基液贴玻璃丝布、环氧基液贴纱布、聚氯乙烯油膏填缝及乳化沥青掺苯溶氯丁胶刷缝等方法，柔性处理能够适应裂缝开合的微小变形，造价较低，施工方便。缝宽小于0.2mm时，采用加大增塑性比例的环氧砂浆修补效果好；缝宽大于0.2mm时，采用环氧砂浆贴橡皮效果好。

2. 渗漏处理

（1）对因裂缝引起的渗漏可按裂缝处理方法进行。

（2）管壁一般渗漏的处理。可在管内壁刷2～3层环氧基液或橡胶液，涂刷时应力求薄而匀，每日刷一遍，总厚约0.5mm。若为局部漏水孔或空蚀破坏，可涂抹环氧砂浆封堵。

（3）接头漏水的处理。对于受温度变化影响大的，仍需保持柔性接头的管道，可在接缝处充填沥青麻丝，然后在内壁表面用环氧砂浆贴橡皮。对于已做腹裹处理受温度影响显著减小的管道，可改用刚性接头，并隔一定距离设一柔性接头。刚性接头施工时可在接头内外打入石棉水泥或水泥砂浆，并在管内壁表面涂刷环氧树脂，防止钢管伸缩接头漏水，并应定期更换止水材料。

3. 淤积处理

在进口处设置拦污栅隔离漂浮物以防止堵塞；在进口上游一定距离设置沉砂池和冲砂孔防止推移质的堆积；控制过水流量和流速防止悬移质的沉积。当出现堵塞，应先排除管内积水，再用人工挖出。

4. 冲磨的处理

设置拦沙槽拦截沙石，减轻对管壁的磨损。对已发生空蚀与冲磨的管壁可进行凿除并重新涂抹耐磨材料（见隧洞的冲磨处理）。

8.5.3.2　涵管常见病害的处理

涵管断裂漏水的加固及修复措施如下。

1. 管基加固

对因基础不均匀沉陷而引起断裂的涵管，一方面进行管身结构补强，另一方面还须加固地基。

（1）对坝身不很高，断裂发生在管口附近的，可直接开挖坝身进行处理。

（2）对于软基，应先拆除被破坏部分的涵管，然后挖除基础部分的软土至坚实土层，并均匀夯实，再用浆砌石或混凝土回填密实。

（3）对岩石基础软弱带可进行回填灌浆或固结灌浆处理。

（4）对直径较大的涵管，当断裂发生在中部，开挖坝体处理有困难时，可在洞内钻孔进行灌浆处理。灌浆处理常采用水泥浆，断裂部位可用环氧砂浆封堵。

2. 更换管道

当涵管直径较小、断裂严重、漏水点多、维修困难时，须更换管道。对埋深较大的管道可采用顶管法完成。顶管法是采用大吨位油压千斤顶将预制好的涵管逐节顶进土体中的施工方法。顶管施工的程序为：测量放线→工作坑布置→安装后座及铺导轨→布置及安装机械设备→下管顶进→管的接缝处理→截水环处理→管外灌水泥浆→试压。顶管法施工技术要求高，施工中定向定位困难。但它与开挖沟填埋法比较，具有节约投资、施工安全、工期短、需用劳动力少、对工程运用干扰较小等优点。

3. 表面贴补

对过水界面出现的蜂窝、麻面及细小漏洞可采取表面贴补法处理，这些方法前面已叙述。

4. 结构补强

因结构强度不够，涵管产生裂缝或断裂时，可采用结构补强措施。

（1）灌浆。灌浆是目前混凝土或砌石工程堵漏补强常用的方法。对坝下涵管存在的裂缝、漏水等均可采用灌浆处理。例如，河北省钓鱼台水库，由于运用期间产生明流、满流交替的半有压流态，在 92m 长的洞壁上漏水点达 59 处，根据这种情况，进行了水泥灌浆处理。全洞共钻孔 120 个，浆孔布设在洞壁两侧，每侧两排，上下错开呈梅花形。上排离洞底 0.7～0.8m，孔深 0.7～0.9m，下排离洞底 0.1m，孔深 1～1.2m，如图 8.15 所示。经灌浆处理，基本止住了漏水，效果很好。

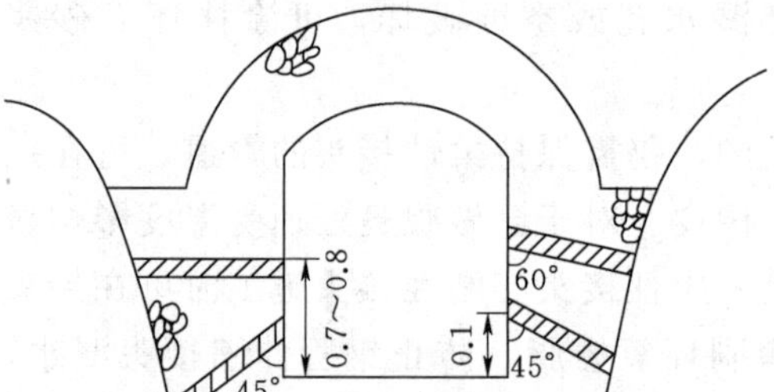

图 8.15　钓鱼台水库涵洞灌浆孔剖面图（单位：m）

（2）加套管或内衬。当坝下涵管管径不容

许缩小很多时，套管可采用钢管或铸铁管，内衬可采用钢板。当管径断面缩小不影响涵管运用时，套管可采用钢筋混凝土管，内衬可采用浆砌石料、混凝土预制件或现浇混凝土。例如，广东省马踏石水库土坝下埋设高 1.2m、宽 0.6m 的浆砌石涵洞，顶拱用砖砌筑。在运用期间断裂漏水，先后有 13 处被漏水淘空。后来采用内套钢丝网水泥管，管壁厚 3cm，在工地分段浇筑后进行安装，安装后在新老管间进行灌浆处理，效果很好。加套管或内衬时，需先对原管壁进行凿毛、清洗，并在套管或内衬与原管壁之间进行回填灌浆处理。加套管或内衬必须是人工能在管内操作的情况。

（3）支撑或拉锚。石砌方涵的上部盖板如有断裂时，可采用洞内支撑的方式加固，对于侧墙加固，还可采用横向支撑法。有条件的也可采用洞外拉锚的办法，这样处理可以避免缩小过水断面。

思 考 题

1. 渠系建筑物常见的损坏形式及成因是什么？
2. 渠道建筑物的工作特点是什么？
3. 渠道常见病害的处理方法有哪些？
4. 渠道防渗的主要措施有哪些？
5. 分析空蚀产生的原因和容易发生空蚀的部位。
6. 隧洞裂缝的处理有哪些措施？
7. 隧洞的养护工作包括哪些内容？
8. 渡槽冻害的处理措施有哪些？
9. 渡槽支墩加固的主要措施有哪些？
10. 倒虹吸管常见病害有哪些？如何修复？

第9章 水利水电工程常用设备的维护

【学习要求】 了解水利水电工程常用设备例如闸门、启闭机（起重机）、水泵的基本结构和性能，以及设备的常规维护与简单故障的维护处理。

9.1 闸　　门

9.1.1 概述

闸门是用于关闭和开放泄（放）水通道的控制设施，可用以拦截水流，控制水位、调节流量、排放泥沙和飘浮物等，是水闸的重要组成部分。

闸门按结构形式可分为平面闸门、弧形闸门；按闸门门顶与水平面相对位置可分为露顶式闸门和潜没式闸门；按工作性质可分为工作闸门、事故闸门和检修闸门；按闸门启闭方法可分为用机械操作启闭的闸门和利用水位涨落时闸门所受水压力的变化控制启闭的水力自动闸门；按制作材料可分为木质闸门、木面板钢构架闸门、铸铁闸门、钢筋混凝土闸门以及钢闸门；按门叶不同的支承形式可分为定轮支承闸门、铰支承闸门、滑道支承的闸门、链轮闸门、串辊闸门、圆辊闸门等。部分类型闸门见图9.1～9.3。

图9.1　直升式平面闸门

图9.2　弧形闸门

图 9.3 翻板闸门

闸门主要由三部分组成：①主体活动部分，用以封闭或开放孔口，通称闸门，亦称门叶；②埋固部分；③启闭设备。

活动部分包括面板梁系等称重结构、支承行走部件、导向及止水装置和吊耳等。埋固部分包括主轨、导轨、铰座、门楣、底槛、止水座等，它们埋设在孔口周边，用锚筋与水工建筑物的混凝土牢固连接，分别形成与门叶上支承行走部件及止水面，以便将门叶结构所承受的水压力等荷载传递给水工建筑物，并获得良好的闸门止水性能。启闭机械与门叶吊耳连接，以操作控制活动部分的位置，但也有少数闸门借助水力自动控制操作启闭。

9.1.2 闸门运行中容易出现的主要问题

闸门是水闸的一个重要组成部分，主要是用来调节流量和控制上下游水位，宣泄洪水，放运船只、木排、竹筏，排除泥沙等。闸门除应满足安全经济条件外，还应具有操作灵活可靠、止水良好及过水平顺，并应尽可能避免闸门产生空蚀和振动现象。此外，闸门还应便于制作、运输、安装以及检修、养护。

1. 闸门结构变形

受各种因素影响，在运用一段时间以后，可能导致闸门门叶结构变形而导致不能正常启闭，对于平面闸门，这种现象比较普遍，特别是早些年代设计修建的，由于设计安全系数较低、材料质量性能及施工质量等诸多因素而导致这一问题比较突出。平面闸门门叶结构见图 9.4。对于弧形闸门，比较少见。

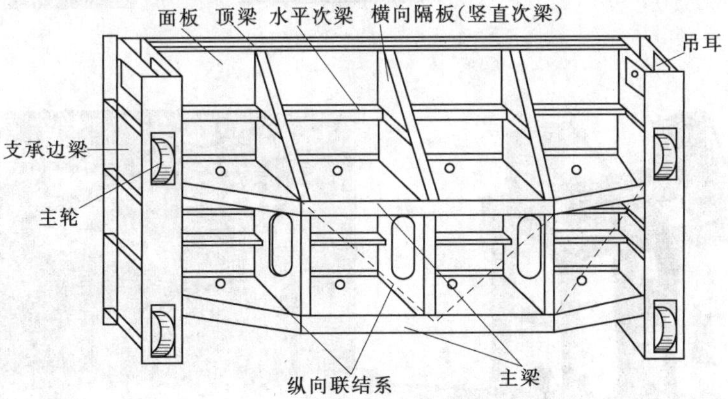

图 9.4 平面闸门门叶结构图

对闸门结构变形可分情况处理，对于能开启不能关闭的情况，最简单的办法是增加闸门重量（在门顶利用铸铁块等加压）。如果不能开启，就只能对整个门叶进行校正或改造。

2. 止水损坏

闸门的止水一般常用的是橡胶或塑料止水带，此类材料受环境水作用及露天温差、日晒等影响，容易出现老化等现象而导致止水带失效。如出现此类问题，一般情况下只能在不工作的时间段对止水带进行更换。

3. 行走结构损坏

轨道、吊耳及闸门滑轮是比较容易损坏的结构。这类问题比较简单，直接更换相应部件即可。

9.2 启闭机械

9.2.1 概述

闸门启闭机可分为固定式和移动式两种。常用的固定式启闭机有卷扬式、螺杆式和油压式三种。移动式一般有门架式和桥式两种。启闭机的型式应根据门型、尺寸及其运用条件等因素选定。所选用启闭机的启闭力应不小于计算的启闭力，同时应符合国家现行的 SL 74—2013《水利水电工程闸门启闭机设计规范》所规定的启闭机系列标准。若要求短时间内全部均匀开启或多孔闸门启闭频繁时，每孔应设一台固定式启闭机。部分类型启闭机见图 9.5～图 9.9。

起重机和启闭机的核心结构就是电动机、减速箱、传动轴和绳鼓等，此处，不单独讲解。

图 9.5　卷扬式启闭机

图 9.6　移动（门）式启闭机

图 9.7 台式启闭机

图 9.8 液压式启闭机

图 9.9 螺杆式启闭机

固定卷扬式启闭机，主要由电动机、减速箱、传动轴和绳鼓所组成。启闭闸门时，通过电动机、减速箱和传动轴使绳鼓转动，进而钢丝绳牵引闸门升降，并通过滑轮组的作用，使用较小的钢丝绳拉力，便可获得较大启门力。固定卷扬式启闭机适用于闭门时不需施加压力，且要求在短时间内全部开启的闸门。一般每孔布置一台。

螺杆式启闭机主要由摇柄、主机和螺杆组成。利用机械或人力转动主机，使螺杆连同闸门上下移动，从而启闭闸门。其优点是结构简单、使用方便，价格较低且易于制造；缺点是启闭速度慢，启闭力小，一般用于小型水闸。当水压力较大，门重不足时，可通过螺杆对闸门施加压力，以便使闸门关闭到底。当螺杆长度较大（如大于 3m）时，可在胸墙上每隔一定距离设支承套环，以防止螺杆受压失稳。

油压式启闭机主体由油缸和活塞两部分组成。活塞经活塞杆或连杆和闸门连接，改变油管中的压力即可使活塞带动闸门升降。油压式启闭机的优点是利用液压原理，可用较小的动力获得很大的启门力；液压传动比较平稳和安全；机体体积小，重量轻，当闸孔较多时，可以降低机房、管路及工作桥的工程造价；较易实现遥测、遥控和自动化。其主要缺点是对金属加工条件要求较高，质量不易保证，造价较高。同时设计选用时要注意解决闸门起吊同步的问题，否则会发生闸门歪斜卡阻的现象。

9.2.2 常见故障及维护

水闸适用的启闭机械最常见的是卷扬式启闭机。从运行实践看，常见故障主要发生在齿轮、钢丝绳、制动器、传动轴承等部位，现将发生的现象、原因及解决对策浅析如下。

1. 齿轮故障

启闭机齿轮由于制造上的缺陷，或安装上的误差，以及维修养护不良等原因，常会使各齿轮齿啮合不当，产生咬根、别劲、走偏及局部磨损等现象，严重的会引起局部损坏，应及时维修处理，一般直接更换齿轮。

2. 钢丝绳故障

钢丝绳常在阴暗潮湿盐分较大的环境下工作，容易引起锈蚀、断丝；有些较长的钢丝绳要在卷筒上缠绕数层，往往由于排列不良造成钢丝绳轧伤；有些因滑轮组有故障，也会造成钢丝绳轧伤。钢丝绳有锈蚀、轧伤和断丝均将削弱其强度，影响闸门的安全启闭，因此必须及时处理解决。检修钢丝绳时，应全面细致地进行。发现断丝数接近规定数值时，可采取以下措施：

(1) 调头。当钢丝绳一端有锈斑或断丝时，其长度不超过卷筒上预绕圈的钢丝绳长度，可采取钢丝绳调头使用。在调头时，应注意以下两点：

1) 在卷筒上钢丝绳预绕圈的固定端，必须用压板螺栓压牢，并且应有防松装置。另外为防止钢丝绳松脱，在卷筒上缠绕的钢丝绳圈数，当闸门全关状态时，包括压板压着圈数应不少于 5 圈；如压板螺栓设在卷筒翼缘侧面上又用鸡心铁挤压的，则应不少于 2.5 圈。

2) 钢丝绳在闸门吊耳的固定形式，采用钢丝绳夹时，其夹数不得少于相关规定。绳夹若有裂纹、断扣滑脱或与钢丝绳规格不符，不得使用，绳夹卡牢程度，应使钢丝绳压扁 1/3 的高度，绳端算起的第一个绳夹应距端部 160mm 以上。

(2) 搭接。两根钢丝绳搭接使用，限于直径 22mm 以下的才能采用，同时还要注意接头部位不应通过滑轮和绕上卷筒。

调头和搭接两种办法均不宜采用时，应更换新的钢丝绳。

3. 制动器故障

制动器的型式较多，目前实际使用比较常见的为长、短冲程电磁制动器，其检修内容如下：

(1) 制动器的制动轮，在运用中如产生的裂纹、砂眼等故障，凡影响安全使用的，必须进行整修或更换。

(2) 制动带与制动轮的接触面积不小于制动带总面积的 80%；制动带的四周边缘要整齐，磨损不许超过原厚度的 1/2；新换制动带应与闸瓦牢固铆合，铆钉埋入深度为带厚的 1/2～3/5。

(3) 制动器闸瓦与制动轮应定期按规定检查闸瓦退程间隙，若超过规定值范围须进行调整。由于制动器各部位铰轴的间隙不符合规定，制动轮与闸瓦的间隙无法达到要求时，应更换铰轴等部件。

(4) 制动带如因摩擦减薄或压缩变形而露出铜质铆钉或沉头螺钉时，应更换制动带。制动带的铆钉、螺钉如断裂或脱落，应予更换补齐。

(5) 制动器上的主弹簧必须保证设计长度，如失去弹性、变形、断裂，均应更换。

4. 传动轴故障

启闭机的传动轴及轴承，在检修安装时，一般应注意以下几点：

(1) 传动轴的轴径部分，需用煤油清洗。

(2) 传动轴与其他部件配合部位的局部损伤，如面积小于配合面的3%～5%时，可用手工锉光并磨亮。

(3) 传动轴的弯曲度如超过规定时，允许在不加温的情况下进行校正。

(4) 行走机构具有长传动轴时，其中间各轴应按主梁负荷挠度将轴承装成为上拱式的，最大上拱值为主梁计算挠度的50%。

(5) 装配联轴器时，两根轴连接处的径向偏差和轴向倾斜度应符合相关规定。

5. 轴承故障

滑动轴承在使用中应注意以下几点：

(1) 滑动轴承的轴瓦要与轴颈配合来校核，接触面应不少于60%，且每$2.5\times 2.5cm^2$面积上接触点不少于5～8处。

(2) 轴承与轴颈之间的间隙，可以用压铅法或者塞尺法来测量，轴瓦与轴承座接合要严密，轴瓦与轴颈应留有1～2mm的轴向间隙。

滚动轴承在拆卸和装配中要注意以下几点：

(1) 滚动轴承若无损伤时，不要任意拆卸时，如必须拆卸时，应在90～100℃的热油中加温20～30min后，用特制的工具压出。

(2) 轴承安装需要外力时，只可以通过中间物轻轻敲打轴承内圈。

(3) 轴承涂装钙基润滑脂不应多于滚动轴承空腔的2/3。

9.2.3 起闭机械的日常维护管理

1. 日检

由司机负责作业的例行保养项目，主要内容为清洁卫生，润滑传动部位，调整和紧固工作。通过运行测试安全装置灵敏可靠性，监听运行中有无异常声音。

2. 周检

由维修工和司机共同进行，除日检项目外，主要内容是外观检查，检查吊钩、取物装置、钢丝绳等使用的安全状态、制动器、离合器、紧急报警装置的灵敏性和可靠性，通过运行观测传动部件有无异常响声，及过热现象。

3. 月检

由设备安全管理部门组织检查、会同使用部门有关人员共同进行，除周检内容外，主要对起重机械的动力系统、起升机构、回转机构、运行机构、液压系统进行状态检测，更换磨损、变形、裂纹、腐蚀的零部件。对电气控制系统，检查馈电装置、控制器、过载保护、安全保护装置是否可靠。通过测试运行检查起重机械的泄露、压力、温度、振动、噪声等原因引起的故障征兆。经观测对起重机的结构、支承、传动部位进行主观检测，了解掌握起重机整机技术状态，检查确定异常现象的故障源。

4. 年检

由单位领导组织设备安全管理部门牵头，会同有关部门共同进行。除月检项目外，主要对起重机械进行技术参数检测，可靠性试验，通过检测仪器，对起重机械，各工作机构运动部件的磨损、金属结构的焊缝、测试探伤，通过安全装置及部件的试验，对起重设备运行技术状况进行评价。安排大修、改造、更新计划。

9.3 水 泵

9.3.1 概述

水泵是输送液体或使液体增压的机械。它将原动机的机械能或其他外部能量传送给液体，使液体能量增加。水泵主要用来输送液体，包括水、油、酸碱液、乳化液、悬乳液和液态金属等，也可输送气体混合物以及含悬浮固体物的液体。

根据工作原理不同，水泵可分为叶片泵、容积泵、射流泵等类型。容积泵是利用其工作室容积的变化来传递能量；叶片泵是利用回转叶片与水的相互作用来传递能量，有离心泵、轴流泵和混流泵等类型。部分类型水泵见图 9.10～图 9.12。

图 9.10 离心泵

图 9.11 轴流泵

图 9.12 射流泵

1. 根据水泵的功能分类

（1）供水水泵，其功能是供水，包括农田灌溉、工业供水、城镇居民供水水泵等。

（2）排水泵，其功能是排水，将农田、城镇、工矿企业多余的雨水、污水排除，或降低过高的水位。包括农田排水泵、矿山排水泵、工业排水泵等。

（3）加压泵，在长管道输水的情况下，在中途加压，以克服管道水力损失。如城市给水工程总是需要加压泵站将水送到管网。

（4）调水泵，指跨流域调水的泵，实现沿途的供水、灌溉、排水和航运等。

（5）蓄能泵，将水从低处（下游）抽送到高处（上游），供用电高峰时发电。这种泵站有时称为抽水蓄能电站。

2. 根据水泵用动力分类

（1）电力泵，以电动机为动力机的泵。因电机启动、停机以及运行管理等都比较方便。因此，近代大中型泵站都是电力泵站。

（2）机动泵，以煤、汽油、柴油等为燃料的蒸汽机和内燃机为动力机的泵。由于振动和噪音较大，其使用范围在不断减少，目前主要以移动泵站方式用于应急排水场合。在日本等台风较多的国家和地区，为防止停电后泵站不能工作，常采用这种泵站。

（3）水轮泵，是由水轮机带动水泵抽水的。可以利用山区溪流、潮汐河道、渠道跌水的水位差工作，机组结构简单、投资小、运行费用低，在我国西北、东北、福建等地应用较多。

(4) 风力泵，以风车为动力机的泵站。这是一种环保泵站，但从发展经验看，风力泵站应该走提水与发电并举的道路。

(5) 太阳能泵，以太阳能为动力的泵站。目前我国光伏产业发展迅速，太阳能的能量转化率较高，很多技术都达到了世界先进水平。因此，在注重环境保护的现今，太阳能泵站将有很好的发展前景。

3. 泵站的类型

(1) 离心泵站，工作主泵为离心泵的泵站，多用于高扬程灌溉、加压等。

(2) 轴流泵站，工作主泵为轴流泵的泵站，多用于低扬程的调水、排水等。

(3) 混流泵站，工作主泵为混流泵的泵站，多用于扬程变化幅度大、轴流泵站无法满足要求的场合。

9.3.2　离心式水泵的组成

泵体也称泵壳，是水泵的主体。泵体起到支撑固定作用，并与安装轴承的托架相连接。泵壳有径向与轴向剖式两种类型，在水泵工作时，泵壳必须承担起所有液体的热负荷与所有工作压力。大部分情况下，单级泵的泵壳属于蜗壳式，内腔以螺旋线展现，这种设计能够汇聚叶轮流出的液体，然后再将液体动能变成静压能，同时将液体输送到泵的出口。径向壳体多用于多级泵，以环形或圆形体的串联结构呈现。

叶轮是离心泵的工作部件，离心泵是通过叶轮将机械能转化为流体的动能和压能。离心泵的叶轮有闭式、开式、前半开式、后半开式四种形式。闭式叶轮由叶片与前、后盖板组成，闭式叶轮的效率较高，制造难度较大；开式叶轮只有叶片及叶片加强筋，无前后盖板，开式叶轮效率低，制造难度低；前半开式叶轮由后盖板与叶片组成，此结构叶轮效率较低，为提高效率需配用可调间隙的密封环；后半开式叶轮由前盖板与叶片组成，由于可使用与闭式叶轮相同的密封环，效率与闭式叶轮基本相同，两种半开式叶轮制造难度较小，成本较低。

离心泵泵轴的功能主要是传递动力，在支撑叶轮的同时，让工作正常进行。泵轴一端由轴承支撑并驱动叶轮转动工作，而另一端通过联轴器与电动机连接。泵轴结构与材质必须针对输送介质进行选择，例如：输送没有腐蚀的介质，通常使用经调质处理后的45号钢进行制造；对于有腐蚀性介质输送，最好选用经调质处理后的40Cr。

轴封装置是为避免漏出液体或者外界空气进入泵壳。常见的轴封装置有填料密封与机械密封两种类型。对于普通液体多选用填料密封，对于应尽量避免泄漏的液体通常选用机械密封。

9.3.3　离心式水泵维护

在工作中，为了让相关工作正常进行，必须根据实际情况做好设备维护。

(1) 对工作设备的工作参数进行检测，包括电动机额定电流是否在正常范围内等。对于电流太大的原因，很可能是叶轮中有杂物卡塞造成电机过载或电机线圈绝缘不良等因素。

(2) 检查轴密封泄漏量是否正常，填料函是否过热，一般滴水在10～20滴/min才符合要求，轴密封泄漏量是填料松紧的重要标准。在控制泄漏量时，可以通过调整压盖螺栓拧紧程度进行，其平均温度通常控制在 35℃左右，最高温度也不能超过 70℃。

（3）做好润滑油液位与轴承温度检查，同时对机组声响进行有效检测与控制，并且记下泵的流量、电流、扬程、功率等各种数据，然后再严格依照操作规程与参数要求进行分析泵的运行状况。

9.3.4　离心式水泵常见的故障与维护

离心式水泵常见的故障包括：在泵启动时电流大于额定电流、泵难以正常启动、不吸水、电流过低、振动异常、轴承发热、填料发热等。当离心式水泵出现故障后，应停止运行，明确故障的根本原因，然后再制定适当的检修方案。

1. 启动故障

启动故障即离心式水泵启动时难以正常启动电机。这种情况出现时可以通过拆除联轴器并进行盘转，看是否存在异常声音或盘动不灵活等情况。如果盘车过紧，则是泵内有异物卡住或轴承损坏造成的；如果盘转灵活，则是电动机故障造成的。

2. 泵不吸水

由于进水管未全部浸入水中，进水管法兰垫片密封不严、泵内存在空气、气蚀严重等，都可能让吸水管与气管发生漏气等问题，最后影响泵的正常工作。可先把引水灌满，在开启离心泵期间，注水是关键步骤，在注满泵壳的同时，及时排除泵壳内的空气，这样才能保障离心泵正常工作。

3. 轴承发热

在运行期间，如果发生轴承箱烫手或者温度持续上升等情况，通常轴承已经损坏。引起轴承温度上升的主要原因是润滑油中有杂质或者油质不佳、轴承间隙太大，加油脂太多，泵与电机的联轴器不同心，泵轴内圈与泵轴配合太紧或太松都可能导致轴承发热。一般只能更换轴承，同时做好油量补充工作，清除杂质的同时对油脂进行更换，然后再清除过多的油脂，对轴承间隙实施调整，让泵轴与联轴器始终处在一条线。

4. 离心泵声音或者振动异常

水泵在正常工作状态下，电机与水泵的运行声音是连续且平稳的。一旦水泵振动过高或者出现断续的杂音或啸叫等噪声，就必须停止运作进行检测，同时进行故障排查。水泵振动的原因，主要有电气与机械两个方面，对此必须进行全面解体之后再进行重新组装。首先检查更换损伤的叶轮，让泵轴与电机轴同心，再检查紧固地脚螺栓，启动泵前打开排气阀排气，最后检查更换联轴器。

5. 水泵剧烈的振动

粗制滥造、转动部件质量不平衡、安装质量不达标、对中不合格或者轴晃度大于允许值，部件刚度太差、密封部件与轴承遭到损坏，都可能让泵出现强烈的噪音与振动。另外，水泵强烈振动和电动转子质量不均也有很大关系。解决方法是检查轴的晃度，检查转动部件是否有损伤、检查并重新对中、进行动平衡实验并适当增减配重。

6. 流量不足，功率消耗过大

流量不足的原因是水泵吸水管、叶轮、底阀出现淤塞，转速达不到要求、密封口环过于磨损等。一般需要疏通清理吸水管、水泵叶轮、入口阀，做好密封口环的更换工作。功率消耗过大一般是由于填料失效、填料压盖过紧、叶轮过度磨损、流量上升等。其处理方法是做好填料的更换工作，提高出水管阻力，减小流量。

思 考 题

1. 水利水电工程中主要用到哪些机电设备？
2. 闸门常见故障主要有哪些，基本维护措施有哪些？
3. 启闭机械包括哪些？
4. 启闭机械常见的故障及维护方法有哪些？
5. 水泵主要有哪些种类？常见故障有哪些？

第10章　水工建筑物的检查观测

【学习要求】 了解水工建筑物检查观测的作用、目的和要求，理解掌握水工建筑物各项检查观测的任务、项目、方法、精度要求、检查观测的时间及周期。

10.1　概　　述

10.1.1　水工建筑物检查观测的作用

水工建筑物的工程量大、施工条件复杂，在勘测、规划、设计和施工中难免存在有不符合客观实际情况之处。即使水工建筑物安全度较高，但在长期的运行中，由于工作条件的改变，其工作状态亦随时会发生变化。正常的变化对水工建筑物安全影响不大，但异常的变化若不及时发现和采取措施，将导致建筑物的破坏。

绝大多数水工建筑物发生破坏之前，总是有预兆的，即使建筑物存在某些缺陷，只要认真细致地检查观测，及时发现工程缺陷并采取有效措施，就能把事故消灭在萌芽状态，从而确保工程的安全运用。如浙江省金兰水库，因测压管出现异常现象，通过分析研究，发现土坝心墙存在严重的深层纵向裂缝，及时采取了有效措施，从而避免了可能发生的重大垮坝事故。

水工建筑物的检查观测是水利工程建设和管理中的一个重要环节，是水利工程管理工作中必不可少的组成部分。通过检查观测可以了解建筑物的工作状态，以便及时发现隐患确保及时处理。对水工建筑物不能及时进行检查观测，不能做到及时了解工程状况，盲目运行是十分危险的。为确保水利工程安全运行，我国现行的有关水工建筑物的设计、施工以及管理的规范和通则中，对水工建筑物的检查观测的项目、观测仪器设备的布设、检查观测的方法以及对观测设备和观测资料的验收交接都有明确的规定。设计部门在进行工程设计的同时也应进行观测设计，施工部门应指定专人负责安装埋设观测设备。检查观测工作是水利工程管理的重要工作内容，是保证水利工程能够正常运行的关键。

10.1.2　水工建筑物检查观测的任务和内容

水工建筑物检查观测的主要任务是确保建筑物的安全、完整，充分发挥其应有的作用。对水工建筑物进行检查和观测，贯穿于工程建设与运行管理的全过程，包括观测方法的研究、仪器设备的研制生产，监测设计，监测设备的埋设安装，数据的采集、传输和存储，资料的整理和分析，实测性态的分析评价等。检查观测工作在设计、施工、运行3个主要阶段的工作内容各有不同。其中，运行阶段的检查观测一般根据监测对象和项目不同分为两种方式：巡视检查和仪器观测，两者互为补充。SL 601—2013《混凝土坝安全监测技术规范》将混凝土坝的巡视检查改为现场检查，以扩充检查内涵与提高检查的规范性和检查的技术水平。

10.1.2.1 水工建筑物的巡视检查

巡视检查是指对水工建筑物及周围环境的外表现象及结构安全进行的检查，是用眼看、耳听、手摸、脚踩等直观方法并辅以简单工具，对水工建筑物外露部分进行检查，以便及时发现其不正常现象，并从中分析、判断建筑物内部的问题，从而进一步进行检查和观测，并采取相应的措施进行处理。巡视检查是定期或不定期的一种检查工作，检查结果应做好记录。巡视检查的项目一般多为凭人的感官知觉或辅以必要的工具可直接发现和测量的物理因素。

1. 土石坝巡视检查的主要内容

检查坝体表面的变形。如坝面有无裂缝、滑坡、隆起、塌坑、冲沟；坝顶、路面、防浪墙是否松动、崩塌、垫层流失，草皮护坡有无塌坑、冲沟等。

检查土坝有无异常渗透现象。如背水坡及坝趾有无散浸、阴湿、冒水、管涌等现象；排水系统、导渗设施、基础排水设施等的工况是否正常；渗漏水量、颜色、气味、浑浊度等有无变化等。

检查坝体与岩体、混凝土或砌石建筑物的连接处有无裂缝、错动、渗水等现象。

检查有无兽洞、蚁穴等隐患。

土石坝的每次巡视检查都应该按照各类检查规定的程序进行现场填表和记录，如发现异常情况，除应详细记录时间、部位、险情和绘出草图外，必要时应测图、摄影或录像。对于有可疑迹象部位的记录，应在现场就地对其进行校对，确定无误后才能离开现场。

巡视检查发现异常情况，还应立即编写专门的检查报告，及时上报。特殊情况下的巡视检查，应在现场工作结束后立即提交一份简报，并在20d内提出详细报告。年度巡视检查报告应在现场工作结束后20d内提出。土坝巡视检查记录表见表10.1。

表10.1　　土石坝巡视检查记录表

工程名称：________________

日期：________年______月______日　　库水位：________m　　天气：________

巡视检查部位		损坏或异常情况	备注
坝体	坝顶 防浪墙 迎水坡/面板 背水坡 坝趾 排水系统 导渗降压设施		
坝基和坝区	坝基 基础廊道 两岸坝端 坝趾近区 坝端岸坡 上游铺盖		

续表

巡视检查部位		损坏或异常情况	备注
输水、泄水洞（管）	引水段 进水口 进水塔（竖井） 洞（管）身 出水口 消能工 闸门 动力及启闭机 工作桥		
溢洪道	进水段（引渠） 内外侧边坡 堰顶或闸室 溢流面 消能工 闸门 动力及启闭机 工作（交通）桥 下游河床及岸坡		
近坝岸坡	坡面 护面及支护结构 排水系统		
其他（包括备用电源等情况）			

注　被巡视检查的部位若无损坏和异常情况时应写“无”字；有损坏或出现异常情况的地方应获取影像资料，并在备注栏中标明影像资料的文件名和存储位置。

检查人：__________　　负责人：__________

影响土石坝安全运用的病害主要有裂缝、渗漏、滑坡等，在巡视检查时应特别注意。

2. 混凝土和砌石建筑物现场检查的主要内容

检查混凝土和砌石建筑物有无明显的变形、裂缝和破损等，如坝段（闸段）之间的错动、伸缩缝开合情况、止水的工作状况，上下游坝面或廊道内有无破损、剥蚀、露筋、钢筋锈蚀、溶蚀或水流侵蚀现象等。

检查基础岩体有无挤压、错动、松动和鼓出，坝体与基岩（或岸坡）接合处有无错动、开裂、脱离及渗水，坝肩有无裂缝、滑坡等。

检查渗流情况。如检查基础排水设施的工作状况，渗漏水的水量、渗水浑浊度有无变化，坝肩有无溶蚀及绕渗等情况。

检查泄水和引水建筑物。如检查进水口和引水渠道有无堵淤，拦污栅有无损坏，溢洪道（泄水洞）的闸墩、边墙、胸墙、溢流面等处有无裂缝和损伤，消能设施有无磨损、冲蚀，下游河床及岸坡的冲刷淤积情况等。

3. 闸门金属结构和设备检查的主要内容

闸门主要检查门叶、门槽、支座、止水等部件是否完好，能否正常工作，有无不安全隐患。

检查启闭机能否正常工作、备用电源与手动启闭机是否可靠等。

检查金属结构物有无裂纹、锈蚀、磨损、开焊、振动、零件松脱或损坏等迹象。

附属设备应检查动力、照明、通信、防雷等设施设备，线路是否正常完好，能否正常工作。

对各类水利枢纽工程还要检查交通设施是否畅通，有无损坏及障碍。

巡视检查工作必须要有专人负责，要求定制度、定人员、定时间、定部位、定任务、定巡查路线和顺序。混凝土坝现场检查记录表见表10.2。

表10.2　　混凝土坝现场检查表

日期：　　库水位：　　当日降雨量：　　下游水位：　　天气：

项目（部位）		检查情况	检查人员	备注
坝体	坝顶			
	上游面			
	下游面			
	廊道			
	排水系统			
坝基和坝肩	坝基			
	两岸坝段			
	坝址			
	廊道			
	排水系统			
输水、泄水洞（管）	进水塔（竖井）			
	洞（管）身			
	出口			
	下游渠道			
	工作桥			
溢洪道	进水段			
	控制段			
	泄水槽			
	消能设施			
	下游河床及岸坡			
	工作桥			
闸门及金属结构	闸门			
	启闭设施			
	其他金属结构			
	电气设备			

续表

项目（部位）		检查情况	检查人员	备注
监测设施	监测仪器设备			
	传输电缆			
	通信设施			
	防雷设施			
	供电设施			
	保护设施			
近坝库岸	库区水面			
	岸坡			
	高边坡			
	滑坡体			
电　站				
管理与保障设施	预警设施			
	备用电源			
	照明与应急照明设施			
	对外通信与应急通信设施			
	对外交通与应急交通工具			
其　他				

10.1.2.2　水工建筑物的仪器观测

仪器观测是使用专门的仪器和设备对水工建筑物进行定期定量的观测。仪器观测能获得比较精确的数据，以便对建筑物的运行状态进行定量分析。但仪器观测存在一定的局限性，如固定测点只是布设在建筑物几个典型断面上，而建筑物的局部损坏（裂缝、渗水、塌坑等）不一定正好发生在测点位置，这样仪器所测的数据就不能反应建筑物的真实情况；另外，仪器观测不直观，对建筑物的损坏、老化、失效问题在短期内不能及时发现。所以，为全面及时掌握水工建筑物的运行状态，巡视检查和仪器观测缺一不可。

仪器观测的项目主要有：变形观测、渗流观测、应力应变监测、泄流观测、冰冻观测、抗震监测、隐患探测、温度监测等。仪器观测是对作用于建筑物的某些物理量进行长期、连续、系统定量的测量，水工建筑物的观测应按有关技术标准进行。

观测项目可按水工建筑物的类型和现代化管理需要，选择并形成自动监测系统。例如土石坝和混凝土坝的观测项目可见表 10.3 和表 10.4。

表 10.3　　土石坝安全监测项目分类和选择表

序号	监测类别	监　测　项　目	大坝级别		
			1	2	3
一	巡视检查	坝体、坝基、坝区、输泄水洞（管）、溢洪道、近坝库岸	★	★	★

续表

序号	监测类别	监　测　项　目	大坝级别		
			1	2	3
二	变形	1. 坝体表面变形。	★	★	★
		2. 坝体（基）内部变形。	★	★	☆
		3. 防渗体变形。	★	★	
		4. 界面及接（裂）缝变形。	★	★	
		5. 近坝岸坡变形。	★	☆	
		6. 地下洞室围岩变形	★	☆	
三	渗流	1. 渗流量。	★	★	★
		2. 坝基渗流压力。	★	★	☆
		3. 坝体渗流压力。	★	★	☆
		4. 绕坝渗流。	★	★	☆
		5. 近坝岸坡渗流。	★	☆	
		6. 地下洞室渗流	★	☆	
四	压力（应力）	1. 孔隙水压力。	★	☆	
		2. 土压力。	★	☆	
		3. 混凝土应力应变	★	☆	
五	环境量	1. 上、下游水位。	★	★	★
		2. 降水量、气温、库水温。	★	★	★
		3. 坝前泥沙淤积及下游冲刷。	☆	☆	
		4. 冰压力	☆		
六	地震反应		☆	☆	
七	水力学		☆		

注　1. ★为必设项目。☆为一般项目，可根据需要选设。

2. 坝高小于 20m 的低坝，监测项目选择可降一个建筑物级别考虑。

表 10.4　　混凝土坝安全监测项目分类

监测类别	监　测　项　目	大坝级别			
		1	2	3	4
现场检查	坝体、坝基、坝肩及近坝库岸	★	★	★	★
环境量	上、下游水位	★	★	★	★
	降水量、气温	★	★	★	★
	坝前水温	★	★	☆	☆
	气压	☆	☆	☆	☆
	冰冻	☆	☆	☆	
	坝前淤积及下游冲淤	☆	☆	☆	
变形	坝体表面位移	★	★	★	★
	坝体内部位移	★	★	★	☆
	倾斜	★	☆	☆	
	接缝变化	★	★	☆	☆
	裂缝变化	★	★	★	☆
	坝基位移	★	★	★	☆
	近坝岸坡变形	★	★	☆	☆
	地下洞室变形	★	★	☆	☆

续表

监测类别	监测项目	大坝级别			
		1	2	3	4
渗流	渗流量	★	★	★	★
	扬压力	★	★	★	★
	坝体渗透压力	☆	☆	☆	☆
	绕坝渗流	★	★	☆	☆
	近坝岸坡渗流	★	★	☆	☆
	地下洞室渗流	★	★	☆	☆
	水质分析	★	★	☆	☆
应力、应变及温度	应力	★	☆		
	应变	★	★	☆	
	混凝土温度	★	★	☆	
	坝基温度	★	★	☆	
地震反应监测	地震动加速度	☆	☆	☆	
	动水压力	☆			
水力学监测	水流流态	☆	☆		
	动水压力	☆	☆		
	流速、泄流量	☆	☆		
	空化空蚀、掺气、下游雾化	☆	☆		
	振动	☆	☆		
	消能及冲刷	☆	☆		

注　1. ★为必设项目。☆为可选项目，可根据需要选设。

2. 坝高 70m 以下的 1 级坝，应力应变为可选项。

10.1.3　水工建筑物检查观测的分期、分类

10.1.3.1　水工建筑物检查观测的分期

水工建筑物的检查观测一般分为以下几个阶段，不同阶段各项检查的测次不同。

(1) 施工期。施工期为从开始施工到首次蓄水前为止的时期。从施工期到运行期，水工建筑物均应进行检查观测。

(2) 初蓄期。初蓄期指竣工后首次蓄水至（或接近）正常蓄水位后的前 3 年。这个阶段建筑物的变形、渗透和应力发展都很快，要求观测的测次比较频繁。如土石坝变形观测一般应每个月 1～10 次，渗流观测应每个月 3～30 次。

(3) 运行期。运行期为初蓄期后的时期，水工建筑物的变形及性态渐趋稳定，而又未发现异常现象，此时观测次数可适当减少。

(4) 老化期。经过运行期以后的运用期，又称为老化期。建筑物的各种性态已达到稳定，其测次可根据情况逐步减少至半年一次。随着时间的推移，建筑物逐渐老化，各部位效能相应降低，甚至产生隐蔽裂缝、局部渗流破坏等。因此，应保持定期的观测。

在不同阶段，水工建筑物类型不同，各种检查的测次也各不相同，具体可参考有关技术规范。

10.1.3.2 水工建筑物检查观测的分类

水工建筑物检查观测一般分为：经常（日常）检查、定期检查、特别检查、安全鉴定等4项。土石坝的巡视检查分为日常巡视检查、年度巡视检查、特别巡视检查。混凝土坝的现场检查则分为日常检查、年度检查、定期检查和应急检查。

经常（日常）检查由工程管理单位的职能部门组织有关专职人员进行，用直观的方法经常对水工建筑物表面及与岸坡连接等部位进行的巡查，以便发现不正常或影响安全的情况，保证建筑物安全、完整、清洁、美观。

经常（日常）检查要根据工程情况和特点制定切实可行的检查制度，规定具体检查时间、部位、内容和要求，并确定日常巡视检查的路线和程序，由有经验的监测和维护人员负责进行巡视检查。日常检查的方式主要是巡视检查，用直觉方法并结合采用锤、钎、钢尺、放大镜、望远镜、石蕊试纸、回弹仪、照相机、录像机、闭路电视、潜水器等进行。一般在施工期宜每周检查2次，首次蓄水宜每天1次，运行期每月不少于1次。

定期检查是在每年汛期前后、用水期前后、第一次高水位、冻害地区的冰冻期，由工程管理单位组织有关人员，对水工建筑物进行较全面或专项的巡查，上级部门可视情况抽查或复查。定期检查主要是了解水工建筑物能否正常蓄水拦洪，或经过汛期运用有无不正常现象，防凌、防冻措施效果如何，冰冻对建筑物有无破坏等现象。每年不应少于2次。

特别检查是当水工建筑物发生较严重险情或破坏现象，或遭遇特大洪水、3年一遇暴雨、7级以上大风、5级以上地震，首次最高水位、库水位日降落0.5m以上等非常运用情况时，由工程管理单位组织专门力量进行的巡查，必要时邀请上级主管部门及设计、施工等单位共同进行。特别检查应结合观测资料进行分析研究，判断外界因素对水工建筑物状态和性能的影响，并对工程的管理运用提出结论性报告。

安全鉴定是在工程建成后每隔3～5年进行1次，老化期每隔6～10年进行1次。依照工程分级管理原则，由上级主管部门组织管理、设计、施工、科研等单位及有关专业人员共同参加鉴定工作，应对水工建筑物的安全情况作出鉴定报告，评价水工建筑物的运行状态，如需处理应提出处理措施。

10.2 水工建筑物的变形观测

水工建筑物的变形是指在各种因素作用下产生的结构位置和总体形状的变化。

混凝土坝和砌石闸坝在水压力等荷载作用下，会产生向下游滑动或倾覆的趋势，产生水平位移、垂直位移或挠曲等变形；土石坝在自重、水压力的作用下也会发生各种位移及变形；在多种因素影响下，坝体局部也会有裂缝产生等。在正常情况下，这些变形都有一定的规律，通过监测可以发现建筑物的异常变形，经过分析可找出隐患所在以便及时处理。因此，对水工建筑物进行各种变形观测，掌握建筑物的变形规律，预测建筑物的变形趋势，是水工建筑物安全运行的重要保证。

水工建筑物的变形观测项目一般包括垂直位移观测、水平位移观测、裂缝观测等项目。土工建筑物还有固结观测，混凝土建筑物还有挠度、伸缩缝变形观测等。大坝的水平位移观测又包括垂直坝轴线方向的横向水平位移观测和平行坝轴线方向的纵向水平位移观测。各类建筑物的变形观测项目须依据工程规模、等级、结构等特点以及不同工程安全监控的需要来选择。

变形监测中各个变形量的正负号按规范规定一般为：水平位移，向下游为正，向左岸为正；反之为负。垂直位移，下沉为正，上升为负。混凝土建筑物的倾斜，向下游转动为正，向左岸转动为正，反之为负。接缝和裂缝开合度，张开为正，闭合为负。

为了监测建筑物的变形，需要在建筑物上设置若干个观测点。建筑物上的每个观测点都有基准值，基准值是指观测设备埋设完毕并且稳定后测得的初始状态数据。基准值至少应连续观测两次，合格后取均值使用。确定基准值后，观测点就进入正常的工作状态，大坝在第一次蓄水前必须取得基准值。观测值一般是指某次观测数据和该测点基准值的相对计算值。不同观测仪器和设备基准值的具体确定可以参照有关资料。

为了全面掌握建筑物的变形状态，根据建筑物的规模、特点、重要性、施工及地形、地质条件，选择有代表性的断面布设测点，通常将水平位移标点和竖直位移标点结合在一起布置。

10.2.1　水平位移观测

水平位移观测分为表面水平位移观测和内部水平位移观测。表面水平位移观测是量测水工建筑物和坝基的内、外表面测点的水平位移，测点装置安装在建筑物的内、外表面。观测的方法有视准线法、引张线法、激光准直法、垂线法、交会法和导线法等。内部水平位移观测是将观测设备埋设在坝体、坝基及近坝岸坡内或其交界处，用以测量相应点的水平位移。观测仪器有引张线式水平位移计、电测位移计、测斜仪等。在一些工程中还运用施测方便快捷的 GPS 技术、真空激光准直自动监测系统等技术设备进行位移的测量。为了便于对测量结果进行分析，水平位移和竖直位移的观测应配合进行，并且在观测位移的同时观测上、下游水位。对于混凝土建筑物，还应同时观测气温和混凝土温度。

10.2.1.1　视准线法

视准线法又称方向线法，以经过光学仪器的视准线建立一个平行或通过坝轴线的固定铅直平面作为基准面，定期观测确定点位与基准面间的偏离值，两次测得的偏离值的差即为该点的水平位移。

视准线法是测定坝体横向水平位移的主要方法之一，该方法操作简便，计算容易，观测成果可靠，尤其是对坝轴线为直线的大坝较为适用。该方法又可分为活动觇标法和小角度法。

1. 观测原理

视准线法观测坝体水平位移的原理，是在坝体一岸的工作基点上安置经纬仪，对准另一岸的工作基点，构造视准线，测出各位移标点偏离视准线的距离。当坝体发生位移后，再用经纬仪构造视准线（认为视准线不发生变化），又可测得位移标点偏离视准线的距离。同一标点两次测得偏离视准线的距离之差，即为该点的水平位移值，如图 10.1 所示的 ΔL。

2. 测点布设

这里主要介绍土石坝水平位移测点的布设。为全面掌握土石坝的水平位移规律，并尽

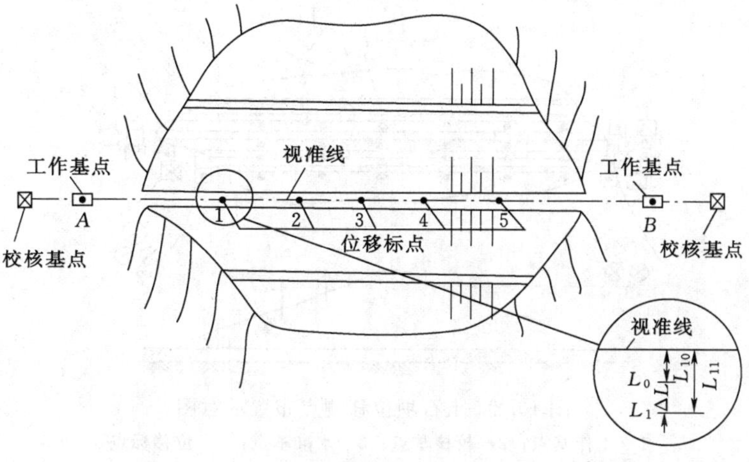

图 10.1 视准线法观测土石坝横向水平位移示意图

量减少观测工作量，在坝体上选择具有代表性的位置布设适当数量的测点进行观测。水平位移的测点分为三级：位移标点、工作基点和校核基点。

(1) 位移标点。位移标点布置在坝上，用以观测坝体的位移。土石坝的变形观测测点采用断面形式布置。分为垂直坝轴线方向的观测横断面和平行坝轴线方向的观测纵断面。

观测横断面一般选择在最大坝高处、老河床处、合龙段、坝内设有泄水孔处和坝基地形、地质条件变化较大的坝段。观测横断面间距，坝轴线长小于 300m 时，宜取 20～50m；坝长大于 300m 时，间距一般为 50～100m，整个坝体的观测横断面不得少于 3 个。

每个观测断面上最少布置 4 个位移标点，其中坝顶的上、下游两侧布置 1～2 个，上游坝坡正常水位以上应布置 1 个，下游坝坡上根据具体情况布置 2～3 个。各断面相应的位移标点，纵向也应在一条直线上，即在平行坝轴线方向有 4～5 排位移标点，形成观测纵断面。

(2) 工作基点。每排位移标点的延长线两端山坡上各布置一个工作基点，用以形成视准线。工作基点要求埋设在岸坡基岩或原状土中。通过两工作基点中心构成的基准线应基本平行于坝轴线，所形成的视准线应旁离障碍物 1m 以上，距离地面高度不宜小于 1.2m。当坝轴线较长或为折线时，采用两岸固定工作基点观测不方便或影响观测精度时，可在坝体上增设非固定工作基点。

(3) 校核基点。为了校核工作基点是否变动，一般在两岸山坡工作基点延长线的两端各埋设一个校核基点。校核基点也可不设置在视准线延长线上，而是在每个工作基点附近设置两个校核基点，使两个校核基点与工作基点的连线分别平行和垂直坝轴线，用钢尺丈量以校测工作基点是否发生位移。

测点布置如图 10.2 所示。

3. 测点结构

(1) 位移标点。有块石护坡的土石坝，水平位移标点结构如图 10.3 (a) 所示。标点柱身为直径 50mm 的铁管。铁管浇筑在混凝土底座上，底座埋设在坝体内。位移标点用井圈将标点与护坡隔开，以防止护坡块石位移对标点造成影响。无块石护坡的坝体上埋设

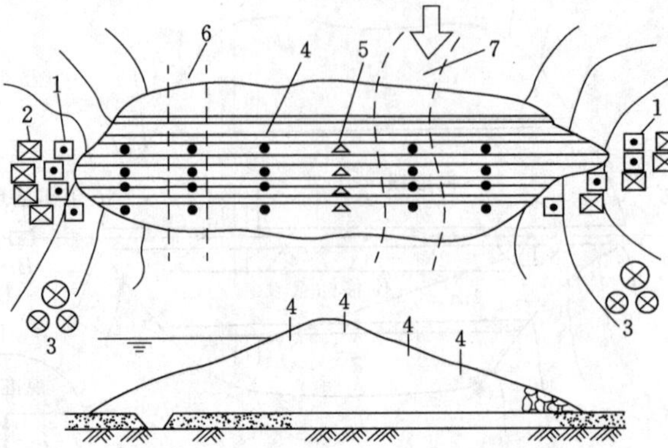

图 10.2　土石坝位移测点布置示意图

1—工作基点；2—校核基点；3—水准基点；4—位移标点；5—增设的工作基点；6—合龙段；7—原河床

的位移标点，结构可采用图 10.3（b）所示的形式。标点柱身和底座为钢筋混凝土结构。标点顶部高出坝面 50～80cm，底座位于最深冰冻线以下 0.5m 处。

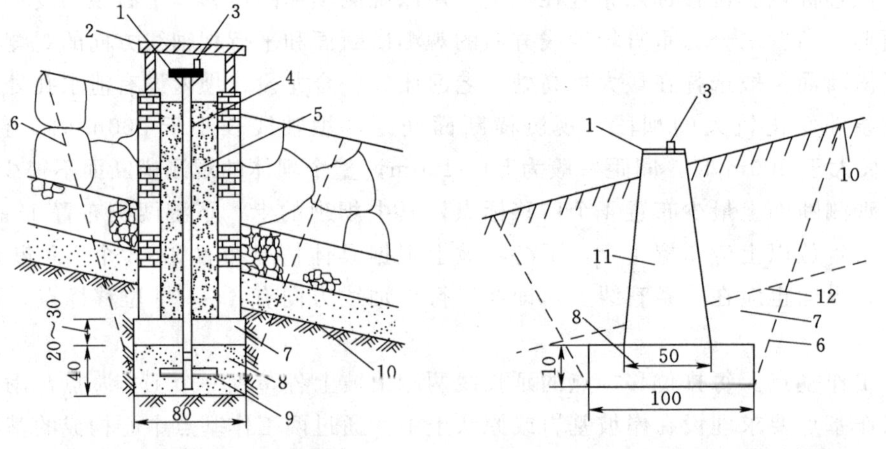

(a)有块石护坡土石坝的位移标点　　(b)无护坡土石坝的位移标点

图 10.3　土石坝位移标点结构示意图（单位：cm）

1—观测盘；2—保护盖；3—垂直位移标点；4—ϕ50 铁管；5—填砂；6—开挖线；7—回填土；8—混凝土底座；9—铁销；10—坝体；11—柱身；12—最深冰冻线

（2）工作基点。工作基点供安置仪器和照准标志以构成基准线，分为固定工作基点和非固定工作基点。布置在大坝两岸山坡上的工作基点为固定工作基点。当坝轴线较长或为折线形时，需要在两个固定工作基点之间的坝体上增设工作基点，这种工作基点为非固定工作基点。固定工作基点和非固定工作基点的结构形式相同，如图 10.4 所示。工作基点包括混凝土墩和上部结构两部分。混凝土墩通常由高 100～200cm 断面 30cm×30cm 的混凝土柱和长宽各为 100cm、厚 30cm 的底板组成。

（3）校核基点。校核基点的结构形式和尺寸与工作基点相同，通常埋设在工作基点附近的地基稳定处。

(4) 观测盘。位移标点、工作基点和校核基点顶部均要设置供安置观测仪器或测量设备用的强制对中底盘。

4. 观测仪器及设备

觇标是观测位移时供照准用的，分为固定觇标和活动觇标。固定觇标安置在工作基点上，供仪器照准构成视准线。觇标的形式主要有：觇牌式固定觇标、标杆式固定觇标、插入式固定觇标，当位移标点顶部只埋设有刻“十”字的钢板时，也可采用简易活动觇标。觇标上的觇牌的形状、大小及图案对视准线法的观测精度具有重要影响，选用时应多加注意，觇牌形状如图 10.5 所示。

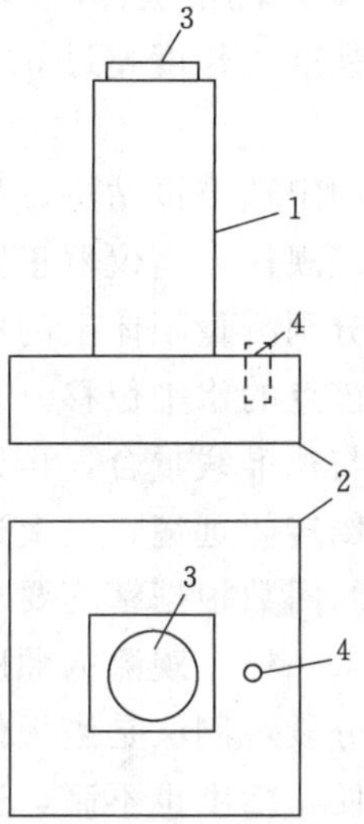

图 10.4 土石坝工作基点结构示意图（单位：cm）

1—混凝土墩；2—底板；3—观测盘；4—金属标点头

活动觇标安置在位移标点上，采用活动觇标法观测时，用以确定测点的偏离值，如图 10.6 所示。活动觇标的底座与经纬仪相同，使用时，将活动觇标整平，调节水平微动螺旋，可以移动觇标对准视准线，在分划尺和游杆上进行读数，一般可以精确到 0.1mm。

观测仪器应选用能满足精度要求的仪器，常用 DJ_6、T_3 光学经纬仪。大型水库大坝水平位移观测可使用 J_6 级或 J_2 级经纬仪。近年来，重要的大坝已经选用电子经纬仪、全站仪、红外测距仪、电磁测距仪等精度高、观测方便的仪器进行建筑物的变形观测。

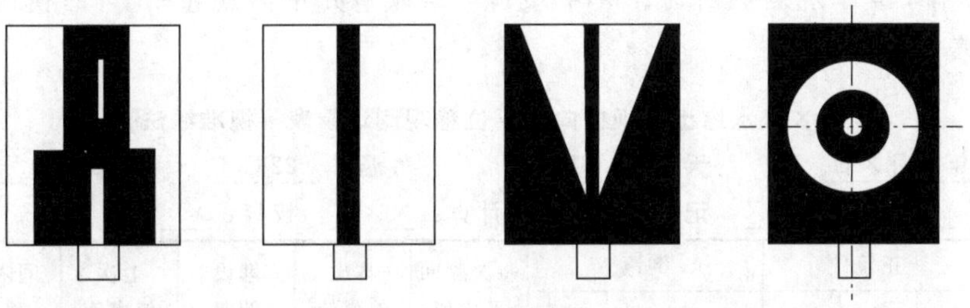

图 10.5 觇牌形状示意图

5. 视准线观测方法

(1) 活动觇标法。活动觇标法是在各标点上安置活动觇标，利用活动觇标上的微动螺旋使觇标图案的中心线与基准线重合，利用觇标上的标尺读出偏离值。活动觇标法是一种简单易行的方法，主要适用于坝轴线为直线的坝体。

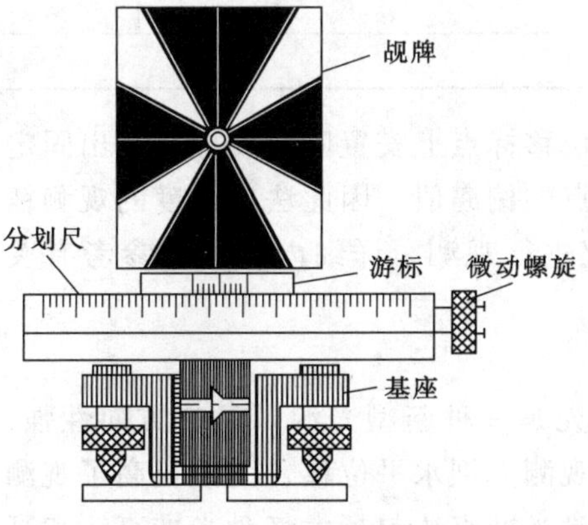

图 10.6 活动觇牌示意图

由于活动觇标法观测时的照准误差主要来源于望远镜的放大倍数和视准线的长度，为提高观测精度，应选择放大倍数较高的经纬仪和与之相适应的视准线长度进行观测。一般认为视准线长度对于重力坝和支墩坝以 300m 为宜，对于拱坝不能超过

500m，观测滑坡体时不能超过800m。视准线长度较短时采用固定端点设站法进行观测，如果视准线长度超过500m时，为了保证观测精度，须采用分段法、中间设站法等进行观测。

固定端点设站法，如图10.1所示，将仪器安置于工作基点A，在另一工作基点B安置固定觇标，当仪器正镜照准B点固定觇标中心后，将视线严格固定，该视线即为视准线。分别测量坝体上的位移标点1、2、3、4、5与视准线的偏离值，两次测量偏离值的差即为该点的水平位移。一次读数后要将觇牌离开视准线，再次调整觇牌位置，使觇牌中线重新与视准线重合，再读数。每个测点一般读取2～4次读数，取平均值作为上半测回，然后倒转望远镜，按上述方法测下半测回。取盘左盘右读数的平均值作为一测回成果。需要的测回数根据精度要求、视线长度及所用的仪器而定。其余2、3、4、5点的观测方法与1点一样。观测的顺序一般是从靠近仪器端，依次向坝体另一端观测。

分段观测法是当坝体较长或坝轴线为折线时，仅用大坝两端的固定工作基点进行观测不方便，精度也不高，这时可采用分段观测法进行观测，即在坝体上设置若干个非固定工作基点，先利用固定工作基点较精确地测得非固定工作基点的偏离值，再在各分段内测定各位移标点的偏离值。坝轴线为折线的大坝，转弯处增设非固定工作基点。由于非固定工作基点随坝体变形而移动，观测时，首先测得非固定工作基点的位移，然后利用固定工作基点与非固定工作基点形成的视准线，测量该段内位移标点的位移量，最后再将非固定工作基点的位移偏离值归算到每个位移标点。

案例10-1　×××水库土石坝采用活动觇标法进行横向水平位移观测。该坝体设有5个观测横断面，4个观测纵断面。其中坝顶下游坝肩处中间点Ⅱ-3点的横向水平位移值观测结果见表10.5。

表10.5　×××水库土石坝横向水平位移观测记录表（视准线法）

日期：×年×月×日　天气：晴　气温：22℃　水位：38.92m

司标：×××　司镜：×××　记录：×××　计算：×××　校核：×××　单位：mm

测点	测回	正镜			倒镜			一次测回平均值	本次偏离值	埋设偏距	上次偏离值	间隔位移量	累计位移量
		1	2	平均	1	2	平均						
Ⅱ-3	1	+16.8	+16.4	+16.6	+17.6	+16.8	+17.2	+16.9	+16.7	+14.3	+15.6	+1.1	+2.4
	2	+16.6	+15.8	+16.2	+16.6	+17.0	+16.8	+16.5					
…													

（2）小角度法。小角度法是在后视的工作基点和位移标点上安置固定觇标，测出固定视准线与位移标点之间的微小夹角，据此计算位移标点的偏离值。因此法对角度的观测精度要求较高，一般采用高精度的经纬仪或大坝视准仪进行观测，详细内容可以参考有关书籍。

10.2.1.2　激光准直法

目前激光技术在大坝位移观测中应用较广泛。激光是一种新型光源，具有方向性强、单色性好、亮度高、相干性好的优点。采用激光技术观测大坝水平位移，大大提高了观测效率和精度，且为变形观测的自动化开辟了新途径。激光准直法包括大气激光准直法和真空管道激光准直法。

1. 大气激光准直法

大气激光准直法在大坝基准线两端分别设置激光点光源（发射点）和激光探测器（接收靶），根据观测需要在位移标点上设置波带板及其支架（测点）。大气激光准直法又可以分为激光经纬仪法和波带板法两种。

（1）激光经纬仪法。目前在大坝水平位移观测中采用较多的是激光经纬仪准直法。激光经纬仪法是在经纬仪望远镜上安装一个激光器构成激光经纬仪，观测水平位移时利用激光经纬仪发射可见的红色激光束作为准直线，然后采用与活动觇标视准线法原理基本相同的方法进行位移观测。为减轻大气对测量的影响，可在激光准直线路上加装保护管。

如果将活动或固定觇标改为光电接收靶接收激光光斑，观测时将光电靶上两块光电池的引出线接到检流计上，当激光束照到靶面上时，光电池接收光能，产生电流，使检流计指针偏转，如光斑中心在觇标中心线上，则检流计指针正好指向零，此时读取标尺读数，即为位移标点的偏离值。采用光电接收靶接收，较一般视准线法的观测精度高，准直距离白天可达500m左右，夜间为2.6km以上。当照准距离为300m时，精度可达1×10^{-5}。

如果使激光束产生光的衍射现象后投影，可以使投影为十字黑线，不受激光漂移影响，且望远镜可在竖直平面内俯仰，测站点和观测点不必同高，使观测更为方便灵活。

（2）波带板法。也称三点准直法，主要由激光器点光源、波带板、接收靶（激光探测器）三部分组成，波带板安置在位移点上，如图10.7所示。从点光源发出激光束，对准激光探测器，在测点1上利用强制对中装置插入相应焦距的波带板，激光束在该点波带板衍射后，便在接收靶上产生一个十字亮线，按三点准直原理，精确测定十字亮线的中心位置，即可算出测点1的位移值。当测点1观测结束后，取下该点波带板，插上测点2的波带板，重复前述方法观测，直到所有测点全部观测完，就可测得沿坝长方向坝体的水平位移情况。

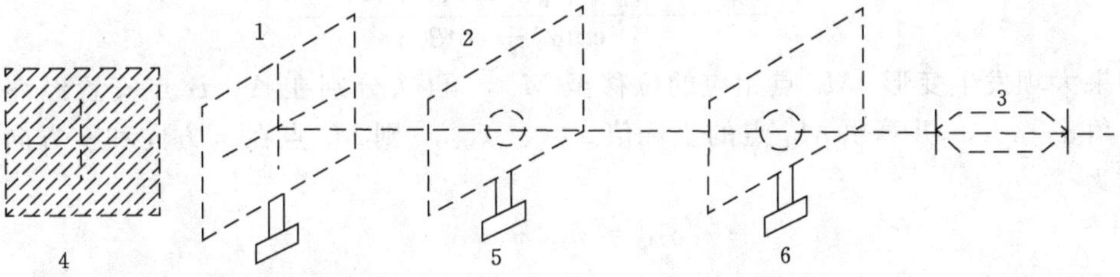

图10.7 波带板激光准直示意图

1—激光探测器；2—波带板；3—激光器点光源；4—十字亮线；5—测点1；6—测点2

大气折光和湍流影响有时较大，会产生误差，有时导致不能正常观测。为减小大气影响，可以在夜间或者阴天进行坝顶水平位移观测。

2. 真空激光准直法

真空管道激光准直法，是将波带板和激光束放在一个管道系统中，将管道抽成真空后进行观测，其观测误差在±（0.1～0.2）mm左右，观测精度比大气中的激光准直法提高一个数量级，而且观测时间大为缩短，仅为精密水准测量的1/10左右。大气激光准直法，不可避免地受大气折光和湍流的影响，因此其观测精度一般能达到$\pm 1\times10^{-6}$，再提高精度是很困难的。

真空管道激光准直法的原理与波带板激光准直法相似，不同的是激光束在真空管道中传播，外界条件影响小。管道内气压控制在66Pa以下，使激光源发射的激光在真空中传输，减少大气折光和大气湍流对准直的影响，从而使激光接收装置上测得的大坝变形值更接近真实值。该系统能同时观测各测点的水平位移和垂直位移，具有高精度、高效率、作业条件好、不受外界温度、湿度和观测时间的限制等优点。

10.2.1.3　前方交会法

1. 观测原理

视准线法一般只适用于坝轴线为直线的大坝中测定垂直于坝轴线方向的位移量。但分析坝体的变形，有时还应测定平行于坝轴线方向的位移量。还有在坝体上增设非固定工作基点或对个别特殊部位的观测，采用视准线法进行观测有困难时，都可采用前方交会法进行观测。

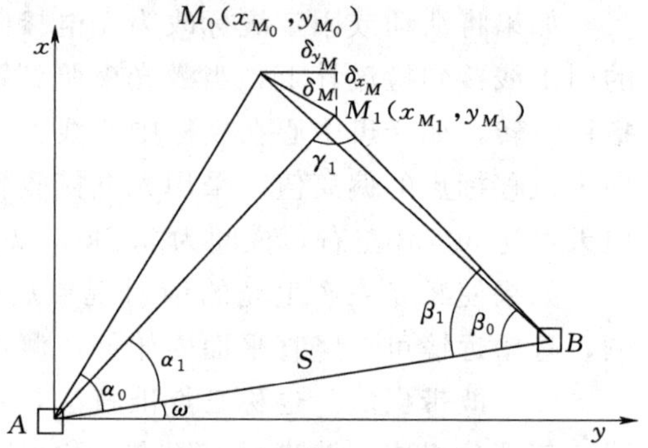

图 10.8　前方交会法观测位移示意图

前方交会（仅指测角交会）法是利用两个或三个已知坐标的固定工作基点，通过测定水平角确定位移标点的坐标变化，确定位移标点的位移情况，如图 10.8 所示。A 点和 B 点是已知坐标的工作基点，M_0 为待测的位移标点，第一次分别在 A、B 点安装经纬仪，测出交会角 α_1、β_1，算出 M_0 点的坐标值 x_{M_0}、y_{M_0} 为

$$x_{M_0}=\frac{x_A\cdot\cot\beta_1+x_B\cdot\cot\alpha_1-y_A+y_B}{\cot\alpha_1+\cot\beta_1}\tag{10.1}$$

$$y_{M_0}=\frac{y_A\cdot\cot\beta_1+y_B\cdot\cot\alpha_1+x_A-x_B}{\cot\alpha_1+\cot\beta_1}\tag{10.2}$$

如果大坝发生变形，M_0 点相应的位移至 M'_1，再次分别在 A、B 点安置经纬仪，测出交会角 α_2、β_2，并算出 M'_1 点的坐标值 x_{M_1}、y_{M_1}，则 M_0 点在 x 方向和 y 方向的位移值分别为

$$\delta_{M_0}=x_{M_1}-x_{M_0}\tag{10.3}$$

$$\delta_{M_0}=y_{M_1}-y_{M_0}\tag{10.4}$$

而 M_0 点的位移值为

$$\delta_{M_0}=\sqrt{\delta^2_{x_{M_0}}+\delta^2_{y_{M_0}}}\tag{10.5}$$

为了方便说明问题，可将平行于坝轴线的方向作为 x 轴（指向左岸为正），垂直于坝轴线方向作为 y 轴（指向下游为正），如图 10.8 所示。

2. 测点布设

与视准线法比较，前方交会法的观测及计算更为复杂，所以一般只用于解决某些特殊问题，如观测增设的非固定工作基点。有条件时将前方交会法与视准线法配合使用，可获得较好的效果。

前方交会法的固定工作基点的布设与视准线法基本相同，但为了提高观测成果的可靠性，布设时应注意以下几点：

(1) 前方交会法工作基点的选择，应使交会图形最佳，两固定工作基点到交会点处所成的夹角最好接近 90°，如条件限制，其夹角也不得小于 60°或大于 120°。

(2) 两固定工作基点到交会点的边长不能相差太悬殊，最好大致相等，以较少误差。

(3) 固定工作基点应浇筑在地质条件良好的岩基上，并尽可能远离大坝承压区域或受水电站水轮机震动的地方。如条件限制，必须布设在土基上时，应设置较深而坚固的基础。一般应在每个基点附近埋设两个以上的校核点，以便定期校核基点是否有变动。

(4) 固定工作基点到交会点的视线离开地物需在 1.5m 以上，以免受折光影响。固定工作基点的高程应选择在与交会点高程相差不大的地方，以免视线倾角过大。

位移标点的布设同视准线法。

3. 观测仪器和设备

在一般情况下，大坝的变形是很小的，因此交会角 α、β 的变化也很小。为保证测量水平角的精度，前方交会法观测水平位移通常使用 J_6 级以上的经纬仪进行测量。

10.2.1.4 引张线法

视准线法、前方交会法观测混凝土坝水平位移，一般只适用于在坝顶进行。根据混凝土坝及砌石闸坝的特点，往往要了解坝体不同高程位置的水平位移，因此可采用在坝体廊道内布设引张线进行水平位移观测。引张线法具有操作和计算简便、受外界影响小，观测精度高等优点，故在工程管理中应用较为普遍。

1. 基本原理

引张线法是在坝体两端设置固定基点，在两固定基点间拉紧一根不锈钢丝作为基准线，测量坝体上各位移标点相对此基准线的偏离值的变化量，从而计算水平位移值。引张线即相当于视准线法中的视准线。一般引张线的两个端点也可以作为倒垂线的工作基点。

引张线的长度一般达数百米，由于重力的作用，钢丝会下垂成悬链线，为了解决其垂曲过大的问题，可以采用重量轻、抗拉强度大的钢丝作为引张线，在引张线两端挂上重锤，并在测点处加设浮托装置，将引张线托起，如图 10.9 所示，使引张线近似地在同一高程线上。

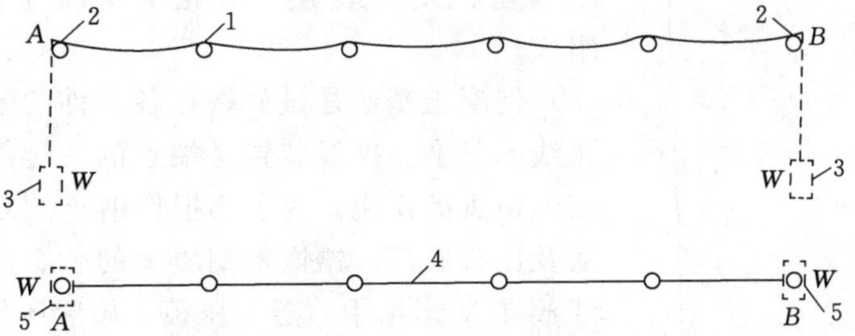

图 10.9 引张线示意图

1—浮托装置；2—端点滑轮；3—重锤；4—引张线；5—端点

2. 引张线的布置

引张线一般布置在坝顶或不同高程的廊道内。两端点应尽可能延伸至两岸地基稳定处或处于不受坝体变形影响的位置，以便将端点作为不动点观测坝体的绝对水平位移。若端点设在坝体上，则要采用适当的方法观测端点并改正端点位移的影响。

位移标点一般是在每一坝段内埋设一点。对于不分坝段的砌石坝，一般可每隔 50m 埋设一个点，如图 10.10 所示。

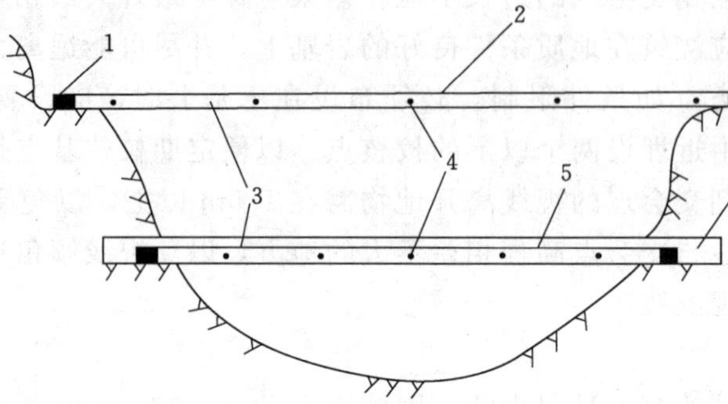

图 10.10　引张线布置示意图

1—固定端点；2—坝顶；3—引张线；4—位移标点；5—廊道；6—隧洞

对于坝轴线为非直线的大坝或大坝很长，还可采用分段引张线进行布置，以观测大坝的水平位移。

3. 引张线的构造

引张线观测设备由测线、端点装置、观测点装置三部分组成。

图 10.11　引张线端点结构示意图

1—夹线装置；2—钢丝；3—混凝土墩；4—滑轮；5—线锤连接装置；6—重锤

(1) 测线。测线通常采用直径为 0.8～1.2mm 的不锈钢丝，当引张线较长时也可用直径 2.0mm 左右的不锈钢丝。钢丝强度要求不小于 1.5×10^6kPa，钢丝表面要光滑，粗细要均匀。为防止风的影响及外界的干扰，保证观测精度，全部测线都需用钢管或塑料管保护。保护管的直径应不小于 10cm，以保证测线在管内有足够的活动空间。

(2) 端点装置。如图 10.11 所示，端点装置由混凝土基座、夹线装置、滑轮、线锤连接装置及重锤等组成。

混凝土基座是设放端点各部件的基础，也是整条引张线的基准。夹线装置是端点的关键部件，起固定不锈钢丝位置的作用。为了不损伤钢丝，夹线装置的 V 形槽底及压板底部，镶嵌着铜质类的软金属。安装时，将测线放在 V 形槽中，盖上压板，旋紧压板螺丝，测线即被固定在该位置，如图 10.12 所示。但要注意，当测线通过滑轮拉紧后，测线与 V 形槽中心线应重合并高出槽底约 2mm。拉紧钢丝的重锤重量视钢丝的允许拉力而定，可取钢丝强度的 1/3～1/2，一般为 10～50kg。测线与重锤之间有线锤连接装置，以便在观测时卷紧钢丝，将重锤提离地面，不用时将重锤放下。

(3) 测点装置。位移观测点一般布置在坝体廊道的侧墙上，主要由浮托装置、读数装置及保护箱等组成，如图 10.13 和图 10.14 所示。

浮托装置包括水箱和浮船。浮船置于水箱内，用以支承钢丝。浮船的大小（或排水量）可以依据引张线各观测点的间距和钢丝的单位长度重量来计算。

读数装置一般采用长度为 15cm 的不锈钢板尺，标尺的最小分划为 1mm。标尺固定在槽钢面上，槽钢可埋入大坝廊道的侧墙上，并与之牢固结合。读数装置也可采用光学及遥测仪器。读数仪表多数与引张线做成一体化的观测系统。

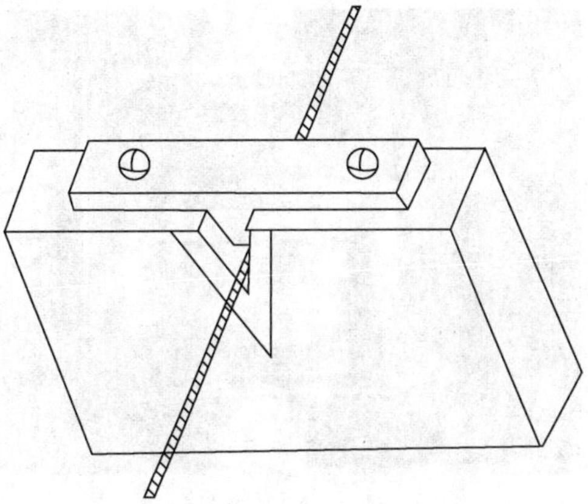

图 10.12　夹线装置示意图

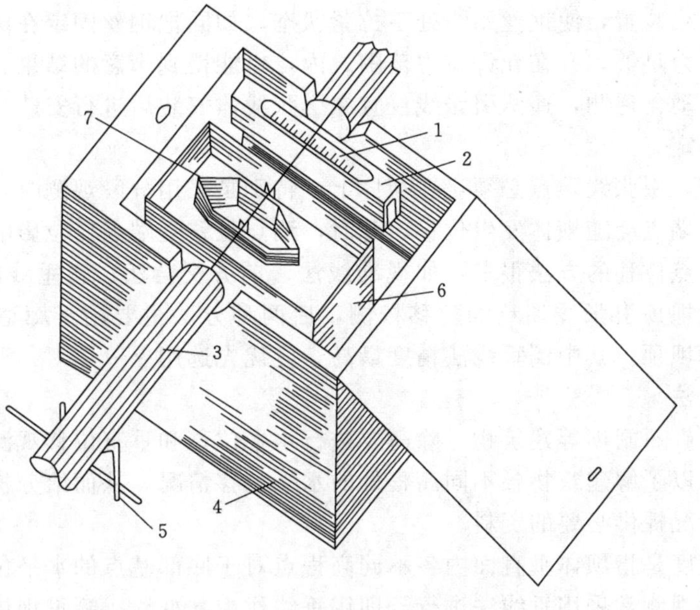

图 10.13　引张线测点结构示意图

1—读数标尺；2—槽钢；3—保护管；4—保护箱；5—保护管支架；6—水箱；7—浮船

保护箱用于保护观测点装置，同时也起防风作用，以利提高观测精度。水箱与带标尺的槽钢固定在保护箱内，保护箱亦与坝体相连。

安装位移观测点要注意尺面与钢丝尽量垂直，并尽可能使各测点的标尺在同一水平面上。

近年来，我国引张线的自动化测量发展很快，目前遥测引张线仪主要有步进电机光电跟踪式、电容感应式、电磁感应式和 CCD 式引张线仪等。

图 10.14　引张线测点结构

4. 观测方法

在一测次观测前，应检查、调整全线设备，使浮船和测线处于自由状态，并将测线调整到高于读数尺 0.3～3mm 处（根据仪器性能而定），固定定位卡。一测次应观测两测回（从一端观测到另一端为一测回），测回间应在若干部位轻微拨动测线，待其静止后观测另一测回。各测点与两端点间距应在首次观测前测定，测距相对中误差不应大于 1/1000。

观测时，先调整仪器，将仪器分别照准钢丝两边读数，取平均值作为该测回的观测值。左右边缘读数差和钢丝直径之差不得大于 0.15mm，两测回观测值之差不得超过 0.15mm（使用两用仪、两线仪或放大镜观测时不得超过 0.3mm）。

测读结束后，将端点夹线装置松开，取下重锤。有的大坝在观测引张线后，不取下重锤，也不松开夹线装置，使钢丝始终处于拉紧状态，如同把钢丝固定在两端点上一样。这种方法，只要拉力足够，又在允许拉力范围之内，也能得到满意的结果。

如果采用自动化遥测，遥测引张线仪宜在引张线体安装后进行安装，而且观测前需进行灵敏度系数测定。

如条件限制，引张线端点必须设在坝体上，特别是采用分段观测时，分段处的端点必须设在坝体上，端点会随坝体发生位移，此时，测点位移受端点变位影响，故还须测定端点变位。测定端点位移的方法很多，如视准线法、前方交会法、正垂线法、倒垂线法等，前两种方法用于坝顶引张线端点的位移校测，后两种方法主要用于廊道内的端点位移校测，但也可用于坝顶。其中倒垂线法精度最高，应优先选用。

10.2.1.5　垂线法

混凝土坝及砌石闸坝等建筑物，除需要进行水平位移和垂直位移观测外，通常还必须进行挠度观测，以了解建筑物各不同高程处的水平位移情况，从而给分析坝体的变形和应力状态、安全情况提供必要的资料。

所谓坝体挠度是指坝体垂直面内各不同高程点对于底部基点的水平位移。

大坝挠度的观测常采用垂线法进行。即用垂线作为基准线，测量坝体各不同高程点的水平位移。用垂线法观测挠度具有设备简单、施工方便、造价低及观测精度高等优点。垂线有正垂线和倒垂线两种。

1. 正垂线法

（1）观测原理及观测形式。

如图 10.15 所示，正垂线是在坝体内的观测井、电梯井、宽缝等的上部悬挂带重锤的不锈钢丝。由于重锤的作用，当正垂线稳定时总是处于铅垂状态，成为一条基准线。在沿铅垂线不同高程的坝体上设置测点，就可测定测点与悬挂点之间的相对水平位移。由于垂线悬挂在坝体上，故随坝体变形而整条垂线也发生位移。若在垂线最低点设置观测墩，即可测出各观测点对最低点的相对水平位移值。

正垂线观测按支承形式可分为一点支承多点观测和多点支承一点观测等。

一点支承多点观测是利用一根垂线观测数个点的挠度值，即在坝顶附近悬挂垂线，在各观测点安置坐标仪进行观测，如图10.15（a）所示。设垂线悬挂点与低点、某一测点N的相对位移分别为S_0、S，则测点N的挠度为$S_N=S_0-S$。

多点支承一点观测是将坐标安置在垂线最低点处，在各高程处的观测点上设置活动夹线装置，将垂线自上而下依次夹紧，在坐标仪上所得观测值减去首次观测值即可为各测点相对于最低点的挠度，如图10.15（b）中的S_0、S_1、S_2等。

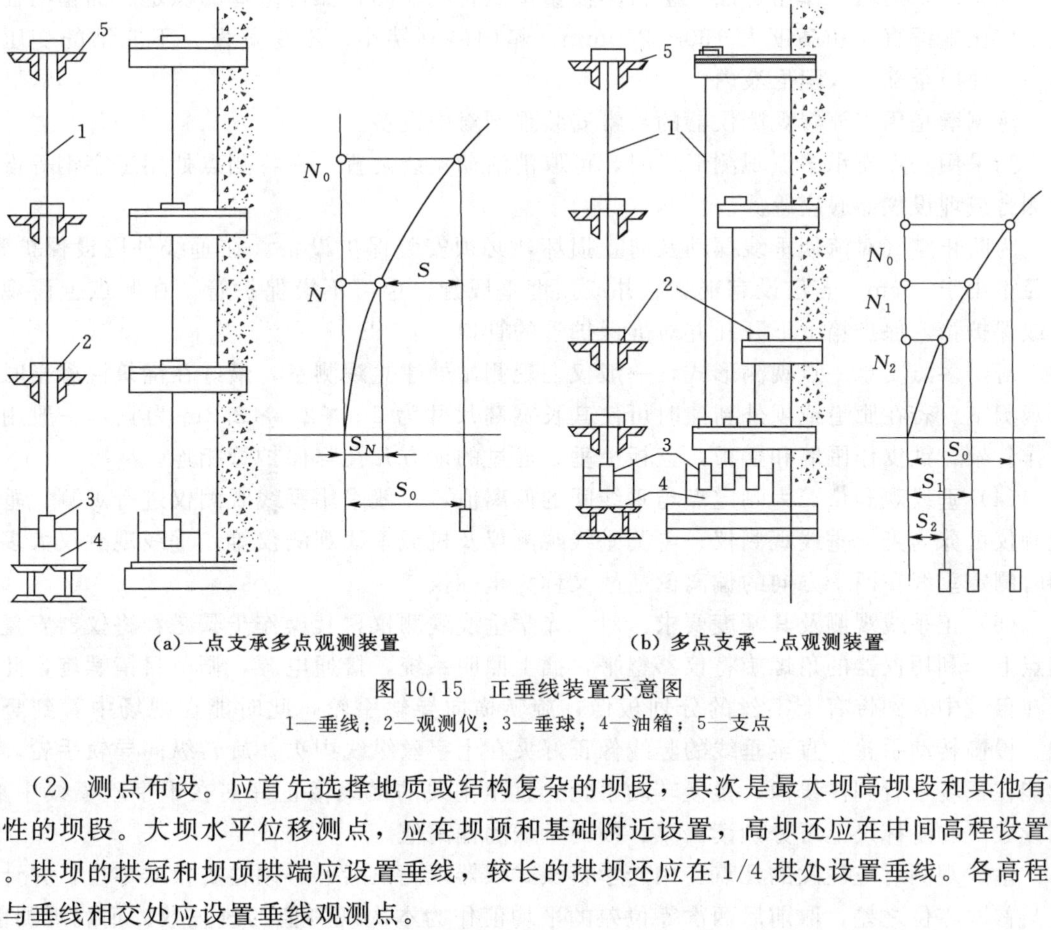

图10.15 正垂线装置示意图

1—垂线；2—观测仪；3—垂球；4—油箱；5—支点

（2）测点布设。应首先选择地质或结构复杂的坝段，其次是最大坝高坝段和其他有代表性的坝段。大坝水平位移测点，应在坝顶和基础附近设置，高坝还应在中间高程设置测点。拱坝的拱冠和坝顶拱端应设置垂线，较长的拱坝还应在1/4拱处设置垂线。各高程廊道与垂线相交处应设置垂线观测点。

垂线数量可根据工程规模、坝体结构及观测要求决定，一般大型坝体不少于三条，中型坝不少于两条。每一条垂线可根据坝高情况在不同高程布置若干测点，但每条垂线不得少于三个测点。如果把垂线设置在两个坝段的交界处，可同时观测两坝段的位移和相邻坝段之间的错动。

（3）正垂线观测装置。正垂线观测的主要设备包括悬线装置、固定与活动夹线装置、观测墩、垂线、重锤及油箱等，如图10.15所示。

悬线装置用以吊挂垂线，常固定在靠近坝顶处、廊道壁上或某钢架上。

固定夹线装置是悬挂垂线的支点，在垂线使用期间，应保持不变。即使在垂线受损折断后，支点亦能保证所换垂线位置不变。

活动夹线装置是多点支承一点观测法观测时的支点。其构造应注意使垂线进出夹线装置时，不受损伤，同时还需考虑在每次观测时都不改变原支点位置。

垂线宜采用直径为1.0～1.6mm的高强度不锈钢丝。其直径应保证极限拉力大于重锤重量的2倍。

重锤是使垂线保持铅垂状态的重物，可用金属或混凝土制成砝码的形式。重锤的重量一般不超过垂线极限拉应力的30%。重锤上应设止动叶片，以加速垂线的静止。

油箱即阻尼箱，作用是加大阻力不使重锤旋转或摆动，保持重锤的稳定。油箱内径和高度应比重锤直径和高度大150～200mm，箱内装黏性小、不易蒸发、不冻结的变压器油，重锤应全部没入阻尼液内。

观测墩是用来放置观测仪器的，常安装强制对中设备。

当采用一点支承多点观测形式时，可取消活动夹线装置，在各测点处用工字钢等设置观测台或埋设仪器底座等。

为防止空气对流使垂线摆动及防止损坏，必须安装保护设备。在垂线外围设保护管，直径不小于15cm。若已设有观测竖井或预埋垂线管，也可不设保护管。在测点上设观测室或保护箱，保护箱上下开孔并对准保护管的管口。

对于多点支承一点观测形式，一般仅在观测站处建立观测室，最好在浇筑混凝土时预留观测室。若在廊道或坝外新建时可使其长宽高尺寸为2m×2m×2.3m为宜，一般用方铁作骨架，铁皮作围墙和盖板，盖板上垂线通过的地方开孔与保护管相连。

（4）垂线观测仪。为测定点与垂线间的偏离值，一般采用垂线观测仪进行观测。垂线观测仪可分为光学垂线观测仪、电测垂线观测仪及机械垂线观测仪等。垂线观测仪大多可同时测定垂线在两个方向的偏离值，故又称为坐标仪。

（5）正垂线观测及其精度要求。对于光学垂线观测仪，其操作步骤是：将仪器安置在测点上，利用仪器的角螺旋将仪器整平，插上照明系统，接通电源，调节目镜螺旋，此时可在目镜中看到带有十字丝的分划板像；旋转横向导轨手轮，此时能在视场中看到竖线像，慢慢转动手轮，直至垂线的竖线像正好夹在十字丝纵线中央。旋转纵向导轨手轮，此时能在视场中看到横线像，慢慢转动手轮，直至垂线的横线像正好夹在十字丝横线中央。从读数尺和游标尺上可分别读出纵、横向垂线的偏离值。

垂线观测时应注意的几点：用光学机械式仪器观测前后，必须检查仪器零位，并计算它与首次零位之差，取前后两次零位差的平均值作为本次观测值的改正数。垂线观测前，必须检查该垂线是否处在自由状态。各条垂线上各个测点的观测，应从上而下或从下而上，依次在尽量短的时间内完成。每一测点的观测：照准测线中心两次（或左右边各一次），读记观测值，构成一个测回，取两次读数的平均值作为该测回的观测值，两次照准误差（或左右沿读数差与钢丝直径之差）不得超过0.15mm。每一测次应该观测两测回（测回间应重新整置仪器），两测回观测值之差不得大于0.15mm。用遥测垂线坐标仪观测，观测前需进行灵敏度系数测定。

2. 倒垂线法

(1) 观测原理及布置。倒垂线是将垂线钢丝的下端用锚块锚固在大坝地基深层基岩内，上端与浮托设备相连，在浮力作用下，若底部锚块不动，钢丝沿铅直方向被拉紧，形成一条铅直的基准线。沿倒垂线的不同高程坝体上设置测点，即可测得各测点相对于倒垂线的水平位移。因倒垂线一端锚固在基岩深处位移可以忽略不计的位置，故此水平位移就是各测点与基岩深处锚固点之间的绝对水平位移，且具有相当精度，稳定可靠。所以，倒垂线常埋设在引张线端点、激光准直端点等附近作为基准，也常作为正垂线的基准，或用于坝基挠度观测和近坝区岩体水平位移观测。

倒垂线宜采用“一线一测站式”布置方式，不宜穿越廊道。

(2) 倒垂线观测装置。倒垂线观测系统由倒垂线锚块、垂线、浮体组、观测墩、垂线观测仪等组成。

浮体组包括油箱、浮子和连杆组成。油箱是一只环状金属筒，外径 60cm，内径 15cm，高 45cm。内环中心空洞部分是浮筒连杆穿过的活动部位。油箱外侧底部有连通玻璃管及阀门，用以观测油箱内的液面高度和放出箱内的液体。浮子形状与油箱相同，尺寸为外径 50cm，内径 25cm，高 33cm，这种结构和尺寸能保证浮子在油箱内有一定的活动范围。浮子上部有连接支架用于安装连杆，连杆是空心的金属棒，用上部的螺纹段和上下两个螺母与连接支架相连，垂线穿过连杆，杆下端设夹头或顶丝将钢丝（垂线）固定，如图 10.16 所示。

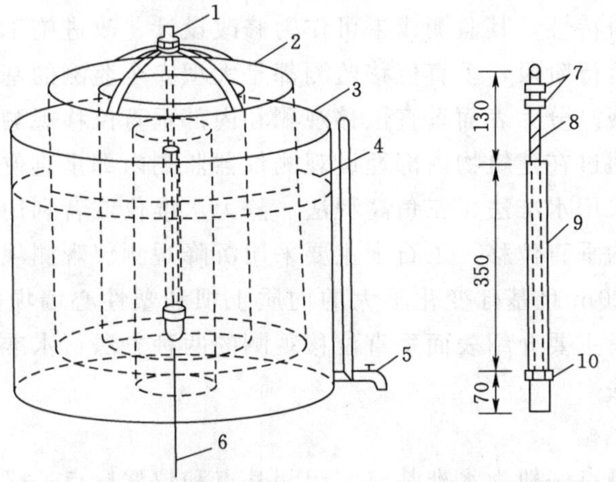

(a) 浮体组示意图　　(b) 浮子连杆示意图

图 10.16 倒垂线浮体组示意图（单位：mm）

1—连接支架与浮子连杆连接处；2—浮子；3—油箱；4—液面；5—水嘴；6—不锈钢丝；7—螺母；8—丝扣；9—铜套筒；10—夹头螺母

测线宜采用强度较高的不锈钢丝或不锈钢瓦丝，其直径的选择应保证极限拉力大于浮子浮力的 3 倍。宜选用直径 1.0～1.2mm 的钢丝，一般不宜大于 1.6mm。观测台用于放置观测仪器及读数，一般用混凝土或金属支架建造，墩台中间留有直径 15mm 的圆孔或边长 15mm 的方孔，以便垂线穿过。观测墩台台面要水平，设有坐标仪观测底座或其他观测设备。倒垂线锚块是倒垂线的支点，可由一圆钢制成，长约 50mm，顶部埋设连接螺丝，外表可加工成台阶状，以增加锚块的阻滑力，防止锚块在水泥砂浆中滑动。

当正、倒垂线结合布置时，两者需有一定间距。不在同一观测墩上衔接时应在两个观测墩上设置标志，用铟瓦尺量取两观测墩间距离的变化。

(3) 倒垂线观测及其精度要求。倒垂线观测之前，首先要检查钢丝是否有足够的拉力，浮子与浮体桶壁有无接触，待钢丝静止后，用垂线坐标仪观测，具体方法同正垂线观测。

10.2.2　垂直位移观测

垂直位移观测是测定大坝及基础在铅垂线方向产生的位移，也称沉降观测。垂直位移观测的目的是要测定大坝及其基础、水库的库岸边坡、监控网控制点在铅垂方向上的升降变化。

混凝土闸、坝的垂直位移是由于库水自重和闸坝自重引起的地基沉陷、自重作用下的坝体压缩变形、水平裂缝开展、基岩失稳、温度与湿度变化以及混凝土固结等原因形成。

土石坝的垂直位移又称沉降，主要是由于坝体和坝基的沉降、固结所引起的。

垂直位移的异常变化可能预示着某种破坏的形成或综合影响的发展，不均匀的垂直位移则可能使坝体开裂，甚至导致更为严重的破坏。对垂直位移及其他有关项目的监测资料进行分析，可以预测坝体是否开裂、滑坡、失稳等问题，从而可以采取相应措施，防止险情发生和扩大。在施工阶段的垂直位移监测可用于控制土石坝填筑速度，研究、测定基岩的回弹变形和坝体土料特性，其监测成果可作为修改设计、改进施工的依据。因此，在水库首次蓄水时和长期运行阶段，垂直位移监测都是大坝安全监测的基本项目之一。

建筑物垂直位移观测分为表面垂直位移观测和内部垂直位移观测，一般通过水准法观测表面的垂直位移，通过在建筑物内部埋设观测仪器监测内部垂直位移。混凝土建筑物垂直位移的监测，主要采用水准法、三角高程法、静力水准仪或者利用水平测斜仪监测某横断面同一高程水平点的垂直位移。土石坝主要采用沉降观测仪观测坝体内部各层垂直沉降量，对于坝高不超过 20m 且基础变化不大的均质土坝和塑性心墙坝，还可以采用深式标点测量坝体沉降。这里主要介绍表面垂直位移观测的两种方法：水准测量法及连通管法。

10.2.2.1　水准测量法

1. 基本原理

垂直位移观测的测点一般为水准基点、起测基点和位移标点三级。在坝体上布置位移标点，在两岸坡布置起测基点，在受库水位变化影响较小的地基稳定处设置水准基点。由水准基点引测起测基点的高程，再由起测基点引测位移标点的高程，位移标点的高程变化量即为测点处的坝体垂直位移。

2. 测点布设及结构

(1) 水准基点。水准基点是垂直位移观测的基准点，要求长期稳定且变形值小于观测误差。水准基点要求埋设处的地质条件良好，自身结构合理，一般在大坝下游 1～3km 处布设一组或两岸各布设一组水准基点，每个基点组设有三个或三个以上结构相同的水准点，组成边长约 50～100m 的等边三角形，以便检验水准基点的稳定性。

水准基点结构有土基标、岩石标、钢管标和双金属标等多种形式，工程中要选择合适的标志并设置在基岩上或深埋于原状土中，如图 10.17 所示。

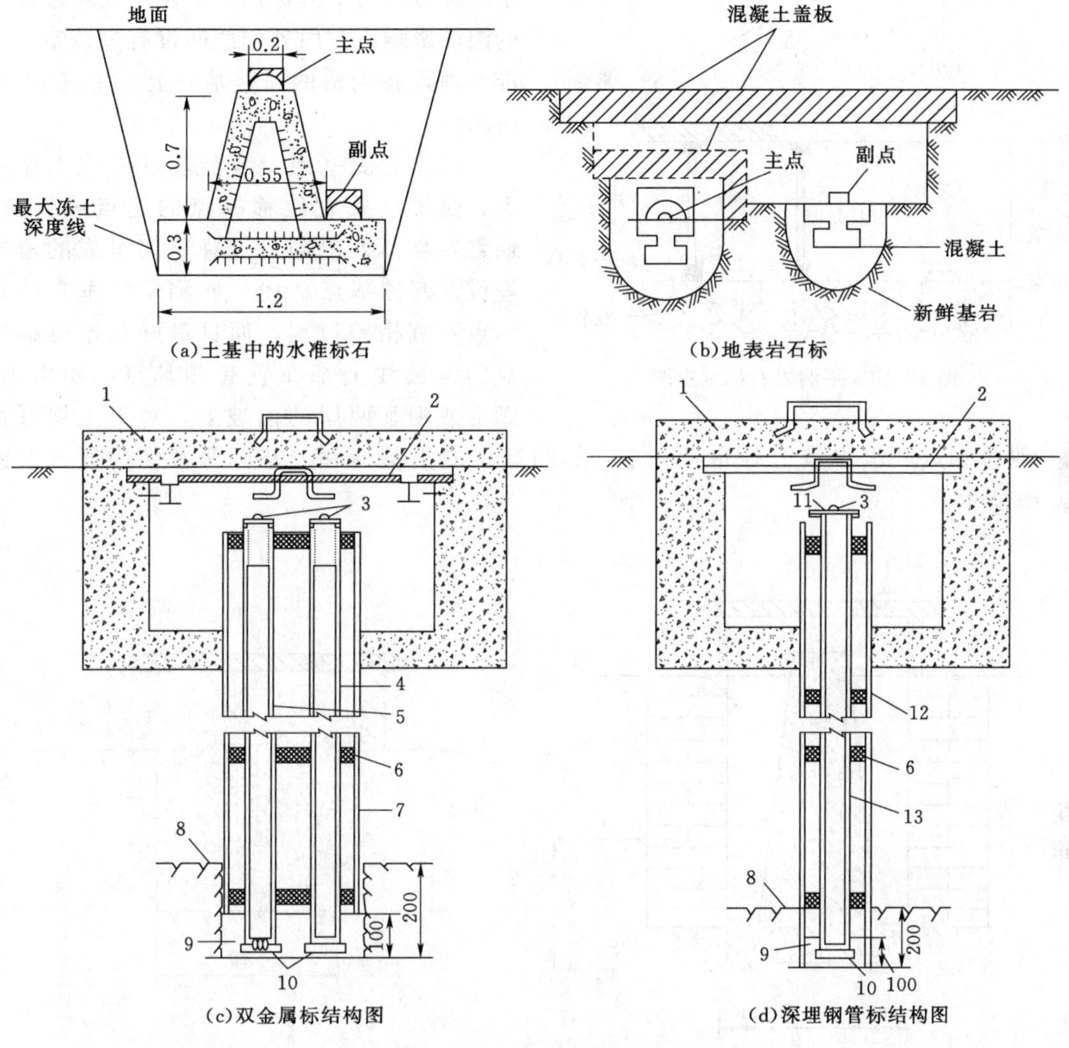

图 10.17　水准基点标示意图（单位：cm）

1—钢筋混凝土标盖；2—钢板标盖；3—标心；4—钢心管；5—铝心管；6—橡胶环；7—钻孔保护管；8—新鲜基岩；9—M20 水泥砂浆；10—心管底板和根络；11—测温孔；12—钻孔保护管（钢管）；13—心管（钢管）

土基标由标志和底盘组成，在标志的顶部用不锈钢或玛瑙制成水准标志，并在底盘正北方向安装一个水准标点的副点以作校核，底盘应埋设于最大冻土深度 0.5m 以下。

岩石标适用于覆盖层较薄的地表岩石地基，也可用于混凝土表面。

在覆盖层较厚的岩基中，为了使水准基点埋于新鲜的岩石上，可设计成深埋钢管标，钢管深入新鲜基岩 2m 以下。

在覆盖层较厚全年温度变化幅度较大的地方，为了避免温度变化影响基点高程，可以采用双金属管标。

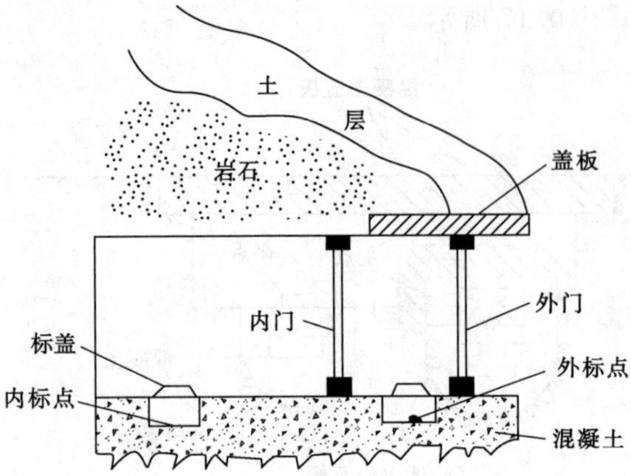

图 10.18　平洞岩石标示意图

另有一种埋设在覆盖层较浅的平洞里的水准标点称为平洞标，为了避免观测过程中的温度影响，在内外门之间设有过渡室，基准点埋设在内室的完整基岩上，如图 10.18 所示。

(2) 起测基点。起测基点又称工作基点，是测定垂直位移标点的起点或终点，通常在坝体两侧附近选择坚实可靠的地方埋设。起测基点高程与所测定的垂直位移标点不宜相差过大，而且最好每排位移标点的延长线上都布置起测基点，如坝顶、廊道或坝基两岸的山坡上，对于土坝可在每一纵排标点两端岸坡上各布设一个。起测基点的土基标和岩基标两种结构型式如图 10.19 所示。

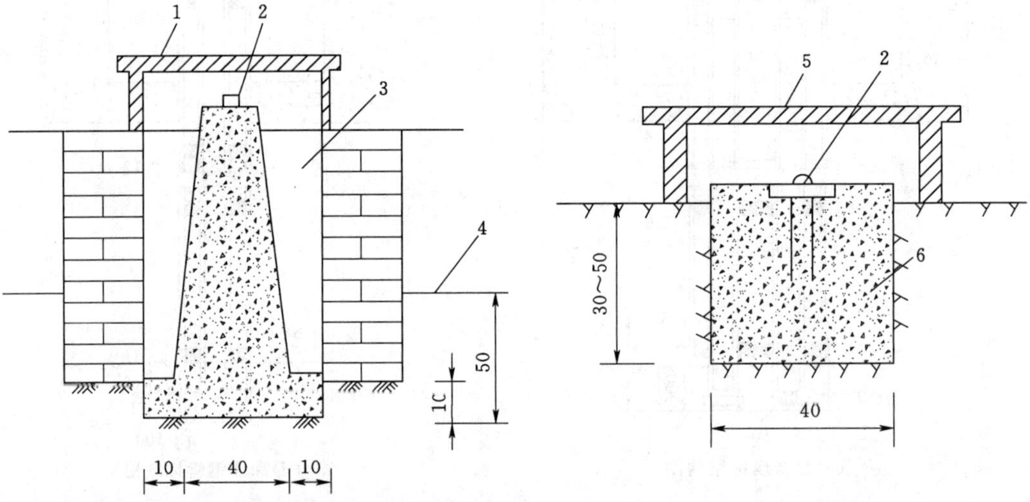

(a) 土基上起测基点　　(b) 岩基上起测基点

图 10.19　起测基点结构示意图（单位：cm）

1—盖板；2—标点；3—填砂；4—冰冻线；5—保护板；6—混凝土

(3) 位移标点。垂直位移标点的设置应以适当数量的观测点较全面地反映大坝变形为原则，对于重要的部位可适当增加标点。一般将大坝的垂直位移标点和水平位移标点综合布置在一起，即在水平位移标点顶部的观测盘上加设一个圆顶的金属标点头，称综合标，如图 10.3 所示。如水平位移标点的柱身露出坝面较高，水准测量时不便立尺，可将金属标点头埋设于柱身侧面。

3. 水准观测方法

水准仪按其精度可以分为普通水准仪和精密水准仪两大类，一般情况下，中小型土坝或一般大型土石坝工程，可使用普通水准仪测量。重要的土坝及混凝土坝，观测精度要求较高，需采用精密水准测量。

首先校核起测基点的高程。将起测基点与水准基点构成闭合环线，按国家一等、二等水准的要求进行联测来校核起测基点是否位移，根据需要每年或者几年校核一次。

垂直位移的观测，一般从坝一端的起测基点开始，测定若干个垂直位移标点后，到坝另一端的起测基点结束，构成闭合水准路线，常需按三等、四等水准测量的要求进行。

坝体各垂直位移标点的高程是由起测基点算起的。当起测基点校测有沉降时，应计算出起测基点的沉降量，并在计算出坝体各标点的垂直位移后，对各标点的垂直位移进行改正，从而得到以首次观测值为参考的垂直位移。对垂直位移的改正工作，可放在年度资料整理分析时进行。

10.2.2.2 连通管法

大坝垂直位移观测，常采用精密水准测量法进行。但精密水准测量所需仪器昂贵，参与工作人员过多，作业时间长，计算比较复杂，易受外界条件的制约，因此，也可采用连通管法观测坝体的垂直位移。该法具有与几何水准测量相当的精度，操作方便、观测速度快等优点。

1. 连通管法测量的原理

连通管法测量，又称液体静力水准测量。它是利用液面水平的原理，将起测基点和各垂直位移标点用连通管连接。根据连通器原理，灌水后，当液体完全静止时，水面线即为一水平面。量出水面线与起测基点的高差，计算出水面线的高程，再依次量出各垂直位移标点与水面线的高差，即可求得各位移标点的高程。一次观测时标点高程与初测时标点高程的差值即为该标点的累计垂直位移量。

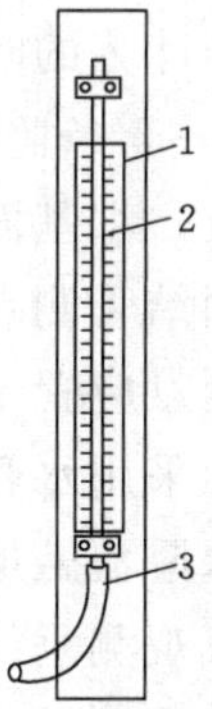

图 10.20 活动式连通管示意图

1—刻划尺；2—玻璃管；3—胶管

2. 连通管法测量的方法

连通管有活动式和固定式两种。

(1) 活动式连通管由玻璃管、胶管、刻划尺等组成，如图 10.20 所示。玻璃管长约 120cm，外径 1.4cm，安装在刻有厘米分划的刻划尺上。玻璃管刻有毫米刻度，其厘米分化线必须与刻划尺上的厘米分化线严格吻合。玻璃管和刻划尺共有两套，其刻度完全一致。两根玻璃管之间用内径 1.2cm、长 20cm 的胶管连接。观测时，玻璃管中充水（严寒地区可充盐水或油），两人各执一根刻划尺立在两个测点上（或立在起测基点和位移测点上），各自读出管内水位的刻划读数，量出各垂直位移标点与水面线的高差，即可求得两位移标点的高程。

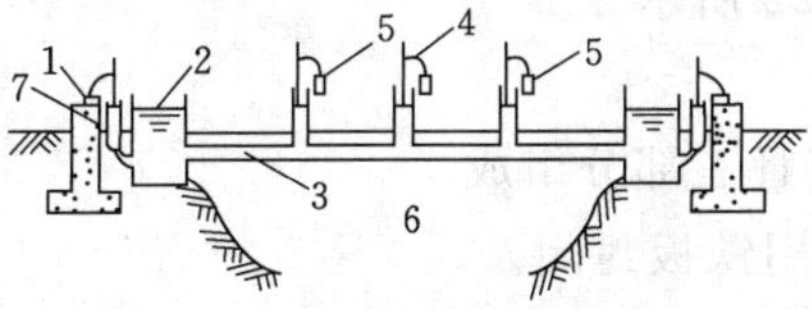

图 10.21 固定式连通管布置示意图

1—起测基点；2—水箱；3—埋设的连通管；4—水位测针；5—垂直位移标点；6—建筑物；7—混凝土基础

(2) 固定式连通管，如图 10.21 所示。在起测基点和各位移测点的每一根竖管上，安装可测读的水位测针进行观测。该方法测定液面位置的精度约为±0.01mm。

在大坝基础廊道内亦可采用连通管法进行垂直位移观测。由于廊道内有一定的倾斜度，不便使整个连通管系统设置成水平，但可采用分段接力形式的布置方法加以解决。

液面位置的测定，也可以采用自动化遥测方法测定。

10.2.3　土石坝固结观测

土石坝垂直位移观测测得的是坝体与坝基的总沉陷量。为了分析掌握坝体的变形规律，预测坝体未来变形趋势，需要了解坝基的沉陷量，以及坝体不同高程的沉陷量。为此，应在坝体同一横断面的不同高程上设置测点，观测其高程的变化。坝面测得的总沉陷量与坝基面沉陷量的差值为坝体在荷重作用下的总固结量，坝体不同高程的沉陷量的差值为坝体的分层固结量。

土石坝坝体内部沉降量观测主要采用沉降仪。沉降仪可分为横梁式、水管式、钢弦式、电磁式、干簧管式、电感式等多种，有的还可同时量测温度，读数精度一般为 1mm，测值为相对沉降管管口或管底的位移值。

土坝固结一般采用横梁式固结管（又称横梁式沉降管）进行观测。

10.2.3.1　固结观测点的布置

固结管的布置，应根据坝体的规模、重要性、土坝结构型式、施工方法以及地形地质条件等情况而定，一般应布置在老河床、最大坝高、合龙段、结构及施工薄弱部位、进行过固结计算的断面内。可设 2～3 个监测横断面，其中包括最大断面。每个监测横断面可布置 3～5 条监测垂线，其中一条应布设在坝轴线附近。垂线末端应深入到坝基相对稳定的部位，坝基面附近应设一个测点，顶端应设表面变形监测点。

固结管测点的间距，应根据坝身土料特性和施工方法而定，一般为 3～5m，固结管最低测点应置于坝基表面，以兼测坝基的沉陷量。

如采用水管式沉降仪，其测点一般分别沿 1/3、1/2、2/3 坝高水平布置三排，软土坝基及深厚覆盖层的坝基表面还应布设一排测点。一般每排设 2～5 个测点，测点分布应尽量形成观测垂线。

土坝固结观测应与外部变形观测（水平位移观测及垂直位移观测等）配合进行。

10.2.3.2　横梁式固结管

1. 横梁式固结管观测原理

土石坝坝体内部固结沉降一般采用在坝体内部逐层埋设横梁式固结管，其工作原理是利用细管在套管中的相对运动来测定土体垂直位移。即当土体发生沉降或者隆起时，埋设在土中的横梁翼板也跟着一起移动，并连带细管在套管中作上下运动，测定细管下口与管顶距离的变化就可以求出各测点土的沉降值，如图 10.22 所示。

2. 横梁式固结管结构

横梁式固结管主要由管座、带横梁的细管、中间套管三部分组成。

（1）管座。为直径 50mm 的铁管，长 1.1m，底部用铁板封闭。

（2）带横梁的细管。为直径 38mm 的铁管，每节长 1.2mm。在管长一半处，用 U 形螺栓将一根长 1.2m 的角钢与细管正交连接并焊牢，角钢规格为 60mm×60mm×4mm 或 75mm×75mm×5mm，两端各焊一块翼板，翼板为 300mm×300mm×3mm 的铁板。两翼板必须保持在同一平面内，此平面应与细铁管正交，如图 10.23 所示。

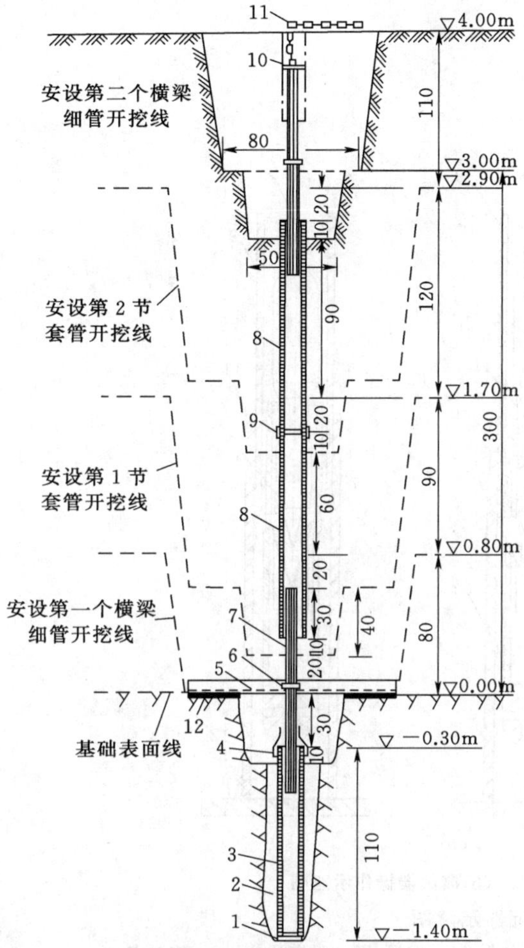

图 10.22　横梁式固结管结构及埋设示意图（单位：cm）

1—管座底铁板；2—水泥砂浆；3—$\phi50$ 管座；4—麻布或橡皮；5—横梁 60×60 角钢；6—U 形螺栓；7—$\phi38$ 细管；8—$\phi50$ 套管；9—$\phi50$ 管接头；10—保护盖；11—标记铁链；12—铁板 300mm×300mm×3mm

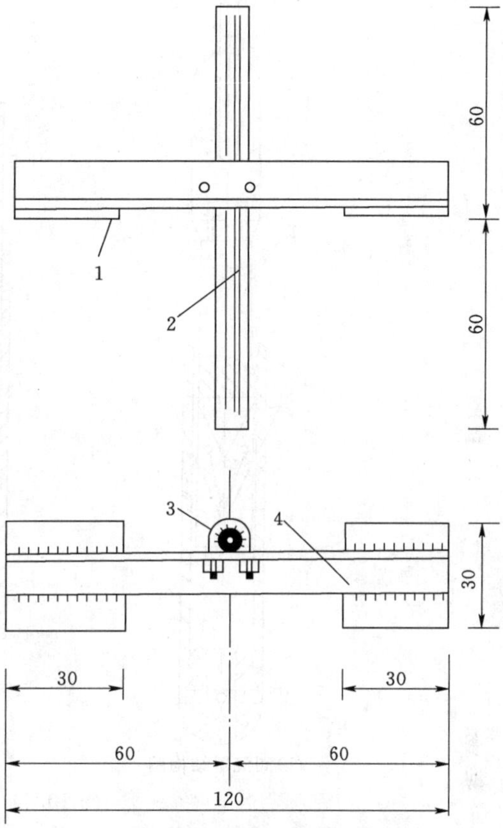

图 10.23　带横梁的细管结构示意图（单位：cm）

1—300mm×300mm×3mm 铁板；2—$\phi38$ 细铁管；3—U 形螺栓；4—横梁，60mm×60mm×4mm 角钢

(3) 中间套管。为直径 50mm 的铁管，管长比测点间距短 0.6m。如测点间距为 3m，为了施工方便，将套管截为等长的两段，安装时用管箍连接牢固，保持铅直；如测点间距为 5m，将套管截为 4 段。最上一层测点至坝面的套管长度，根据需要而定。坝面套管出口应加保护盖保护。无论管座、细铁管或套管，管内都必须打掉毛刺，并保持平整。

3. 横梁式固结管观测方法及精度要求

横梁式固结管可用测沉器或测沉棒进行观测。每次观测时，用水准测量方法测定管口高程，再用测沉器或测沉棒放入固结管内，自上而下依次逐点测定管内各细管下口至管顶的距离，即可算出各测点的高程。定期观测各测点的高程变化，可得出深层各测点的沉降。

测沉器如图 10.24 所示，其直径略小于固接管细管的内径。测沉器主要由圆棒和套管

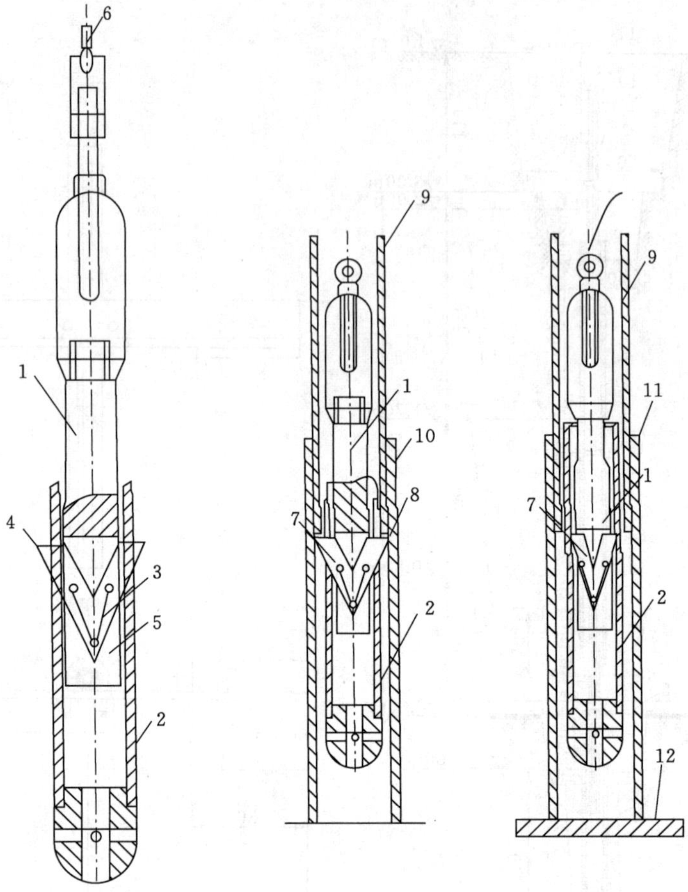

图 10.24　测沉器示意图

1—圆棒；2—套筒；3—弹簧；4—翼片；5—小方孔；6—钢尺；7—弹簧翼片；8—施测点；9—带有横梁的细管；10—套管；11　基础套管；12—固结管底板

两部分组成。测沉器圆筒内安装有带弹簧的翼片，套筒两侧有对称的两个长方形孔，一侧长方孔下部另有一小方孔，当翼片处于长方孔位置时，即能从孔中张开而伸出套筒壁外。观测时，将测沉器由固结管口徐徐放入，当测沉器进入细管时，翼片被压入圆筒内。当测沉器经过细管进入套管时，翼片被弹出筒壁。此时，向上拉紧钢尺，翼片就卡在细管下口，即可量得细管下口至管顶的距离，如图 10.24（a）所示。将测沉器继续下放，依次测量。测沉器测完最下面一个测点后，将测沉器继续下沉至管座底，测沉器套筒下沉至管底不动，而上部继续下沉，将翼片压入圆筒内并被卡住，测沉器即可顺利提出固结管，如图 10.24（b）所示。

测沉棒如图 10.25 所示，为一长度略小于套管内径的小铁棒。棒的中心与钢尺连接，在棒的一端系一绳索，兼做护绳。观测时，将绳索稍稍提起，使测沉棒倾斜放入固结管中，如图 10.25（a）所示。当测沉棒通过细管进入套管后，放松绳索，小棒即基本水平。用固定拉力拉紧钢尺，测沉棒即卡在细管下口，如图 10.25（b）所示，则可测记管顶至细管下口的距离。如此逐节向下测量，至测完最下面的一个测点后，将绳索提起，即可将测沉棒提出管外。

用测沉器或测沉棒测量，每个测点均应测读两次，读数差不大于 2mm。

10.2.3.3 观测成果的计算

土石坝的固结量包括分层固结量和总固结量。分层固结量为计算层坝体厚度的减少值，各分层固结量之和为总固结量。不论是分层固结量还是总固结量，都应计算累计固结量和间隔固结量。观测时的坝体厚度与首次测得的坝体厚度之差为累计固结量，相邻两次累计固结量或相邻两次坝体厚度之差为间隔固结量。固结量的计算可在表格中进行。

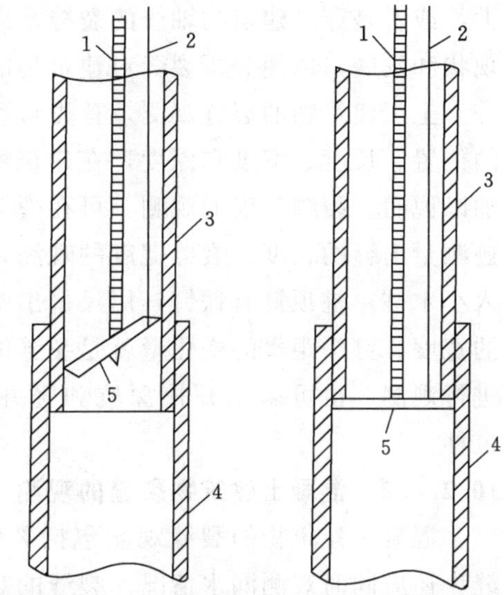

(a)测沉棒结构示意图　(b)测沉棒操作示意图

图 10.25　测沉棒

1—钢尺；2—绳索；3—细管；4—套管；5—测沉棒

案例 10-2　×××水库土石坝，为测量该坝体的沉降量，坝体内设有横梁式固结管。现对坝体内Ⅱ-2 号固结管进行测量，观测结果见表 10.6。分析计算全管的累计固结量。

表 10.6　**×××水库土石坝固结观测成果计算表**

固结管编号：Ⅱ-2　　上次观测日期：×××年×××月×××日

间隔时间：60 天　　本次观测日期：×××年×××月×××日

测点编号	管顶高程/m	测点至管顶距离/m	本次观测测点高程/m	测点始测高程/m	测点垂直位移量/mm	测点始测间距/m	本次观测测点间距/m	本次累计固结量/mm	上次累计固结量/mm	间隔时间内固结量/mm
	(1)	(2)	(3) = (1) - (2)	(4)	(5) = (4) - (3)	(6)	(7)	(8) = (6) - (7)	(9)	(10) = (8) - (9)
Ⅱ-2-1	45.834	13.203	32.631	32.635	4	3.021	3.002	19	5	14
Ⅱ-2-2	45.834	10.201	35.633	35.656	23	3.033	2.991	42	13	29
Ⅱ-2-3	45.834	7.210	38.624	38.689	65	3.013	3.013	0	0	0
Ⅱ-2-4	45.834	4.197	41.637	41.702	65					
全管累计固结量/mm								61		

10.2.4 水工建筑物的裂缝观测

裂缝是水工建筑物变形不可避免的直观现象。水工建筑物发生裂缝后，整体性受到破坏，在外界因素影响下，裂缝可能进一步扩展，甚至导致建筑物失事。因此，要对裂缝进行观测，分析裂缝成因、判断裂缝性质、预测裂缝的发展趋势、并采取合理有效的措施进行处理，对确保建筑物安全十分必要。接缝（伸缩缝、沉陷缝等）是人为预留缝，经过一段时间也会发生变形，也需要及时观测缝的变形情况，为分析建筑物的受力和变形等提供依据。

10.2.4.1 土工建筑物裂缝的观测

对于土工建筑物上的裂缝，当缝宽大于 5mm，或缝宽虽小于 5mm，但缝长和缝深较大，或者是穿过建筑物轴线的裂缝，以及弧形缝、竖直错缝，均须进行观测。掌握裂缝的现状和发展，以便分析裂缝对建筑物的影响和研究缝的处理措施。

土工建筑物的裂缝观测，首先将裂缝分别编号，然后对裂缝逐一进行观测，记录裂缝的位置、长度、宽度和深度，在建筑物对应的图上标注裂缝的位置，并对裂缝的开裂状况加以说明。裂缝长度的观测，可在裂缝两端打入小木桩或用石灰水标明，然后用皮尺沿缝迹测量出缝的长度。裂缝宽度的观测，可选择有代表性的位置，在裂缝两侧每隔 50cm 打入小木桩，桩顶钉有铁钉，用尺量出两侧钉头的距离及钉头距缝边的距离，即可算出裂缝的宽度。钉头距离的变化量就是裂缝的变化量。裂缝深度的观测可采用钻孔取土样的方法进行观测，也可采用开挖深坑和竖井的方法观测裂缝的宽度、深度和两侧土体的相对位移。

10.2.4.2　混凝土建筑物裂缝的观测

混凝土建筑物的裂缝观测包括裂缝的分布、位置、长度、宽度和深度，对于漏水裂缝，还应同时观测漏水情况。裂缝的观测应与混凝土温度、气温、水温和建筑物上游水位等的观测同时进行。在裂缝发生的初期，一般每天观测一次，裂缝发展变慢后可减少观测次数；在气温和上游水位有较大变化时，应增加观测次数。

裂缝的位置和长度的观测，通常是在裂缝两端用油漆做上标志，然后将混凝土表面画上方格来进行量测。裂缝的宽度可用放大镜观测，也可在裂缝的两侧埋设标点，用游标卡尺测定标点之间的间距，以分析缝宽的变化。裂缝的深度一般采用金属丝探测，也可采用超声波探伤仪、钻孔取样和孔内电视照相等方法观测。

10.2.5　混凝土建筑物伸缩缝的观测

混凝土建筑物伸缩缝的观测通常选择建筑物最大断面、地基地质条件复杂有较大断层或破碎带、建筑物施工质量差或止水不良，有显著漏水以及进行应力应变观测的部位。在建筑物顶部、下游表面或廊道内适当位置布置测点，每条伸缩缝上不少于 2 个观测点。

伸缩缝观测标点的结构以及测量方法比较常用的有单向测缝标点、型板式三向测缝标点、三点式测缝标点及差动式电阻测缝计等。

10.2.5.1　单向测缝标点

单向测缝标点是在伸缩缝两侧混凝土上各埋设一段角钢，角钢与缝平行，一翼向上，另一翼用螺栓固定在混凝土上。在向上的翼板上各焊有一半球形的标点，如图 10.26 所示。定期用游标卡尺测量两标点头间的距离，读至 0.1mm。从两标点头间距离的变化情况，即可知道伸缩缝宽度的变化。

10.2.5.2　型板式三向测缝标点

型板式三向测缝标点可以观测伸缩缝的空间变化。如图 10.27 所示，测缝标点是将两块宽约 30mm，厚 5～7mm 的金属板做成相互垂直的三个方向的拐角，并在型板上焊三对不锈钢或铜质三棱柱条作为观测点，用螺栓将型板锚固在伸缩缝两侧的混凝土上。定期用游标卡尺测量三对标点间的距离，根据三对标点间距离的变化情况，即可测得伸缩缝在三个方向的变化。

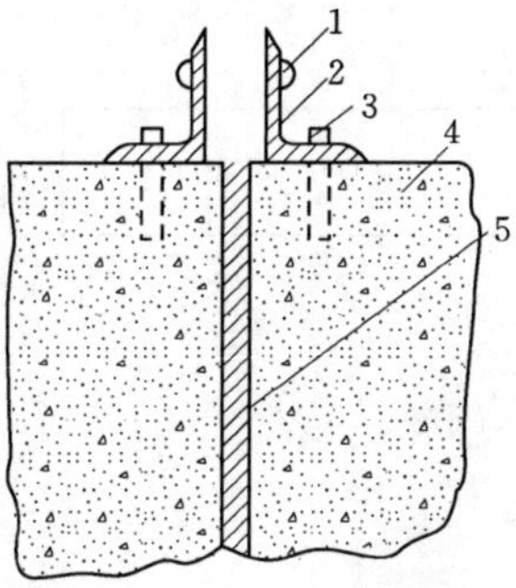

图 10.26 单向测缝标点

1—标头；2—角钢；3—螺栓；4—混凝土；5—伸缩缝

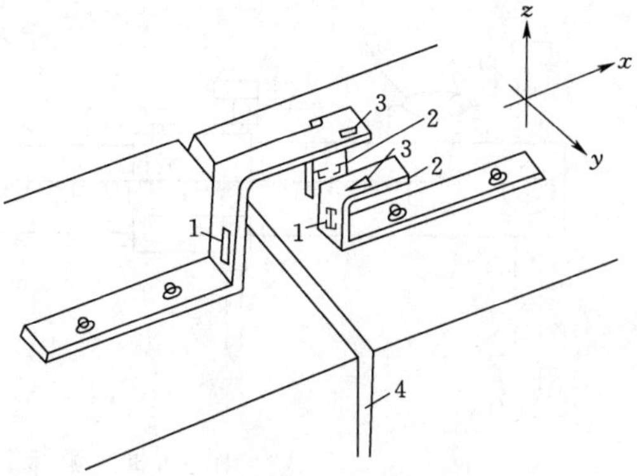

图 10.27 型板式三向测缝标点

1—x 方向测量标点；2—y 方向测量标点；3—z 方向测量标点；4—伸缩缝

10.2.5.3 三点式测缝标点

伸缩缝的空间变化还可以采用三点式测缝标点进行观测，如图 10.28 所示。在伸缩缝两侧大致同一水平面上埋设三个金属标点，其中两个标点在缝的同一侧，其连线与接缝平行，第三个标点在缝的另一侧。三个标点构成一个近似等边三角形。标点顶部有圆锥形小坑，标点下部埋入混凝土，其结构如图 10.29 所示。

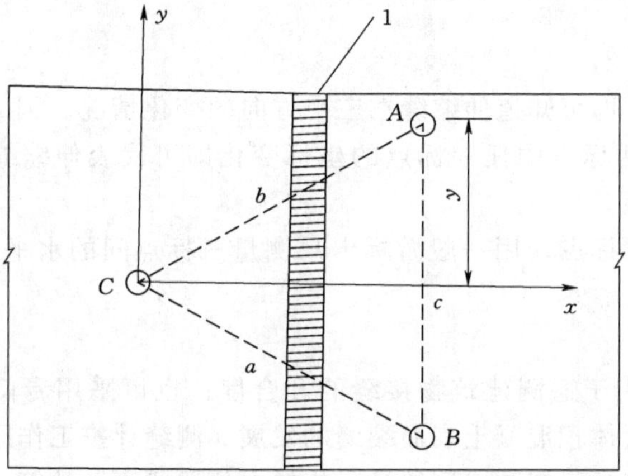

图 10.28 三点式测缝标点布置图

1—伸缩缝；A、B、C—测量标点

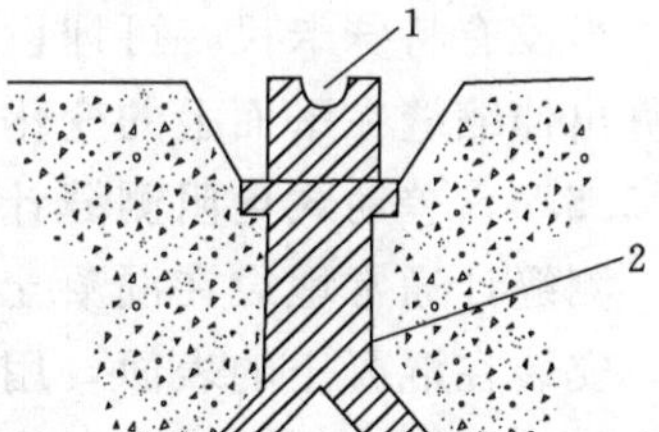

图 10.29 三点式测缝标点结构图

1—圆锥形小坑；2—标点固定锚筋

观测所用量具是一种特殊构造的卡尺，如图 10.30 所示。尺身长 700～800mm，刻度为毫米，尺上附有一个水准管。

测量时，将卡尺测针及游标测针分别插入两个标点的小圆锥形小坑内，调整垂直测微螺旋，使气泡居中，即可读取两点间的水平距离和高差。根据测得的水平距离 a、b、c 及高差 Z_a、Z_b，即可算出以 C 点为原点的 A、B 两点的空间坐标。

标点 A 的坐标为

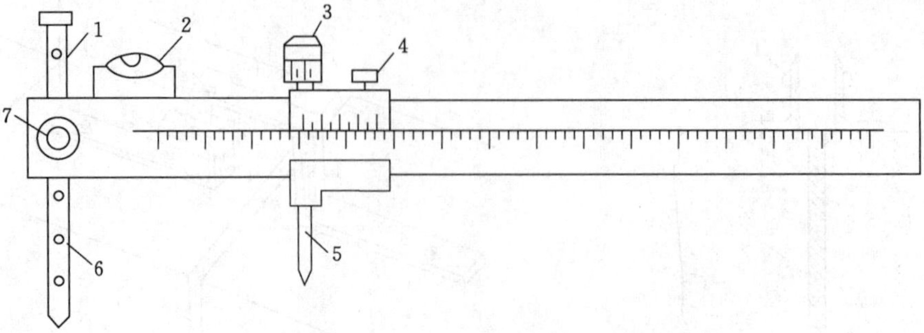

图 10.30　游标卡尺结构图

1—卡尺测针；2—水准管；3—垂直测微螺旋；4—游标制动螺旋；5—游标测针；6—定位孔；7—定位插销

$$x_A = \sqrt{b^2 - y_A^2} \tag{10.6}$$

$$y_A = \frac{b^2 + c^2 - a^2}{2c} \tag{10.7}$$

$$Z_A = Z_a \tag{10.8}$$

标点 B 的坐标为

$$x_B = \sqrt{b^2 - y_B^2} \tag{10.9}$$

$$y_B = \frac{a^2 + c^2 - b^2}{2c} \tag{10.10}$$

$$Z_A = Z_b \tag{10.11}$$

将各次测算出的坐标值加以比较，即可知道伸缩缝在三个方向的变化情况。因 A、B 两标点在同一块混凝土上，故 A、B 两标点中任一标点的坐标变化即可代表伸缩缝的三向变化，另一标点的计算成果可做校核。

当没有特殊卡尺，可埋设一般金属标点，用一般游标卡尺测量三标点间的水平距离，可算出伸缩缝在平面上的变化。

10.2.5.4　差动式电阻测缝计

测缝计通常埋设在混凝土内部，用于遥测建筑物接缝的开合度；也可采用专门的夹具，安装在混凝土的表面，用来监测大体积混凝土表面裂缝的发展。测缝计按工作原理可分为差动电阻式测缝计、电位器式测缝计、钢弦式测缝计、旋转电位器式测缝计等。以下对差动电阻式测缝计做一简单介绍。

差动电阻式测缝计由上接座、钢管、波纹管、接线座和接座套筒等组成仪器外壳。电阻感应组件由两根方铁杆、弹簧、高频瓷绝缘子和弹性电阻钢丝组成，如图 10.31 所示。两根方铁杆分别固定于上接座和接线座上，弹性电阻钢丝绕过高频瓷绝缘子张紧，并交错地固定在方铁杆上。

差动电阻式测缝计的工作原理是当测缝计承受外部变形时，大部分变形由外壳波纹管和传感部件中的吊拉弹簧承担，小部分由弹性电阻钢丝承担。钢丝的变形引起其电阻值的变化，而两组钢丝电阻值的变化是差动的，电阻的变化与变形成正比，测出电阻比即可以算出测缝计承受的变形量，同时可兼测温度。

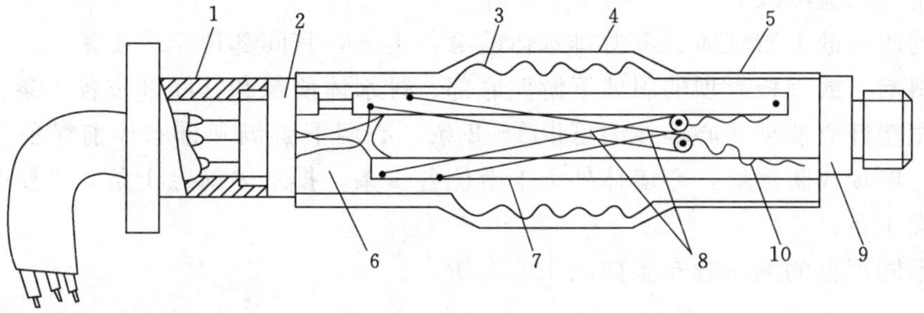

图 10.31 差动电阻式测缝计结构示意图

1—接座套筒；2—接线座；3—波纹管；4—塑料套；5—钢管；6—中性油；7—方铁杆；8—弹性钢丝；9—上接座；10—弹簧

10.3 水工建筑物的渗流观测

大坝建成蓄水后，在上下游水位差作用下，水会通过坝身、坝基及两岸向下游渗透。渗流不仅引起水量损失，渗流所产生的渗透压力还会在坝体和坝基引起渗透变形，甚至会引起土石坝的坝坡失稳、导致坝体和地基渗透破坏；混凝土闸、坝的扬压力增大，也会引起混凝土闸、坝的抗滑稳定性降低甚至破坏。所以，为验证理论计算成果，掌握大坝及水闸等各类水工建筑物在施工期和运行期的实际渗流情况，确保建筑物的安全，必须进行渗流监测。土石坝渗流观测的项目包括：坝体浸润线观测、坝基渗流压力观测、绕坝渗流观测及渗流量观测等。混凝土及砌石闸、坝的渗流观测项目主要是扬压力观测。

10.3.1 土石坝浸润线观测

土石坝在上游水头的作用下，坝体必然产生渗透水流。水在坝体内从上游渗向下游，形成一个逐渐降落的渗流水面，称为浸润面。浸润面在土石坝横截面上显示为一条曲线，通常称为浸润线。土石坝浸润线的高低和变化，直接影响到土石坝的安全稳定。如果实际浸润线的位置比设计计算的浸润线位置高，就会降低坝坡的稳定性，甚至可能造成滑坡失稳的事故。为此要对坝体浸润线进行观测，掌握浸润线的位置和变化，依此判断土石坝在运用期间是否安全稳定，渗流是否正常；同时，还可以监视坝身防渗体有无裂缝等。

土石坝浸润线的观测，最常用的方法是在坝体选择有代表性的横断面作为观测断面，在观测断面上埋设一定数量的测压管，通过测量测压管中的水位来获得浸润线的位置。

10.3.1.1 测压管的布置

1. 坝体监测横断面

坝体浸润线监测横断面宜选在最大坝高处、合龙段、地形地质条件复杂坝段、坝体与穿坝建筑物接触部位、已建大坝渗流异常部位等，不宜少于 3 个监测断面。

2. 监测横断面上的测线布置

监测横断面上的测线布置应根据坝型结构、断面大小和渗流场特征布设，每个监测断面不宜少于3条监测线。

(1) 均质坝的上游坝体、下游排水体前缘各1条，其间部位至少1条。

(2) 斜墙（或面板）坝的斜墙下游侧底部、排水体前缘和其间部位各1条。

(3) 宽塑性心墙坝，心墙体内可设1～2条，心墙下游侧和排水体前缘各1条。窄塑性、刚性心墙坝或防渗墙，心墙体外上下游侧各1条，排水体前缘1条，必要时可在心墙体轴线处设1条。

各种不同坝型的测压管布置如图10.32所示。

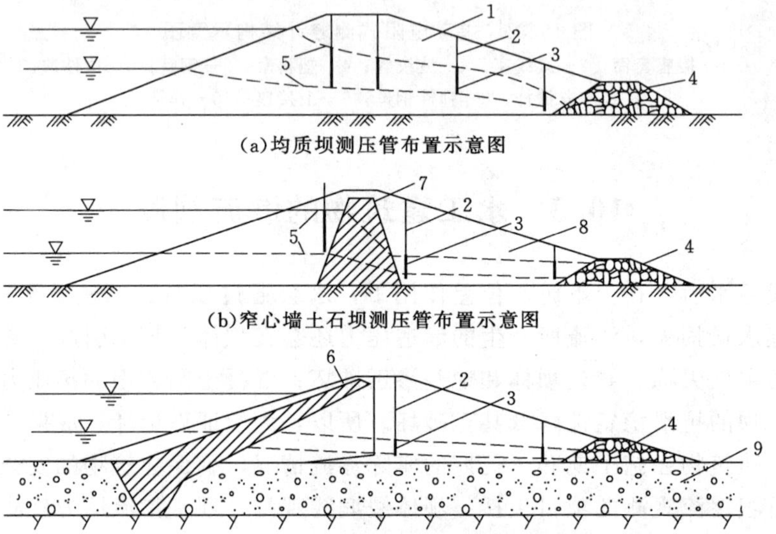

(a)均质坝测压管布置示意图

(b)窄心墙土石坝测压管布置示意图

(c)带截水墙的斜墙坝测压管布置示意图

图10.32　测压管布置示意图

1—土石坝；2—测压管；3—进水管段；4—排水体；5—浸润线；
6—斜墙；7—心墙；8—透水料；9—透水层

3. 监测线上的测点布置

监测线上的测点应根据坝高、填筑材料、防渗结构、渗流场特征，并考虑能通过流网分析确定浸润线位置，沿不同高程布点。

(1) 在浸润线缓变区，如均质坝横断面中部，心墙坝和斜墙坝的强透水料区，每条线上可只设1个监测点，高程应在预计最低浸润线之下。

(2) 在渗流进、出口段，渗流各向异性明显的土层中，以及浸润线变幅较大处，应根据预计浸润线的最大变幅沿不同高程布设测点，每条线上的测点数不宜少于2个。

10.3.1.2　测压管的结构

测压管主要由透水管段、导管及管口保护装置组成。测压管宜采用镀锌钢管或硬塑料管，内径宜采用50mm。

1. 透水管段

透水管段又称“花管”。为了能使坝体中的水较快地渗入测压管中，透水管段管壁上需钻有足够数量的进水孔。孔径一般为6～8mm，孔与孔的纵距为100～120mm，面积开孔率宜为10%～20%，进水孔呈梅花形分布，排列均匀、内壁无毛刺，外部包扎无纺土工织物。

透水管的长度，对于一般土料与粉细砂，应自设计最高浸润线以上0.5m至最低浸润线以下1.0m，以保证在不同库水位时均能反映其所在位置的渗透水头；在粗粒径透水土料中则不应小于3.0m；用于点压力监测时宜长1～2m；管底封闭，不留沉淀管段。

透水管段可用导管管材加工制作，也可采用与导管等直径的多孔聚乙烯过滤管或透水石管作透水段。测压管的结构如图10.33所示。

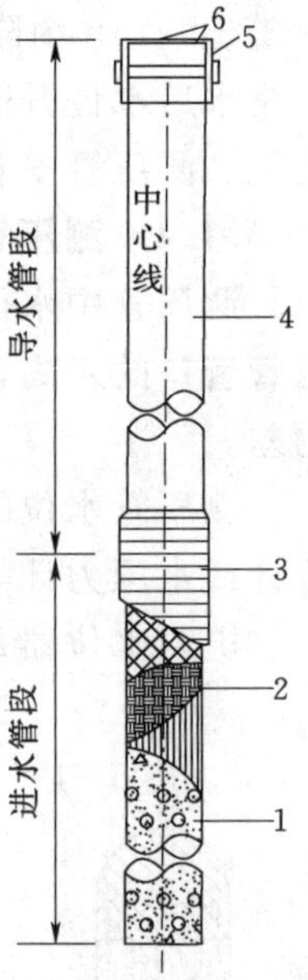

图10.33　测压管结构示意图

1—进水孔；2—土工织物过滤层；3—外缠铅丝；4—金属管或硬工程塑料管；5—管盖；6—电缆出线及通气孔

2. 导管段

导管接在透水管的上端，一直引伸出坝面，以测量管中水位。导管的材料和直径应与进水管相同，但管壁不需要钻孔。导管一般为直管，当用于观测斜墙下游或铺盖下的测压管水位时，则采用L形导管。

3. 管口保护装置

一般无压测压管管口保护装置可采用混凝土预制件、现浇混凝土或砖石砌筑，并宜安装如钢板保护盒盖等，有压测压管应安装压力表。无压、有压测压管管口装置及保护均要求结构简单、牢固，能防止雨水流入和人畜破坏，并能锁闭且开启方便。尺寸和型式，应根据测压管水位的测量方式，选择适用于无压、有压和自动化监测要求的型式，同时还应满足测量仪表的各种需求。

10.3.1.3　测压管的安装与埋设

测压管一般是在土石坝竣工后钻孔埋设，水平管段的L形测压管，在施工期埋设。测压管埋设应符合以下规定：

(1) 钻孔直径宜采用110mm，在50m深度内的钻孔倾斜度不应大于3°，严禁泥浆护壁。需要防止塌孔时，可采用套管护壁，如预计难以拔出，应事先在监测部位的套管壁上钻好透水孔。终孔后，宜测量孔斜，以便准确确定测点位置。埋设前，应对钻孔深度、孔底高程、孔内水位、有无塌孔以及测压管加工质量、各管段长度、接头、管盖等进行全面检查并做好记录。

(2) 下管前，应先在孔底填约20cm厚的反滤料，然后将测压管逐根对接下入孔内。待测压管全部下入孔内后，应在测压管与孔壁间回填反滤料至设计高程。对黏壤土或砂壤土可用细砂作反滤料；对砂砾石层可用细砂、粗砂的混合料。反滤层以上用膨胀土泥球封孔，泥球应由直径5～10mm的不同粒径组成，应风干，不宜日晒或烘烤。封孔厚度不宜小于4.0m。

(3) 在岩体内钻孔埋设测压管，花管周围宜用粗砂或细砾料作反滤料，导管段宜用水泥砂浆或水泥膨润土浆封孔回填，反滤料与封孔料之间可用20cm厚细砂过渡。

(4) 测压管封孔回填完成后，应向孔内注水进行灵敏度试验，应在地下水位较为稳定时进行。试验前先测定管中水位，然后向管内注水。若透水段周围为壤土料，注水量相当于每米测压管容积的3～5倍；若为砂砾料，则为5～10倍。注入后不断观测水位，直至恢复到或接近注水前的水位。对于黏壤土，注入水位在120h内降至原水位为合格；对于砂壤土，24h内降至原水位为合格；对于砂粒料，1～2h降至原水位或注水后水位升高不到3～5m为合格。检验合格后，安设管口保护装置。测压管安装埋设如图10.34所示。

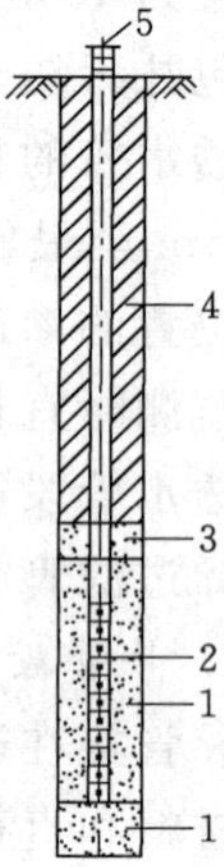

图10.34　测压管安装埋设示意图

1—中粗砂反滤；2—测压管；3—细砂；4—封孔料；5—管盖

10.3.1.4　测压管水位的观测

测压管中水位观测，通常是利用观测仪器先测量出管中水面到测压管管口的距离，则测压管水位等于管口高程与管口至管中水面距离的差。

测压管水位的观测，宜采用电测水位计。有条件的可采用自记水位计或水压力计等。

电测水位器是根据水能导电或者利用水的浮力将导电的浮子托起接通电路的原理制成。一般由测头、指示器、吊尺组成。测头主要使电极在水面处接通电路。为使吊索拉直，准确量距，一般采用金属管，上下两端均成半球面，以防在测压管中升降时受到卡阻，中间安装电极。利用水导电的测头安装有两个电极，如图10.35（a）所示。也有只安装一个电极、利用金属测压管作为另一个电极，电极与水接触形成回路，如图10.35（b）所示。指示器通常采用微安表或毫伏表，用于指示电路通断情况。也有用灯泡、蜂鸣器作指示器的。指示器与测头电极用导线连接。测头挂在吊尺上，吊尺可用钢尺，也可采用带有刻度的水工专用电缆做吊尺。

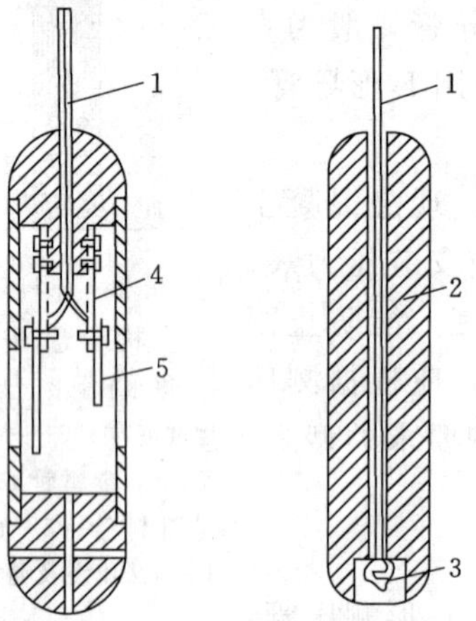

（a）双导线测头　　（b）单导线测头

图10.35　电测水位器测头构造示意图

1—电线；2—金属短棒；3—电线头；4—隔电板；5　电极

测压管水位观测应符合以下规定：

（1）测压管水位，每次应平行测读2次，2次读数差应不大于1cm。

（2）电测水位计的测绳长度标记，应每隔3～6个月用铟钢尺校正。

（3）测压管的管口高程，在施工期和初蓄期应每隔3～6个月校测1次；在运行期每两年至少校测1次，疑有变化时随时校测。

10.3.2　土石坝坝基渗流压力观测

坝基渗流压力观测的主要目的是了解坝基渗流压力的分布，监视土石坝防渗和排水设施的工作情况；估算坝基渗流实际的水力坡降，判断运行期间有无管涌、流土及接触冲刷等渗透破坏的现象发生；根据渗流压力的分布及大小并结合工程的水文以及地质条件进行坝基渗透稳定性分析。

坝基渗流压力观测也采用测压管、渗压计等，可以根据测点的具体情况选用。

10.3.2.1　测压管的布置

1. 监测横断面布置

应根据坝基岩土特性、地质结构及其渗透性确定，断面不宜少于3个，应与坝体渗流压力监测断面相重合。坝基若有防渗体，可在防渗体前后增设测点。

2. 监测横断面上的测点布置

应根据建筑物地下轮廓形状、坝基地质结构、防渗和排水型式等确定，每个断面不宜少于3个测点。

(1) 均质透水坝基，除渗流出口内侧应设1个测点外，其余视坝型而定。有铺盖的均质坝、斜墙坝和心墙坝，应在铺盖末端底部设1个测点，其余部位适当布设测点。有截渗墙（槽）的心墙坝、斜墙坝，应在墙（槽）的上下游侧各设1个测点；当墙（槽）偏上游坝踵时，可仅在下游侧设点。有刚性防渗墙与塑性心（斜）墙相接时，可在结合部适当增设测点。在均质砂砾石地基中，各种结构土石坝坝基测压管布置如图10.36所示。

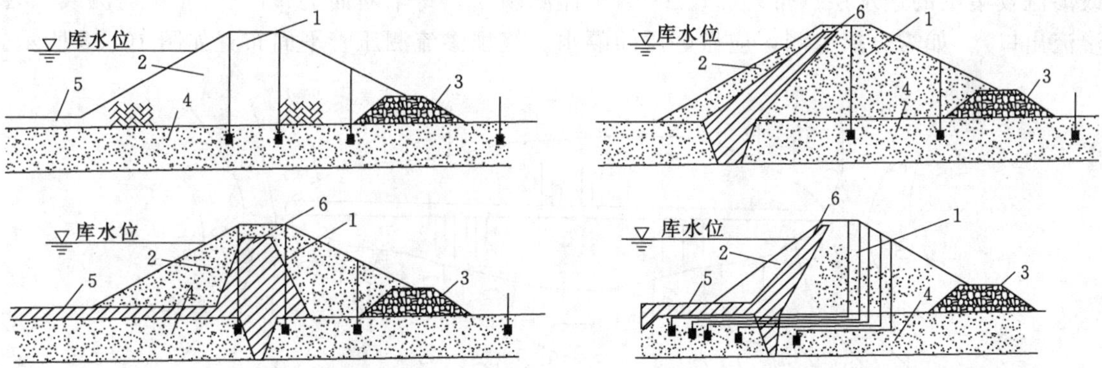

图 10.36 均质坝基测压管布置示意图

1—测压管；2—坝体；3—排水体；4—砂砾层；5—铺盖；6—防渗体

(2) 非均质层状透水坝基，宜在强透水层中布置测点，位置宜在横断面的中下游段和渗流出口附近。当有减压井（或减压沟）等坝基排水设施时，还应在其上下游侧和井间布设适量测点。多层结构的透水地基，在每层分别埋设测压管，而且每层不少于3根。可以观测强透水层的渗水压力，弱透水层的隔水作用。为了有利于资料分析，一般观测断面布置时宜与浸润线观测断面相重合，如图10.37所示。

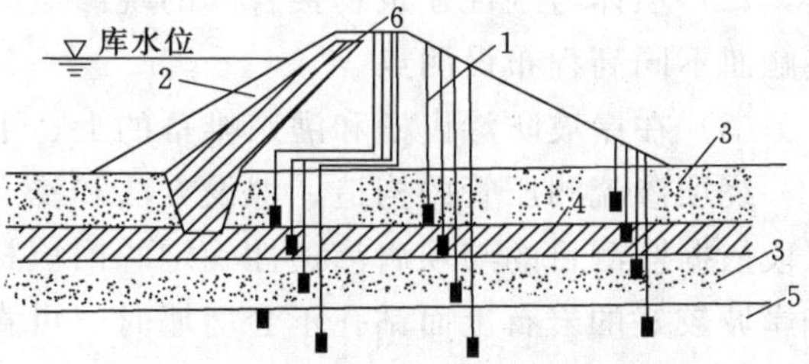

图 10.37 非均质坝基测压管布置示意图

1—测压管；2—坝体；3—透水层；4—承压层；5—不透水层；6—防渗斜墙

(3) 岩石坝基，当有贯穿上下游的断层、破碎带或其他透水带时，应沿其走向，在与坝体的接触面、截渗墙（槽）的上下游侧、或深层所需监视的部位布置2～3个测点。

10.3.2.2 测压管的结构与测压管水位观测的方法

监测仪器设施、设备安装埋设以及测压管水位观测方法，与坝体浸润线观测相同。但当接触面处的测点选用测压管时，其透水段和回填反滤料的长度宜小于1.0m。

10.3.3　土石坝绕坝渗流观测

水库蓄水后，渗流绕过两岸坝头从下游岸坡流出，称为绕坝渗流。土坝与混凝土或砌石建筑物的接触面通常也有绕流发生。一般情况下，绕流是一种正常现象。但如果土坝与岸坡连接不好，或岸坡过陡产生裂缝，或岸坡中有强透水层，就有可能发生集中渗流，引起渗透变形，甚至失事。为掌握坝肩与岸坡接触部位或土石坝与混凝土及砌石建筑物连接面的渗流情况，判断绕坝渗流对坝稳定性的影响，必须对绕坝渗流进行观测。

绕坝渗流监测的内容包括两岸坝肩及部分山体、土石坝与岸坡或混凝土建筑物接触面，以及防渗墙或灌浆帷幕与坝体或两岸接合部等关键部位渗流情况。

绕坝渗流一般采用测压管进行观测。监测布置要求如下：

(1) 绕坝渗流监测布置，应根据左右两坝肩结构、水文地质条件布设，宜沿流线方向或渗流较集中的透水层（带）布设 1～2 个监测断面，每个断面上布设 3～4 条监测线（含渗流出口）。如需分层监测，应做好层间隔水。绕坝渗流测压管平面布置如图 10.38 所示。

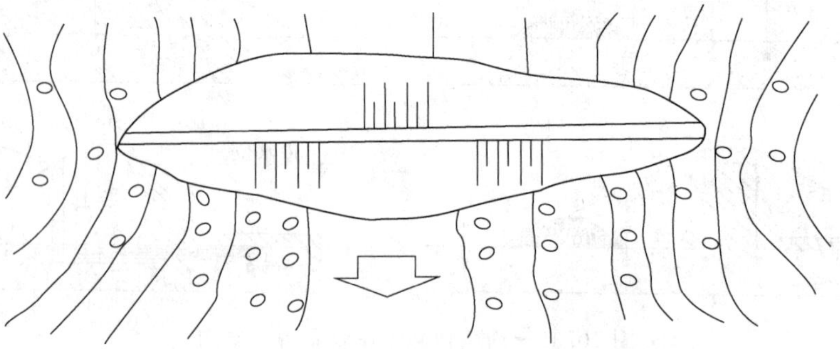

图 10.38　绕坝渗流测压管平面布置示意图

(2) 坝体与刚性建筑物接合部的绕渗监测，应在接触轮廓线的控制处设置监测线，沿接触面不同高程布设测点。

(3) 在岸坡防渗齿槽和灌浆帷幕的上、下游侧应各设 1 个测点。

绕坝渗流测压管的构造、埋设方法和浸润线测压管基本相同，绕坝渗流监测测压管透水段依据监测目的与坝肩渗透性确定。回填材料应与周围岩体渗流特性相适应。当测点位于岸坡较好的岩石上而钻孔不会坍塌时，可直接在钻孔内观测水位而不必埋管，但在孔口应设保护装置。

10.3.4　土石坝渗流量观测

渗流处于稳定状态时，渗流量与水头的大小保持稳定的关系。如果在同水头情况下渗流量显著增加和减少，都意味着渗流稳定的破坏。渗流量显著增加，有可能在坝体或坝基发生管涌或产生集中渗流通道；渗流量显著减少，则可能是排水体被堵塞。在正常条件下，随着坝前泥沙淤积，同一水位情况下的流量将会逐年的缓降。因此，进行渗流量观测，对于判断渗流是否稳定，了解防渗和排水设施工作是否正常，具有重要的意义。渗流量观测的同时，还要观测水温和上、下游水位，必要时还要进行渗水透明度的观测。

土石坝的渗流量观测通常是将坝体排水设备的渗水集中引出，量测其单位时间内的水量。对有坝基排水设备，如排水沟、减压井等的水库，也应对坝基排水设备的排水量进行观测。有的大坝坝体和坝基渗流量很难分清，可在坝下游能汇集渗流水的地方，设置集水沟，在集水沟出口处观测渗流量变化。

集水沟和量水设备应设置在不受泄水及排泄雨水影响的地方，并结合地形，尽量使其平直整齐，便于观测。

渗流量观测方法一般有以下几种：容积法、量水堰法和测流速法等。

10.3.4.1 容积法

容积法适用于渗流量小于 1L/s 的情况。观测时用秒表计时，测量某一时段引入容器的全部渗流水，量出容器内的水量，根据已知记取的时间，即可计算出渗流量。观测中应测定两次，每次充水时间不应少于 10s。取两次测量的平均值作为测量结果，两次测值的差不得大于平均值的 5%。

10.3.4.2 量水堰法

量水堰法适用于渗流量为 1～300L/s 的情况。量水堰一般设置在集水沟的直线上，应使过堰水流为自由出流。

为取得较准确的成果，应使量水堰堰壁直立且与引槽和来水方向垂直；堰板采用坚固的薄板，一般将堰口下游边缘制成 45°角，堰板高大于或等于 5 倍堰上水头。

装设堰板的沟槽段，应采取矩形断面。量水堰的水尺应设在堰板上游 3～5 倍堰上水头处，水尺刻度至毫米，应尽可能用水位测针代替水尺来观测，读数精确至 0.1mm。堰上水头两次监测值之差不应大于 1mm。

1. 量水堰的类型和结构

量水堰的形式常用的有三角堰、梯形堰、矩形堰。

（1）直角三角形堰。当流量在 1～70L/s（堰上水头约 50～300mm）时采用。

（2）梯形堰。当流量在 10～300L/s 时采用。一般常用 1∶0.25 的侧边坡比。底（短）边宽度应小于 3 倍堰上水头，一般应在 0.25～1.5m 范围内。

（3）矩形堰。当流量大于 50L/s 时采用。堰口宽应为 2～5 倍堰上水头，一般应在 0.25～2m 范围内。无侧收缩矩形量水堰的水舌下部两侧壁上应设补气孔。

各种量水堰的堰板宜采用不锈钢板制作。

2. 量水堰的安装

（1）堰槽段的尺寸及其与堰板的相对关系应满足如下要求：堰槽段全长应大于 7 倍堰上水头，但不小于 2m。其中，堰板上游段应大于 5 倍堰上水头，但不得小于 1.5m，下游段长应大于 2 倍堰上水头，但不小于 0.5m。堰槽宽度应不小于堰口最大水面宽度的 3 倍，堰槽结构如图 10.39 所示。

（2）堰板应为平面，堰板顶部水平，两侧高差不得大于堰宽的 1/500。直角三角堰的直角，误差不得大于 30″。

（3）堰板和侧墙应铅直，堰板应与侧墙垂直，两侧墙应平行，局部的间距误差不得大于 10mm。

（4）量水堰安装后，应详细记录基本资料表。

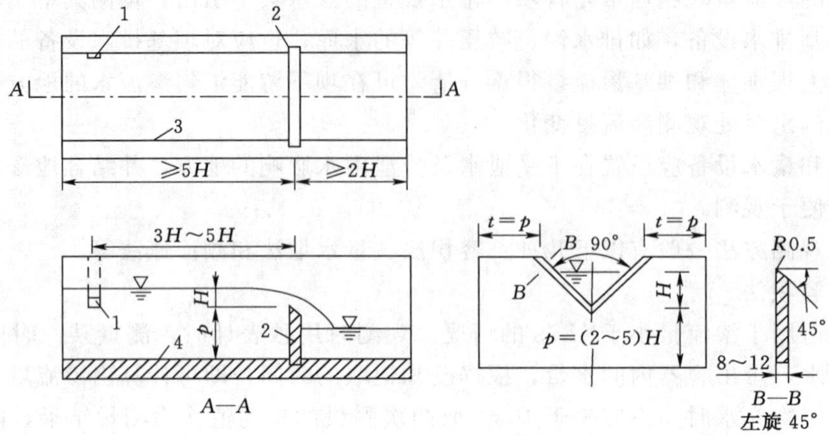

图 10.39　量水堰结构及安装示意图

1—水尺；2—堰板；3—侧墙；4—槽底

3. 量水堰的流量计算公式

根据 DL/T 5259—2010《土石坝安全监测技术规范》，常用的量水堰计算公式如下。

（1）直角三角形量水堰：

$$Q = 1.4H^{\frac{5}{2}} \tag{10.12}$$

式中　Q——渗流量，m^3/s；

H——堰上水头，m。

（2）梯形量水堰：

$$Q = 1.86bH^{\frac{3}{2}} \tag{10.13}$$

式中　Q——渗流量，m^3/s；

b——堰口底宽，m；

H——堰上水头，m。

（3）无侧收缩矩形量水堰：

$$Q = mb\sqrt{2g}\,H^{\frac{3}{2}} \tag{10.14}$$

$$m = 0.402 + 0.054H/P \tag{10.15}$$

式中　P——堰口高度（堰槽底板至堰顶的距离），m；

m——流量系数；

其余同前。

10.3.4.3　测流速法

当渗流量较大，受落差限制不能设量水堰时，可将渗水引到平直的排水沟，采用流速仪或浮标等观测渗水流速，测出排水沟水深和宽度，求得过水断面，即可计算渗流量。平行 2 次测量，2 次流量测值之差不应大于均值的 10%。

10.3.5　土石坝渗水透明度的观测

通过坝体、坝基渗出的水，如果清澈透明，为正常渗流；如果渗水中夹带泥沙浑浊不清，或者含有某种可溶性盐分，说明坝体或坝基土料中有细颗粒泥沙被渗流带出，或土料受到溶滤。这些现象通常是管涌、内部冲刷或化学管涌等渗透破坏的先兆。因此对渗流水进行透明度检定非常必要。渗水透明度，平常只需要每隔一定时间检定一次。出现浑水时，应每天检定一次，甚至几次，以掌握其变化。

渗水透明度采用透明度管检定。透明度管为一高 35.0cm、直径 3.0cm 的平底玻璃管，管壁刻有厘米刻度，零点在管底处，管底有一放水阀门，如图 10.40 所示。

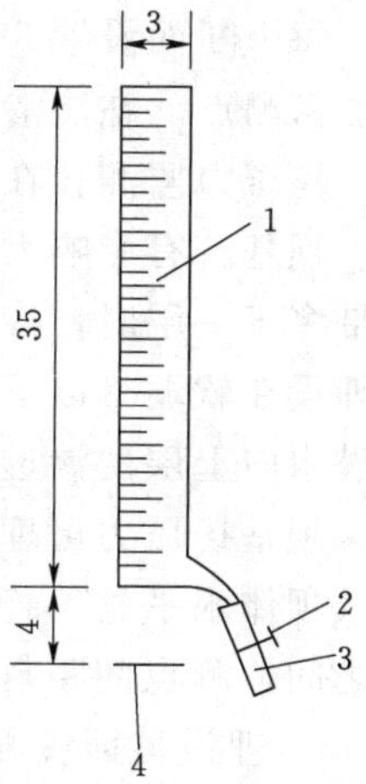

图 10.40　透明度管示意图（单位：cm）
1—玻璃管；2—阀门；3—胶管；4—印有 5 号汉语拼音字体的纸板

观测方法如下：

(1) 在渗流出口取水样摇匀后注入透明度管内。

(2) 用一块印有 5 号汉语拼音字体的纸片置于管底下 4cm 处。

(3) 从管口透过水样看铅印字体，如看不清，则打开阀门放水，降低管中水柱高度，直到看清字样为止。

(4) 从管壁刻度上读出水柱高度，即为渗水透明度。透明度大于 30cm 的为清水，透明度越小，说明水样中含沙量越大，渗水浑浊。如果事先率定出透明度和含沙量的关系，即可根据透明度查得渗水的含沙量。当渗水为浑水时，应测出相应的含沙量。

渗水透明度检测应固定专人进行，以免视力差异引起误差。检测工作应在同样光亮条件下进行两次平行检测，两次读数差要求不大于 1cm。

10.3.6　混凝土建筑物扬压力的观测

混凝土和砌石闸、坝在上下游水位差作用下，坝基（坝体）将产生渗透压力，向上的渗透压力和因下游水位引起的浮托力合称为扬压力。扬压力减小了闸坝的有效重量，对建筑物的抗滑稳定极为不利。由于影响扬压力大小的因素很多，例如地质特性、裂隙程度、灌浆和排水效果、建筑物轮廓等，目前还不能从理论上精确地确定扬压力值。进行扬压力原型观测可以校核设计方法和数据是否合理，掌握实际扬压力的大小、分布和变化，从而判断建筑物的实际稳定性。扬压力观测是混凝土和砌石闸坝最重要的渗流监测项目之一。

10.3.6.1　扬压力测点的布置

1. *混凝土大坝扬压力监测断面及测点布置*

坝基扬压力监测应根据建筑物的类型、工程规模、坝基地质条件、渗流控制措施等进行布置，纵向和横向断面应结合布置。宜设纵向监测断面 1～2 个，横向监测断面至少 3 个。

纵向监测断面宜布置在第一道排水幕线上，每个坝段应至少设 1 个测点；重点监测部位测点数量应适当加密。坝基有大断层或强透水带的，灌浆帷幕和第一道排水幕之间宜加设测点。

横向监测断面应选择最大坝高坝段、岸坡坝段、地质构造复杂坝段和灌浆帷幕折转坝段。横断面间距一般为 50～100m，若坝体较长，坝体结构与地质条件大致相同，则可加大横断面间距。对支墩坝，横断面可设在支墩底部。

每个断面设置3～4个测点，测点宜布置在各道排水幕线上。若地质条件复杂，可适当加密测点。在防渗墙或板桩后宜设测点。有下游帷幕时，应在其上游侧布置测点。

扬压力监测孔在建基面以下深度不宜大于1m，与排水孔不应互换或代用。

坝基若有影响大坝稳定的浅层软弱带，应增设测点，一个钻孔宜设一个测点，浅层软弱带多于一层时，渗压计或测压管宜分孔安设。渗压计的集水砂砾段或测压管的进水管段应埋设在软弱带以下0.5～1.0m的基岩内。应做好软弱带处导水管外围的止水，防止下层潜水向上层的渗透。

坝基扬压力可埋设渗压计监测，也可埋设测压管监测。

坝体水平施工缝渗透压力宜采用渗压计进行监测。测点应布置在上游坝面至坝体排水管之间，测点间距自上游面至排水管间由密渐疏，上游第一个测点与坝面的距离应不小于20cm。埋设截面应与应力监测截面相结合。

重力坝坝基扬压力测压管布置如图10.41所示。

2. 水闸扬压力测点布置

水闸底板上扬压力观测点的布置与闸基的地下轮廓线有关。

（1）闸基的铺盖、齿墙、板桩等防渗设备的前后各布置一个测点。

（2）闸底板中部及下游部位各设一个测点。

（3）护坦排水孔断面上布置一个测点。

（4）沿水闸的岸墙和上下游翼墙，埋设适当数量的测点。

水闸基础扬压力测压管布置如图10.42所示。

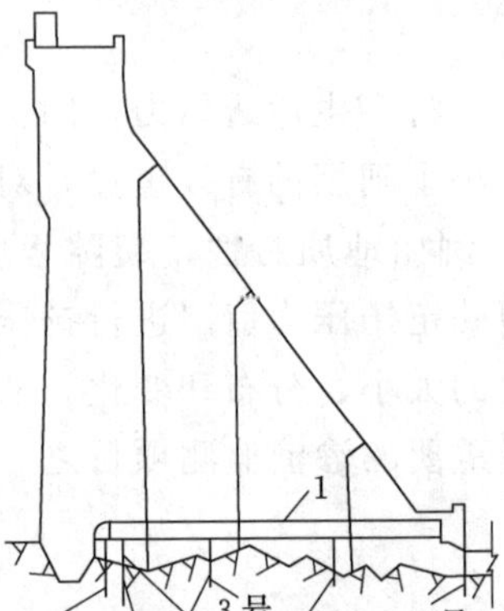

图10.41　重力坝坝基测压管布置示意图

1—廊道；2—测压管

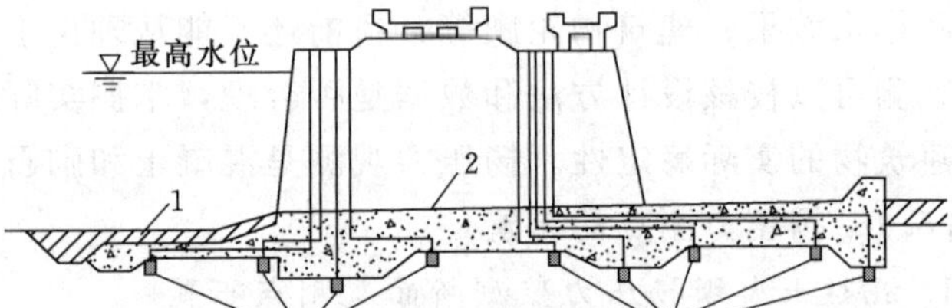

图10.42　水闸基础扬压力测压管布置示意图

1—铺盖；2—底板；3—测压管进水管段

10.3.6.2　观测设备及安装

1. 测压管结构

坝基扬压力一般埋设测压管进行观测，并可在管内放置渗压计进行遥测；必要时，也可埋设渗压计。渗压计的优点是灵敏度高、精度高，但由于长期在水下工作，仪器容易损坏，寿命短、造价高，为了保证闸坝在长期运用过程中能有效地进行扬压力观测，很多建筑物仍采用测压管法观测扬压力。

测压管有单管式、多管式和U形测压管。多管式测压管即一孔埋设多个分层测点；U形测压管易冲洗，可防止浆液、杂物等堵塞。

测压管由进水段、导管段及装有保护装置的管口组成。测压管内径宜为50mm，壁厚不小于3.5mm，可选用双面热镀锌无缝钢管、硬工程塑料管及无缝不锈钢管。

测压管进水管段长度由设计确定。用于建基面上渗透压力监测的测压管，进水管段长一般为0.5m左右；用于绕坝渗流、地下水位监测的测压管，进水管段长与可能的渗水层层厚相当；用于地质条件复杂的层状渗流监测的测压管，进水管段应准确埋入被监测层位，进水管段长与层厚相当。

进水管段管壁沿管周钻有4～8排进水孔，孔径4～6mm，沿轴向可交错排列。沿轴向孔间距为50～120mm，进水管段较短时则孔较密，进水管段较长时则孔较疏。管壁内的钻孔周边毛刺应去除。如管为钢质材料，进水管段及接（端）头应进行防腐防锈处理。测压管进水管段结构如图10.43所示。

进水管段过滤层采用厚度2～3mm的无纺土工布或厚为2～3mm、孔隙小于100μm的涤纶过滤布，纵向紧密包裹不少于2层，其长度应比进水孔段两端各长100mm以上，用直径1mm的铜丝或高性能聚乙烯（钓鱼）线、或直径1mm不锈钢丝绳，沿布表面缠绕，节距10～20mm，两端可靠扎结，如图10.44所示。

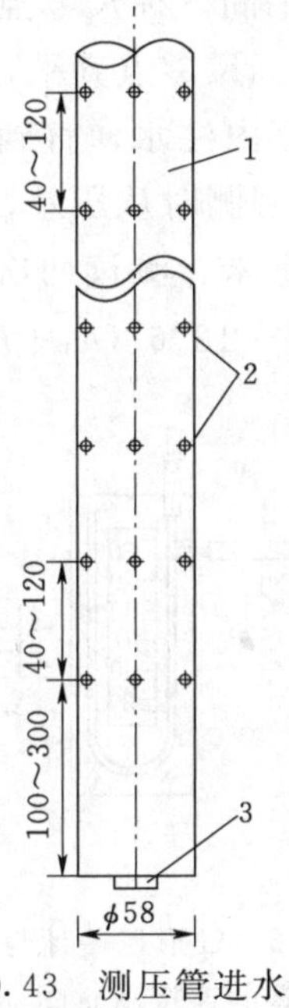

图10.43　测压管进水管段结构示意图（单位：mm）

1—金属或塑管；2—进水孔（6个ϕ6孔沿圆周均布）；3—闷头

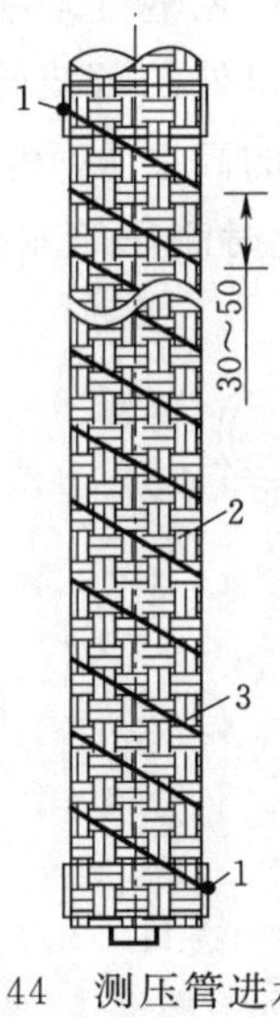

图10.44　测压管进水管过滤层示意图（单位：mm）

1—箍带式卡箍；2—土工布或涤纶过滤布；3—不锈钢丝绳或铜丝

测压管底盖采用适配闷头，导管连接采用导向性好的外接头，螺纹间以聚四氟乙烯密封止水。

2. 测压管埋设安装方法

(1) 测压管应在坝基帷幕灌浆后埋设安装，一般在基础廊道内采用钻孔安装。

(2) 按设计要求确定钻孔孔位，开孔直径宜为 90mm；钻孔应伸入建基面以下 0.5～1.0m；钻孔倾斜度应小于 1/100；终孔后用泵供清水清孔至孔内岩粉冲出钻孔为止。

(3) 测压管进水管段长度宜为 0.5m。测压管就位后，管与孔壁间回填中粗砂至基础廊道地面以下 1.0～2.0m，其余孔段回填水泥砂浆后，安装孔口装置。

(4) 应及时填写测压管埋设安装考证表。

10.3.6.3 扬压力的观测

扬压力测压管的观测方法视管内水位而定，如管中水位低于测压管管口，其观测方法和所用仪器与土坝浸润线测压管相同。如管中水位高于测压管管口，则应采用压力表或水银压差计进行观测，后者适用于管内水位高出管口 5m 以内的情况。

压力表分为固定式和装卸式，其量程范围应比所量测的最大压力大 1/3～2/3。观测时将阀门打开，如图 10.45 所示，压力表稳定后读取两次数据，两次读数之差应小于表中最小刻度单位。此时，测压管水位 (m)＝压力表座高程＋0.1P（P 为压力表上读取的压力值）。

采用压差计观测测压管水位时，压差计安装在测压管管口处岔管上，如图 10.46 所示。通常采用直径为 10mm，高度大于 400mm 且带有三通管的 U 形玻璃管压差计，压差计固定在带有刻度标尺的木板上，标尺位于 U 形玻璃管中间，标尺零点设在压差计中间高度处。安装时先向压差计中注入水银，使管中水银面与标尺零点齐平，然后用一根胶皮管接在压差计三通的一岔管上，并从三通管的上口处向管内注水，直到水从管口流出为止，然后将三通管上口处的胶皮管扎紧，即可进行观测。观测时从压差计的标尺上读出两端水银面距标尺零点的高度 h_1 和 h_2（单位是 m），读至毫米，测读两次，两次读数的差值不应大于 1mm。此时测压管水位 (m) ＝标尺零点高程＋13.6 (h_1＋h_2) －h_2。

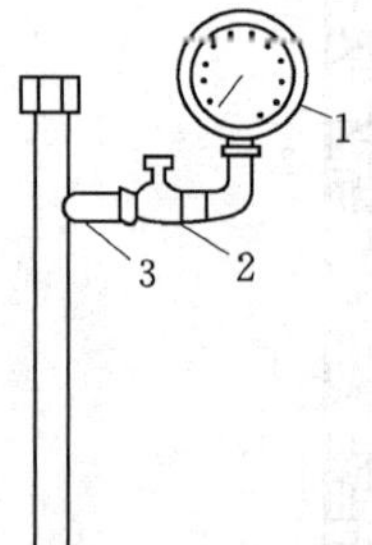

图 10.45 压力表与测压管连接示意图

1—压力表；2—阀门；3—焊接

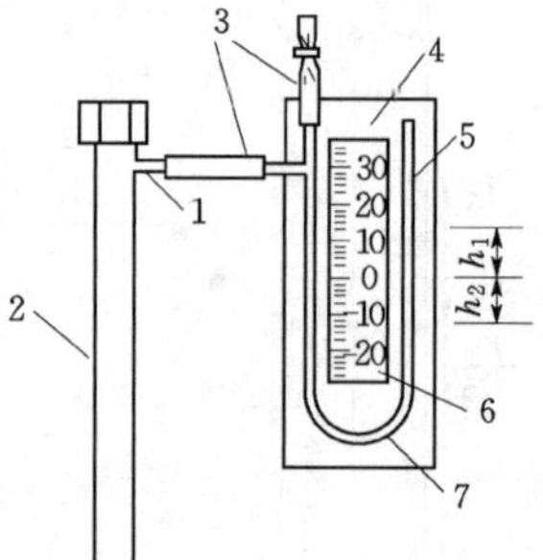

图 10.46 U 形压差计与测压管的连接示意图

1—焊接；2—测压管；3—胶皮管；4—木板；5—U 形管；6—标尺；7—水银

采用压力表测量测压管内水压力时，初装及拆后重装的压力表应待压力稳定后测读。压力表校准或检定周期不大于 1 年。

采用钢尺水位计测量测压管水位时，应平行测定二次，其读数差应不大于 2cm。

10.4 水工建筑物应力、应变及温度观测

10.4.1 混凝土坝的应力、应变观测

坝体应力是引起坝体裂缝的主要原因，也是影响坝体安全和整体稳定性的一个重要因素。为了解混凝土坝在不同工作条件下的应力分布及其变化，分析其工作情况是否正常，并为工程的控制运用、验证设计和科学研究提供依据，根据工程的重要性、建筑物的类型、坝的荷载情况、地质情况以及某些特殊需要等选择一些具有代表性的坝段或者某些特殊部位进行应力观测。

混凝土坝的应力观测，主要依靠观测其应变量来间接求得应力值。具体方法是，施工期间在坝内埋设应变计，用电缆引到观测站，接到集线箱上，用比例电桥测读仪器的电阻和电阻比，计算出坝体在应力、温度、湿度及化学作用下所产生的总变形。同时在测点附近埋设无应力计，观测坝体的非应力变形量（在温度、湿度及化学作用下的变形），从总变形量中扣除非应力变形量，即可求得坝体的应力应变，再通过混凝土徐变及弹性模数等关系，最后将应变换算成应力。对于只需观测压应力，同时压力方向又比较明确的部位，可以采用应力计直接观测压应力。

10.4.1.1 测点布设

混凝土坝应力观测布置时，一般先选定观测坝段，在观测坝段内选定垂直于坝轴线的横断面作为观测断面，选定不同高程的水平截面作为观测截面，然后在观测断面和观测截面上布置测点。

观测坝段、断面、截面和测点的布置，一般应满足下列要求：

（1）能观测出最大应力的大小和方向。

（2）观测成果便于与设计和模型试验相验证。

（3）各相关因素的观测设备布置要相互配合，以便全面综合地对建筑物进行分析。

（4）为了获得正确的观测成果，对重要的测点，仪器的埋设可以适当重复，以进行校核。

（5）观测设备的布置，应力求便于施工和观测。

1. 重力坝的应力观测测点布置

一般是在溢流坝段和非溢流坝段中各选一个观测坝段，重要工程及地质条件复杂的工程，可适当增加观测坝段。在每个观测坝段上布置 1～2 个观测断面。布置一个观测断面时，常以通过坝段中心线的断面作为观测断面。特别重要的工程，可选互相平行且对称于坝段中心线的两个断面作为观测断面。在观测坝段上，除在靠近基础（距基础不小于 5m，以免测点受基坑不平和边界造成应力集中的影响）布置一观测截面外，还可根据坝高、结构型式等条件，在不同高程布置几个水平监测截面，通常每个截面至少布置 5 个测点。测点与上、下游坝面的距离宜大于 1.5～2.0m（在严寒地区还应大于冰冻深度），以免测点受短周期气温的影响。在有纵缝的坝体，可在纵缝的上、下游各 1.5～2m 处增设测点。重力坝的应力测点布置如图 10.47 所示。

2. 拱坝应力观测点布置

一般可选择拱冠的悬臂梁和拱座断面作为观测断面。坝体较高或基础复杂的工程，还可以在1/4拱圈处取径向铅直断面作为观测断面，观测断面一般为1～3个。在每个观测断面不同高程上选择水平监测截面3～5个。

在观测断面上，除在接近基础（距基础不小于5m）布置一排测点外，还应根据坝高等条件，在不同高程布置观测截面。各观测截面测点的布置，一般是在距上、下游坝面1m左右各布置1个测点，在中心布置1个测点。对于厚度较大的拱坝，可以增加测点。中等高度（50m）以上的拱坝都应观测混凝土应力。拱坝应力观测测点布置如图10.48所示。

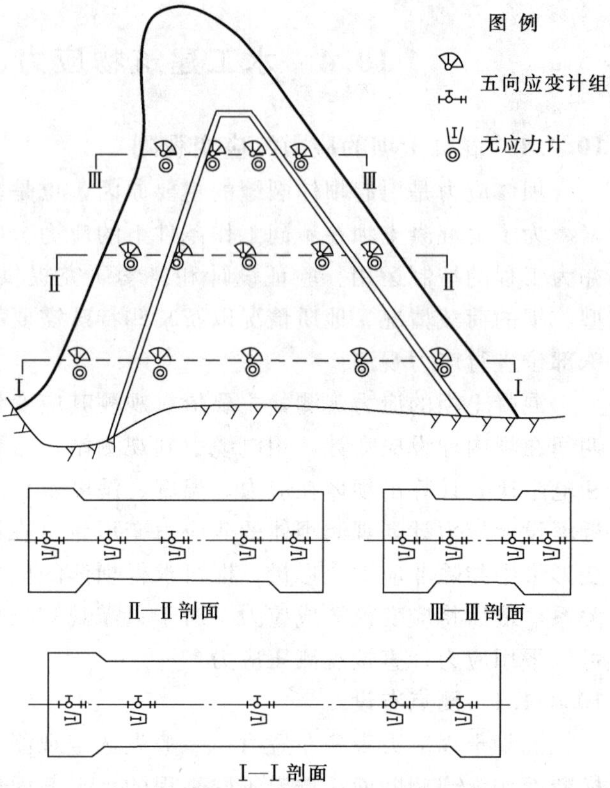

图10.47　重力坝应力观测测点布置示意图

10.4.1.2　应力观测的设备及方法

1. 差动电阻式应变计

常用的应变计有两种类型：差动电阻式仪器和钢弦式观测仪器。这里只介绍差动电阻式仪器。

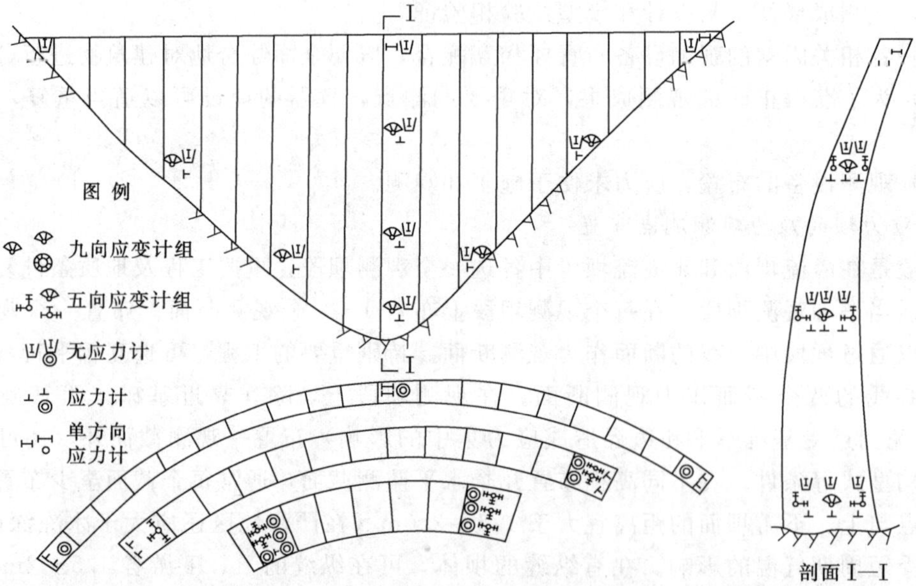

图10.48　拱坝应力观测测点布置示意图

差动电阻式应变计中将非电量变换为电量的传感部件，如图 10.49 所示。仪器内部有两根方铁杆：一根弯杆和一根直杆，分别与仪器两端相连，构成一个可以沿仪器轴线变形的弹性框架。

在弯杆上和直杆上各安装圆形瓷子和半圆形瓷子一个，在两个半圆形瓷子上绕钢丝三圈半（7 道），称外圈钢丝，其电阻值用 R_1 表示；在两个圆瓷子上绕四圈半（9 道），称内圈钢丝，其电阻值用 R_2 表示。两圈钢丝的长度及电阻值接近相等。当应变计受拉力作用时，外圈钢丝伸长，R_1 增大，内圈钢丝缩短，R_2 减小；反之，当应变计受压力作用时，R_1 减小，R_2 增大，故此称为差动式电阻应变计。当钢丝受到外力作用，产生弹性变形后，其变形和钢丝电阻变化呈线性关系，也就是说测定钢丝电阻变化量后就可求得仪器产生的变形量。

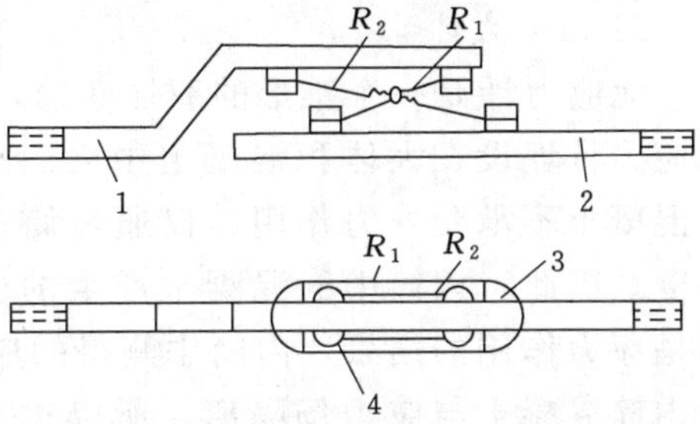

图 10.49　差动电阻式仪器传感部件示意图

1—弯杆；2—直杆；3—半圆瓷子；4—圆瓷子

两种钢丝形成的电阻按图 10.50 所示接在三芯电缆上，分别用黑、红、白三种颜色标记芯线。

差动电阻式应变计就是用比例电桥观测其电阻，然后换算成相应的应变，再由应变换算成相应的应力。

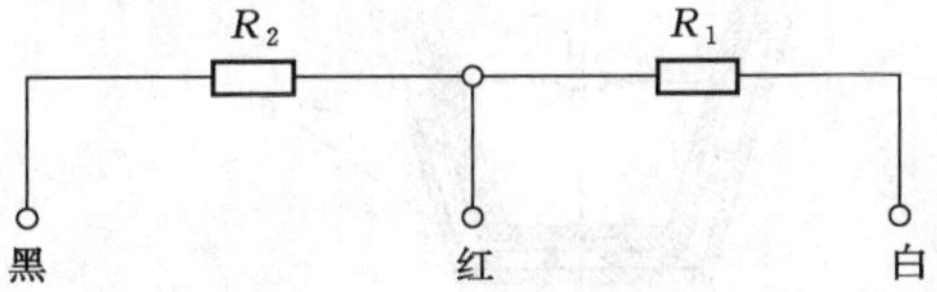

图 10.50　仪器电阻接线示意图

实际工程中的应变计主要由三部分组成：电阻传感部件、外壳和引出电缆密封室，如图 10.51 所示。

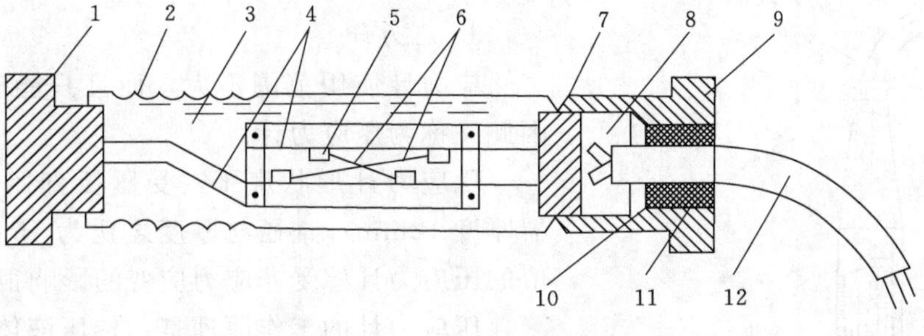

图 10.51　应变计结构示意图

1—上接座；2—波纹管；3—中性油；4—方铁杆；5—瓷子；6—电阻钢丝；7—接线座；8—密封室；9—接座套筒；10—橡皮圈；11—压圈；12—引出电缆

电阻传感部件由方铁杆、连接钢片、瓷子和弹性电阻钢丝组成，方铁杆和连接钢片组成一个弹性框架，两端分别固定在上接座和接线座上。

应变计除端部外，全部用塑料布包裹，以免混凝土黏结，妨碍仪器变形。

应变计主要用于测量混凝土内的应变，在浇筑混凝土时埋入，需要专用的支柱和支杆等配套设备将其固定在埋设位置并保持一定的方向。

2. 无应力计

无应力计是一个锥形的双层套筒，套筒的内筒中浇筑混凝土并埋设一支应变计。将无应力计埋设在大体积混凝土中之后，由于两层套筒之间存在孔隙加以隔离，内筒中的混凝土不承受外力作用，仅通过筒口和大体积混凝土连成整体以保持相同的温度和湿度。因此，内筒中的混凝土产生的变形只是由于温度、湿度和自身原因引起的，而不是应力作用的结果，内筒中测得的应变即为自由体积变化造成的“非应力应变”。因为内筒混凝土与应力场隔离，所以称为无应力计，如图 10.52 所示是我国普遍采用的圆锥形无应力计。

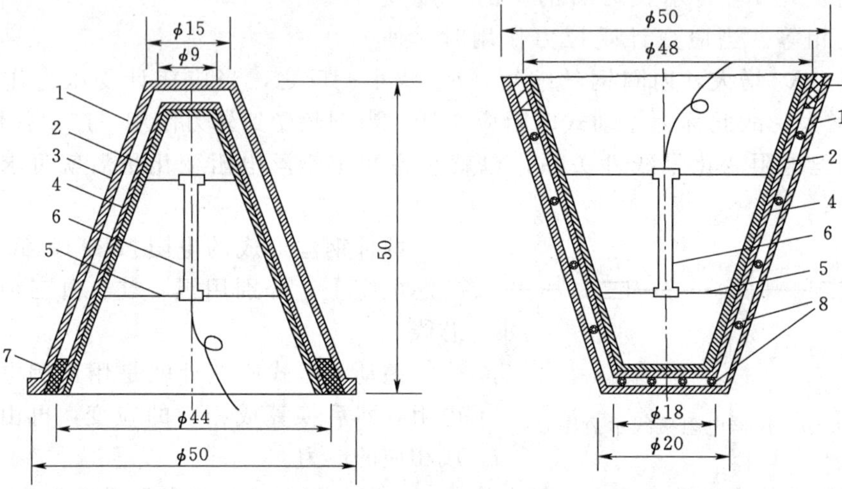

图 10.52　无应力计埋设装置（双层锥体）示意图（单位：cm）

1—外筒；2—内筒；3—木屑；4—沥青；5—拉线；6—应变计；7—沥青麻布封口；8—橡胶垫圈

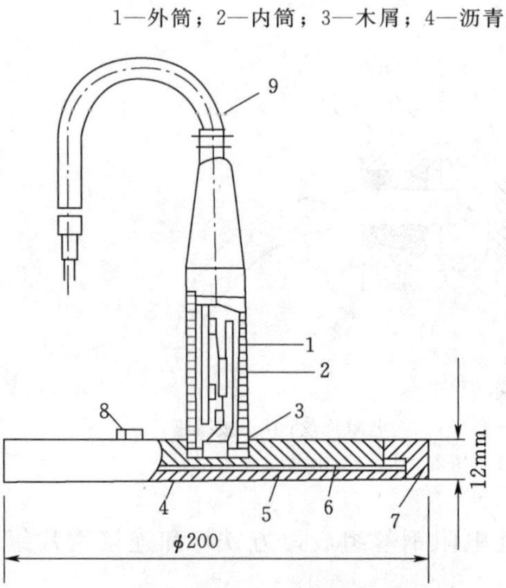

图 10.53　压应力计结构示意图

1—传感部件；2—电阻钢丝；3—中性油；4—传压液体；5—面板；6—背板；7—护圈；8—封闭螺丝；9—引出电缆

3. 应力计

应力计使用范围不大，而且只能观测压应力，因此又称为压应力计。

压应力计形状扁平，受压板直径 185mm，仪器厚度 12mm，直径与厚度之比为 15∶1。这种比值的压应力计感受非应力应变的影响很小。

压应力计的工作原理是：传压液体将受压板上感受的混凝土压应力传递到感应板上，感应板产生变形推动传感部件使钢丝电阻差动变化，用电阻比电桥测量电阻比的变化量和电阻值，就可计算出混凝土压应力和混凝土温度，如图 10.53 所示。

4. 应变计的埋设

应变计在埋设时应根据实际应变状态，布置适当的应变计组。测点的应变计支数和方向应根据应力状态而定。空间应力状态宜布置 7～9 向应变计，平面应力状态宜布置4向或5向应变计，主应力方向明确的部位可布置单向或两向应变计。各种应变计组如图10.54所示。

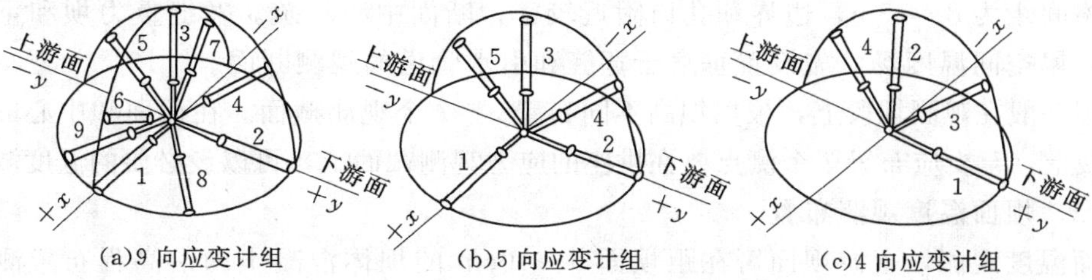

图10.54 应变计组示意图

每一应变计（组）旁1.0～1.5m处布置一支无应力计。无应力计与相应的应变计（组）与坝面的距离应相同。无应力计筒内的混凝土应与相应的应变计（组）处的混凝土相同，以保证温度、湿度条件一致。无应力计的筒口宜向上；当温度梯度较大时，无应力计轴线宜与等温面正交。200m以上特高拱坝的无应力计的结构型式及安装埋设方式宜进行专门论证。

坝体受压部位可布置压应力计，以便与应变计（组）相互验证。压应力计和其他仪器之间应保持0.6～1.0m的距离。

5. 应力、应变的观测

观测设备埋设初期一个月内，应变计、无应力计和温度计观测宜按如下频次进行：前24h，1次/4h；第2～3d，1次/8h；第4～7d，1次/12h；第7～14d，1次/24h；之后按施工期测次要求进行观测。

使用直读式接收仪表进行观测时，每月应对仪表进行一次检验。如需更换仪表，应先检验是否有互换性。

仪器设备应妥加保护，电缆的编号牌应防止锈蚀、混淆或丢失。电缆长度需改变时，应在改变长度前后读取测值，并做好记录。集线箱及测控装置应保持干燥。

10.4.2 混凝土坝的温度观测

对于混凝土坝，由于混凝土水化热而产生的温升、水库蓄水后的水温、周围的气温和太阳辐射的影响，坝体的温度会不断变化，坝体表面和坝体内部的温度也不一致，形成内外温差，使混凝土内部产生拉应力而引起坝体裂缝。温度观测的目的是了解和分析温度对坝体应力和体积变化的影响，防止产生温度裂缝，分析大坝的运行状态，以便能及时发现问题及时解决。

混凝土坝的温度观测，是在混凝土坝体内埋设电阻式温度计，并用电缆引至测站的接线箱上，通过比例电桥测定温度计的电阻，然后再将电阻转换成相应的温度。

温度观测布置应根据大坝结构特点和施工方法确定，并与其他内部观测项目统一布置，以便综合分析和相互验证校核。所以，温度测点通常布置在应力观测的坝段、断面或截面上，测点一般按平面温度场布置，在温度变幅较大的坝体表面或孔口附近，测点可适当加密。在能兼测温度的其他仪器处，不应再布置温度计。在布置坝体温度测点时，要注意配合布置气温、水温、基岩温度等环境温度的测点。

10.4.2.1　坝体温度观测布置

重力坝一般选择观测坝段的中心断面作为温度观测断面，在断面上按网格布置温度测点，网格间距为 8～15m，边界和孔口附近较密，断面中心较疏。宽缝重力坝和重力坝引水坝段，属空间温度场，需设置垂直于宽缝和引水管道的观测断面。

拱坝一般在观测坝段上，根据坝高不同布置 3～7 个观测截面。在截面和中心断面的每一条交线上，至少应布置 3 个测点。在拱座的应力观测截面上，可以设必要的温度测点。

10.4.2.2　坝面温度观测布置

坝面温度观测，上游坝面可在距坝面 5～10cm 的坝体混凝土内沿高程布置测点，间距一般为 1/15～1/10 坝高，死水位以下的测点间距可加大 1 倍，但多泥沙河流的库底水温受异重流的影响，间距不宜加大。在受日照影响的下游坝面，可适当布置若干坝面温度测点，当拱坝两岸日照相差很大时，应分别布置测点。温度计的埋设，应平行于坝面，使观测值比较准确。图 10.55 为乌江渡拱形重力坝 8 号坝段仪器布置图。

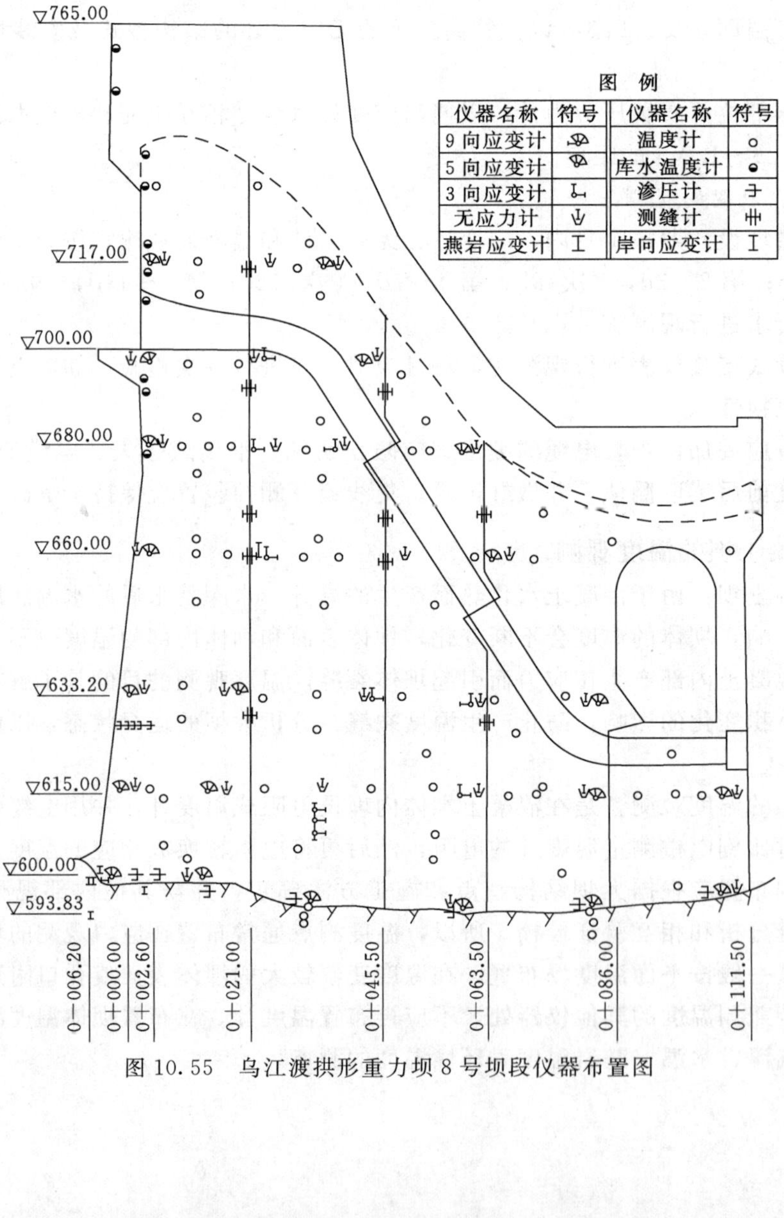

图 10.55　乌江渡拱形重力坝 8 号坝段仪器布置图

10.4.3 土石坝孔隙水压力观测

土石坝坝体和坝基在自重等荷载作用下逐渐固结，固结过程中会产生孔隙水压力。孔隙水压力的作用减小土的有效应力，降低土的抗剪强度。因此，对于土石坝应进行孔隙水压力的观测，以掌握孔隙水压力的分布和消散情况，分析其对土石坝稳定性的影响。

孔隙水压力监测，仅适用于饱和土及饱和度大于95%的非饱和黏性土。均质土坝、土石坝土质防渗体、松软坝基等土体内应进行孔隙水压力的监测。

10.4.3.1 观测布置

孔隙水压力的观测布置，通常是根据土石坝的规模、结构型式、坝基的地形和地质条件以及土石坝的施工方法等选择老河床、最大坝高、合龙段等断面为观测横断面，在同一横断面上，孔隙水压力测点的布置宜能绘制孔隙水压力等值线图，可设3～4个监测高程，同一高程设3～5个测点。土石坝孔隙水压力测点布置如图10.56所示。

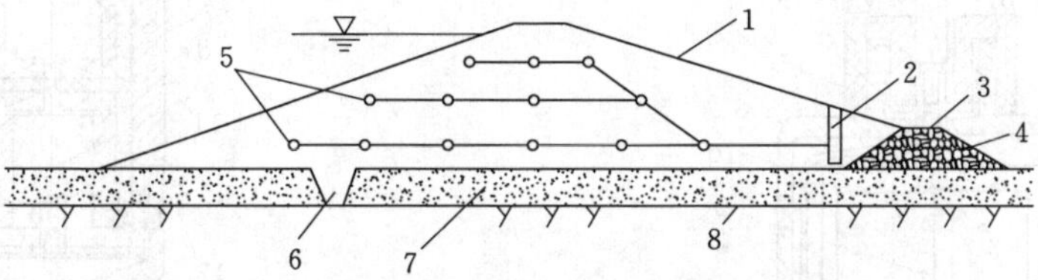

图10.56 土石坝孔隙水压力测点布置示意图

1—土石坝；2—观测井；3—排水体；4—排水体；5—测点；6—截水墙；7—砂砾石层；8—相对不透水层

孔隙水压力监测断面宜与渗流监测相结合，孔隙水压力测点可作为渗流压力测点使用。

孔隙水压力采用孔隙水压力计监测，当黏性土的饱和度低于95%时，宜选用带有细孔陶瓷滤水石的高进气压力孔隙水压力计。

孔隙水压力计在施工期埋设时，宜采用坑式法；在运行期埋设时，宜采用钻孔法。具体埋设方法同测压管埋设。

10.4.3.2 观测方法与要求

监测方法与要求应符合以下规定：

(1) 孔隙水压力计应在仪器埋设前（饱水24h）至少测读3次，读取其零压力状态下的稳定测值作为基准值。

(2) 孔隙水压力的监测频次，在施工期，每当填筑升高1～2m应监测1次，同时记录监测断面填筑高度。运行期每月不少于2～3次，如新建监测系统，在第一个高水位周期，应按初蓄期的规定进行监测，每月应该监测3～30次。

10.4.3.3 观测设备

孔隙水压力的观测设备很多，常用的有钢弦式水压力计、SKY水管式孔隙水压力计和双管式孔隙水压力计。

钢弦式孔隙水压力计由测头（感应部分）和钢弦振荡频率接收器（测量部分）所组成。测头可分为填方埋入式和钻孔埋入式两种，如图10.57和图10.58所示孔隙水压力计主要是由透水石、受压膜、钢弦、线圈和外壳等几部分组成。当受压膜受孔隙水压力的作用而产生挠曲时，钢弦长度缩短，钢弦的自振频率也随之变化，根据钢弦振动频率的大小，即可测得孔隙水压力的大小。观测时按动频率接收器上的电钮，交流电即通过电缆向测头内线圈（点磁铁）发送瞬时脉冲电流，产生磁力，吸引钢弦，钢弦以自振频率振荡。同时也接通频率接收器内标准钢弦处的电磁电路，标准钢弦也产生振荡，调节微螺旋，将标准钢弦的振荡频率调整到与测头中钢弦的振荡频率相同，频率接收器荧光屏上的成像即由椭圆逐渐变成一条直线，这时即可由测微圆盘上的刻度上读出频率，然后按下式计算孔隙水压力。

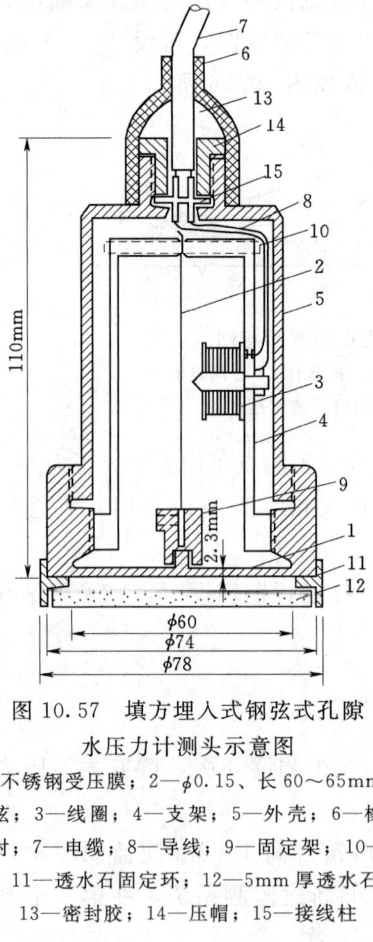

图10.57　填方埋入式钢弦式孔隙水压力计测头示意图

1—不锈钢受压膜；2—ϕ0.15、长60～65mm的钢弦；3—线圈；4—支架；5—外壳；6—橡皮密封；7—电缆；8—导线；9—固定架；10—螺栓；11—透水石固定环；12—5mm厚透水石；13—密封胶；14—压帽；15—接线柱

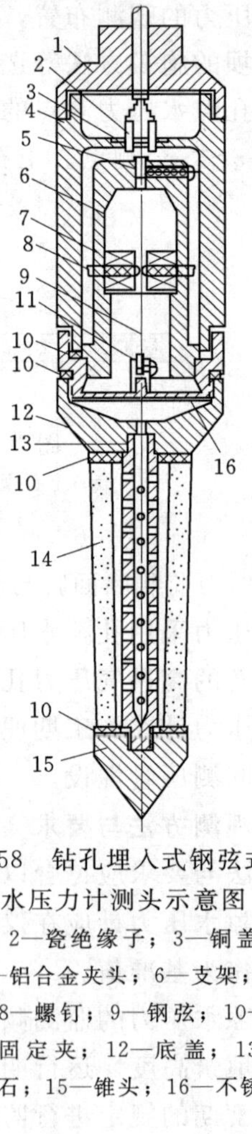

图10.58　钻孔埋入式钢弦式孔隙水压力计测头示意图

1—盖帽；2—瓷绝缘子；3—铜盖板；4—外壳；5—铝合金夹头；6—支架；7—胶木线圈架；8—螺钉；9—钢弦；10—橡皮垫圈；11—固定夹；12—底盖；13—连杆；14—透水石；15—锥头；16—不锈钢薄膜

$$u=K(f^2-f_0^2) \tag{10.16}$$

式中　u——孔隙水压力，N/cm^2；

K——应力灵敏度系数，可由钢弦振荡频率接收器的率定曲线上查得；

f——由钢弦振荡频率接收器上测读出的频率值，Hz；

f_0——无孔隙水压力情况下的起始频率，Hz。

10.5 水工建筑物的水流观测

10.5.1 水流形态观测

水流形态观测是水工建筑物在运用过程中的一项重要的观测项目，通常与上下游水位、流量、闸门开度、风力、风向等项目观测同时进行。

10.5.1.1 水流形态观测

（1）泄水、引水、过坝建筑物的进口流态应包括：来流对称性、水流侧向收缩、回流范围、旋涡漏斗大小和位置及其他不利流态。

（2）泄水建筑物泄槽流态应包括：水流形态、折冲水流、波浪高度、水流分布、冲击波、旁道水流及其产生的横比降、闸墩和桥墩的绕流流态等。

（3）泄水建筑物出口的流态应包括：上下游水面衔接形式、面流、底流、挑流等消能工流态监测。

（4）泄水建筑物下游河道的流态应包括：水流流向、回流形态和范围、冲淤区、波浪及水流分布对岸边和其他建筑物的影响等。

（5）水流流态可通过目测采用文字描述、摄影或录像进行记录，也可采用地面同步摄影测量等方法进行测量。在进行目测和摄影时，为了便于观察和拍照，可在水流表面上撒上锯末、稻壳、麦糠等浮标物，以显示水流行迹。

10.5.1.2 水面线的观测

在泄水建筑物运用初期和运用后遇有超历史水位时，应对泄水建筑物有水面线的部分进行水面线监测。

水面线监测包括明流溢洪道水面、明流泄洪隧洞水面、挑射水舌轨迹线及水跃波动水面等。

具体监测方法如下：

（1）明流溢洪道等有边壁可供绘制网格的泄水建筑物，其衔接水面线及沿程水面线，可用直角坐标网格法、水尺法或地面同步摄影测量等方法。

（2）挑流水舌轨迹线，可用经纬仪测量水舌出射角、入水角、水舌上下缘轨迹线、水舌挑距、平面扩散等，也可用立体摄影测量平面扩散等。

（3）水跃监测应测量消力池内水面线、水跃长度及平面扩散等。

（4）明流泄洪洞应用水尺或预涂粉浆法测量最高水面线，也可用电测远传水位计测量任意时刻的水面线，测点间距 5～20m。

10.5.1.3 挑射水流观测

挑射水流的观测包括水面线的形状、射流最高点和落水点的位置、冲刷坑位置和水流掺气情况。

观测的方法通常采用摄影或在建筑物两岸布设观测基点，架设经纬仪，采用前方交会法进行测量。一般是在夜间，用投光灯照射水流表面的测点，再用经纬仪进行观测。

10.5.2 高速水流的观测

观测高速水流的目的是了解高速水流对建筑物的影响，以便采取措施改善水流的运动状态，防止高速水流对建筑物产生冲刷破坏。高速水流观测的内容包括振动、脉动压力、负压、进气量、空蚀和过水面压力分布等。

10.5.2.1　水工建筑物振动观测

水工建筑物在运用过程中常常会受到动荷载的作用，使建筑物处于振动状态。振动观测的目的就是了解建筑物振动的效应，以便采取措施，避免振动发出，保证建筑物的安全。

水工建筑物易产生振动的部位主要有闸门段、导墙、阀门、管道段、工作桥大梁、溢流厂房顶部面板及进水塔等部位。在这些易振动部位布置测点，测量时结合有关项目共同进行。

振动观测所采用的观测仪器有：电测仪器、接触式振动仪、振动表、拾振器、接受仪等。

10.5.2.2　水流脉动压力观测

高速水流的脉动压力是指高速水流的动水压力存在时大时小的脉动现象，它会引起建筑物上瞬时荷载的增大，使结构产生振动，还可能引起建筑物产生空蚀破坏。

脉动压力的观测主要是观测压力脉动的振幅和频率以及脉动压力的时均压力和瞬时压力。

建筑物产生压力脉动的部位，主要有闸门底缘、闸门和闸墩后面、隧洞和泄水管道出口处、溢流坝面、护坦上下表面等。

1. 测点布置

泄水建筑物的动水压力监测应能反映过水表面压力分布特征，满足监测工程安全运行的要求。测点的数目应尽量精简，但又能测到分析问题所必需的数据。一般布置在以下部位：

（1）闸孔中线，闸墩两侧和下游。

（2）溢流堰的堰顶、坝下反弧及下切点附近以及其相应位置的边墙等处。

（3）有压管道进口曲线段、渐变段、分岔段及局部不平整突体的下游壁面。

（4）过水边界不平顺及突变等部位，如闸门门槽下游边壁、挑流鼻坎、消力墩侧壁等。

2. 监测仪器及其安装

（1）测压管。测压管的测头表面与壁面齐平。既要防止泥沙颗粒进入，也要防止孔过大时引起水流漩涡使测压值失真。平时不进行测验时，可用薄金属板将测头盖紧。

测压管装好后应进行编号，测定位置、高程，详细记录并绘入布置图中。

（2）脉动压力传感器。脉动压力的观测多采用电阻式脉动压力传感器，它是在金属膜片的上下面粘贴电阻应变丝所构成，当膜片受外力作用而产生变形时，电阻应变丝也产生变形（伸长或缩短），电阻的变化又表现为线路上电流的变化。所以电流的不同变化就反映了作用在金属膜片上外力（压强）的变化。目前已研制成灵敏度较高、稳定性较好的FTF型电阻式脉动压力传感器。

脉动压力的监测，需在施工期预先埋设电缆线和传感器底座。根据水流流态将测点布置在关键部位。

在脉动压力周围，应设置1～2个测压管，以便测量时均压力，相互验证。

所有测量系统，在应用前均需经过率定或检验。

3. 监测方法与要求

(1) 时均压力监测常用测压管水银比压计。安装位置应低于测压孔进口高程，比压计的液面和压力表的高程需精确测定。

(2) 瞬时压力及脉动压力监测常用脉动压力传感器。应用瞬时压力仪器测得的动水压力，其平均值即为时均压力。

10.5.2.3　负压观测

在高压闸门的门槽、门后顶部、进水喇叭口、溢流面、反弧段末端、消力齿槛的表面等水流边界条件突变的部位，常常会产生负压，负压的产生会对建筑物造成空蚀破坏。进行负压观测、可以及时采取措施，改善负压的影响。

负压的观测多采用负压观测管，这是一根直径为18mm或25mm的金属管，施工时埋入测点，使管口与建筑物表面齐平，管的另一端则引入廊道或观测井中，并与真空压力表或水银压差计相连接。观测时，由于水流脉动的影响，真空压力表指针和水银压差计中的液面极不稳定，因此只需测读压力的最高值、最低值及平均值。

10.5.2.4　进气量观测

在泄水建筑物的闸门下游侧，由于水流极不稳定，常常会产生负压和引起闸门振动，因此一般都设置通气管道，及时进行补气和排气，以改善建筑物的运用条件。进气量的观测就是为了了解通气管道的工作效能。

进气量的观测一般采用孔口板法、毕托管法和风速仪法。

10.5.2.5　空蚀观测

在建筑物的高速水流所经过的某些部位，如泄水建筑物的反弧段及其下游、闸门门槽、底孔闸门下游、溢流坝面、挑流鼻坎、消力墩和消力槛的侧面及背面，在高速水流通过时，常常会产生空蚀破坏，造成建筑物表面混凝土表皮脱落，形成凹凸不平的麻面。空蚀破坏产生后，会造成恶性循环，导致破坏越来越严重，必须加以防治。

空蚀的观测，通常是用沥青、石膏、橡皮泥等材料，先称好质量，然后再填入空蚀部位，将原先所称的质量减去剩余材料的质量，除以材料的容重，即为空蚀的体积。空蚀的平面分布可采用摄影法或测绘法进行观测。

10.5.2.6　过水面压力分布观测

对于溢流坝面、泄水管道喇叭口表面、隧洞洞壁等过水面上的压力分布，通常是在这些过水面上布置一组测压管，根据测压管中的水面高程来确定压力的分布。

测压管通常采用直径50mm的金属管或塑料管，进水管段的直径约为18mm，两者用渐变管连接。安装时，进水管口应与过水面齐平，另一端则引入观测廊道、观测井或墩顶，用水银压差计或压力表进行观测。

思　考　题

1. 水工建筑物变形观测的内容有哪些？
2. 混凝土坝及砌石闸坝变形观测的项目有哪些？
3. 土石坝变形观测的项目有哪些？

4. 视准线法观测坝的水平位移的原理是什么？

5. 土石坝横向水平位移观测的方法有哪些？

6. 什么叫坝体挠度？坝体挠度观测采用什么方法？

7. 试简述正、倒垂线观测的原理。

8. 为什么说正垂线观测得到的是相对水平位移，倒垂直线观测得到的是绝对水平位移？

9. 土石坝固结观测中的固结管由哪几部分组成？

10. 土石坝固结观测的固结管应如何布置？

11. 引张线观测设备由哪几部分组成？

12. 坝体挠度观测的目的是什么？

13. 土石坝裂缝观测的目的是什么？

14. 引张线法观测大坝的水平位移的观测原理是什么？如何进行观测？

15. 混凝土坝及砌石闸变形观测的目的和意义是什么？

16. 如何进行伸缩缝及裂缝的观测？

17. 什么是浸润面？什么是浸润线？

18. 观测坝体浸润线的目的是什么？

19. 土石坝浸润线测压管布置的原则是什么？

20. 有水平反滤层的均质土坝，坝体浸润线测压管如何布置？

21. 具有水平防渗铺盖的均质土坝，坝基渗水压力测压管应如何布置？

22. 对有塑性截水墙或垂直防渗帷幕的心墙坝，坝基渗水压力测压管应如何布置？

23. 具有垂直防渗设施的斜墙坝，坝基渗水压力测压管应如何布置？

24. 坝体浸润线观测测压管主要由哪几部分组成？

25. 通过坝的渗流量由哪几部分组成？

26. 绕坝渗流观测的目的是什么？土坝渗流量观测的目的是什么？坝基渗流观测的目的是什么？

27. 渗水透明度如何观测？

28. 水工建筑物检查观测分为哪几个时期？

29. 水工建筑物变形观测设备有哪些？位移观测的方法有哪些？

30. 为什么要进行土石坝的固结观测？

31. 土石坝渗流观测的内容有哪些？

32. 观测渗流量有哪些方法？各适用于什么情况？

33. 重力坝和拱坝应力测点布置各有哪些要求？它们所采用的仪器和埋设方向有什么不同？

34. 如何埋设应变计、无应力计和应力计？

35. 如何使用比例电桥？

36. 混凝土坝温度观测系统的布置原则和要求有哪些？

37. 埋设温度计时应注意什么？

38. 进行水工建筑物水流观测的目的是什么？高速水流观测的内容有哪些？

第11章 信息化与安全管理

【学习要求】 了解水利信息化的内容及其作用；熟悉注册登记与定期检查制度；熟悉三防信息化指挥系统的组成及各部分作用；熟悉国家防汛抗旱应急预案的内容及工程抢险的方法。

11.1 水利信息化

信息化是产业优化升级和实现工业、现代化的关键环节。水利部按照国家加快国民经济信息化的要求，提出了“以水利信息化带动水利现代化”的发展思路，实施以“金水工程”命名的水利信息化工程，将“全面加强水利系统电子政务建设，构建与经济社会发展相适应的水利信息化综合体系，初步实现水利信息化”作为水利发展的目标之一，并于2003年完成了《全国水利信息化规划》（又称“金水工程规划”）的编制。

我国水利信息化建设起步较晚，虽取得了一定的进展，但仍存在一些问题。洪涝灾害频繁、水资源短缺、水利工程老化、水土流失严重、水污染加剧等严峻形势和世界信息化飞速发展的大趋势下，加快水利信息化建设显得十分迫切。本节的主要内容以《全国水利信息化规划》为基础进行编写。

信息技术是利用现代科学技术手段对经营管理信息进行收集、存储、处理并辅助决策的技术总称。水利信息化具体指的是充分利用现代信息技术中的计算机技术，实时监控技术、通信技术、3S技术、网络技术等先进科技手段，深入开发和广泛利用水利信息资源，包括水利信息的采集和传输、存储和处理，实现水利信息采集、传输、存储、处理和服务的网络化与智能化，全面提升水利事业活动的效率与效能。

11.1.1 水利信息化的基础设施

水利信息化基础设施包括水利信息采集设施、水利信息网和水利数据中心。其中水利信息采集设施是水利信息化的基础，为水利信息化建设提供原始的、基础性的数据；水利数据中心对所获得的水利信息和数据进行整理、汇集和存储，并提供数据访问服务；业务应用由支撑应用和用户应用两部分组成，支撑应用是指公用业务处理逻辑，以公共服务的方式由数据中心统一管理，用户应用完成非公用业务处理和实现应用的系统表示。

11.1.1.1 水利信息采集系统

1. 信息来源

水利信息一般分为来源于水利行业的内部信息和来源于其他行业的外部信息。内部信息主要是通过工程实际中利用人工或者自动化采集取得的信息，包括历史文献、技术档案、实时或定期监测信息、水利政务信息和各种层次的信息等；外部信息主要是来源于其他行业的其他部门并通过国家信息化综合体系获取的信息，包括社会经济统计信息、地理空间基础信息、国土资源信息以及其他与水利行业有关的非水利部门采集的信息。

2. 信息分类

根据应用范围，水利信息分为公用类信息和专用类信息。公用类信息是水利业务的基本资料，可以广泛地为各种业务应用提供服务，如水利政务、水文、水利工程、水利空间背景信息等；专用信息通常是指某个或某类特定业务应用的信息，如防汛抗旱、水资源、水土保持信息等。

3. 信息采集的方式

按使用频度和对时效性的要求，可分为实时采集、定期采集和不定期采集三类；按采集手段，可分为人工采集和自动化采集两类。

对于水利工程管理中的信息采集系统要求有较强的时效性、较强的采集能力、采集内容丰富、采集系统整体利用率高等特点，才能更好地满足工程管理和工程安全运行的要求。

11.1.1.2 水利信息网

《全国水利信息化规划》指出要建成覆盖全国水利系统的水利信息网络；建设和完善全国水文数据库、基础水利工程数据库、水利空间数据库等基础数据库；制定和完善一批水利信息化建设与管理的技术标准和规范；建成全国水利信息网络管理中心。

水利信息网是一个覆盖全国水利系统的综合业务网络，由骨干网，流域省区网、地区网，城域网，部门网和接入网构成。

水利信息网络是为防汛抗旱、政务、水资源管理、水质监测、水土保持等各种水利应用提供的统一传输平台，是最重要的水利信息化基础设施之一。可将各地水利部门的信息资料数据库用专用网络组建起来，实现水利信息的共享，实现上达中央、下至地区分中心的多级信息传输网，实现信息采集节点到各级信息汇集节点之间的互联互通，全面满足各级各类水利信息的传输需求。

11.1.1.3 水利数据中心

水利数据中心在水利信息汇集、存储、处理和服务的过程中发挥核心作用，其任务是实现信息资源整合，综合利用水利信息资源，有效实现信息资源的共享和优化配置，满足业务应用多层次、多目标的综合信息服务需求；同时提高数据精度，能够精确满足规划，设计和管理等多层次的业务应用需求，为水利业务应用和决策提供全面支撑。

水利数据库中心主要包括数据库信息资源体系、软硬件体系、安全体系以及备份体系四大体系。

水利信息数据库分为公用数据库和专用数据库两类。

(1) 公用数据库，主要包括水文数据库、水利工程数据库、社会经济数据库，水利空间背景数据库、水利技术标准数据库、水利行政资源基本数据库、水利专业数字图书馆等。

(2) 专用类数据库，主要包括水资源数据库、防汛抗旱数据库、水土保持数据库、水利工程管理数据库、农村水电及电气化管理数据库、水利规划设计管理数据库、水利经济管理数据库、人才管理数据库以及水利科技管理数据库等。

11.1.1.4 水利工程管理数据库

水利工程管理数据库的主要内容为已建工程运行管理和在建工程的施工管理信息，包括如下内容：

（1）已建工程信息，如工程原始或扩建改造设计建设档案，工程运行情况，工程除险加固、工程安全鉴定，水库大坝注册等。

（2）在建工程信息，如工程建设项目管理，工程建设咨询，工程招投标、工程建设造价，工程进度，工程监管、工程质量，工程建设设备供应，工程建设材料供应，工程建设合同，工程设计与建设档案，相关配套设施，建设移民，水利工程重大技术问题和工程的验收与鉴定等。

（3）农田水利管理信息，如灌溉水源，灌溉设施，田块平整条件，种植结构、土壤类型与质地，土壤墒情、土壤养分，耕地资源，农牧业节水以及人畜饮水等信息。

（4）水土保持工程信息，如水土保持工程项目的分布，进展，治理成效的评价，以及项目管理、验收等信息。

（5）水利移民信息，如环境容量，安置模式，安置人口，补偿补助费等信息。

在全国水利工程数据库基础上建设全国水利工程建设与管理信息系统。其中包括各类水利工程设施的历史资料、现状信息的收集、整理、入库，检索与查询。存储和管理在建水利工程的设计方案、管理现场、技术规范以及进度控制、质量管理、招标活动、技术专家库，建设与管理的政策法规，建设、施工、监理、咨询等水利工程建设市场主体的资质资格等动态信息，提供信息链，提高水利基本建设的管理水平和规范化程度。

11.1.2 水利信息化的意义

实现水利信息化对于促进水利事业乃至国民经济健康、协调、和谐发展具有十分重要的现实意义和长远的历史意义。

（1）水利信息化是提高防治洪涝干旱灾害决策水平、促进水资源管理水平的重要手段。水利信息系统的建立，能大大提高雨情、水情、工情、旱情和灾情信息采集的准确性及传输的时效性，提高预测和预报的及时性和准确性，为制定防洪抗旱调度方案、提高决策水平提供科学依据，达到充分发挥水利工程设施效能的作用。

（2）水利信息化是实现治水思路历史性转变的基础。水利信息系统的建立，有利于治水思想从单纯的水资源开发、利用和治理转变为更加注重对水资源的配置、节约和保护，从水资源的多家多重管理转变为对水资源的统一配置、统一调度、统一管理。

（3）水利信息化是促进水利管理发展的重要内容。信息资源已经成为与物质资源同等重要的资源。水利信息系统的建立有利于提高水利信息资源的利用水平和实现资源共享。水利信息化是水利行业各级部门实施现代化管理的一个重要工作方向。

11.2 注册登记与定期检查

根据《水库大坝安全管理条例》第二十二条规定，水库大坝主管部门应当建立大坝定期安全检查、鉴定制度。

汛前、汛后，以及暴风、暴雨、特大洪水或者强烈地震发生后，大坝主管部门应当组织对其所管辖的大坝的安全进行检查。

《水库大坝安全管理条例》规定，大坝主管部门对其所管辖的大坝应当按期注册登记，建立技术档案。大坝注册登记办法由国务院水行政主管部门会同有关主管部门制定。

11.2.1 注册登记

为掌握水库大坝的安全状况，加强水库大坝的安全管理和监督，根据国务院发布的《水库大坝安全管理条例》，制定了《水库大坝注册登记办法》。

11.2.1.1 注册登记的适用情况

《水库大坝注册登记办法》适用于我国境内库容在10万m^3以上已建成的水库大坝，大坝包括永久性挡水建筑物以及与其配合运用的泄洪、输水等建筑物。

11.2.1.2 注册登记的主管部门

县级及以上水库大坝主管部门是注册登记的主管部门。水库大坝注册登记实行分部门分级负责制。

省一级或以上各大坝主管部门负责登记所管辖的库容在1亿m^3以上大型水库大坝和直管的水库大坝；地（市）一级各大坝主管部门负责登记所管辖的库容在1000万～1亿m^3的中型水库大坝和直管的水库大坝；县一级各大坝主管部门负责登记所管辖的库容在10万～1000万m^3的小型水库大坝。

登记结果应进行汇编、建档，并逐级上报。各级水库大坝主管部门可指定机构受理大坝注册登记工作。

国务院水行政主管部门负责全国水库大坝注册登记的汇总工作。国务院各大坝主管部门和各省（自治区、直辖市）水行政主管部门负责所管辖水库大坝注册登记的汇总工作，并报国务院水行政主管部门。

11.2.1.3 注册登记的程序

符合规定的大坝管理单位，应到指定的注册登记机构申报登记。没有专管机构的大坝，由乡镇水利站申报登记。

大坝注册登记需履行下列程序：

（1）申报。

已建成运行的大坝管理单位应携带大坝主要技术经济指标资料和申请书，向大坝主管部门或指定的注册登记机构申报登记。注册登记受理机构认可后，即应发给相应的登记表，由大坝管理单位认真填写，经所管辖水库大坝的主管部门审查后上报。

（2）审核。

注册登记机构收到大坝管理单位填报的登记表后，即应进行审查核实。

（3）发证。

经审查核实，注册登记受理机构应向大坝管理单位发给注册登记证。注册登记证要注明大坝安全类别，属险坝者，应限期进行安全加固，并规定限制运行的指标。

已建成的水库大坝，不按规定申报登记的，属违章运行，造成大坝事故的，按《水库大坝安全管理条例》罚则的有关规定处理。

已注册登记的大坝完成扩建、改建的；或经批准升、降级的；或大坝隶属关系发生变化的，应在此后 3 个月内，向登记机构办理变更事项登记。大坝失事后应立即向主管部门和登记机构报告。

水库大坝应按国务院各大坝主管部门规定的制度进行安全鉴定。鉴定后，大坝管理单位应在 3 个月内，将安全鉴定情况和安全类别报原登记机构，大坝安全类别发生变化的，应向原登记受理机构申请换证。

经主管部门批准废弃的大坝，其管理单位应在撤销前，向注册登记机构申报注销，填报水库大坝注销登记表，并交回注册登记证。

水库大坝注册登记的数据和情况应实事求是、真实准确，不得弄虚作假。注册登记机构有权对大坝管理单位的登记事项进行检查，并每隔 5 年对大坝管理单位的登记事项普遍复查一次。

经发现已登记的大坝有关安全的数据和情况发生变更而未及时申报换证或在具体事项办理中有弄虚作假行为，注册登记机构有权视情节轻重处以警告、罚款，或报请大坝主管部门给有关人员以行政处分。

水库大坝注册登记证和登记表应按照附件格式由国务院各大坝主管部门统一印制。国务院各大坝主管部门，可根据本部门需要增加登记表的附页。大坝注册登记时，登记机构可收取注册登记表证的工本费。

11.2.2 定期检查

为确保工程的安全，水库大坝主管部门应当组织对其所管辖的大坝的安全进行检查。大坝的巡视检查分为：经常（日常）检查、定期检查、特别检查、安全鉴定等 4 项。

（1）经常（日常）检查由工程管理单位的职能部门组织有关专职人员进行，用直观的方法经常对大坝表面、坝址、坝体与岸坡连接等部位进行的巡查，以便发现不正常或影响安全的情况，保证大坝安全、完整、清洁、美观。经常检查在初蓄期每周至少 1 次，稳定运行期每月至少 2 次，老化期每月至少 1 次。

（2）定期检查是在每年汛期前后、用水期前后、第一次高水位、冻害地区的冰冻期，由工程管理单位组织有关人员，对大坝进行较全面或专项的巡查，上级部门可视情况抽查或复查。定期检查主要是了解大坝可否正常蓄水拦洪，或经过汛期运用有无不正常现象，防凌、防冻措施效果如何，冰冻对坝体有无破坏等现象。

（3）特别检查是当大坝发生较严重险情或破坏现象，或遭遇特大洪水、3 年一遇暴雨、7 级以上大风、5 级以上地震，首次最高水位、库水位日降落 0.5m 以上等非常运用情况时，由工程管理单位组织专门力量进行的巡查，必要时邀请上级主管部门及设计、施工等单位共同进行。特别检查应结合观测资料进行分析研究，判断外界因素对大坝状态和性能的影响，并对水库的管理运用提出结论性报告。

（4）安全鉴定是在水库建成后的初蓄期、稳定运行期每隔 3～5 年进行 1 次，老化期每隔 6～10 年进行 1 次。依照工程分级管理原则，由上级主管部门组织管理、设计、施工、科研等单位及有关专业人员共同参加的鉴定工作，应对大坝的安全情况作出鉴定报告，评价工程建筑物的运行状态，如需处理应提出处理措施。

定期检查工作必须要有专人负责，要求定制度、定人员、定时间、定部位、定任务、确定巡查路线和顺序。

大坝定期检查的内容一般包括以下方面：

(1) 对于土石坝应检查坝体、坝面排水系统、防浪墙等有无裂缝、损坏、塌坑、隆起、滑坡、冲蚀等现象，排水沟有无堆积物等，有无兽害、白蚁活动等迹象。坝面块石护坡有无翻起、松动、垫层流失、架空、风化等现象。背水坡、坝体和岸坡连接处及坝脚一带有无渗水、管涌、流土等现象，减压井、排水沟的排水是否正常。

(2) 对于混凝土和浆砌石坝，检查时应对坝顶、上下游、坝面、溢流面、廊道以及集水井、排水沟等处进行检查，检查这些部位有无裂缝、渗水、侵蚀、脱落、冲蚀、松软及钢筋裸露等现象，排水系统是否正常，有无堵塞现象。检查伸缩缝、沉陷缝的填料及止水片是否完好，有无损坏、流失和漏水，缝两侧坝体有无异常错动，坝与两岸及基础连接部分的岩质有无风化、渗漏情况等。

影响大坝安全运用病害，主要有裂缝、渗漏、滑坡等，检查时应特别注意。检查的方法详见水工建筑物的检查观测。

11.3　三防信息化指挥系统

三防信息化指挥系统（防汛、防风、防旱）是水利信息化的重要工程，其涉及水利信息自动化测试技术、通信技术、网络技术、计算机技术及水动力学、水文预报、3S技术及非线性模型技术等众多学科知识，是现代科学技术在水利行业中的集中体现。三防指挥系统是运用现代通信、计算机网络、软件技术，由信息采集、信息传输、信息处理三个环节形成的综合信息系统。是一个分布式的多层次的结构体系，总体结构与三防组织体系的层次相一致，分省（自治区、直辖市）、市、县（区）三级。

三防指挥系统为辖区内的三防工作提供先进的支持平台、坚实而又快捷的信息支撑，实现三防指挥调度方案生成、制定、实施、评估、归档等各个环节的自动化、智能化。

通过省（自治区、直辖市）三防指挥系统建立的水情分中心水情信息采集系统和工情、旱情、灾情信息采集系统，采集、录入、处理、传送、入库，以满足三防指挥中心对水情、工情、旱情，灾情信息的需求。通信系统提供了三防指挥中心与下属单位之间的广域连接以及水情、雨情、工情、旱情、灾情信息的自动传输；计算机网络系统为三防指挥中心提供了网络交换机、数据库服务器、应用服务器、数据存储备份，为决策支持系统提供了网络传输平台、数据库平台、应用服务平台；通信和网络系统整合后实时传输水雨情信息，会商室和视频会议系统可为三防会商决策提供功能齐全、设备先进的会商硬件环境。

11.3.1　信息采集系统

11.3.1.1　水情信息实时采集系统

洪水预报需要的水文数据主要有降雨、蒸发、水位、流量等。为尽快作出预报和指导防洪工作，必须及时准确地观测这些资料并迅速传送到预报中心。为此进行的水文气象资料的观测、传输、接收和处理等一整套工作，称为水情信息或水文数据实时采集。用于洪水预报的水文数据，其采集方式通常有人工电报方式和自动遥测方式。

1. 人工电报采集系统

人工电报采集系统是以人工方式用雨量筒、自记雨量计、水尺、自记水位计和测流设施进行水文要素观测，并将测得的信息经过电报、电话或专用电台等常用的通信设备传输给预报中心，供预报应用。

2. 自动遥测采集系统

遥测系统由遥测站、中继站和中心站（接收站）组成的水文资料自动采集系统。根据遥测站至接收站间信息传输的方式不同，分为中长波通信、短波通信、超短波通信、微波通信、卫星通信等。从水文信息特点和经济、可靠等方面考虑，中小流域多使用超短波水文遥测系统，特别大的流域应用卫星数据采集传输系统则比较适宜。

遥测站由水位和雨量等传感器、编码器、传输控制器、调制解调器、发送接收器、电源、避雷装置等组成。传感器由敏感元件、传感元件和测量电路组成。通过敏感元件来感受被测量的水文要素，带动传感元件，使量测值变为量测信号，如变化的电流、电压等，供编码、调制后发射。水位传感器一般是浮子式的，称为浮子式水位计；雨量传感器一般是翻斗式的，称为翻斗式雨量计。

遥测系统的工作方式有自报式，查询-应答式和混合式三种。自报式遥测站是按照规定的时间间隔或在被测的水文要素发生一个规定的增量时，自动向中心站发送数据，中心站的数据接收设备始终处于工作状态，时刻准备接收遥测站随时发来的数据。这种系统信道简单，设备简化，成本低。查询-应答式遥测站是由中心站主动发出指令，定时或随时呼叫遥测站，遥测站响应中心站的查询指令，实时采集水文数据发给中心站。这种测站人工控制性能好，可随时选测和掌握水情变化，除传输数据外，还可兼顾通话功能。测站是逐个回答中心站查询，数据不会发生碰撞，获得数据较准确。混合式遥测站由自报式遥测站和查询-应答式遥测站混合组成，它兼有两者的优点和功能，同时还有人工置数装置和参数显示窗口，管理人员可把测量到的其他水文信息，如流量、流速、含沙量等，连同实时时间置入终端机，发往中心站和存入计算机。参数显示窗口，使管理人员在室内便可知道实时的水位值等。

中继站处于遥测站与中心站之间，用于转发中心站的遥控指令和遥测站的信号，作用是把那些路径损耗太大，或受地形影响而难以沟通的信号，经过它的接力而畅通。

中心站是水文自动测报系统的总控制中心，负责实时数据收集、处理及发布洪水预报，主要设备除收发装置外，还有计算机，以进行数据处理、存储、检索，显示水文作业预报和水库调度等。

3. 卫星数据采集与传输系统

卫星数据采集和传输系统是由卫星代替超短波水文遥测系统中的地面中继站来实现远距离通信。因为超短波，包括微波，只能靠直射波在视线距离内传播，要实现远距离通信，需要建立若干中继站，以接力方式传输信息。但中继站数目增多，大大增加了通信设备费用，还会使传输质量明显下降。如果将中继站的通信设备移到卫星上去，就相当于把中继站的天线极大地升高，增加视线距离的范围。所以，可以利用卫星做中继站进行远距离通信。

卫星数据收集系统（DeS）即是一个遥测系统，由数据收集平台（相当于遥测站网）、数据中继卫星（相当于中继站）和中心地面站、用户站三部分组成。

现在采集和传输水文资料的卫星主要是气象卫星，它已形成全球性的气象卫星观测网，对水文和气象资料进行统一收集、传输和处理，有时也称它为水文气象应用卫星。

我国的气象卫星主要有“风云1号”和“风云2号”气象卫星。目前有很多国家利用上述水文气象应用卫星，采集传输水文气象资料。

11.3.1.2 工情、旱情、灾情信息采集系统

1. 信息分类

信息采集的内容包括工情、旱情和灾情三个方面。

（1）工情信息。工情信息分为基础工情信息和实时工情信息两类。

基础工情信息是指各类防洪工程包括河道、堤防、水库、水闸、蓄滞洪区、治河工程、测站等防洪工程的基础信息。信息包括上述工程的各类设计、实际指标，平面布置图、剖面图以及图片、影像等资料。

实时工情信息又分为工程运行状况信息、险情信息和防汛动态信息三部分。

1）运行状况信息分为堤防、水库、水闸、治河工程和蓄滞（行）洪区等五大类信息。

2）险情信息分为堤防、穿堤建筑物、水库、水闸和治河工程险情信息等五大类。上报险情的基本内容包括：险情类别、出险时间、地点、位置、工程险情综合情况的描述、险情原因分析、可能发生的险情预测、可能影响的范围、抢险方案、通信手段、抢险物资配备情况、抢险进展情况及结果以及有关的声像资料等。

3）防汛动态信息分为防汛行动情况、灾情和防汛统计信息等三类，防汛行动主要上报地（市）级的防汛部署，领导视察、检查布置等情况，抗洪抢险人员，物资等准备情况，以及其他防汛实时动态信息等；灾情信息主要是灾情统计，对灾害的情况、灾害成因进行上报；防汛统计信息分为抗洪情况统计、水毁工程统计、水毁工程修复进度统计和险情统计。

（2）旱情信息。采集的内容包括基础旱情信息、实时旱情信息和统计旱情信息。基础旱情信息指人口、耕地、灌溉设施等信息；实时旱情信息主要包括降雨量、气温、风速、湿度、日照、蒸发蒸腾量等气象信息，水库及江河湖泊蓄水量，地下水等水文信息，土壤墒情等。

（3）灾情信息。可分为实时灾情信息和统计灾情信息两类。

实时灾情信息根据其获取的渠道不同分为两类：一类是通过防汛工作人员现场获取的反映某个“点”灾害严重程度的图片或影像信息；另一类是通过卫星航空遥感获取的较大范围的洪涝灾害信息。

2. 采集系统

工情、旱情、灾情信息采集系统主要包括图片信息移动采集系统、准实时视频采集系统、重点工程运行状况的实时图像监视系统。

（1）图片信息采集系统。图片信息移动采集系统由图片采集、图片传输和图片管理三部分组成。

图片采集由水利数码通相机完成，可将任意险工、险情和灾情信息摄入，存储在相机的存储设备中，可存储多幅图片，并可覆盖存储。图片传输则通过无线信道来完成，而传输信道两端都有专用的终端设备，终端设备一般由电脑和数传设备组成。发送终端电脑一般为掌上电脑，接收端电脑一般为桌面电脑；数传设备一般由调制解调器和无线电台、拨号服务器组成，无线电台一般为 GSM 手机。图片管理主要指图片入库和维护管理。

（2）准实时视频采集系统。通过数码摄像机将现场实时工情或灾情采集后，用压缩板把视频信号压缩转换再经简单编辑后通过计算机广域网上传到市三防指挥中心。经最后编辑、定稿，存放到视频服务器。

（3）实时图像监视系统。在能够观察整体环境同时又能够见到重点观测目标的地方布置图像监视点，在摄像设备方面可选用大倍数变焦镜头和万向云台，为了能够实现远程实时图像传输及远程控制监视设备，在控制及传输方面可选用先进的数码图像录制设备（DVR），工作人员只要通过直观的对话界面就可以完成各种控制操作。另外，DVR 还具有远程实时图像传送功能并提供远程登录访问和控制功能，控制中心的工作人员可以在指挥中心内远程登录到 DVR 上，通过 DVR 去控制摄像系统对工作点进行监视。

11.3.2 通信系统

通信系统是三防指挥系统的重要组成部分，在信息采集、网络传输等环节中发挥保障作用，其主要功能是为水情、雨情、工情、旱情、灾情等信息的上传，三防指挥调度，指挥命令的下达提供先进实用、稳定可靠的通信服务环境，保障各种业务的通信畅通。通信系统由传输水情信息的报汛通信网，传输各种数据、图像、视频信息的骨干通信网和话音通信系统组成。

从总体布局来看，三防指挥综合系统工程的通信平台总体按三级设计，即一级骨干通信网、二级支网和三级信息采集网。

（1）一级骨干通信网。市水务局与市水文分局、市气象局、市水利设计院等信息单位，市直属单位之间连接采用电子政务专网平台为骨干网信道，与下属各县水务局之间暂时采用帧小继 FRN 为骨干网信道，待电子政务专网覆盖到县级时，再采用电子政务专网。

（2）二级支网。以一级骨干通信网节点为中心，经二级支网连接到水情、工情信息采集中心站和闸泵中央监控室。以公网的帧中继 FRN 服务和公共电话网 PSTN 为主，结合微波扩频通信技术构成二级支网。

（3）三级信息采集网。以各水情、工情信息采集中心站和闸泵中央监控室为中心，主要采用无线方式连接各信息采集点和水闸泵站。

11.3.3 三防指挥决策支持系统

三防决策支持系统是在三防应用软件系统的基础上，通过补充、扩展、集成开发，建设完善、合理的三防信息综合数据库和高效、可靠、实用、先进的信息查询显示系统。系统能快速及时地提供计算机网络数据库的三防信息，灵活地以图文并茂、声像一体的方式显示三防宏观决策所需的雨情、工情、旱情和防洪形势，并应用先进的洪水预报调度模型，定量预测雨水情的变化对防洪系统洪水情势的影响，以改善防洪调度手段，使三防调度决策指挥更加迅速、高效。

根据三防工作中值班人员、分析人员、三防指挥人员在汛情检测、信息查询、会商决策、灾情评估中各环节的工作内容，确定三防决策支持系统总体功能结构层次。

三防指挥系统工程决策支持系统的总体结构分为三个层次：人机接口层、系统应用层和系统信息支撑层。

系统应用层通过人机接口与决策分析人员和决策者交互，在系统信息支撑层数据、知识、图形、图像等和系统应用层众多模型和信息分析功能的支持下，完成防汛决策过程中各个阶段、各个环节的多种信息需求和分析功能。

11.3.3.1 防汛预警子系统

要求快速反应的信息查询与防汛预警子系统，对实时工程信息、险情信息、预案、抢险物资、车辆等方面必须做出快速响应，并及时进行动作的回应及预警，从而保证防汛指挥的实时性。

1. 防汛预警子系统的任务

根据防汛预警功能的要求，防汛预警子系统的主要任务包括几个方面：

（1）事件管理：包括事件接收、事件处理反馈、事件终结、事件查询等。

（2）防汛值班管理：在电子地图上标志险情发生的具体位置，并实时提供险情信息。

（3）自动监视：河道矢量图监视、台风路径监视、卫星云图监视、三维动态监视、提示性监视。

（4）信息预警：范围对象确定、信息编制、网络预警、短信预警、广播预警、预警上报、预警管理等。

2. 防汛预警子系统的工作流程

防汛预警子系统的工作流程是根据汛情监视系统提供的信息，自动显示；出现险情时，则自动启动险情报警系统，对可能出险的防汛工程发出实时警告；发出险情警报信号后，上报险情。

3. 防汛预警子系统的数据流程

防汛预警子系统主动从综合数据库中查询需要监视的属性和矢量数据给用户，并根据用户的查询条件返回符合条件的数据。

11.3.3.2 三防指挥子系统

三防指挥子系统是指建立在远程监控基础上的会商指挥调度系统。

防汛指挥子系统由防洪形势分析、防洪决策会商、工情险情会商、支持会议汇报、会商结果处理、会商环境处理、现场实况等七个功能模块组成。

通过远程监视信号或应急通信图像传输，会商室的指挥人员可以有身临其境的感觉。通过可视化的指挥调度，会商室的指挥人员与现场人员进行快速信息交互，使指挥人员和专家可以快速准确地掌握水情、工情、灾情、险情发生的技术参数信息。

防汛指挥调度系统将实现险情现场与三防中心双向实时图像、语音传输，指挥调度中心屏幕自动显示较大或重大抢险工作流程提示，出险点附近交通道路、料物分布、抢险队伍部署和快速机动能力等，能提供相关单位和责任人联系表。

防汛指挥调度系统具有快速生成较大或重大险情抢护方案的能力、各类险情抢护相对应的抢险设备优化组合方案；能自动显示抢险过程进展情况、抢险人数、物料消耗数、机械台班数、消耗投资数、险情控制形势等；险情结束后能自动汇总这些数据。专业数据库、空间地理信息系统、历史信息经验库对抢险指挥系统提供全过程支持。

防汛技术专家和决策者可以根据以上功能进行会商，做出相应的决策，对险情快速作出反应。

11.4 应 急 预 案

为做好水旱灾害突发事件防范与处置工作，使水旱灾害处于可控状态，保证抗洪抢险、抗旱救灾工作高效、有序地进行，最大限度地减少人员伤亡和财产损失，依据《中华人民共和国水法》《中华人民共和国防洪法》和《国家突发公共事件总体应急预案》等制定了《国家防汛抗旱应急预案》，适用于全国范围内突发性水旱灾害的预防和应急处置。

突发性水旱灾害包括：江河洪水、渍涝灾害、山洪灾害（指由降雨引发的山洪、泥石流、滑坡灾害）、台风暴潮灾害、干旱灾害、供水危机以及由洪水、风暴潮、地震、恐怖活动等引发的水库垮坝、堤防决口、水闸倒塌、供水水质被侵害等次生衍生灾害。

《国家防汛抗旱应急预案》包括总则、组织指挥体系及职责、预防和预警机制、应急响应、应急保障、善后工作、附则等方面。

11.4.1 工作原则

坚持以“三个代表”重要思想为指导，以人为本，树立和落实科学发展观，防汛抗旱并举，努力实现由控制洪水向洪水管理转变，由单一抗旱向全面抗旱转变，不断提高防汛抗旱的现代化水平。

防汛抗旱工作实行各级人民政府行政首长负责制，统一指挥，分级分部门负责。

防汛抗旱以防洪安全和城乡供水安全、粮食生产安全为首要目标，实行安全第一，常备不懈，以防为主，防抗结合的原则。

防汛抗旱工作按照流域或区域统一规划，坚持因地制宜，城乡统筹，突出重点，兼顾一般，局部利益服从全局利益。

坚持依法防汛抗旱，实行公众参与，军民结合，专群结合，平战结合。中国人民解放军、中国人民武装警察部队主要承担防汛抗洪的急难险重等攻坚任务。

抗旱用水以水资源承载能力为基础，实行先生活、后生产，先地表、后地下，先节水、后调水，科学调度，优化配置，最大限度地满足城乡生活、生产、生态用水需求。

坚持防汛抗旱统筹，在防洪保安的前提下，尽可能利用洪水资源；以法规约束人的行为，防止人对水的侵害，既利用水资源又保护水资源，促进人与自然和谐相处。

11.4.2 组织指挥体系及职责

国务院设立国家防汛抗旱指挥机构，县级以上地方人民政府、有关流域设立防汛抗旱指挥机构，负责本行政区域的防汛抗旱突发事件应对工作。有关单位可根据需要设立防汛抗旱指挥机构，负责本单位防汛抗旱突发事件应对工作。

国家防汛抗旱总指挥部（以下简称国家防总）负责领导、组织全国的防汛抗旱工作，其办事机构国家防总办公室设在水利部。国家防总的主要职责是拟定国家防汛抗旱的政策、法规和制度等，组织制定大江大河防御洪水方案和跨省（自治区、直辖市）行政区划的调水方案，及时掌握全国汛情、旱情、灾情并组织实施抗洪抢险及抗旱减灾措施，统一调控和调度全国水利、水电设施的水量，做好洪水管理工作，组织灾后处置，并做好有关协调工作。

长江、黄河、松花江、淮河等流域设立流域防汛总指挥部，负责指挥所管辖范围内的防汛抗旱工作。流域防汛总指挥部由有关省（自治区、直辖市）人民政府和该江河流域管理机构的负责人等组成，其办事机构设在流域管理机构。

有防汛抗旱任务的县级以上地方人民政府设立防汛抗旱指挥部，在上级防汛抗旱指挥机构和本级人民政府的领导下，组织和指挥本地区的防汛抗旱工作。防汛抗旱指挥部由本级政府和有关部门、当地驻军、人民武装部负责人等组成，其办事机构设在同级水行政主管部门。

水利部门所属的各流域管理机构、水利工程管理单位、施工单位以及水文部门等，汛期成立相应的专业防汛抗灾组织，负责本流域、本单位的防汛抗灾工作；有防洪任务的重大水利水电工程、有防洪任务的大中型企业根据需要成立防汛指挥部。针对重大突发事件，可以组建临时指挥机构，具体负责应急处理工作。

11.4.3 预防和预警机制

11.4.3.1 预防预警信息

1. 气象水文海洋信息

各级气象、水文、海洋部门应加强对当地灾害性天气的监测和预报，并将结果及时报送有关防汛抗旱指挥机构。当预报即将发生严重水旱灾害和风暴潮灾害时，当地防汛抗旱指挥机构应提早预警，通知有关区域做好相关准备。当江河发生洪水时，水文部门应加密测验时段，及时上报测验结果，雨情、水情应在2h内报到国家防总，重要站点的水情应在30min内报到国家防总，为防汛抗旱指挥机构适时指挥决策提供依据。

2. 工程信息

当江河出现警戒水位以上洪水时，各级堤防管理单位应加强工程监测，并将堤防、涵闸、泵站等工程设施的运行情况报上级工程管理部门和同级防汛抗旱指挥机构。大江大河干流重要堤防、涵闸等发生重大险情应在险情发生后4h内报到国家防总。

当堤防和涵闸、泵站等穿堤建筑物出现险情或遭遇超标准洪水袭击，以及其他不可抗拒因素而可能决口时，工程管理单位应迅速组织抢险，并在第一时间向可能淹没的有关区域预警，同时向上级堤防管理部门和同级防汛抗旱指挥机构准确报告。

当水库水位超过汛限水位时，水库管理单位应按照有管辖权的防汛抗旱指挥机构批准的洪水调度方案调度，其工程运行状况应向防汛抗旱指挥机构报告。当水库出现险情时，水库管理单位应立即在第一时间向下游预警，并迅速处置险情，同时向上级主管部门和同级防汛抗旱指挥机构报告。大型水库发生重大险情应在险情发生后4h内上报到国家防总。当水库遭遇超标准洪水或其他不可抗拒因素而可能溃坝时，应提早向水库溃坝洪水风险图确定的淹没范围发出预警，为群众安全转移争取时间。

3. 洪涝灾情信息

洪涝灾情信息主要包括：灾害发生的时间、地点、范围、受灾人口以及群众财产、农林牧渔、交通运输、邮电通信、水电设施等方面的损失。

洪涝灾情发生后，有关部门及时向防汛抗旱指挥机构报告洪涝受灾情况，防汛抗旱指挥机构应收集动态灾情，全面掌握受灾情况，并及时向同级政府和上级防汛抗旱指挥机构报告。对人员伤亡和较大财产损失的灾情，应立即上报，重大灾情在灾害发生后4h内将初步情况报到国家防总，并对实时灾情组织核实，核实后及时上报，为抗灾救灾提供准确依据。

地方各级人民政府、防汛抗旱指挥机构应按照规定上报洪涝灾情。

4. 旱情信息

旱情信息主要包括：干旱发生的时间、地点、程度、受旱范围、影响人口，以及对工农业生产、城乡生活、生态环境等方面造成的影响。

防汛抗旱指挥机构应掌握水雨情变化、当地蓄水情况、农田土壤墒情和城乡供水情况，加强旱情监测，地方各级人民政府防汛抗旱指挥机构应按照规定上报受旱情况。遇旱情急剧发展时应及时加报。

11.4.3.2 预防预警行动

1. 预防预警准备工作

（1）思想准备。加强宣传，增强全民预防水旱灾害和自我保护的意识，做好防大汛抗大旱的思想准备。

（2）组织准备。建立健全防汛抗旱组织指挥机构，落实防汛抗旱责任人、防汛抗旱队伍和山洪易发重点区域的监测网络及预警措施，加强防汛专业机动抢险队和抗旱服务组织的建设。

（3）工程准备。按时完成水毁工程修复和水源工程建设任务，对存在病险的堤防、水库、涵闸、泵站等各类水利工程设施实行应急除险加固，在有堤防防护的大中城市及时封闭穿越堤防的输排水管道、交通路口和排水沟；对跨汛期施工的水利工程和病险工程，要落实安全度汛方案。

（4）预案准备。修订完善各类江河湖库和城市防洪预案、台风暴潮防御预案、洪水预报方案、防洪工程调度规程、堤防决口和水库垮坝应急方案、蓄滞洪区安全转移预案、山区防御山洪灾害预案和抗旱预案、城市抗旱预案。研究制定防御超标准洪水的应急方案，主动应对大洪水。针对江河堤防险工险段，还要制定工程抢险方案。

（5）物料准备。按照分级负责的原则，储备必需的防汛物料，合理配置。在防汛重点部位应储备一定数量的抢险物料，以应急需。

（6）通信准备。充分利用社会通信公网，确保防汛通信专网、蓄滞洪区的预警反馈系统完好和畅通。健全水文、气象测报站网，确保雨情、水情、工情、灾情信息和指挥调度指令的及时传递。

（7）防汛抗旱检查。实行以查组织、查工程、查预案、查物资、查通信为主要内容的分级检查制度，发现薄弱环节，要明确责任、限时整改。

（8）防汛日常管理工作。加强防汛日常管理工作，对在江河、湖泊、水库、滩涂、人工水道、蓄滞洪区内建设的非防洪建设项目应当编制洪水影响评价报告，对未经审批并严重影响防洪的项目，依法强行拆除。

2. 江河洪水预警

当江河即将出现洪水时，各级水文部门应做好洪水预报工作，及时向防汛抗旱指挥机构报告水位、流量的实测情况和洪水走势，为预警提供依据。

各级防汛抗旱指挥机构应按照分级负责的原则，确定洪水预警区域、级别和洪水信息发布范围，按照权限向社会发布。

水文部门应跟踪分析江河洪水的发展趋势，及时滚动预报最新水情，为抗灾救灾提供基本依据。

3. 渍涝灾害预警

当气象预报将出现较大降雨时，各级防汛抗旱指挥机构应按照分级负责的原则，确定渍涝灾害预警区域、级别，按照权限向社会发布，并做好排涝的有关准备工作。必要时，通知低洼地区居民及企事业单位及时转移财产。

4. 山洪灾害预警

凡可能遭受山洪灾害威胁的地方，应根据山洪灾害的成因和特点，主动采取预防和避险措施。水文、气象、国土资源等部门应密切联系，相互配合，实现信息共享，提高预报水平，及时发布预报警报。

凡有山洪灾害的地方，应由防汛抗旱指挥机构组织国土资源、水利、气象等部门编制山洪灾害防御预案，绘制区域内山洪灾害风险图，划分并确定区域内易发生山洪灾害的地点及范围，制定安全转移方案，明确组织机构的设置及职责。

山洪灾害易发区应建立专业监测与群测群防相结合的监测体系，落实观测措施，汛期坚持24h值班巡逻制度，降雨期间，加密观测、加强巡逻。每个乡镇、村、组和相关单位都要落实信号发送员，一旦发现危险征兆，立即向周边群众报警，实现快速转移，并报本地防汛抗旱指挥机构，以便及时组织抗灾救灾。

5. 台风暴潮灾害预警

根据中央气象台发布的台风（含热带风暴、热带低压等）信息，省级及其以下有关气象管理部门应密切监视，做好未来趋势预报，并及时将台风中心位置、强度、移动方向和速度等信息报告同级人民政府和防汛抗旱指挥机构。

可能遭遇台风袭击的地方，各级防汛抗旱指挥机构应加强值班，跟踪台风动向，并将有关信息及时向社会发布。

水利部门应根据台风影响的范围，及时通知有关水库、主要湖泊和河道堤防管理单位，做好防范工作。各工程管理单位应组织人员分析水情和台风带来的影响，加强工程检查，必要时实施预泄预排措施。

预报将受台风影响的沿海地区，当地防汛抗旱指挥机构应及时通知相关部门和人员做好防台风工作。

加强对城镇危房、在建工地、仓库、交通道路、电信电缆、电力电线、户外广告牌等公用设施的检查和采取加固措施，组织船只回港避风和沿海养殖人员撤离工作。

6. 蓄滞洪区预警

蓄滞洪区管理单位应拟定群众安全转移方案。

蓄滞洪区工程管理单位应加强工程运行监测，发现问题及时处理，并报告上级主管部门和同级防汛抗旱指挥机构。

运用蓄滞洪区，当地人民政府和防汛抗旱指挥机构应把人民的生命安全放在首位，迅速启动预警系统，按照群众安全转移方案实施转移。

7. 干旱灾害预警

各级防汛抗旱指挥机构应针对干旱灾害的成因、特点，因地制宜采取预警防范措施。

各级防汛抗旱指挥机构应建立健全旱情监测网络和干旱灾害统计队伍，随时掌握实时旱情灾情，并预测干旱发展趋势，根据不同干旱等级，提出相应对策，为抗旱指挥决策提供科学依据。

各级防汛抗旱指挥机构应当加强抗旱服务网络建设，鼓励和支持社会力量开展多种形式的社会化服务组织建设，以防范干旱灾害的发生和蔓延。

8. 供水危机预警

当因供水水源短缺或被破坏、供水线路中断、供水水质被侵害等原因而出现供水危机，由当地防汛抗旱指挥机构向社会公布预警，居民、企事业单位做好储备应急用水的准备，有关部门做好应急供水的准备。

11.4.3.3 预警支持系统

1. 洪水、干旱风险图

各级防汛抗旱指挥机构应组织工程技术人员，研究绘制本地区的城市洪水风险图、蓄滞洪区洪水风险图、流域洪水风险图、山洪灾害风险图、水库洪水风险图和干旱风险图。

防汛抗旱指挥机构应以各类洪水、干旱风险图作为抗洪抢险救灾、群众安全转移安置和抗旱救灾决策的技术依据。

2. 防御洪水方案

防汛抗旱指挥机构应根据需要，编制和修订防御江河洪水方案，主动应对江河洪水。

3. 抗旱预案

各级防汛抗旱指挥机构应编制抗旱预案，以主动应对不同等级的干旱灾害。

11.4.4 应急响应

11.4.4.1 应急响应的总体要求

按洪涝、旱灾的严重程度和范围，将应急响应行动分为四级。

进入汛期、旱期，各级防汛抗旱指挥机构应实行24h值班制度，全程跟踪雨情、水情、工情、旱情、灾情，并根据不同情况启动相关应急程序。

国务院和国家防总或流域防汛指挥机构负责关系重大的水利、防洪工程调度；其他水利、防洪工程的调度由所属地方人民政府和防汛抗旱指挥机构负责，必要时，视情况由上一级防汛抗旱指挥机构直接调度。防总各成员单位应按照指挥部的统一部署和职责分工开展工作并及时报告有关工作情况。

洪涝、干旱等灾害发生后，由地方人民政府和防汛抗旱指挥机构负责组织实施抗洪抢险、排涝、抗旱减灾和抗灾救灾等方面的工作。

洪涝、干旱等灾害发生后，由当地防汛抗旱指挥机构向同级人民政府和上级防汛抗旱指挥机构报告情况。造成人员伤亡的突发事件，可越级上报，并同时报上级防汛抗旱指挥机构。任何个人发现堤防、水库发生险情时，应立即向有关部门报告。

对跨区域发生的水旱灾害，或者突发事件将影响到邻近行政区域的，在报告同级人民政府和上级防汛抗旱指挥机构的同时，应及时向受影响地区的防汛抗旱指挥机构通报情况。

因水旱灾害而衍生的疾病流行、水陆交通事故等次生灾害，当地防汛抗旱指挥机构应组织有关部门全力抢救和处置，采取有效措施切断灾害扩大的传播链，防止次生或衍生灾害的蔓延，并及时向同级人民政府和上级防汛抗旱指挥机构报告。

11.4.4.2 Ⅰ级应急响应

1. Ⅰ级应急响应

出现下列情况之一者，为Ⅰ级应急响应。

(1) 某个流域发生特大洪水。

(2) 多个流域同时发生大洪水。

(3) 大江大河干流重要河段堤防发生决口。

(4) 重点大型水库发生垮坝。

(5) 多个省（自治区、直辖市）发生特大干旱。

(6) 多座大型以上城市发生极度干旱。

2. Ⅰ级应急响应行动

(1) 国家防总总指挥主持会商，防总成员参加。视情启动国务院批准的防御特大洪水方案，作出防汛抗旱应急工作部署，加强工作指导，并将情况上报党中央、国务院。国家防总密切监视汛情、旱情和工情的发展变化，做好汛情、旱情预测预报，做好重点工程调度，并在24h内派专家组赴一线加强技术指导。国家防总增加值班人员，加强值班，每天在中央电视台发布“汛（旱）情通报”，报道汛（旱）情及抗洪抢险、抗旱措施。财政部门为灾区及时提供资金帮助。国家防总办公室为灾区紧急调拨防汛抗旱物资；铁路、交通、民航部门为防汛抗旱物资运输提供运输保障。民政部门及时救助受灾群众。卫生部门根据需要，及时派出医疗卫生专业防治队伍赴灾区协助开展医疗救治和疾病预防控制工作。国家防总其他成员单位按照职责分工，做好有关工作。

(2) 相关流域防汛指挥机构按照权限调度水利、防洪工程；为国家防总提供调度参谋意见。派出工作组、专家组，支援地方抗洪抢险、抗旱。

(3) 相关省（自治区、直辖市）的流域防汛指挥机构，省（自治区、直辖市）的防汛抗旱指挥机构启动Ⅰ级响应，可依法宣布本地区进入紧急防汛期，按照《中华人民共和国防洪法》的相关规定，行使权力。同时，增加值班人员，加强值班，动员部署防汛抗旱工作；按照权限调度水利、防洪工程；根据预案转移危险地区群众，组织强化巡堤查险和堤防防守，及时控制险情，或组织强化抗旱工作。受灾地区的各级防汛抗旱指挥机构负责人、成员单位负责人，应按照职责到分管的区域组织指挥防汛抗旱工作，或驻点具体帮助重灾区做好防汛抗旱工作。各省（自治区、直辖市）的防汛抗旱指挥机构应将工作情况上报当地人民政府和国家防总。相关省（自治区、直辖市）的防汛抗旱指挥机构成员单位全力配合做好防汛抗旱和抗灾救灾工作。

11.4.4.3 Ⅱ级应急响应

1. Ⅱ级应急响应

出现下列情况之一者，为Ⅱ级应急响应。

（1）一个流域发生大洪水。

（2）大江大河干流一般河段及主要支流堤防发生决口。

（3）数省（自治区、直辖市）多个市（地）发生严重洪涝灾害。

（4）一般大中型水库发生垮坝。

（5）数省（自治区、直辖市）多个市（地）发生严重干旱或一省（自治区、直辖市）发生特大干旱。

（6）多个大城市发生严重干旱，或大中城市发生极度干旱。

2. Ⅱ级应急响应行动

（1）国家防总副总指挥主持会商，作出相应工作部署，加强防汛抗旱工作指导，在2h内将情况上报国务院并通报国家防总成员单位。国家防总加强值班，密切监视汛情、旱情和工情的发展变化，做好汛情、旱情预测预报，做好重点工程的调度，并在24h内派出由防总成员单位组成的工作组、专家组赴一线指导防汛抗旱。国家防总办公室不定期在中央电视台发布汛（旱）情通报。民政部门及时救助灾民。卫生部门派出医疗队赴一线帮助医疗救护。国家防总其他成员单位按照职责分工，做好有关工作。

（2）相关流域防汛指挥机构密切监视汛情、旱情发展变化，做好洪水预测预报，派出工作组、专家组，支援地方抗洪抢险、抗旱；按照权限调度水利、防洪工程；为国家防总提供调度参谋意见。

（3）相关省（自治区、直辖市）防汛抗旱指挥机构可根据情况，依法宣布本地区进入紧急防汛期，行使相关权力。同时，增加值班人员，加强值班。防汛抗旱指挥机构具体安排防汛抗旱工作，按照权限调度水利、防洪工程，根据预案组织加强防守巡查，及时控制险情，或组织加强抗旱工作。受灾地区的各级防汛抗旱指挥机构负责人、成员单位负责人，应按照职责到分管的区域组织指挥防汛抗旱工作。相关省级防汛抗旱指挥机构应将工作情况上报当地人民政府主要领导和国家防总。相关省（自治区、直辖市）的防汛抗旱指挥机构成员单位全力配合做好防汛抗旱和抗灾救灾工作。

11.4.4.4 Ⅲ级应急响应

1. Ⅲ级应急响应

出现下列情况之一者，为Ⅲ级应急响应。

（1）数省（自治区、直辖市）同时发生洪涝灾害。

（2）一省（自治区、直辖市）发生较大洪水。

（3）大江大河干流堤防出现重大险情。

（4）大中型水库出现严重险情或小型水库发生垮坝。

（5）数省（自治区、直辖市）同时发生中度以上的干旱灾害。

（6）多座大型以上城市同时发生中度干旱。

(7) 一座大型城市发生严重干旱。

2. Ⅲ级应急响应行动

(1) 国家防总秘书长主持会商，作出相应工作安排，密切监视汛情、旱情发展变化，加强防汛抗旱工作的指导，在2h内将情况上报国务院并通报国家防总成员单位。国家防总办公室在24h内派出工作组、专家组，指导地方防汛抗旱。

(2) 相关流域防汛指挥机构加强汛（旱）情监视，加强洪水预测预报，做好相关工程调度，派出工作组、专家组到一线协助防汛抗旱。

(3) 相关省（自治区、直辖市）的防汛抗旱指挥机构具体安排防汛抗旱工作；按照权限调度水利、防洪工程；根据预案组织防汛抢险或组织抗旱，派出工作组、专家组到一线具体帮助防汛抗旱工作，并将防汛抗旱的工作情况上报当地人民政府分管领导和国家防总；省级防汛指挥机构在省级电视台发布汛（旱）情通报；民政部门及时救助灾民；卫生部门组织医疗队赴一线开展卫生防疫工作；其他部门按照职责分工，开展工作。

11.4.4.5 Ⅳ级应急响应

1. Ⅳ级应急响应

出现下列情况之一者，为Ⅳ级应急响应。

(1) 数省（自治区、直辖市）同时发生一般洪水。

(2) 数省（自治区、直辖市）同时发生轻度干旱。

(3) 大江大河干流堤防出现险情。

(4) 大中型水库出现险情。

(5) 多座大型以上城市同时因旱影响正常供水。

2. Ⅳ级应急响应行动

(1) 国家防总办公室常务副主任主持会商，作出相应工作安排，加强对汛（旱）情的监视和对防汛抗旱工作的指导，并将情况上报国务院并通报国家防总成员单位。

(2) 相关流域防汛指挥机构加强汛情、旱情监视，做好洪水预测预报，并将情况及时报国家防总办公室。

(3) 相关省（自治区、直辖市）的防汛抗旱指挥机构具体安排防汛抗旱工作；按照权限调度水利、防洪工程；按照预案采取相应防守措施或组织抗旱；派出专家组赴一线指导防汛抗旱工作；并将防汛抗旱的工作情况上报当地人民政府和国家防总办公室。

11.4.4.6 信息报送和处理

(1) 汛情、旱情、工情、险情、灾情等防汛抗旱信息实行分级上报，归口处理，同级共享。

(2) 防汛抗旱信息的报送和处理，应快速、准确、翔实，重要信息应立即上报，因客观原因一时难以准确掌握的信息，应及时报告基本情况，同时抓紧了解情况，随后补报详情。

(3) 属一般性汛情、旱情、工情、险情、灾情，按分管权限，分别报送本级防汛抗旱指挥机构值班室负责处理。凡因险情、灾情较重，按分管权限一时难以处理，需上级帮助、指导处理的，经本级防汛抗旱指挥机构负责同志审批后，可向上一级防汛抗旱指挥机构值班室上报。

(4) 凡经本级或上级防汛抗旱指挥机构采用和发布的水旱灾害、工程抢险等信息，当地防汛抗旱指挥机构应立即调查，对存在的问题，及时采取措施，切实加以解决。

(5) 国家防总办公室接到特别重大、重大的汛情、旱情、险情、灾情报告后应立即报告国务院，并及时续报。

11.4.4.7 指挥和调度

(1) 出现水旱灾害后，事发地的防汛抗旱指挥机构应立即启动应急预案，并根据需要成立现场指挥部。在采取紧急措施的同时，向上一级防汛抗旱指挥机构报告。根据现场情况，及时收集、掌握相关信息，判明事件的性质和危害程度，并及时上报事态的发展变化情况。

(2) 事发地的防汛抗旱指挥机构负责人应迅速上岗到位，分析事件的性质，预测事态发展趋势和可能造成的危害程度，并按规定的处置程序，组织指挥有关单位或部门按照职责分工，迅速采取处置措施，控制事态发展。

(3) 发生重大水旱灾害后，上一级防汛抗旱指挥机构应派出工作组赶赴现场指导工作，必要时成立前线指挥部。

11.4.4.8 抢险救灾

(1) 出现水旱灾害或防洪工程发生重大险情后，事发地的防汛抗旱指挥机构应根据事件的性质，迅速对事件进行监控、追踪，并立即与相关部门联系。

(2) 事发地的防汛抗旱指挥机构应根据事件具体情况，按照预案立即提出紧急处置措施，供当地政府或上一级相关部门指挥决策。

(3) 事发地防汛抗旱指挥机构应迅速调集本部门的资源和力量，提供技术支持；组织当地有关部门和人员，迅速开展现场处置或救援工作。大江大河干流堤防决口的堵复、水库重大险情的抢护应按照事先制定的抢险预案进行，并由防汛机动抢险队或抗洪抢险专业部队等实施。

(4) 处置水旱灾害和工程重大险情时，应按照职能分工，由防汛抗旱指挥机构统一指挥，各单位或各部门应各司其职，团结协作，快速反应，高效处置，最大限度地减少损失。

11.4.4.9 安全防护和医疗救护

(1) 各级人民政府和防汛抗旱指挥机构应高度重视应急人员的安全，调集和储备必要的防护器材、消毒药品、备用电源和抢救伤员必备的器械等，以备随时应用。

(2) 抢险人员进入和撤出现场由防汛抗旱指挥机构视情况作出决定。抢险人员进入受威胁的现场前，应采取防护措施以保证自身安全。参加一线抗洪抢险的人员，必须穿救生衣。当现场受到污染时，应按要求为抢险人员配备防护设施，撤离时应进行消毒、去污处理。

(3) 出现水旱灾害后，事发地防汛抗旱指挥机构应及时做好群众的救援、转移和疏散工作。

(4) 事发地防汛抗旱指挥机构应按照当地政府和上级领导机构的指令，及时发布通告，防止人、畜进入危险区域或饮用被污染的水源。

(5) 对转移的群众，由当地人民政府负责提供紧急避难场所，妥善安置灾区群众，保证基本生活。

（6）出现水旱灾害后，事发地人民政府和防汛抗旱指挥机构应组织卫生部门加强受影响地区的疾病和突发公共卫生事件监测、报告工作，落实各项防病措施，并派出医疗小分队，对受伤的人员进行紧急救护。必要时，事发地政府可紧急动员当地医疗机构在现场设立紧急救护所。

11.4.4.10 社会力量动员与参与

（1）出现水旱灾害后，事发地的防汛抗旱指挥机构可根据事件的性质和危害程度，报经当地政府批准，对重点地区和重点部位实施紧急控制，防止事态及其危害的进一步扩大。

（2）必要时可通过当地人民政府广泛调动社会力量积极参与应急突发事件的处置，紧急情况下可依法征用、调用车辆、物资、人员等，全力投入抗洪抢险。

11.4.4.11 信息发布

（1）防汛抗旱的信息发布应当及时、准确、客观、全面。

（2）汛情、旱情及防汛抗旱动态等，由国家防总统一审核和发布；涉及水旱灾情的，由国家防汛抗旱总指挥部办公室会同民政部审核和发布。

（3）信息发布形式主要包括授权发布、散发新闻稿、组织报道、接受记者采访、举行新闻发布会等。

（4）地方信息发布：重点汛区、灾区和发生局部汛情的地方，其汛情、旱情及防汛抗旱动态等信息，由各地防汛抗旱指挥机构审核和发布；涉及水旱灾情的，由各地防汛指挥部办公室会同民政部门审核和发布。

11.4.4.12 应急结束

（1）当洪水灾害、极度缺水得到有效控制时，事发地的防汛抗旱指挥机构可视汛情、旱情，宣布结束紧急防汛期或紧急抗旱期。

（2）依照有关紧急防汛、抗旱期规定征用、调用的物资、设备、交通运输工具等，在汛期、抗旱期结束后应当及时归还；造成损坏或者无法归还的，按照国务院有关规定给予适当补偿或者作其他处理。

（3）紧急处置工作结束后，事发地防汛抗旱指挥机构应协助当地政府进一步恢复正常生活、生产、工作秩序，修复水毁基础设施，尽可能减少突发事件带来的损失和影响。

11.4.5 应急保障

11.4.5.1 通信与信息保障

（1）任何通信运营部门都有依法保障防汛抗旱信息畅通的责任。

（2）防汛抗旱指挥机构应按照以公用通信网为主的原则，合理组建防汛专用通信网络，确保信息畅通。

（3）出现突发事件后，通信部门应启动应急通信保障预案，迅速调集力量抢修损坏的通信设施，努力保证防汛抗旱通信畅通。必要时，调度应急通信设备，为防汛通信和现场指挥提供通信保障。

（4）在紧急情况下，应充分利用公共广播和电视等媒体以及手机短信等手段发布信息，通知群众快速撤离，确保人民生命的安全。

11.4.5.2 应急支援与装备保障

1. 现场救援和工程抢险保障

(1) 对历史上的重点险工险段或易出险的水利工程设施，应提前编制工程应急抢险预案，以备紧急情况下因险施策；当出现新的险情后，应派工程技术人员赶赴现场，研究优化除险方案，并由防汛行政首长负责组织实施。

(2) 防汛抗旱指挥机构和防洪工程管理单位以及受洪水威胁的其他单位，储备的常规抢险机械、抗旱设备、物资和救生器材，应能满足抢险急需。

2. 应急队伍保障

任何单位和个人都有依法参加防汛抗洪的义务。解放军、武警部队和民兵是抗洪抢险的重要力量。防汛抢险队伍分为：群众抢险队伍、非专业部队抢险队伍和专业抢险队伍。

在抗旱期间，地方各级人民政府和防汛抗旱指挥机构应组织动员社会公众力量投入抗旱救灾工作。

3. 供电保障

电力部门主要负责抗洪抢险、抢排渍涝、抗旱救灾等方面的供电需要和应急救援现场的临时供电。

4. 交通运输保障

交通运输部门主要负责优先保证防汛抢险人员、防汛抗旱救灾物资运输；蓄滞洪区分洪时，负责群众安全转移所需地方车辆、船舶的调配；负责分泄大洪水时河道航行和渡口的安全；负责大洪水时用于抢险、救灾车辆、船舶的及时调配。

5. 医疗保障

医疗卫生防疫部门主要负责水旱灾区疾病防治的业务技术指导；组织医疗卫生队赴灾区巡医问诊，负责灾区防疫消毒、抢救伤员等工作。

6. 治安保障

公安部门主要负责做好水旱灾区的治安管理工作，依法严厉打击破坏抗洪抗旱救灾行动和工程设施安全的行为，保证抗灾救灾工作的顺利进行；负责组织搞好防汛抢险、分洪爆破时的戒严、警卫工作，维护灾区的社会治安秩序。

7. 物资保障

防汛抗旱指挥机构、重点防洪工程管理单位以及受洪水威胁的其他单位应按规范储备防汛抢险物资，并做好生产流程和生产能力储备的有关工作。防汛物资管理部门应及时掌握新材料、新设备的应用情况，及时调整储备物资品种，提高科技含量。

干旱频繁发生地区县级以上地方人民政府应当储备一定数量的抗旱物资，由本级防汛抗旱指挥机构负责调用。

严重缺水城市应当建立应急供水机制，建设应急供水备用水源。

8. 资金保障

(1) 中央财政安排特大防汛抗旱补助费，用于补助遭受特大水旱灾害的省（自治区、直辖市）以及计划单列市、新疆生产建设兵团进行防汛抢险、抗旱及中央直管的大江大河防汛抢险。省（自治区、直辖市）人民政府应当在本级财政预算中安排资金，用于本行政区域内遭受严重水旱灾害的工程修复补助。

（2）国家设立中央水利建设基金，专项用于大江大河重点治理工程维护和建设，以及其他规定的水利工程的维护和建设。

9. 社会动员保障

（1）防汛抗旱是社会公益性事业，任何单位和个人都有保护水利工程设施和防汛抗旱的义务。

（2）汛期或旱季，各级防汛抗旱指挥机构应根据水旱灾害的发展，做好动员工作，组织社会力量投入防汛抗旱。

（3）各级防汛抗旱指挥机构的组成部门，在严重水旱灾害期间，应按照分工，特事特办，急事急办，解决防汛抗旱的实际问题，同时充分调动本系统的力量，全力支持抗灾救灾和灾后重建工作。

（4）各级人民政府应加强对防汛抗旱工作的统一领导，组织有关部门和单位，动员全社会的力量，做好防汛抗旱工作。在防汛抗旱的关键时刻，各级防汛抗旱行政责任人应靠前指挥，组织广大干部群众奋力抗灾减灾。

11.4.5.3 技术保障

建设国家防汛抗旱指挥系统，形成覆盖国家防总、流域机构和各省（自治区、直辖市）防汛抗旱部门的计算机网络系统，提高信息传输的质量和速度。

各级防汛抗旱指挥机构应建立专家库，当发生水旱灾害时，由防汛抗旱指挥机构统一调度，派出专家组，指导防汛抗旱工作。

11.4.5.4 宣传、培训和演习

1. 公众信息交流

（1）汛情、旱情、工情、灾情及防汛抗旱工作等方面的公众信息交流，实行分级负责制，一般公众信息可通过媒体向社会发布。

（2）当主要江河发生超警戒水位以上洪水，呈上涨趋势；山区发生暴雨山洪，造成较为严重影响；出现大范围的严重旱情，并呈发展趋势时，按分管权限，由本地区的防汛抗旱指挥部统一发布汛情、旱情通报，以引起社会公众关注，参与防汛抗旱救灾工作。

2. 培训

（1）采取分级负责的原则，由各级防汛抗旱指挥机构统一组织培训。

（2）培训工作应做到合理规范课程、考核严格、分类指导，保证培训工作的质量。

（3）培训工作应结合实际，采取多种组织形式，定期与不定期相结合，每年汛前至少组织一次培训。

3. 演习

（1）各级防汛抗旱指挥机构应定期举行不同类型的应急演习，以检验、改善和强化应急准备和应急响应能力。

（2）专业抢险队伍必须针对当地易发生的各类险情有针对性地每年进行抗洪抢险演习。

（3）多个部门联合进行的专业演习，一般2～3年举行一次，由省级防汛抗旱指挥机构负责组织。

11.4.6 善后工作

发生水旱灾害的地方人民政府应组织有关部门做好灾区生活供给、卫生防疫、救灾物资供应、治安管理、学校复课、水毁修复、恢复生产和重建家园等善后工作。

11.4.6.1 救灾

(1) 民政部门负责受灾群众的生活救助。应及时调配救灾款物，组织安置受灾群众，做好受灾群众临时生活安排，负责受灾群众倒塌房屋的恢复重建，保证灾民有粮吃、有衣穿、有房住，切实解决受灾群众的基本生活问题。

(2) 卫生部门负责调配医务技术力量，抢救因灾伤病人员，对污染源进行消毒处理，对灾区重大疫情、病情实施紧急处理，防止疫病的传播、蔓延。

(3) 当地政府应组织对可能造成环境污染的污染物进行清除。

11.4.6.2 防汛抢险物料补充

针对当年防汛抢险物料消耗情况，按照分级筹措和常规防汛的要求，及时补充到位。

11.4.6.3 水毁工程修复

(1) 对影响当年防洪安全和城乡供水安全的水毁工程，应尽快修复。

防洪工程应力争在下次洪水到来之前，做到恢复主体功能；抗旱水源工程应尽快恢复功能。

(2) 遭到毁坏的交通、电力、通信、水文以及防汛专用通信设施，应尽快组织修复，恢复功能。

11.4.6.4 蓄滞洪区补偿

全国重点蓄滞洪区分洪运用后，按照《蓄滞洪区补偿暂行办法》进行补偿。其他蓄滞洪区由地方人民政府参照《蓄滞洪区补偿暂行办法》补偿。

11.4.6.5 灾后重建

各相关部门应尽快组织灾后重建工作。灾后重建原则上按原标准恢复，在条件允许的情况下，可提高标准重建。

11.4.6.6 防汛抗旱工作评价

每年各级防汛抗旱部门应针对防汛抗旱工作的各个方面和环节进行定性和定量的总结、分析、评估。引进外部评价机制，征求社会各界和群众对防汛抗旱工作的意见和建议，总结经验，找出问题，从防洪抗旱工程的规划、设计、运行、管理以及防汛抗旱工作的各个方面提出改进建议，以进一步做好防汛抗旱工作。

11.4.7 预案管理与更新

预案由国家防总办公室负责管理，并负责组织对预案进行评估。每5年对预案评审一次，并视情况变化作出相应修改。各流域管理机构，各省（自治区、直辖市）防汛抗旱指挥机构根据预案制定相关江河、地区和重点工程的防汛抗旱应急预案。

11.4.8 国际沟通与协作

积极开展国际间的防汛抗旱减灾交流，借鉴发达国家防汛抗旱减灾工作的经验，进一步做好我国水旱灾害突发事件防范与处置工作。

11.4.9 奖励与责任追究

对防汛抢险和抗旱工作作出突出贡献的劳动模范、先进集体和个人，由人事部和国家防总联合表彰；对防汛抢险和抗旱工作中英勇献身的人员，按有关规定追认为烈士；对防汛抗旱工作中玩忽职守造成损失的，依据《中华人民共和国防洪法》《中华人民共和国防汛条例》《公务员管理条例》追究当事人的责任，并予以处罚，构成犯罪的，依法追究其刑事责任。

11.4.10 名词术语定义

洪水风险图：是融合地理、社会经济信息、洪水特征信息，通过资料调查、洪水计算和成果整理，以地图形式直观反映某一地区发生洪水后可能淹没的范围和水深，用以分析和预评估不同量级洪水可能造成的风险和危害的工具。

干旱风险图：是融合地理、社会经济信息、水资源特征信息，通过资料调查、水资源计算和成果整理，以地图形式直观反映某一地区发生干旱后可能影响的范围，用以分析和预评估不同干旱等级造成的风险和危害的工具。

防御洪水方案：是有防汛抗洪任务的县级以上地方人民政府根据流域综合规划、防洪工程实际状况和国家规定的防洪标准，制定的防御江河洪水（包括对特大洪水）、山洪灾害（山洪、泥石流、滑坡等）、台风暴潮灾害等方案的统称。

抗旱预案：是在现有工程设施条件和抗旱能力下，针对不同等级、程度的干旱，而预先制定的对策和措施，是各级防汛抗旱指挥部门实施指挥决策的依据。

抗旱服务组织：是由水利部门组建的事业性服务实体，以抗旱减灾为宗旨，围绕群众饮水安全、粮食用水安全、经济发展用水安全和生态环境用水安全开展抗旱服务工作。国家支持和鼓励社会力量兴办各种形式的抗旱社会化服务组织。

一般洪水：洪峰流量或洪量的重现期5～10年一遇的洪水。

较大洪水：洪峰流量或洪量的重现期10～20年一遇的洪水。

大洪水：洪峰流量或洪量的重现期20～50年一遇的洪水。

特大洪水：洪峰流量或洪量的重现期大于50年一遇的洪水。

轻度干旱：受旱区域作物受旱面积占播种面积的比例在30%以下；以及因旱造成农（牧）区临时性饮水困难人口占所在地区人口比例在20%以下。

中度干旱：受旱区域作物受旱面积占播种面积的比例达31%～50%；以及因旱造成农（牧）区临时性饮水困难人口占所在地区人口比例达21%～40%。

严重干旱：受旱区域作物受旱面积占播种面积的比例达51%～80%；以及因旱造成农（牧）区临时性饮水困难人口占所在地区人口比例达41%～60%。

特大干旱：受旱区域作物受旱面积占播种面积的比例在80%以上；以及因旱造成农（牧）区临时性饮水困难人口占所在地区人口比例高于60%。

城市干旱：因遇枯水年造成城市供水水源不足，或者由于突发性事件使城市供水水源遭到破坏，导致城市实际供水能力低于正常需求，致使城市实际供水能力低于正常需求，致使城市的生产、生活和生态环境受到影响。

城市轻度干旱：因旱城市供水量低于正常需求量的5%～10%，出现缺水现象，居民生活、生产用水受到一定程度影响。

城市中度干旱：因旱城市供水量低于正常日用水量的10%～20%，出现明显的缺水现象，居民生活、生产用水受到较大影响。

城市重度干旱：因旱城市供水量低于正常日用水量的20%～30%，出现明显缺水现象，城市生活、生产用水受到严重影响。

城市极度干旱：因旱城市供水量低于正常日用水量的30%，出现极为严重的缺水局面或发生供水危机，城市生活、生产用水受到极大影响。

大型城市：指非农业人口在50万以上的城市。

紧急防汛期：根据《中华人民共和国防洪法》规定，当江河、湖泊的水情接近保证水位或者安全流量，水库水位接近设计洪水位，或者防洪工程设施发生重大险情时，有关县级以上人民政府防汛指挥机构可以宣布进入紧急防汛期。

本预案有关数量的表述中，“以上”含本数，“以下”不含本数。

思 考 题

1. 什么是水利信息化？
2. 水利信息化基础设施包括哪些组成部分？各部分的作用是什么？
3. 水利信息网的作用是什么？
4. 水利信息化的意义有哪些？
5. 什么是注册登记制度？
6. 注册登记程序有哪些？
7. 什么是定期检查制度？
8. 什么是三防信息化指挥系统？作用是什么？
9. 三防信息化指挥系统中的信息包括哪些？
10. 三防指挥决策支持系统的作用是什么？
11. 国家防汛抗旱应急预案包括哪几部分？
12. 预防预警行动包括哪些内容？
13. 应急响应行动分为哪几个级别？如何划分？
14. 抢险救灾有哪些要求？
15. 什么是一般洪水、较大洪水、大洪水和特大洪水？
16. 什么是轻度干旱、中度干旱、严重干旱、特大干旱？

参 考 文 献

[1] 杜守建，周长勇. 水利工程技术管理 [M]. 郑州：黄河水利出版社，2013.

[2] 杜守建，汪文萍，侯新. 水利工程管理 [M]. 2 版. 郑州：黄河水利出版社，2016.

[3] 田明武，李娜. 水利工程管理 [M]. 北京：中国水利水电出版社，2013.

[4] 郑万勇，杨振华. 水工建筑物 [M]. 郑州：黄河水利出版社，2003.

[5] 梅孝威. 水利工程管理 [M]. 北京：中国水利水电出版社，2005.

[6] 陈良堤. 水利工程管理 [M]. 2 版. 北京：中国水利水电出版社，2006.

[7] 胡昱玲，毕守一. 水工建筑物监测与维护 [M]. 北京：中国水利水电出版社，2010.

[8] 梅孝威. 水工监测工 [M]. 郑州：黄河水利出版社，1996.

[9] 温随群. 水利工程管理 [M]. 北京：中央广播电视大学出版社，2002.

[10] 中华人民共和国行业标准. 水闸技术管理规程：SL 75—2014 [S]. 北京：中国水利水电出版社，2014.

[11] 中华人民共和国水利行业标准. 土石坝安全监测技术规范：SL 551—2012 [S]. 北京：中国水利水电出版社，2012.

[12] 中华人民共和国电力行业标准. 土石坝安全监测技术规范：DL/T 5259—2010 [S]. 北京：中国电力出版社，2011.

[13] 中华人民共和国电力行业标准. 土石坝安全监测资料整编规程：DL/T 5256—2010 [S]. 北京：中国电力出版社，2011.

[14] 中华人民共和国水利行业标准. 混凝土坝安全监测技术规范：SL 601—2013 [S]. 北京：中国水利水电出版社，2013.

[15] 中华人民共和国水利行业标准. 大坝安全监测仪器安装标准：SL 531—2012 [S]. 北京：中国水利水电出版社，2012.

[16] 中华人民共和国水利行业标准. 大坝安全监测仪器检验测试规程：SL 530—2012 [S]. 北京：中国水利水电出版社，2012.

[17] 中华人民共和国人力资源和社会保障部. 水工监测工（2010 年修订）[M]. 北京：中国劳动社会保障出版社，2013.

[18] 田明武. 水利水电工程建筑物 [M]. 北京：中国水利水电出版社，2013.